# 민족문화와 대학

## －연희전문학교의 학풍과 학문－

김 도 형

1976 서울대학교 국사학과(문학사)
1989 연세대학교 대학원 사학과(문학박사)
1981 계명대학교 사학과 교수
2000 연세대학교 사학과 교수
2004 한국사연구회 회장
2013 한국대학박물관협회 회장
2016 연세대학교 국학연구원 원장
현 연세대학교 사학과 교수
현 동북아역사재단 이사장

『대한제국기의 정치사상 연구』(지식산업사, 1994), 『일제하 한국사회의 전통과 근대인식』(공저, 혜안, 2009), 『식민지 시기 재만조선인의 삶과 기억』(공저, 선인, 2009), 『근대 한국의 문명전환과 개혁론-유교 비판과 변통』(지식산업사, 2014), 『가마니로 본 일제강점기 농민 수탈사』(창작과 비평사, 2016), 『민족과 지역-근대 개혁기의 대구·경북』(지식산업사, 2017) 외 다수.

연세학풍연구총서 5

**민족문화와 대학** - 연희전문학교의 학풍과 학문 -

김도형 지음

**초판 1쇄 발행**  2018년  1월  20일
**초판 2쇄 발행**  2018년 10월 20일

**펴낸이** 오일주
**펴낸곳** 도서출판 혜안

**등록번호** 제22-471호
**등록일자** 1993년 7월 30일

**주소** (우) 04052 서울시 마포구 와우산로 35길 3(서교동) 102호
**전화** 3141-3711~2
**팩스** 3141-3710
**이메일** hyeanpub@hanmail.net

ISBN 978-89-8494-596-8   93910

값 34,000 원

연세학풍연구총서 5

# 민족문화와 대학

## -연희전문학교의 학풍과 학문-

김 도 형 지음

혜안

## 간행사

　한국의 근대교육과 대학의 출현은 근대개혁운동의 산물이다. 근대국가, 근대사회를 만들기 위한 개혁운동은 서양문명, 근대학문을 받아들여 이를 활용, 변용하였으며, 이 과정에서 새로운 근대교육체계가 만들어졌다.

　이런 점에서 '대학과 근대학문'은 근대개혁론, 민족운동을 공부하는 필자에게도 매우 중요한 연구영역의 하나이다. 더욱이 본 필자는 3년 전에『근대한국의 문명전환과 개혁론-유교비판과 변통』(지식산업사, 2014)을 간행한 바 있는데, 이 책에서 다룬 근대 개혁에서의' 유교문제나, 또 그 후속 작업으로 집필 중인 '일제하의 민족문화와 유교 문제'는 당시 근대학문 형성과 직접 관련되어 있다. 조선 후기의 실학을 새롭게 계승하여 근대 한국학을 형성하고, 민족주의 역사학을 계승, 발전시킨 본거지가 바로 연희전문학교였으므로, 일제하의 사상사, 학술사는 연희전문학교의 민족문화 연구와 교육을 빼고는 정리할 수 없다.

　본 필자는 한국근대사상사를 공부하면서도 사학사적인 차원 외에는 연희전문의 역사와 학문에 대해서 별로 눈을 돌리지 못했다. 그러다가 연세 창립 120주년이 되는 2005년 즈음 학교나 국학연구원 차원에서 몇 권의 책을 간행하였는데, 이때 본 필자가 이를 기획하고 실무를 담당하였다.『한국사회의 발전과 연세』,『근대학문의 형성과 연희전문』,『연세국학연구사』등이었다. 필자 개인으로는 홍이섭의 역사학에 대한 논문도 썼다. 그후 대학 차원에서는 시들해졌지만, 본 필자는 교내 보직으로 박물관장, 국학연구원장 등의 일을 맡으면서 대학의 이념과 역사를 등한시 할 수 없었다.

지금도 그러하지만 현대화, 실용화라는 미명 아래 대학의 역사나 정신이 깃들인 공간, 건물들이 파괴되는 '만행'이 자행되고 있다. 이런 훼손은 본 필자가 재직하고 있는 대학—스스로 오랜 역사를 자랑하는—도 마찬가지이다. 이런 점에 속앓이를 하던 필자는 5년 전에 몇몇의 교수들(이윤석, 허경진, 김왕배, 김기정, 여인석, 윤혜준, 방연상, 도현철, 손영종, 황금중 교수 등)을 모아 학교 역사와 학풍을 살펴보는 자발적인 모임을 만들었다. 그리고 그 필요성을 몇 차례 설파, 건의하자 이를 인정한 연구처(처장 박태선 교수, 부처장 김상준 교수)에서 '학풍 사업'이라는 이름으로 지원해 주었다. 이 연구비를 활용하여 '연세학풍사업단'을 만들고, 여러 책의 연구논집과 자료집을 발간하였다. 이런 성과를 바탕으로 2017년 초에 국학연구원 산하에 연세학풍연구소를 만들게 되었다.

이런 과정에서 본 필자도 여러 편의 글을 작성하게 되었다. 학교사 차원에서 역사를 선양하거나 또는 자랑하기 위한 차원이 아니라, 한국근대사의 전개과정 속에서 객관적으로 검토하고자 노력하였다. 개인적으로 정년이 1여년 정도 남았기에 이 정도에서 그동안의 연구를 한번 정리하는 것도 나쁘지 않다고 생각하였다. 더러는 학술지에 발표한 글도 있고, 연구논집(단행본) 속에 실린 것도 있으며, 몇몇은 무기명으로 작성된 것도 있었다. 혹은 학교의 행사를 위해 강연, 발표한 글도 있었다. 이를 한권의 책으로 꾸미기 위해 본 책의 문제의식에 맞는 것을 추리고, 중복되는 내용을 정리하였으며, 수준을 맞추기 위해 자료를 보완하였다.

그동안 여러 글들을 쓰는 데 많은 사람들의 도움을 받았다. 학교 사료를 관리하는 박물관의 이원규, 강희숙, 윤현진 학예사, 국학자료실의 김영원 선생, 그리고 본 사학과의 박사생 이현희·노상균 등과 석사 정예지·이정윤·박윤정 등이 도와주었다. 그 가운데서도 이정윤 석사는 마지막까지 애를 썼다. 또한 국학연구원 산하 연세학풍연구소의 전문연구원 문백란, 정운형, 홍성표

박사의 도움도 받았다. 문 박사와 정 박사는 선교 자료 가운데 중요한 것을 기회가 닿는 대로 제공해 주었다. 문 박사는 이 책의 표지로 사용한 1919년 개정판 연희전문학교 기본계획도까지 구해 주었다. 최재건 교수님도 미국에서 많은 자료를 구해주셨고, 이런 작업을 항상 격려해 주셨다. 이 책을 간행해준 도서출판혜안의 오일주 사장은 그동안 상업성이 없는 '연세학풍' 연구서를 발간해 주었고, '연세사학도'라는 이유로 항상 희생을 감내하고 있다. 이 모든 분께 감사드린다.

　이 책 교정 중에 필자는 동북아역사재단 이사장 일을 보게 되어 갑자기 학교를 떠나게 되었다. 학문 연구자로 정년을 준비하던 일들을 아름답게 마무리하지 못한 회한(悔恨)이 들기도 한다. 이 책의 주제와 관련된 민족문제와 근대교육 등의 개인 작업이나 또한 연세학풍연구소를 통해 추진하던 여러 일들을 부득이 중단하게 되었다. 이 책이라도 한국의 근대교육이나 연세학풍을 연구하는 데 작은 도움이 되어 독자들이 버리지 않는다면 그 이상 바랄 것이 없겠다. 아울러 학교의 공식 조직으로 만들어진 연세학풍연구소가 앞으로도 지속적으로 활동하여 대학의 정신과 학문적 성과가 더욱 축적되기를 기대해 본다.

2017년 11월

海雲齋에서

김도형 씀

# 차 례

## 제1부 종합대학을 향한 여정

# 제2부 연전 학풍의 정립과 발전 : 동서고근 사상의 화충(和衷)

# 제3부 화충의 학풍과 민족문화 연구

# 제4부 연세 역사 풍경 및 장면

# 서론 : 한말의 교육운동과 '대학'의 시작

## 1. 근대화와 대학

대학의 학문은 역사와 사회의 소산이다. "교사와 학생의 학문적 공동체"인 대학은 11세기 후반 서양에서 시작되었다고 한다. 중세 유럽이 변화하면서 도시를 중심으로 상업이 발달되고, 시민들의 자의식이 성장하면서 대학이 출현하였던 것이다. 대학에서는 교황의 권한이 확립되는데 필요한 학문(신학, 철학)이 발전하였으며, 동시에 자연과학(의학, 수학, 천문학, 점성학, 연금술 등)에 대한 연구도 진행되었다. 특히 후자의 학문 연구로 인하여 중세와 다른 새로운 세계관, 인간관이 형성되었고, 고전 고대를 부활하고자 한 르네상스가 출현할 지적 토양을 만들었다. 이후 대학은 종교개혁, 계몽주의, 시민정신 등의 지적 생산 근원지가 되었던 것이다.[1]

한편 산업혁명 이후 자본주의가 세계적 차원에서 발전, 확산되면서 제국주의가 출현하였다. 앞선 서양 자본주의 국가의 대학은 제국주의의 침략 논리와 우월적 서양 문명론을 만드는 역할도 담당하였다. 뒤늦게 제국이 된 일본의 제국대학(帝國大學)도 그러하였다. 이러한 서양의 대학과 교육은 비서구지역 모든 국가의 교육체계의 모델로 확립되어 갔다. 이들의 근대교육과 학문은

---

[1] 이광주, 『대학사―이념, 제도, 구조』, 민음사, 1997, 참조.

14

서양문명을 수용할 수 있는 통로가 되었다. 이를 통해 '제국'의 원리도 들어왔지만, 또 다른 한편으로는 식민 침탈을 막고, 자립적인 근대사회, 근대국가로 개혁하는 논리도 배웠다.

1876년 문호개방 후, 한국의 근대화, 근대개혁도 서양문명을 수용하는 방향으로 추진되었다. 자주화와 문명화를 통해 근대민족국가를 만들려던 원리는 전통적인 학문체계로는 불가능하였던 것이다. 그러나 서양문명과 학문의 수용은 개혁을 추진하는 세력의 학문적 연원이나 사회경제적 처지에 따라 매우 달랐다. 서양의 기술문명을 유교를 보완하는 양무론적 개혁론에서, 서양문명의 적극적인 수용을 주장한 문명개화론, 그리고 동서양의 학문을 절충적으로 수용하여 개혁을 추진하던 변법개혁론 등이 제기되었던 것이다. 개혁론의 추진과정에서 전통학문과 서양학문 사이에는 쉼 없는 대립과 충돌이 일어났으며, 이념적으로 변용과 통합이 일어났다. 하지만 어떤 계열의 개혁론이라도 서양 학문을 수용하고 이를 교육하기 위한 학교 설립에 대해서는 보조를 같이 하였다.[2]

이런 현상은 유교적 학문전통에 서 있었던 동아시아 국가들도 마찬가지였다. 초창기의 근대학문 수용과 학교 설립은 보통교육을 위한 소학교와 중등학교 정도에 집중되었지만 개혁운동, 혁명운동이 진전되면서 최고학부로서의 대학 설립이 논의되고 추진되었다. 그 과정에서 중국이나 한국은 국정교학(國定敎學)이었던 유교(주자학)를 비판하고 과거제도를 폐지하였으며, 이에 따라 그 교육기관(국자감, 성균관 등)은 소멸되었다. 한편 일본은 제국주의 대열에 참여하면서 제국대학을 세웠으며, 식민지에도 이를 연장하여 피지배 민족의 대학 설립을 억압하였다.[3]

2) 김도형, 『근대한국의 문명전환과 개혁론 - 유교비판과 변통』, 지식산업사, 2014.
3) 한림대학교아시아문화연구소, 『아시아의 근대화와 대학의 역할』, 한림대학교 출판부, 2000. 이 편서에 수록된 백영서, 「중국의 대학과 혁명」; 이계황, 「일본 근대의 국가와 대학」; 김호일, 「한국에서의 대학설립운동」 참조. 초창기 북경대학의 사회적 역할에 대해서는 白永瑞, 『中國現代 大學文化硏究 : 1920年代 大學生의 正體性 危機와

근대 교육은 전반적으로 각 나라의 형편과 지향점에 따라 다양한 형태로 근대화에 기여하였다. 그러나 시기의 변동이나 설립 주체의 지향, 그리고 피교육자의 자세 등에 따라 그 내용은 매우 달랐다. 교육기관이 국가의 법적 제도에 의해 규정되면서 학교의 형태나 교육목표가 정해졌다. 관립의 경우에는 이런 현상이 더 명확하였다. 물론 민지(民智) 개발, 신학문 수용 등은 공통적이었지만, 대한제국은 그 제국의 '신민(臣民)'을 양성하고자 하였고, 일본제국은 천황의 '신민(臣民)', 곧 황민(皇民)의 양성을 목표로 하였다. 사립학교의 경우에도 전반적으로 이런 틀을 벗어날 수는 없었다. 하지만 시대 조류의 좁은 틈으로 설립자의 교육이념을 교육에 담고자 노력하였으며, 교육을 통해 민족을 거론하거나 개인의 권리와 자립을 가르쳤다.

근대 교육의 실시로 많은 '근대'적 전문 지식인이 배출되었다. 그러나 피교육자의 입장에서 보면 항상 양면성이 있었다. 근대문명과 민족이라는 두 목표 사이에서 근대사회를 만드는 역할을 담당하기도 하였지만, 다른 한편으로는 명확한 의사 표현이 없는 평범한 전문 지식인도 많았다. 교육이 개인의 입신양명, 출세를 위한 도구로만 여겨지는 경우였다. 이 또한 근대화의 양면일 것이다.[4]

---

社會變革』, 일조각, 1994 ; 왕위안주(王元周), 「베이징대학의 학술사적 위치와 교사(校史) 박물관의 역할」, 『연희전문학교의 학문과 동아시아 대학』(연세학풍사업단·김도형 외), 혜안, 2016.

4) 고등교육 졸업자 및 이들의 사회적 역할 등에 대해서는 잘 다루어지지 않았는데, 최근에 차츰 연구되기 시작하였다. 경성제대는 물론 전문학교 졸업생에 대한 방대한 작업이 진행되면 이런 관계를 구조적으로 파악할 수 있을 것이다. 경성제대 졸업생에 대해서는 이충우, 『경성제국대학』, 다락원, 1980. 연희전문학교 졸업생에 대한 기초적인 자료 정리는 김성보, 「연희전문학교 졸업생들의 사회 진출 기초연구―기독교계 사립전문학교로서의 특징과 관련하여」, 『東方學志』 173, 2016. 이를 종합적으로 검토한 정선이, 「일제 강점기 고등교육 졸업자의 사회적 진출 양상과 특성」, 『사회와 역사』 77, 2008 등.

## 2. 한국의 근대교육과 '대학'

한국의 대학은 근대개혁운동의 산물이었다. 곧 대학은 민족문제 해결을 위한 학문적 원천이었다. 그런데 근대개혁운동이 여러 계열에서 일어났던 것과 같이 대학 설립 또한 그러하였다. 조선 정부의 교육진흥 사업, 부르주아민족운동, 그리고 서양문명의 통로였던 기독교 선교사도 대학을 설립하고자 하였다. 하지만 조선인이나 선교사의 대학 설립은 성사되지 못하고 일제하에서 전문학교에 그쳤고, 법적인 대학은 경성제국대학(京城帝國大學)뿐이었다.5)

### 1) 조선 정부의 교육진흥과 '전문' 교육의 시작

조선 정부는 1880년대 들면서 서양문명과 학문을 배워 격변하는 국제정세에 대응하고자 하였다. 이때 조선 정부가 관심을 가졌던 분야는 '기술'이었다. 곧 "(서양의) 기(器)는 이로우므로 이용후생(利用厚生)할 수 있다"고 하고, 그 예로 농상(農桑)·의약(醫藥)·갑병(甲兵)·주거(舟車) 등을 들었다. 생활에 필요한 농상, 의약과 더불어 군사 기술 분야였다. 이를 통해 힘으로 침략하는 외세를 막고 동시에 실생활의 이익을 추구하였던 것이다.6) 기술을 배우기 위해서는 당연히 새로운 학교 교육이 필요하였다.

조선 정부는 필요한 서양 학문을 배우기 위해 다양한 방책을 강구하였다. 수신사, 시찰단 등을 파견하여 일본의 근대화 사업을 살펴보았고, 또 중국에 영선사(領選使)를 파견하여 군사 기술을 습득하고자 하였으며, 멀리 미국에 보빙사를 보내어 미국의 선진 문명도 경험하였다. 아울러 국제 질서를 새롭게 인식하면서 이를 담당할 기구로 통리기무아문(統理機務衙門)을 만들었으며,

---

5) 이에 대해서는 우마코시 토오루, 『한국근대대학의 성립과 전개-대학 모델의 전파 연구』, 제1부 근대사회와 대학, 1997(한용진 옮김, 교육과학사, 2001) 참조.
6) 『承政院日記』 고종 19년(1882) 8월 5일.

이를 개편한 통리교섭통상사무아문과 통리군국사무아문을 통하여 외교 업무는 물론 서양과 협력하여 여러 새로운 사업을 추진하였다. 제중원의 의료사업, 육영공원의 영어 교육, 그리고 농축시험장의 농업·목축 사업 등이었다. 물론 서양 기술을 배우는 사업을 추진하더라도 서양 종교를 인정하지는 않았고, 철저하게 유교 이념을 고수하였다.[7)

서양의 신학문을 배우기 위한 교육체제는 1894년 갑오개혁에서 마련되었다. 이는 대한제국의 개혁사업에서도 계속되었다. 갑오개혁의 신학제는 신분제도 폐지, 과거제도 폐지와 새로운 관리 등용법과 맞물려 있었다. 정부는 독립과 개명진보를 위한 교육을 위해 학무아문(學務衙門)을 설치하고 소학교와 사범학교를 세워 "장차 힘을 길러 시대를 구하고 내수(內修)와 외교에 크게 쓰고자" 하였다. 이를 위해 서울을 시작으로 공립소학교를 세우고, 외국의 학술과 기술을 배우기 위해 유학생도 파견하였다. 이와 아울러 갑오정권에서는 대학 설립도 구상한 것으로 보인다. 학무아문을 세우면서 그 산하에 '전문학무국'을 두고, "중학교, 대학교, 기예학교, 외국어학교 및 전문학교에 관한 사무"를 관리하게 하였다.[8) 이에 따라 외국어학교, 사범학교 등에 대한 법령까지 제정하였으나 대학은 세우지 못했다. 왕실에서 선교사 언더우드를 통해 대학설립을 추진하기도 하였으나 을미사변으로 중단되었다.[9)

갑오개혁과 광무개혁에서는 중등학교 수준에서 특정한 분야의 전문적 교육을 위한 여러 학교가 만들어졌다. 법관양성소(1895), 한성사범학교(1895), 의학교(1899), 상공학교(1899, 후에 농상공학교, 1904), 광무학교(鑛務學校, 1900), 그리고 외국어 교육을 위한 관립한성영어학교(1895), 관립한성일어학교(1895, 1906년 관립한성외국어학교로 통합) 등의 학교들은 정부의 교육 진흥과 식산흥업 정책을 추진하기 위한 방안이었다. 일제 강점 후, 이 학교들 가운데 일부는

---

7) 김도형, 앞의 책, 2014, 78~96쪽 참조.
8) 『高宗實錄』 31년(1894) 6월 28일.
9) 이 책 제1부 52쪽 참조.

18

폐지되거나, 혹은 조선총독부 산하의 관립전문학교로 개편되었다. 경성법률전문학교(1916), 경성의학전문학교(1916), 경성고등공업학교(1916), 경성고등상업학교(1922), 수원고등농림학교(1922) 등이었다. 조선 정부의 전문 인력 양성 교육이 일제하의 전문학교로 정비되었고, 이 학교들은 서울대학교의 '전신(前身) 학교'를 이루었다.[10]

한편, 조선 정부는 중세의 최고 교육기관이었던 성균관(成均館)의 개편도 추진하였다. 갑오개혁 때는 성균관 사무국에서 "선성(先聖), 선현(先賢), 사묘(祠廟) 및 경적(經籍)에 관한 사항" 등을 담당하게 하여 그 역할이 매우 축소되었다.[11] 그러나 갑오개혁이 진전되면서 약화된 성균관의 경학교육을 강화해야 한다는 여론이 일어났다.[12] 정부는 성균관의 경학 교육과 더불어 시의(時宜)에 따라 "문명의 진보에 주의"하자고 하여, 본국지지, 만국사, 만국지지, 산술 등도 교육하였다.[13] 유교이념을 유지하는 동시에 시세에 따라 서양 학문을 배워야 한다는 것이었다. 정부의 교육은 여전히 유교 이념 하에서 절충적으로

---

10) 김태웅, 「일제하 관립전문학교의 운영 기조와 위상 변화－제1차·제2차 조선교육령 시기 '서울대학교 전신학교(前身學校)'를 중심으로」, 『연희전문학교의 학문과 동아시아 대학』(연세학풍사업단·김도형 외), 혜안, 2016. 서울대학교에서는 단과대학에 따라 이들 전문학교를 자신들의 역사로 기술하고 있으며, 이를 '전사(前史)', '전신학교(前身學校)' 등으로 부르고 있다. 그러나 엄격하게 말하면, 일제하에서 운영되던 이들 학교는 해방 후에 법적으로 모두 폐지되었고, 다만 남겨져 있던 재산 등이 국립서울대학교 창립 재산으로 사용되었을 뿐이다. 그런데 서울대 동창회에서 편찬한 『正統과 正體性』(삶과꿈, 2009)에는 서울대의 '개교 원년(元年)'을 1895년, 곧 법관양성소에서 찾고 있다. 각 단과대학의 '원년'으로 거론된 것은 법관양성소(1895), 한성사범학교(1895), 의학교(1899), 상공학교(1899), 농림학교(1906), 동양협회전문학교 분교(1907), 그리고 경성제대 법문학부(1926), 의학부(1926), 이공학부(1941) 및 경성치과의학교(1922), 조선약학강습소(1915) 등이었다. 이런 학교들이 일제시기에 경성제대 및 관립전문학교가 되었다. 이런 역사인식은 한국근대사를 파악하는 데는 매우 잘못된 것이다.
11) 『高宗實錄』 31년(1894) 6월 28일.
12) 『承政院日記』, 고종 32년(1895) 6월 10일, 이재곤 상소.
13) 「成均館 官制」(勅令 136호, 1895년 7월 4일), 「成均館經學科 規則」(학부령 2호, 1895년 8월 12일)[『官報』 개국 504년(1895) 8월 12일].

신학문을 수용하고 있었다. 이는 대한제국에서 더 강화되었다. 1905년에 개정된 「성균관관제」(칙령 23)에서는 박사제도를 시행하였다. 박사는 유학의 '숙학(宿學), 노유(老儒)' 중에서 선발하거나 또는 경학과를 나온 유생 중에서 경학 및 시무책에 관한 시험으로 선발하였다. 시험 과목은 경의학(經義學. 사서 삼경)과 시무학(時務學)이었다. 가령 1907년의 시무학 과목은 내외국 역사, 내외국 지리, 경제학, 법률학, 정치학 등이었다.[14] 유학을 기반으로 서양 학문을 수용하여 박사와 같은 전문 인재를 키우고자 했던 것이다. 성균관은 '대학'은 아니었지만, 구래의 교육제도를 새로운 형태로 전환시키고자 했던 정부의 의도를 알 수 있다. 그러나 성균관은 일제 식민지 하에서는 경학원(經學院)으로 편성되었다. 총독부가 유생을 회유하고 이용하는 역할을 담당하였다. 그리고 이를 더 효과적으로 관리하기 위해 경학원 안에 명륜학원을 설치했다(1930). 명륜학원은 얼마 지나지 않아 명륜전문학원(1932)을 거쳐 1942년 명륜전문학교가 되었으며,[15] 해방 후 성균관대학이 세워지는 근간이 되었다.[16]


## 2) 기독교계의 교육운동과 '대학'

초창기 한국의 근대교육을 주도하고 높은 수준의 대학 설립을 추진한 것은 기독교계 학교였다. 1880년대 초반, 조선 정부는 양무론적 근대개혁을 추진하면서 '교육과 의료'에 관한 서양인 교사의 활동을 보장하였고, 또 서양인 교사를 초빙하여 정부에서도 외국어교육과 실업교육을 추진하였다. 이런 정부의 후원 내지는 묵인 아래 선교사에 의한 많은 학교가 세워졌고, 이들은

---

14) 『官報』 융희 1년(1907) 10월 3일.

15) 류미나, 「식민지기 조선의 명륜학원-조선총독부의 유교지식인 정책과 조선인의 대응」, 『교육사학연구』 17-1, 2007.

16) 김시업, 「韓國의 中世大學에서 近代大學으로」, 『大東文化硏究』 34, 1999.

모두 대학부를 설치하여 '대학'을 지향하였다.

기독교계 교육은 1885년 내한한 언더우드와 아펜젤러에 의해 시작되었다. 이들의 교육사업은 기독교 전교를 위한 것이었지만, 조선 정부가 이를 공식적으로 허용하지 않았기 때문에 이들은 '교사'의 신분으로 활동하였다. 기독교계 교육운동은 하층민을 위한 초등교육을 중점으로 삼았다.[17] 물론 기독교계 교육은 대부분 기독교문명, 서양문명 우월관에 기반을 두었다.[18]

교육을 먼저 시작한 언더우드는 고아들을 모아 학당을 열었으며, 아펜젤러는 배재학당을 세워 체계적인 학교 교육을 행하였다. 배재학당은 초창기부터 정부의 지원 아래 운영되었다. 초기에는 관료들을 대상으로 교육이 이루어지기도 하였지만, 대부분의 학생들은 신학문, 특히 영어를 배우려는 목적이 강하였다. 영어나 일본어는 신학문 수용의 도구이면서 또한 개인적으로 출세할 수 있는 수단이기도 하였다. 이에 비해 선교사들은 성경, 교회사, 찬송가 등의 종교과목을 강조하였다.[19] 배재학당에서는 일요일에 다른 일을 금하고

---

17) 1893년 1월, 재한장로교선교부공의회(在韓長老敎宣敎部公議會)에서는 ① 근로계급의 歸道에 전도의 목표를 두고, ② 부녀자의 귀도와 청소년의 교육을 특수목적으로 하며, ③ 군 소재지에 기독교 초등학교를 설치하고, 선교부 소관학교에서 남학생을 교사로 양성하여 파송할 것과, 아울러 정확한 언어로 성경을 번역·출판하고, 모든 문서에 국문을 쓸 것 등을 결의하였다. 1897년에는 북장로교 선교부의 회의에서는 "교인이 다수 거주하는 지역에는 초등학교를 반드시 세워야 하며 그 유지비는 지방교회가 담당하게"하는 결의를 채택하였다(白樂濬, 『韓國改新敎史』, 연세대학교 출판부, 1973, 212쪽 ; 340쪽).

18) 기독교 전도와 교육이 가지는 근대화, 민족주의 문제를 둘러싸고 매우 상반된 평가가 있다. 이에 대해서는 이만열, 『한국기독교와 역사의식』, 지식산업사, 1981 ; 이만열, 「한말 기독교인의 민족의식 형성과정」, 『韓國史論』 1, 서울대 국사학과, 1973 ; 노치준, 「한말의 근대화와 기독교」, 『역사비평』 27, 1994 ; 강동구, 「한국 기독교는 민족주의적이었나」, 『역사비평』 27, 1994 등 참조.

19) 배재학당의 경우, 한문(經書, 史記), 영어, 천문, 지리, 生理, 수학, 手工, 聖經 등의 학과목이 있었다(李萬珪, 『朝鮮敎育史(下)』, 1949, 29쪽). 한문의 경우 교육사업이 뿌리를 내리기 위해서 부득이한 과목이었지만 선교사들은 좋아하지 않았다. 배재학당의 교육과정에 대해서는 류방란, 「개화기 배재학당의 교육과정 운영」, 『敎育史學研究』 8, 1998 참조.

강제적으로 예배를 보게 하였으며, 이를 어기면 벌을 가하기도 하였다.[20] 따라서 영어를 배울 목적으로 입학했던 학생들은 종교 수업의 강화에 대해 불만을 드러내기도 하였다.[21] 1903년 배재학당에서는 영어를 없애고 교수 용어를 한국어로 하고, 또 종교교육을 강화하여 매일 성서 학습을 필수로 하자 학생들이 반발하여 동맹휴학을 하였으며, 학교는 이런 학생을 퇴교시켜 1904년에는 재학생 숫자가 23명으로 격감하기도 하였다.[22] 이런 현상은 배재 학당에서만 일어났던 일은 아니었을 것이다.

　이런 운영 상의 혼란 속에서도 기독교계 학교는 일찍부터 '대학'을 지향하였 다. 학문의 성격상 대학 수준의 교육은 의학 분야에서 먼저 시작되었다. 선교사들은 1885년에 문을 연 제중원에 의학교를 설치하여 교육을 시작하였 고, 제중원의 운영권한이 선교사에게 전적으로 이관된 후(1894)에 그 교육을 일신하였다. 1899년에는 제중원의학교를 다시 세우고, 의학교육을 정비하였 다. 특히 의학 교과서도 번역, 발간하여 체계적이고 독자적인 교육을 시행하였 다. 마침내 1908년에 7명의 의사가 졸업하였고, 이들은 한국 최초의 의술개업 인허장, 곧 의사 면허를 받았다. '대학'이라는 이름은 쓰지 못했지만 졸업생에게 는 실력을 인정하여 의학박사 학위를 주었고, 이들을 '박사(博士)'로 불렀다. 이 의학교는 일제하의 법규에 따라 세브란스의학전문학교로 발전하였다.[23]

　중등교육 기관은 '대학부'를 설치하는 방식으로 대학 교육을 준비하였다.

---

20) 이만규, 위의 책, 34~35쪽. 이만규는 이런 교육을 신앙의 자유를 무시한 것으로 국민교육, 인간교육에서 용서할 수 없는 것이며, 교인을 많이 얻어 선교 성적을 올리려는 야심에서 나온 졸렬한 수단이라고 冷評하였다.

21) 여운형의 경우가 그러하였다. 그는 배재학당의 영어교사였던 族叔 呂炳鉉의 영향으로 부친의 반대를 무릅쓰고 배재학당에 입학하였는데, 일요일에 예배당에 출석하지 않고 동료 학생과 남산에서 놀았다. 이 문제로 여운형은 교사 梁弘默에 의해 방과 후 한 시간 자습하라는 벌을 받았다. 여운형은 이에 반항하여 학교를 나와 興化學校로 전학하였다(李萬珪, 『呂運亨先生闘爭史』, 1946, 13쪽). 흥화학교 또한 영어교육으로 유명했던 학교였다.

22) 白樂濬, 앞의 책, 1973, 323~325쪽.

23) 연세의료원 120년사편찬위원회, 『인술, 봉사 그리고 개척과 도전의 120년』, 2005.

대학부가 처음 설치된 곳은 '배재학당'이었다. 중등교육기관이었던 배재학당에는 본과(영어과, 한문과)와 특별과(보통과, 萬國地誌科)가 설치되었고, 수업 연한은 5년이었다. 1895년 대학부를 설치하고, 육영공원에서 가르쳤던 벙커(D. Bunker)가 이를 담당하였다. 대학부에는 영어과와 한문과를 두었다.[24] 대학부는 1900년이나 1901년에 폐지된 것으로 보이며, 그후에는 북장로교와 연합하여 교육을 행하다가 기독교연합대학 설립으로 이어졌다.

여자교육기관 이화학당은 고아원에서 출발하였다. 1909년에 대한제국의 사립학교령에 따라 고등과를 만들어 초중등 교육기관으로 성장하였으며, 1910년 4월에 '대학과'를 설치하여 여자고등교육기관을 지향하였다. 1925년에 이화여자전문학교로 승격하였다.[25]

법적으로 '대학'이라는 이름을 처음 사용한 학교는 숭실학당이었다. 1897년 베어드(Baird)에 의해 숭실학당이 설립되었는데, 1905년에 대학 교육과정을 실시하고, 1906년 대학부를 설치하였다. 장로교선교회에서도 대학부 설치를 허락해 주었고, 더구나 1906년에는 감리교 선교부가 학교 운영에 참여하여 연합숭실대학(Union Christian College), 또는 평양연합대학(Pyeng Yang Union College)이 되었다. 1909년에는 대한제국 학부로부터 '대학'으로 정식 허가를 받았다. 당시 일반인들은 '평양대학교'라고 불렀다. 그러나 뒤에 보게 될 바와 같이, 언더우드가 주도하던 기독교연합대학 설립 문제를 두고 대립하였다. 일제하에 들어서도 숭실은 스스로 '대학'이라는 명칭을 계속 사용하였지만, 총독부의 법령(사립학교령, 전문학교령)에 따라 1925년에 숭실전문학교로 인가를 받았다.[26]

언더우드의 대학 설립에 대해서는 뒷부분에서 자세하게 기술할 것이다.[27]

---

24) 『培材八十年史』, 1965, 147~155쪽.

25) 이화역사관 엮음, 『이화 역사이야기』, 2013, 71~73쪽.

26) 柳永烈, 「한국 최초 근대대학의 설립과 민족적 성격」, 『한국민족운동사연구』 15, 1997 ; 숭실대학교90년사편찬위원회, 『숭실대학교 90년사』, 숭실대학교 출판부, 1987.

그는 한국에 온 직후부터 바로 대학 설립을 꿈꾸었다. 그는 몇 차례 대학설립을 한국 정부에 신청하였으나 뜻을 이루지 못했다. 또 갑오개혁 때에는 왕실의 권유를 받아 대학 설립을 구상, 추진하였다. 언더우드의 대학 설립은 1906년부터 다시 적극적으로 추진되었다. 그는 서울지역 북장로회 선교사들, 특히 에비슨과 힘을 합쳐 서울에 기독교 연합대학을 설립하고자 하였다. 한국교육기금을 모집하여 재정적 안정을 기하면서, 동시에 북장로회와 남북감리회 선교사의 도움을 청하였다. 경신학교의 대학부를 출발점으로 하고자 하였다. 그러나 북장로교 평양지역 선교사와의 의견 대립으로 혼란을 겪었다. 1915년에 들어 북장로회의 경신학교 대학부와 북감리회의 배재학당 대학부가 연합하는 형식으로 Chosen Christian College(조선기독교대학)를 만들었다. 이 학교는 일제의 법령에 따라 연희전문학교로 인가되었다(1917). 이는 사립전문학교로서는 처음이었다. 그리고 교육은 전문학교임에도 불구하고 대학 수준으로 운영되었다.

### 3) 계몽운동의 근대교육과 민립대학설립운동

정부의 교육진흥정책이 활발하게 추진되자 왕실 관련자와 고급 관료층의 학교 설립이 활발해졌고, 이들에 의해 많은 사립학교들이 세워졌다. 민영환(閔泳煥)의 흥화학교(興化學校, 1895)를 비롯하여 민영기(閔泳綺)의 중교의숙(中橋義塾, 1896), 엄주익(嚴柱益)의 양정의숙(養正義塾, 1905), 민영휘(閔泳徽)의 휘문의숙(徽文義塾, 1906), 엄비(嚴妃)의 진명(進明)·숙명학교(淑明學校, 1906), 그리고 이용익(李容翊)의 보성학교(普成學校, 1905) 등이 대표적이었다.

더욱이 1905년 을사늑약으로 국권이 상실된 이후에는 전국적으로 계몽운동이 일어났다. 계몽운동은 국권회복을 위해 실력양성, 자강을 추구하였고,

---

27) 이 책의 제2부 참조. 언더우드의 대학 설립에 대해서는 최재건, 『언더우드의 대학 설립-그 이상과 실현』, 연세대학교 출판문화원, 2012 참조.

이를 위한 핵심적인 방법의 하나가 교육진흥이었다. 대한자강회, 대한협회, 신민회, 그리고 지방 연고의 학회(學會)에서는 학교 설립을 권유하고, 사범학교를 운영하여 교사를 양성하였으며, 정부에 의무교육 실시를 건의하였다. 이에 각 지방에는 대성학교, 오산학교로 대표되는 많은 사립학교들이 세워졌다. 이들 학교는 대개 소학교(보통교육, 초등교육) 수준이었으며, 민지개발, 실력 양성으로 국권을 회복하자고 주장하였다.[28] 하지만 근대교육이라고 하더라도 많은 학교의 주도층이 유생층이었던 점에서 신학문은 유교와 절충적으로 교육이 이루어진 면이 많았다.[29]

이런 학교 가운데 그나마 전문적인 고등교육, 즉 '대학'을 지향했던 것은 이용익(李容翊)이 세운 보성전문학교(1905)였다.[30] 이용익은 내장원경으로, 고종이 가장 신뢰하는 수하였다. 학교 이름을 고종이 하사하였듯이, 고종의 적극적인 후원으로 설립, 운영된 일종의 '황립학교'로 출발하였다. 이용익이 국외로 망명한 이후에도 황실의 지원은 계속되었으나, 1908년 일제의 황실재산 단속으로 고종의 지원이 줄어들었다. 이종호가 학교를 경영하면서 내부에서 문제가 일어나고, 일제가 관여하여 관립화하려는 시도도 있었지만, 이종호의 독자 경영으로 보성전문은 '민립' 전문학교로 유지되었다. 그리하여 1910년 3월에 학부에 '보성대학(普成大學)' 설립을 청원하였다.[31] 대학 설립은 성사되지 못하였으며, 또 재정난으로 인해 1910년 말에 천도교에 인수되었다. 전문학교의 이름으로 대학을 지향하였지만, 일제 지배 아래에서는 총독부가 정한 전문학교 설립 조건들을 채우지 못해 1915년에 각종학교 수준인 사립보성법률

---

28) 金祥起,「韓末 私立學校의 敎育理念과 新敎育救國運動」,『淸溪史學』1, 1984.
29) 김도형, 앞의 책, 2014, 398~416쪽 ; 김도형,「한말 경북지역의 근대교육과 유교」,『啓明史學』10, 1999.
30) 배항섭,「高宗과 普成專門學校의 창립 및 초기운영」,『史叢』59, 2004.
31) 『대한매일신보』1910년 3월 9일,「普成大學」. 대학에는 법과, 경제과, 상과, 정과(政科)의 4개과를 두고자 하였으며, 또한 중학부, 소학부, 도서부, 활판부 등도 설치하고자 하였다.

상업학교(私立普成法律商業學校)가 되었다. 교육령이 개정된 후, 1922년에 이르러 비로소 보성전문학교로 인가를 받았다. 그 뒤 1932년 김성수가 이를 인수하였으며, 해방 후에 고려대학교로 승격되었다.

초중등 사립학교를 경영하던 사람들은 자연스럽게 '대학', 곧 민립대학 설립운동으로 나아갔다. 민립대학 설립은 두 차례 정도 시도되었다. 첫 번째 움직임은 국채보상운동의 일환으로 제기되었다. 국채보상운동이 일제의 탄압으로 중지되면서 서울의 총합소나 각군에서 모아 놓은 보상금의 사후 처리 문제가 대두되었고, 서울의 국채보상처리회에서는 그 방안으로 ① 이자로 학교 설립, ② 식산 진흥, ③ 은행 설립, ④ 각 지방에 분급 등의 방안이 제안되었다.[32] 1910년 4월 16일에 전국대표인 총회 115명이 참석하여 총회를 열고, 각처 보관금 조사 총액 15만 9천 2백 53원으로 이자를 불려 교육을 진흥하기로 결정하였다. 이용방법은 이자를 취하여 교육비로 쓰고, 자금을 유지하기 위해서는 토지를 매득하기로 하였다.[33] 이 자금을 기반으로 민립대학을 설립하려 했던 것으로 보이지만, 그 구체적인 내용은 알 수 없다.[34]

본격적인 민립대학 설립운동은 3·1운동 이후에 제기되었다. 이때 부르주아 민족주의 세력은 교육과 산업 발전을 통한 실력양성을 추구하는 문화운동(文化運動)을 전개하였는데, 민립대학 설립운동도 그 일환이었다. 이 운동은 1920년 6월에 조직된 조선교육회(회장 이상재, 부회장 김사묵)가 주도하였다. 그리하여 1923년 3월 29일 민립대학설립기성회 총회를 열어 취지서, 계획서 등을 결의하여 전국적으로 이 운동을 시작하였다. 그러나 이 운동은 1925년에 이르러 좌절되었다.[35]

---

32) 『大韓每日申報』 1909년 11월 30일, 「梁氏意見」.

33) 『大韓每日申報』 1910년 4월 17일, 「處理會大總會」 ; 4월 19일, 「大總會續開」 ; 4월 21일, 논설 「國債報償金의 處理를 贊賀ᄒ노라」 ; 4월 21일, 「總會續聞」. 각도의 대표로는 권동진, 현은(서울), 홍필주(충남), 이상직(충북), 장길상(경북), 정준민(경남), 최린(함남), 태명식(함북), 남궁억(강원) 등이었다.

34) 손인수, 『한국근대교육사』, 연세대학교 출판부, 1971, 177쪽.

  1910년대 말에 일본의 「대학령」이 식민지 조선에도 적용되었지만, 일제는
조선 안에 '제국대학' 외, 조선인에 의한 대학 설립은 허가하지 않았다. 조선인
에 대해서는 보통교육, 기술교육만 강조하여 식민지배를 위한 하급 전문가
정도를 양성하고자 하였으며, 전문적인 지식 습득을 위한 전문학교만 허용해
주었다. 이리하여 일제하에서 법적인 대학으로는 유일하게 경성제국대학
(1924년 예과)만 존재하였다. 이를 통해 식민지배를 위한 학문 체계를 구축하
였다.[36]

## 4) 신학문 수용과 근대학문의 형성

  갑오개혁, 광무개혁을 통하여 개화·개명을 위한 교육이 추진되면서 전국적
으로 학교가 만들어졌고, 그 가운데 몇몇 학교는 '대학'을 지향하였다. 이
교육에는 수준 여하에 관계없이 서양의 근대 학문, 곧 신학문이 도입되었다.
학교 설립자의 이념에 따라 약간의 차이가 있기는 하였지만, 나라의 부강과
자주독립, 그리고 개인의 민지 개발과 실력양성을 위해 필요한 거의 모든
서양 학문이 수용되었다. 이런 과정을 통해 전문·고등 교육기관에서 한국의
근대학문 체계를 만들어갈 수 있었다.

  서양 학문 수용은 근대개혁의 논의구조와 관계가 있었다. 서양 문화를
'금수(禽獸)'라고 규정하고, 이를 철저하게 부정하였던 척사론을 제외한다면,
정부를 비롯한 다수의 선진 지식인들은 개혁을 위해 서양문명, 그리고 그

35) 金鎬逸, 「日帝下 民立大學 設立運動에 對한 一考察」, 『中央史論』 1, 중앙대학교 중앙사학연
   구소, 1972 ; 盧榮澤, 「民立大學 設立運動 硏究」, 『國史館論叢』 11, 1990 ; 김호일, 「한국에
   서의 대학설립운동」, 『아시아의 근대화와 대학의 역할』, 한림대 아시아문화연구소,
   2000 등 참조.
36) 정선이, 『경성제국대학 연구』, 문음사, 2002 ; 정근식 외, 『식민권력과 근대지식 : 경
   성제국대학』, 서울대규장각한국학연구원, 2011 ; 장세윤, 「日帝의 京城帝國大學 설립
   과 운영」, 『한국독립운동사연구』 6, 1992 등 참조.

근간이 된 서양 학문을 반드시 배워야 할 것으로 보았다. 그런데 서양을 어떻게 인식하고, 이를 어느 수준까지 받아들일 것인가라는 논의가 바로 근대개혁론의 성격을 결정하였다. 곧 유교로 대표되는 구학문(舊學問)과 서양의 신학문(新學問)의 관계를 어떻게 설정하느냐의 문제였다. 이에 서양의 기술문명만 수용하고자 했던 양무개혁론, 서양의 종교와 정치론까지 적극적으로 배우려던 문명개화론, 그리고 시세 변화를 거부하는 유교(주자학)의 잘못을 개혁하면서 동시에 변법의 차원에서 서양 정치론까지 절충하고자 했던 변법개혁론 등으로 제기되었다.[37] 대한제국기의 광무개혁이나 국권회복을 위한 계몽운동을 통해 근대교육이 확산되면서 유교를 바탕으로 서양의 기술 문명만 배워야 한다는 양무개혁론은 축소되었다. 계몽운동이 전개되면서 신학문 수용을 둘러싼 논의는 이른바 '신구학 논쟁'으로 일어났다.[38]

신학문을 적극적으로 배워야 한다는 논의에서는 유교를 전제정치, 계급사회, 상고주의(尙古主義)의 유물이라고 비판하였다. 그 대신 서양문명의 원천이 기독교에 있으므로, 문명화를 위해서는 기독교를 믿어야 한다고 주장하였다.

그러나 구학문을 바탕으로 계몽운동에 참여했던 사람들은 달랐다. 계몽운동이 기본적으로 서양 학문을 통해 자강을 이루고자 했으므로, 유교가 시세의 변화에 대응하지 못하는 문제점을 인식하였다. 이들 가운데 일부는 유교의 폐단을 고쳐서 새로운 근대적인 종교 형태로 바꾸고자 하였다. 박은식은 「유교구신론」을 지어 구래의 성리학이 제왕의 편에 서 있으며, 지리하고 어려우므로, 이를 개혁해야 함은 물론 더 나아가 대동교 같은 종교조직으로 만들고자 하였다. 오히려 이들이 염려했던 것은 무분별한 서양학문 수용으로 인해 생긴 '구화(歐化)'의 문제, 곧 '외인(外人)의 노예'가 되는 것이었다. 이에

---

37) 김도형, 앞의 책, 지식산업사, 2014.
38) 이 시기에는 근대학문과 전통학문 사이의 논쟁이 일어났다. 이에 대해서는 李光麟, 「舊韓末 新學과 舊學의 논쟁」, 『東方學志』 23·24합, 1980 ; 柳永烈, 「大韓自强會의 新舊學折衷論」, 『최영희선생화갑기념 한국사학논총』, 탐구당, 1987 ; 김도형, 「한말 근대화 과정에서의 구학·신학 논쟁」, 『역사비평』 34, 1996.

28

대한 대안으로 그들은 우리 역사 속에서 계승할 수 있는 것에 주목하였다. 그들은 우리의 역사 속에 전래하는 풍속, 습관, 법률, 제도 등의 정신을 '국수(國粹)', '국성(國性)', 혹은 '국혼(國魂)' 등으로 부르고, 이런 '나라의 아름다움'이 있어야 외국의 문물을 수용하면서 그들에게 정신적으로 동화되는 것도 막을 수 있고, 또한 나라를 위하는 애국심도 고취할 수 있다고 보았다. 이런 차원에서 그들은 조선 후기의 실학에 주목하고, 개혁을 위해서 실학을 계승해야 한다고 하였다. 요컨대 우리의 역사 속에서 축적된 자주적, 독립적 정신인 국수(國粹)와 외국의 신학문의 장단점을 따져서 절충해야 한다고 하였던 것이다. 당시 근대사회를 만들기 위한 '민족주의론'도 여기에서 나올 수 있었다.

신구학을 둘러싼 이런 논의의 차이에도 불구하고 조선에는 다양한 서양 학문이 들어왔다. 서양의 기술문명과 연관된 자연과학(수학, 물리학, 화학, 생물, 농업, 의학 등)은 물론이거니와 서양 사회 속에서 형성된 각종 인문·사회 과학도 배워야 한다는 논의가 주류를 이루었다. 특히 자본주의적 상품화폐경제의 발전에 따른 상공업 관련 학문, 그리고 민권과 국권, 입헌정치 등을 제기한 국가학, 헌법학, 정치학 등의 학문도 소개되었다. 이러한 다양한 학문들은 각급 학교의 교과서로 편찬되었고, 어문학,[39] 역사학,[40] 철학, 그리고 정치학,[41] 법학,[42] 경제학,[43] 사회학, 심리학 등의 사회과학 분야에서[44] 새로

---

39) 이기문, 『개화기의 국문연구』, 일조각, 1970.
40) 김용섭, 「한국 근대역사학의 성립」(1970), 『한국의 역사인식(하)』, 창작과 비평, 1976 ; 이만열, 『한국 근현대 역사학의 흐름』, 푸른역사, 2007 등 참조.
41) 金度亨, 『大韓帝國期의 政治思想 硏究』, 지식산업사, 1994, 제2장 제3절 「서양정치사상의 수용과 입헌론」, 95~115쪽 ; 金度亨, 「韓末 啓蒙運動의 政治論 연구」, 『韓國史硏究』54, 1986 ; 김학준, 『한말의 서양정치학 수용 연구-유길준·안국선·이승만을 중심으로-』, 서울대학교 출판부, 2000.
42) 김효전, 『서양 헌법이론의 초기 수용』, 철학과 현실사, 1996 ; 김효전, 『근대 한국의 국가사상 : 국권회복과 국권수호』, 철학과 현실사, 2000.
43) 李基俊, 『韓末 西歐經濟學 導入史 硏究』, 일조각, 1985 ; 김동노, 「근대 초기 서구 경제학의 도입과 식산흥업론」, 『한국 사회의 근대적 전환과 서구 사회과학의 수용』, 선인, 2013.

운 학문이 형성되기 시작하였다. 학문연구에서도 '신(新)'이 붙은 신사학, 신체시, 신소설 등의 용어가 유행하였다.

계몽운동을 통한 서양 학문 수용에는 몇 가지 특징이 있었다. 첫째는 서양 학문의 수용에는 이를 담당한 계급이나 세력의 이해관계가 반영되어 있었다. 주로 국가 위주의 논리, 혹은 부르주아층의 이익을 대변하는 사회진화론이 강조되고, 국가유기체설이 선호되었다. 이런 논의는 국권을 회복하기 위해서는 필요한 측면도 있었지만, 민권 신장, 개인 발전 등의 부문은 상대적으로 미약하였다. 국가주의적 국가학, 헌법학, 정치학, 경제학 등이 주류를 이루었다. 이런 경향은 계몽의 대상이었던 민중에 대한 불신과도 연결되어 있었다.

둘째, 서양 학문의 수용은 주로 일본을 통해서 이루어졌다. 물론 같은 처지의 청국의 양계초(梁啓超)의 학문도 영향을 끼쳤고, 또 서양 선교사를 통하거나, 아니면 서구에 대한 직접적 경험이 작용하기도 하였지만, 점차 일본 유학생이 지식계를 선도하였다. 따라서 학문도 천황 중심의 일본 학문이 영향을 끼치게 되었다. 이에 일본의 제국주의, 식민주의를 옹호하는 학문도 형성되어 갔다.

셋째, 제국주의적, 식민주의적 학문에 대한 반발로 우리 학문, 특히 역사와 어문, 종교에 대한 연구가 이루어지면서 근대민족주의의 토대가 이루어졌다. 서양의 근대학문의 방법론을 동원하여 전통 학문을 재해석하면서 새로운 한국의 학문을 형성하였고, 이는 민족주의 학문의 기초가 되었던 것이다. 특히 역사학, 어문학 등에서 그러하였다.[45]

계몽운동 당시 한국에 수용된 서양의 학문은 이후 근대학문이 형성되는 출발점이 되었다. 근대학문은 대학을 통해서 형성되었으므로, 일제하의 전문학교나 대학에서 이루어졌던 것이다. 그러나 일제하에서 유일한 법적인 대학

44) 진덕규 외, 『한국 사회의 근대적 전환과 서구 사회과학의 수용』, 선인, 2013.
45) 이런 신문화운동에 대해서는 최기영, 「애국계몽운동(II)」, 『한국독립운동사 사전(1) -총론편(상)』, 독립기념관 한국독립운동사연구소, 1996, 242~245쪽.

은 경성제국대학뿐이었고, 여기에서의 학문 수준은 높았을지라도 '제국'의 학문이었고, 식민지배를 위한 학문이었다. 경성제대에 견줄 수 있는 한국의 학문은 부득이 전문학교에서 담당할 수밖에 없었다. 곧 연희전문학교의 문학·역사·상학·자연과학,[46] 그리고 보성전문학교의 법률학·상학,[47] 그리고 세브란스의전의 의학 등이 그런 책무를 지게 되었던 것이다.


## 3. 본 책의 구성과 내용


이 책은 한국의 근대학문과 그 근간이 된 대학 설립의 역사를 연희전문학교를 통하여 검토하고자 한 것이다. 연희전문의 설립과 대학 지향, 학문과 학풍, 그리고 민족문화 차원에서 연전의 학풍을 구현하려고 노력했던 학자 몇 사람을 검토하여 이런 문제에 접근하였다. 이에 따라 크게 제3부로 나누었으며, 세브란스 관련이나 기타 주제는 따로 정리하였다. 또한 이를 보완하는 논고를 〈보론〉으로 두었다.

제1부에서는 연희전문학교가 세워진 과정과 '대학'을 설립하기 위해 노력한 과정을 다룬다. 연희전문의 교육은 미국의 기독교 선교사 언더우드에서 시작되었다. 1885년 4월, 한국에 온 언더우드(H. G. Underwood) 선교사는 바로 교육사업을 시작하였고, 대학 설립을 염원하였다. 그의 교육사업과 학교 설립은 한국의 근대화 개혁 속에서 가능하였다. 조선 정부는 서양 학문, 특히 기술, 어학 분야의 교육을 통해 근대화, 부강화를 추구하였는데, 언더우드

---

46) 연세대학교 국학연구원 편, 『근대학문의 형성과 연희전문』, 연세대학교 출판부, 2005 ; 연세학풍사업단·김도형 외, 『일제하 연세학풍과 민족교육』, 혜안, 2015 ; 연세학풍사업단·김도형 외, 『연희전문학교의 학문과 동아시아 대학』, 혜안, 2016 ; 연세대학교 국학연구원 편, 『근현대 한국의 지성과 연세』, 혜안, 2016.

47) 普城專門學校의 法學·經商學 教育과 韓國의 近代化 研究委員會 편, 『近代西歐學問의 受容과 普傳』, 고려대학교 출판부, 1986.

의 교육도 이런 정책 속에서 추진되었다.

언더우드의 대학 설립 염원은 1915년 기독교 연합대학인 Chosen Christian College(조선기독교대학)의 설립으로 일단 결실을 맺었다. 이 '대학'은 언더우드 사후, 조선총독부의 법령에 의해 연희전문학교로 인가되었다(1917). 연희전문의 대학 설립 노력은 에비슨(O.R. Avison)과 언더우드의 아들 원한경(H. H. Underwood)에 의해 이어졌다. 일본 '대학령'이 조선에도 적용되면서, 조선 땅에도 대학 설립이 가능해졌지만, 조선총독부는 대학 설립을 허락하지 않았다. 조선총독부의 불인가 방침에도 불구하고, 연희전문에서는 세브란스의전과 통합을 통한 종합대학 설립을 지속적으로 추진하였다.

제2부에서는 연희전문학교의 교육방침(1932)으로 천명된 "기독교 주의 하의 동서고근(東西古近) 사상의 화충(和衷)"이라는 연전학풍의 형성 배경과 내용을 다룬다. 이 학풍은 당시 조선사회의 과제를 교육에서 해결하고자 한 것이었다. 우선 연희전문학교에서 민족문화를 연구할 수 있었던 사회적 배경을 1920~30년대 부르주아 진영의 민족문화운동에서 구하고, 이런 민족문화 연구가 연전의 민족교육으로 연결되는 점을 언급하고자 한다. 그리고 그 결과 1930년대에 들면서 '교육 방침'이 확립되면서, 민족문화 연구의 흐름이 조선학운동, 국학운동으로 발전하게 되었던 점을 살펴보아, 근대한국학의 형성의 터전이 연희전문이었음을 살펴본다. 해방 후에 연희대학교가 국학의 산실이 될 수 있었던 것도 바로 이런 학풍이 해방 후에 다시 정립되었기 때문이었음도 부기한다.

제3부에서는 연희의 학풍이 학교뿐 아니라, 졸업생이나 교수를 통해 전개되었던 점을 살펴보고자 한다. 교수로는 정인보, 최현배, 백낙준 등이 이미 많이 연구되었으므로, 이들 외 조선어학회 사건으로 옥중에서 사망한 이윤재(李允宰)에 주목하였다. 그는 북경대학 출신으로 신채호의 영향을 받은 민족주의 역사학자였다. 그는 연전에 출강하여 주로 역사학을 가르쳤다. 그는 1930년대 초반 민족문화의 일원으로 참여하여 대중적인 글을 통해 민족적 역사의식

고취에 노력하였으며, 흥사단을 통하여 민족운동에도 참여하였다.

또한 1930년대에 연희전문 문과를 다녔던 두 사람, 홍이섭과 정진석을 다룬다. 두 사람은 공교롭게도 해방 후 남북 분단 속에서 각각 조선 후기의 실학을 연구하였다. 연희의 교수가 된 홍이섭은 일제 말기, 『조선과학사』 저술을 이어 1959년에 정약용의 실학을 분석한 저술을 내었고, 북한 사회과학원 철학연구소를 책임졌던 정진석은 1960년에 『조선철학사(상)』을 주도하고, 정약용의 철학사상과 실학파의 사회개혁사상에 관해 연구하였다. 이들은 일제하 연희전문 시절 정인보의 조선학연구, 실학 연구의 영향 아래에서 실학을 접했고, 그 후 남북한 분단 속에서 각각 이를 체계화했던 점이 주목된다.

제4부에는 이 책의 논지를 보완하는 '부록'과 같은 성격으로, 연세의 역사 몇 장면을 다룬다. 연세 역사의 출발이 된 제중원의 '지위' 문제는 최근 제중원의 성격(국립병원 혹은 선교병원)과 그 이후의 계승 문제가 불거져 있기 때문에 이를 정리하는 차원이기도 하다. 다음으로 세브란스의전의 2대 교장을 지낸 오긍선의 활동을 다루고자 한다. 세전 차원의 대학교육과 종합대학 지향을 살펴볼 것이다. 그리고 일제하 기독교 농촌운동을 전개했던 배민수 목사를 통하여 연희의 농업교육도 언급한다. 이런 글들은 체계적인 저서를 염두에 두고 집필된 것이 아니지만, 연희나 세브란스의 학문, 교육을 엿볼 수 있기에 따라 모아 별도로 정리한다.

마지막 결론은 한국의 대학 발전에서 연희의 학문이 가지는 의미를 요약하면서 동시에 현재 자본과 국가 권력 앞에서 방황하는 대학(연세대)의 앞날을 가름하기 위한 방안의 하나로 연세대가 일제하 형성된 학풍을 어떻게 계승하고, 또 앞으로 어떻게 창신(創新)할 것인가라는 고민을 담고 있다. 물론 역사 속에 모든 길이 있는 것은 아니지만, 적어도 앞으로의 대학은 자신의 창립정신과 역사 속에서 각 사회를 향해 던졌던 학문적 자세를 버리지 말아야 할 것을 강조할 뿐이다.

제1부

———

종합대학을 향한 여정

# 한국의 근대개혁과
# 언더우드(H. G. Underwood)의 교육운동

1876년 문호개방으로 한국은 지금까지 경험하지 못했던 새로운 변화에 직면하였다. 서양열강이 주도하는 새로운 제국주의적 국제질서 속에서, 한국은 중국 중심의 전근대적 질서의 붕괴와, 서양 문명, 문물로 인하여 사회 전반에 걸쳐 커다란 변화가 일어났다. 이런 '근대화'의 과정은 요컨대 한국의 중세사회가 반봉건, 반제국주의 변혁 과정을 거치면서 근대민족국가로 나아가는 것이었다.

한국을 포함한 아시아 지역의 근대화는 부득이 서양문명을 수용해야 하였다. 봉건체제를 청산하기 위해서도, 또한 제국주의의 침투를 막아내기 위해서도 그러하였다. 당시의 근대개혁론은 서양문명 수용의 향방에 따라 다양하였다. 서양문명에 대한 생각은 개혁추진 세력의 정치적, 경제적 입장, 사상적 연원에 따라 매우 달랐다. 서양문명을 거부할 것인가(척사론), 아니면 서양문명을 적극적으로 수용하여 서구적 개혁을 달성할 것인가(문명개화론)라는 대별되는 두 노선 사이에 서양문명과 전통문명의 절충, 변용(變容), 변통(變通) 등의 다양한 방안들이 제기되었다.[1]

---

1) 김도형, 『근대한국의 문명전환과 개혁론-유교 비판과 변통』, 지식산업사, 2014.

조선 정부는 1880년대에 들면서 새로운 국제질서에 대응하고 서양 기술을 배우기 위해 정치제도를 정비하였으며, 서양문명을 배우기 위해 청, 일본, 미국 등지에 시찰단을 파견하였다. 이런 정책 위에서 본다면 기독교 선교사도 서양을 배울 수 있는 좋은 통로였다. 정부는 기독교의 전교(傳敎)를 허락하지는 않으면서도 이들의 기술 전파나 교육은 허락하였다. 서로의 목적과 이념이 다르면서도 서로를 필요로 하였던 것이다. 선교사는 이런 조건 속에서 서양문명을 전해주는 교육을 담당하여 조선의 근대화에 기여하였다. 한국에 온 최초의 복음선교사였던 언더우드(H. G. Underwood, 元杜尤, 1859~1916)의 활동도 그러하였다.[2]

## 1. 1880년대 정부의 개혁사업과 언더우드

### 1) 정부의 양무개혁(洋務改革) 정책

조선 정부는 비록 문호 개방(1876, 조일수호조규, 강화도조약)을 준비되지 않은 가운데 시작하였지만, 이후 세계정세의 변화를 알게 되면서 제국주의 열강이 지배하는 국제질서를 이해하게 되었다. '근대'적 국제질서 아래에서 나라를 자주적으로 유지하기 위해서는 중국 중심의 전근대적 질서를 벗어나 만국공법에 의거한 국제관계를 받아들여야 하고, 동시에 안으로는 부국강병을

---

2) 언더우드의 활동은 일찍이 L. H. 언더우드, Fifteen Years among the Top-Knots, 1904(『상투의 나라』, 신복룡, 최수근 역주, 집문당, 1999. 이하 『상투의 나라』) ; Underwood of Korea, 1918(『언더우드-한국에 온 첫 선교사』, 이만열 옮김, 기독교문사, 1990. 이하 『언더우드』)에 의해 정리된 바 있다. 언더우드의 활동에 관한 기초적인 자료는 이만열·옥성득에 의해 편찬되었다(『언더우드 자료집(Ⅰ~Ⅴ)』, 연세대학교 국학연구원 연세국학총서 48, 연세대학교 출판부, 2005~2010. 이 장에서 『자료집』으로 표기함). 언더우드의 활동을 전 분야에 걸쳐 논의한 것으로는 언더우드기념사업회 편, 『언더우드기념강연집』, 연세대학교 출판부, 2011.

위한 '근대화' 사업이 필요하다고 깨닫게 된 것이다. 이에 조선 정부는 서양문명을 먼저 도입한 중국의 양무운동이나 일본의 메이지유신의 성과에 주목하고, 1880년대 들어 서양의 기술 문명을 받아들여야 한다는 입장으로 개혁 방향을 설정하였다.[3]

조선 정부에서 추진했던 근대화의 논리는 양무개혁론(洋務改革論), 이른바 동도서기론(東道西器論)이었다. 그들은 19세기 서울의 지식, 관료층 사이에 풍미했던 북학론(北學論)의 전통을 이어받아 유교적 윤리·도덕을 근본으로 하면서 서양의 기술문명을 수용하려 하였다. 이를 위해 조선 정부는 일본이나 청국, 미국에 시찰단을 파견하였으며, 새롭게 인식한 국제 질서에 대처하기 위해 정부의 기구를 개편하였다.

그 첫 사업으로 정부는 수신사 김홍집(金弘集)을 일본에 파견하였다(1880. 6. 음). 일본과의 통교 후에 야기된 인천 개항 문제, 미곡 금수 해제 요구 등을 협의하게 하는 한편 일본의 근대화 사업을 탐색하고 미국과의 조약 체결 등도 탐문하게 하였다. 김홍집은 메이지 유신 이후 일본의 군사제도, 교육제도, 풍습 변화, 경제제도, 경제 상황 등을 살펴보았다. 그는 일본의 부국강병 정책의 성과를 긍정적으로 파악하고, 근대화 정책에 대한 확신을 가지게 되었다. 그리고 청국 공사관의 황준헌(黃遵憲)과 만나면서 부국강병과 자강의 필요성을 절감하였다.[4]

같은 때에 정부는 청국에 병기제조, 군사훈련 등을 배우기 위한 청년학도의 파견도 결정하였다(1880. 4. 음). 그리고 근대화 사업을 추진하기 위한 기구로 통리기무아문(統理機務衙門)을 설치하였다(1880. 12). 또 군사제도를 재정비하여, 종래의 5군영을 2군영(무위영, 장어영)으로 통합하고 무위영(武衛營) 소속으로 신식 군대 별기군(別技軍)을 신설하여 일본인 교관을 초빙하였다. 그리고

---

3) 김도형, 앞의 책, 지식산업사, 2014, 2장.
4) 하우봉, 「개항기 수신사의 일본인식」, 『근대교류사와 상호인식(I)』, 아연출판부, 2000, 참조.

김홍집이 가져온『조선책략(朝鮮策略)』을 정부의 부국강병과 자강을 위해 필요하다고 판단하고 이를 간행하여 배포하였다.『조선책략』에 대한 보수 유생층의 반대 상소가 만인소(萬人疏)로 일어났지만, 정부는 이에 주저함없이 대규모 시찰단을 청국과 일본에 다시 파견하였다. 일본에는 어윤중 등 12명의 조사(朝士)를 파견하였고(신사유람단, 1881. 1), 청국에는 김윤식을 영선사(領選使)로 하여 천진 기기국(機器局)에 군기 제조를 배우게 하였다(1881. 9). 조선 정부는 본격적으로 서양 기술문명을 수용하는 방향으로 정책을 추진하였던 것이다.

보수 세력은 정부의 기술 수용을 통한 근대개혁에 보수 세력은 불만을 가지게 되었다. 그 일환으로 야기된 것이 임오군란(壬午軍亂, 1882)이었다. 군란으로 대원군이 일시적으로 다시 집권하였으나, 정부는 청국의 도움으로 이를 해결하고 군란 이전에 해오던 양무개혁 사업을 더 적극적으로 추진하였다. 이런 점은 임오군란 직후 고종의 교지(敎旨)에 분명하게 제시되었다.

고종은 먼저 세계 정세의 변화 속에서 서양과의 통교가 부득이하다고 강조하였다.

> 근년 이래로 천하의 대세는 옛날과 판이하게 되었다. 구미 제국, 즉 영국·프랑스·미국·러시아 같은 나라에서는 정밀한 기계를 만들고 나라를 부강하게 만드는 일에 최선을 다하며 배나 수레가 온 세상을 두루 돌아다니고 萬國과 조약을 체결하여 병력으로 서로 대치하고 公法으로 서로 대치하는 것이 마치 春秋列國의 시대를 방불케 한다. 그러므로 천하에서 홀로 존귀하다는 중화도 오히려 평등한 입장에서 조약을 맺고, 斥洋에 엄격하던 일본도 서양과 修好를 맺고 통상을 하고 있으니 어찌 까닭 없이 그렇게 하는 것이겠는가. 참으로 형편상 부득이하기 때문이다.5)

---

5) 『承政院日記』고종 19년(1882) 8월 5일. 이 교지는 김윤식이 작성한 것으로, 『雲養集』 권9, 「曉諭國內大小民人」으로도 수록되어 있다.

그러나 당시에는 서양과 통교하는 것을 반대하는 사람이 많았다. 특히 반대론자는 "서양 나라들과 좋은 관계를 가지게 되면 장차 점점 사교(邪敎)에 물들 것"이라고 걱정하고 있었다. 이런 점에 대한 고종과 정부의 입장도 명확하였다.

 修好는 수호대로 하고, 禁敎는 금교대로 할 수 있으며, 조약을 맺어 통상을 하는 것은 다만 만국공법에 의거할 뿐이다. 애초에 內地에 傳敎를 허락하지 않고 있으니 너희들은 원래 孔孟의 가르침을 익혀왔고 오랫동안 예의의 풍속에 젖어 왔는데 어찌 하루아침에 正道를 버리고 邪道를 따를 수 있겠는가. (…) 그리고 기계를 만드는 데서 조금만 서양 것을 본받으면 대뜸 邪敎에 물들었다고 지목하는데, 이것도 또한 전혀 이해하지 못한 탓이다. 그 敎는 삿된[邪] 것으로 마땅히 淫聲 美色과 같이 멀리해야 하지만, 그 器는 이로우므로 利用厚生할 수 있으면 農桑·醫藥·甲兵·舟車의 제도는 어찌 꺼리어 하지 않으랴. 그 敎는 배척하지만 그 器는 본받아 가히 병행하는 것은 어긋난 것이 아니다. 하물며 강약의 형세가 이미 현격하게 떨어졌으니 저들의 기계를 본받지 않고 어떻게 저들의 수모를 막아내고 저들이 엿보는 것을 방어할 수 있으랴.[6]

라고 하였다. 서양의 종교는 배척해야 하지만 서양의 침략을 막기 위해서는 농상, 의약, 갑병 등의 기술(군사기술)은 이용후생의 차원에서 수용해야 한다는 것이었다.

 이런 차원에서 조선 정부는 당장 대원군이 전국에 세웠던 척화비(척양비, 斥洋碑)를 모두 뽑아 버리고, 서양 여러 나라와 통상 조약을 맺었다. 그리고는 서양의 기술을 배우기 위해 서양인 고문관, 기술자를 고빙하였다. 임오군란 후에 청국의 추천으로 독일인 묄렌도르프를 고빙하여 외교, 해관, 세무 등의

---

6) 위와 같음.

일을 담당하게 하였고, 그 후에도 많은 서양인을 초빙하였다. 또한 미국이 수호조약(1882)에 따라 공사를 파견하자 이에 대한 답례로 미국에 민영익(閔泳翊)을 정사, 홍영식(洪英植)을 부사로 한 보빙사(報聘使)를 파견하였다(1883).[7]

한편 조선 정부는 서양을 배우기 위한 교육의 필요성도 제기하였다. 일본 시찰단의 일원으로 학도를 파견하였고, 또 1883년 8월에 동문학(同文學)이라는 영어학교를 개교하였다.[8] 보빙사의 건의에 따라 정부는 영어 교육을 위해 헐버트(H. B. Hulbert), 벙커(D. A. Bunker), 길모어(G. W. Gilmore) 등을 교사로 초빙하였다(1886).[9] 그리고 이보다 앞서 1884년 6월, 탐사 차 서울을 방문한 일본주재 미감리회 선교사 매클레이(R. S. Maclay)에게 '병원과 학교 사업'을 허락하였다. 곧 기독교 선교는 금지하지만, 의사나 교사의 신분으로 해당 사업을 행하는 것은 허용한다는 것이었다. 이에 알렌과 언더우드가 제중원을 기반으로 의료, 교육, 선교 사업을 추진할 수 있었다.[10]

---

7) 후에 갑신정변의 주역이 된 홍영식은 미국 문명을 돌아보는 기회를 갖게 되었다. 홍영식은 미국의 기계 문명을 비롯하여 정치제도(삼권 분립), 민주제, 신분제, 주택, 상업과 농업 등 사회의 모든 분야의 우수성을 깨달았다. 문명화에 대한 수준을 일본과 비교하는 고종의 물음에 대해서 홍영식은 "미국은 토지가 비후(肥厚)하고, 이원(利源)이 광대하며, 제도와 장치에 속한 모든 것이 일본은 평범하여 이에 미칠 바 못됩니다. 일본 같은 나라는 서법(西法)을 채용한 지 아직 일천하며 비록 약간 모방하였지만, 진실로 (미국에) 견주어 논할 수 없습니다"라고 하고, 조선의 문명화를 위해서는 "기계의 제조 및 주거(舟車), 우전(郵電)" 그리고 "우리가 가장 중요시할 것은 교육에 관한 일인데, 만약 미국의 교육방법을 본받아 인재를 양성해서 백방으로 대응한다면 아마도 어려움이 없을 것이므로 반드시 그 법을 본받아야"한다고 건의하였다. 이에 대해서는 「遣美使節洪英植復命問答記」, 『史學志』 15, 1981, 216쪽.

8) 1882년 12월, 외아문의 부속기관으로 설립되었으나, 실제 개교는 다음 해 8월이었다. 학교의 장교(掌敎)는 김만식이었고, 교사는 해관에서 일하던 중국인이었는데, 묄렌도르프가 손을 뗀 후에는 영국인 핼리팩스(Hallifax)가 가르쳤다.

9) 동문학의 교사 초빙 문제는 1885년 5월(음)부터 추진되었는데, 조선 정부는 미국공사를 통하여 이를 미국 정부에 요청하였고, 미국 정부(문부성)가 3명을 선발하여 파견하였다. 조선 정부는 줄곧 이들을 "소학교 교사"라고 규정하였다(『舊韓國外交文書』, 『美案 (1)』, #204, 「敎師雇聘에 關한 條件 問議」, 153~154쪽). 또한 이 업무는 뉴욕주재 조선총영사 프레이즈(Everett Frazar, 厚禮節, 미국인)가 중간 역할을 담당하였다.

10) 제중원은 조선 정부의 근대화 노력의 산물이면서 동시에 선교사의 의료, 교육을

## 2) 언더우드의 교육 활동

### (1) 고아학당 설립

1884년 4월, 미국 북장로회는 조선에 파견할 의료선교사로 헤론(L. W. Heron)을 선정하고, 7월 28일에는 언더우드를 복음선교사로 파견하기로 결정하였다. 그러나 헤론의 조선행이 미루어지는 가운데, 상해에서 활동하던 의료선교사 알렌이 그해 9월에 한국에 도착하여, 미국공사관의 의사가 되었다. 언더우드는 그해 12월에 샌프란시스코를 출발하여, 1885년 1월 25일 일본 요코하마에 도착하였다.[11] 언더우드는 2달 남짓 일본에 머물면서 조선에 들어갈 준비를 하였다. 갑신정변으로 일본에 망명해 왔던 서광범 등으로부터 한국어를 배우기도 하였고,[12] 성경의 한글 번역도 추진하였다. 마침내 언더우드는 4월 5일, 북감리교 선교사인 아펜젤러와 함께 제물포에 도착하였다.

갑신정변 후의 조선 정국은 불안하였다. 비록 조선 정부가 선교사의 의료 및 교육 사업을 허용하기는 하였지만, 기독교를 자유롭게 전도할 수는 없었다. 미국의 대리 공사 포크(G. C. Foulk)는 이들에게 일본으로 되돌아가기를 권하였다. 아펜젤러는 임신 중인 아내와 며칠간 머물다가 다시 일본으로 돌아갔다.

---

통한 서양문명 전파의 통로였다. 제중원은 제도적으로나, 운영에서도 정부와 선교회 (미국) 사이에서 '이중적'인 처지에 있었다. 이에 대해서는 이 책 제4부 「제중원의 '이중적 지위'와 그 변화」 참조.

11) 정운형, 「호러스 G. 언더우드의 선교지 결정과 출발」, 『東方學志』 175, 2016.

12) 언더우드→ 엘린우드, 1885년 2월 16일, 요코하마『자료집(I)』, 4쪽 ; 언더우드→ 엘린우드, 1885년 7월 6일, 서울『자료집(I)』, 13~14쪽]. 한국으로 갈 때를 기다리면서 언더우드는 갑신정변 실패로 일본에 망명한 개화파 인사들, 곧 朴泳孝, 金玉均, 徐光範, 徐載弼 등과 만났다. 언더우드는 서광범에게 한국어를 배웠으며 미국에 가는 그에게 뉴욕에 사는 형 존 언더우드(John T. Underwood)를 소개해 주었다. 언더우드는 서광범을 훌륭한 사람으로 보았고, 서광범은 자신의 모친에게 기독교를 가르쳐 줄 것을 요청하기도 하였다. 또 언더우드는 서재필에게 영어 알파벳과 주기도문을 가르쳤다.

그러나 언더우드는 4월 7일 서울에 들어갔다.[13]

이때는 마침 알렌의 청원으로 만들어진 서양식 병원 광혜원(廣惠院)이 개원하기 직전이었다. 알렌은 갑신정변에서 부상당한 민영익을 치료한 공로를 인정받아, 정부의 지원으로 서양식 병원을 운영하게 되었다. 4월 3일, 진료를 시작한다는 게시문이 사대문과 종각에 붙었고, 드디어 4월 10일 진료를 개시하였다. 14일에 고종의 최종 윤허를 얻어 그 이튿날에 공식으로 개원하였다. 광혜원은 개원한 2주 후에 이름이 제중원으로 바뀌었다. 제중원에서 알렌은 하루에 대여섯 차례나 수술을 하고, 70여 명이나 되는 환자를 보았다. 언더우드는 알렌의 조수로 활동하였다.[14]

하지만 언더우드는 자신의 신분이었던 '교사'에 걸맞게 교육에 더 큰 관심을 가졌다.[15] 그해 7월의 편지에 의하면 언더우드는 제중원에서 벌써 몇 명의 소년에게 영어를 가르치고 있었다.

---

13) 언더우드→ 엘린우드, 1885년 4월 9일, 서울[『자료집(I)』, 7쪽]. "감리교 형제들이 미국 공사관에 환영을 요청하지 않고 바로 들어 왔다면 모든 것이 좋았을 것입니다. 그러나 사실은 바로 그 때문에 현재와 같은 시점에 선교사들이 입국하는 것이 적절한가 하는 문제가 제기되었습니다. 선교사들에게 불리한 상황이라고 판단되었기 때문에, 현재로서는 제물포의 아주 형편없는 구석에 눌어 앉아 마냥 참고 기다리든지, 아니면 나가사키로 되돌아가든지 혹은 이곳 미국공사관 요원들의 충고를 무시하고 서울로 들어와야 합니다."

14) 언더우드→ 엘린우드, 1885년 4월 26일, 서울[『자료집(I)』, 8쪽]. "병원에는 새 의사의 도움이 절실히 필요합니다. 알렌 의사는 매우 열심히 일해 왔으며 매일 아침 수술에 대비하여 병원에 가는데 하루에 4~6건의 수술을 합니다. 그의 수술을 도와주고 조언해 줄 다른 의사가 절실히 필요합니다. 저는 오후에 그의 진료실 일을 도와 왔는데 요즘은 매일 70명 정도의 환자들이 찾아오고 있습니다. 지금까지 꾸준히 그 수가 증가해 왔고 또 앞으로도 그러리라고 믿지만, 앞으로 이 추세가 계속되면 여름이 지나기 전에 환자를 원만하게 처리하는데 문제가 발생하게 될 것입니다." 그러나 언더우드는 외과 수술 시간에 피를 보고 두 번이나 실신하여 어쩔 수 없이 시약소와 내과에서만 일하였다(『언더우드』, 55쪽).

15) 언더우드의 교육활동에 대해서는 정운형, 「언더우드의 선교활동과 애민 교육」, 연세대학교 신학과 박사학위 논문, 2016 참조.

매일 오전 몇 명의 소년이 저에게 오는데 저는 그들에게 영어를 가르치고 있습니다. 만일 학교로 쓸 수 있는 건물이 있다면 즉시 그렇게 할 수 있는데, [선교사로서의] 제 존재에 대해 지나친 관심만 야기되지 않는다면 개교 처음부터 학생들이 많이 올 것입니다. 저는 한국어 공부에 참된 도움이 되면서 동시에 좀 더 직접적인 공부로부터 시간을 빼앗기지 않을 정도인 10명 내지 12명의 소년을 골라서 가르칠 계획입니다.[16]

라고 하였다. 언더우드의 영어 교육은 선교사 최초의 교육이었다.[17]

이즈음 언더우드는 정부의 영어 교육기관인 동문학에서 영어를 가르치도록 부탁받았다. 이에 언더우드는 알렌과 더불어 영어뿐 아니라 모든 과목을 가르치자는 방안을 세워 이를 조선 정부에 요청하였다. 하지만 이 제안은 헐버트 등의 미국인 교사가 부임하면서 중단되었다. 그 대신 만들어진 것이 '한국 왕실 의과대학'(Royal Korean Medical College), 곧 제중원의학교였다. 이는 알렌의 병원 설립 구상에 이미 포함되어 있던 것이었다.[18] 언더우드는

---

16) 언더우드→ 엘린우드, 1885년 7월 6일, 서울[『자료집(I)』, 12쪽].

17) 언더우드의 영어 수업이 어느 곳에서 이루어졌는지 명확하지 않다. 이 수업을 시작으로 언더우드의 교육 활동이 고아학당－경신학교－경신학교 대학부로 이어졌으므로, 제중원에서의 이 교육이 '연세 교육의 출발'이었다고 할 것이다. 이런 점에 대해서는 최재건, 『언더우드의 대학 설립－그 이상과 실현』, 연세대학교 출판문화원, 2012, 58~63쪽. 최재건은 이 교육이 언더우드의 집에서 시작한 것으로 추정하고 있다. 하지만 '매일' 오전에 왔다고 하면, 오후 시간에 언더우드가 알렌의 조수로 활동했던 제중원일 수도 있다.

18) 언더우드→ 미국 북장로교 해외선교부, 1886년 9월 17일[『자료집(I)』, 38쪽] ; 『언더우드』, 44쪽. 이 문제로 언더우드와 알렌 사이에 불화가 일어났다. 언더우드는 선교본부에 다음과 같이 보고하였다. "대부분의 어려움은 알렌 의사 때문에 일어났습니다. 그는 우리가 그에게 줄 수 없는 권세와 권리를 교만하게 행사했습니다. 하지만 우리는 그가 이러한 권세를 행사하지 못하도록 거부할 기회가 없었습니다. 왜냐하면 그는 우리에게 한마디 말도 없이 그것들을 차지하기 때문입니다. 그 한 예가 의학교 개교와 관련하여 발생했습니다. 그 학교는 한 한국인이 저에게 관립학교同文學의 영어 과목을 맡으라고 제안한 것에서 발전되었는데, 알렌 의사에게 그것을 말할 때 저는 만일 그렇다면 영어만 가르칠 게 아니라 모든 과목을 소개하는 것이 좋지 않겠느냐고

이 의학교에서 영어와 물리·화학을 가르쳤다. 언더우드의 공식 직함은 '제중원
교사'였다.

기독교 전도사업을 아직 활성화할 수 없었던 현실 사정에서 언더우드는
교육사업을 중시하였다. 그는 "사업 전망은 거의 진전이 없지만, 다만 학교
사업의 방식으로 약간의 일을 할 수 있으리라고 생각되며, 한국 정부가 이런
사업은 적극 환영할 것이 분명"하다고 판단하였다.[19]

언더우드가 추진했던 교육사업은 크게 두 방면이었다. 먼저 시작한 분야는
고아원 사업이었다. 언더우드는 당시 한국의 사정에서 학비를 받고 학교를
운영하는 것이 어렵다고 생각하였다.

> 만일 무료 학교를 개설해서 학생들에게 충분한 생활비를 제공한다면 그 학교는
> 학생들로 곧 채워질 것입니다. 사실 비록 생활비를 제공하지 않아도 가르칠
> 학생을 구하는 것은 아무 문제가 없습니다. 그러나 우리가 본국의 부유한 선교부로
> 부터 지원을 받고 있으며 기독교인이 되는 것이 아주 좋은 방책이라는 인상을
> 한국인에게 줄 위험이 있습니다. 우리가 바로 사역을 시작하면서 동시에 한국을
> 위해 기독교인 청년을 기르는 한 방법이 있습니다. 저는 서울에 버려진 수많은
> 고아들과 사생아들이 있다는 사실에 관심을 가졌습니다. 그들을 데려다가 입히고

했습니다. 알렌 의사는 이에 동의하고 신청서를 작성했고 이 확대 방안을 일부 한국인들
에게 말했습니다. 하지만 이 안은 미국 교사들이 내한함으로써 실행되지 못했고,
대신 병원 부속 의학교로 바뀌게 되었습니다."

이에 비해 알렌은 언더우드의 제안에 동의를 하면서도 처음부터 의학교 설립을
더 중시하였다. 1885년 12월에 이미 대학(Corean University), 곧 의학교 설립을
구상하였고, 고종도 이를 적극 지원하겠다고 하였다(『알렌의 日記』, 1885년 12월
1일 ; 12월 20일, 김원모 역, 단국대학교 출판부, 1991, 110쪽, 113쪽). 알렌은 의학교가
개교한 1886년 3월 29일자 일기에서도 "(…) 언더우드 목사, 헤론 박사, 그리고
나 자신 등이 이 의학교 교수를 담당했다. 원래 이 의학교 설립계획안은 내가 창안해서
개설을 추진했었다. 그러나 추진과정에서 동료들로부터 적대감만 사게 되었다"라고
썼다. 아마도 제중원을 통한 선교 및 교육 문제를 둘러싼 의견 대립으로 이들 사이에
줄곧 불화가 존재했던 것 같다.

19) 언더우드→ 엘린우드, 1886년 1월 20일, 서울[『자료집(I)』, 21쪽].

먹이며 올바른 방법으로 양육시키고 구세주를 사랑하도록 가르칠 수 있습니다.[20)

라고 하여, 선교본부의 후원 하에 고아원을 개설하여 고아들을 기독교 사랑으로 양육, 교육시키겠다는 것이었다. "고아원과 연계하여 적령기 소년들을 위한 초등학교를 개설하고 한국어 읽기는 물론 영어, 산수, 지리, 역사 등을 가르치자"는 것으로, 이 학교에서 "비록 처음에는 기독교를 가르칠 수 없겠지만, 점점 복음의 진리를 받아들일 수 있는 사고를 준비시키는 내용을 가르칠 수 있을 것"으로 전망하였다.[21)

이리하여 알렌, 헤론, 언더우드 세 사람은 미국 공사를 통하여 조선 정부에 고아학당 설립을 신청하였다. 이런 사정을 그들은 미국의 대리공사 포크 중위에게 다음과 같이 보고하였다.

> 우리는 이 도시에 있는 고아들과 집 없는 자들을 위해서 무엇인가를 해야 한다는 생각을 했습니다. (…) 이를 위해 우리는 외국 대도시에 흔히 볼 수 있는 일종의 고아원이나 작업장을 개원하여 운영하고자 합니다. 그곳에서 한글과 한자로 읽고 쓰기를 배우고, 나이가 들면 노동을 통해 자급할 수 있을 것입니다. 이 아이들에게는 한국식으로 음식을 먹이고 옷을 입힐 것이며, 깨끗하고 편안한 방을 제공할 것입니다. 한국인 교사를 고용하여 한국어로 이들을 가르치고, 가능하면 영어도 가르치려고 합니다. 자금부족으로 인해 큰 규모로 시작할 수 없으므로, 아마도 처음에는 30명을 넘지 않는 선에서 원생을 수용할 수 있을 것입니다. (…) 이런 사업을 통해 자칫 부도덕과 사악함에 빠질 수 있는 자들을 이웃 사회와 국가에 유익을 주는 올바른 시민으로 교육시키기를 희망합니다.[22)

---

20) 언더우드→ 엘린우드, 1886년 1월 20일, 서울[『자료집』(I), 21~22쪽].
21) 언더우드→ 엘린우드, 1886년 1월 31일, 서울[『자료집』(I), 25~26쪽].
22) 알렌·헤론·언더우드→ 포크 중위, 1886년 2월 12일[『자료집』(I), 30~31쪽].

라고 하였다. 한글, 한문, 영어와 기술을 가르치고, 나아가 사회, 국가에 유익한 '시민'을 키우겠다고 생각하였으며, 이 고아원의 운영은 제중원 일로 바쁜 알렌 의사와 헤론 의사를 대신하여 언더우드가 맡아 할 것이라고 하였다. 또한 고아원 용도로 이미 가옥 한 채를 구입하였다고 하였다. 언더우드, 알렌, 헤론이 공동으로 고아학교를 설립한 것은 이 교육사업이 서울지역 장로교 선교회, 그리고 그 근거지였던 제중원의 사업이었음을 알 수 있다.

청원은 미국공사를 통하여 조선의 통리교섭통상사무아문 앞으로 「고아극 빈아동 구제에 관한 건」이라는 문서로 보내어졌고, 이 청원에 대해 외아문 독판 김윤식은 다음과 같이 답신을 보내주었다.

> 귀국 의사 安連(Allen)·蕙蘭(Heron)·元德愚(Underwood) 3인이 우리나라 정부와 백성을 위하여 부모 없는 아이와 집 없는 아이를 구제하려 하고, 집을 정하여 먹여 살리고, 교장(敎長)을 두어 한문과 국문과 기술을 가르쳐 나라에 쓰이게 하신다 하오니, 이는 세계상의 으뜸가는 선정입니다. 우리 정부에서 생각하지 못할 일을 이처럼 실시하려 하시니, 누가 듣고 좋아하지 않겠습니까. 본 독판(督辦)도 고마운 마음을 이기지 못하여, 이 말을 우리 대군주(大君主)와 정부에 여쭙고, 인민에게 일러, 귀국 의사의 후의를 칭송하게 하였으며, 무슨 도울 일이 있든지 주선할 일이 있거든, 서로 의논대로 하겠습니다.[23]

정부의 인가를 받은 고아학당은 1886년 5월 11일, 언더우드를 '교장(敎長)'으로 출범하였다.[24] 조선 정부에서는 이를 혜빈원이라고도 불렀다.[25]

---

23) 『舊韓國外交文書』 美案(1), #290, #291(10, 210쪽) ; 『統署日記』 권9, 1886년 1월 11일(음, 양력으로는 2월 14일).
24) 언더우드→ 엘린우드, 1886년 4월 16일, 서울『자료집(I)』, 33쪽] ; 언더우드→ 엘린우드, 1887년 6월 17일『자료집(I)』, 68쪽]. "약 1년 전에 우리는 고아원을 개원했습니다. 1886년 5월 11일에 우리는 한명의 소년으로 개원했습니다. (…) 그날 밤 모든 주한 선교사들이 모여 기도회를 열고 이 사업에 하나님의 복을 빌면서, 특별히 우리

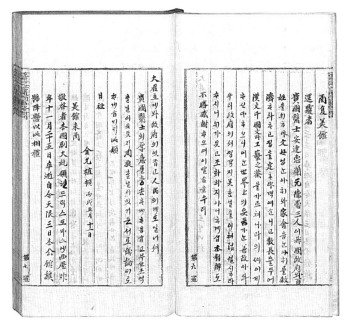

고아학당 청원에 대한 정부(김윤식)의 답신 공함 (규장각 자료)

이후 언더우드는 '한국에서의 기독교 사업은 교육사업'이라는 확신을 가지
게 되었다.

　한국에 도움을 주면서 기독교 사업을 앞당길 수 있는 일은 무엇보다도 교육
사업이라는 것을 원칙으로 정해 놓을 수 있습니다. 처음 추진력을 제공한 것은
의료 기술이었습니다. 그러나 발판이 마련된 현시점에서 의사들까지도 선교
사업의 추가 발전은 교육 활동에서 급속하게 일어날 것이라고 인정합니다. 지금까

---

앞에 놓인 일들을 어떻게 할지 가르쳐 달라고 기도했습니다. 우리는 바로 인접한
큰 한옥을 적정가에 구입했으며, 약간의 수리는 했는데 (…)"라고 하였다.
25) 언더우드의 편지에서는 줄곧 '고아원'으로 기술되어 있지만, 조선 정부에 보낸 공문에
　는 조선식으로 '혜빈원(惠貧院)'으로 불렸다[『美案』(1), #312. 「元杜尤惠貧院什物盜取犯拿
　懲要請」]. 미국공사가 독판 김윤식에게 보낸 공문으로, 고아학교의 건물을 세우고
　준비하던 중, 물건(가구, 세간)을 훔쳐간 도적을 잡아달라는 내용이었다.

지는 의료가 중요했으나 이제는 교육이 중요합니다.[26]

고아원의 재정은 전적으로 선교부가 부담하였으며, 또 주간 학교를 부설하였다. 이 학교에서는 성경을 비롯하여 영어와 한국의 실생활에 필요한 한문 등을 가르쳤다. 언더우드 부인은 1890년 당시, 학생들의 일과를 다음과 같이 정리하였다.

> 고아원에는 25명의 소년들이 있습니다. 그들은 학교 운영에 필요한 많은 일을 하는데, 방 청소와 대부분의 음식 준비는 그들이 합니다. 그들은 아침 5시 30분에 일어나 세면과 방 정리 정돈을 하고, 8시까지 한문 공부를 한 뒤, 외국인 교사와 함께 아침 기도회를 가지고 이어서 아침 식사를 합니다. 그렇게 많은 일을 한 뒤라 아침 식사가 다소 늦은 감이 있지만, 대부분의 한국인들은 10시부터 11시 사이에 아침을 먹고, 특히 이 소년들의 출신 배경인 가난한 계층들은 하루에 두 끼만 먹습니다. 조반 후에는 한두 과목 영어와 성경을 배웁니다. (우리는 영어를 아주 조금만 가르치기로 결정했는데, 선교지에서 많은 경험을 쌓은 고참 선교사들이 영어 교육을 반대하기 때문입니다.) 이 암송 수업들 사이에 잠깐 노는 시간이 있습니다. 오후에는 수업, 놀기, 한국 교육에서 가장 중요한 요소인 한문 공부 등을 합니다.[27]

언더우드의 교육사업이 일정하게 성과를 거두자 조선 정부도 이를 치하(致賀)하였다.[28] 이런 믿음 속에서 정부는 언더우드에게 육영공원 운영을 부탁하였다(1888). 정부에서는 당시 교사 세 명[헐버트, 길모어, 벙커]의 2년 계약이

---

26) 언더우드→ 웰즈, 1887년 4월 8일, 서울[『자료집(I)』, 60~61쪽]. 장로교 본부의 적극적인 관심과 지원을 요청하였다.

27) L. H. 언더우드, 「한국」, 『세계 선교 평론』, 1890년 11월[1890년 9월 1일, 서울(『자료집(I)』, 301쪽)].

28) 언더우드→ 엘린우드, 1887년 6월 17일, 서울[『자료집(I)』, 68쪽].

고아학당

끝나므로,[29] 이들을 다시 고용하지 않는 대신 언더우드가 학교 운영을 맡기를 요구하였다. 그러나 언더우드는 3명의 교사를 계속 쓰는 조건을 제시하였다.[30] 언더우드는 선교본부에 "제가 선교회와 계속 관계를 맺되 봉급은 한국 정부로부터 받도록 선교부에서 허락"해 주기를 요구하면서, 선교사들이 궂은 일을 전심으로 한다면 정부로부터 상당한 신용을 얻을 수 있을 것이라고 생각하였다.[31] 그러나 육영공원을 운영하는 일은 성사되지 않았다.[32]

언더우드의 고아학당은 1890년, 언더우드가 부인의 건강문제로 일시 귀국

---

29) 육영공원의 운영 및 교사 초빙에 대해서는 이광린, 「育英公院의 設置과 그 變遷」, 『東方學志』 6, 1963(개정판 『韓國開化史研究』, 1974, 일조각).

30) 언더우드→ 엘린우드, 1888년 5월 21일, 서울[『자료집(I)』, 104쪽].

31) 언더우드→ 엘린우드, 1888년 6월 11일, 서울[『자료집(I)』, 108~109쪽].

32) 언더우드의 거절로 育英公院은 미국으로 돌아간 길모어를 제외한 헐버트와 벙커, 두 사람이 책임지고 운영하였으며, 3년 계약이 만료된 후에는 다시 벙커만 계약하였다. 그러나 침체를 면하지 못하다가 새로운 교육제도가 정비되는 갑오개혁 때에 폐교되었다.

한 후에는 마펫(S. A. Moffett, 1864~1939)이 그 책임을 맡았다. 마펫은 1891년 이를 남학교로 개편하고 예수교학당(Jesus Doctrine School)이라고 하였다. 마펫 선교사가 평양으로 간 후, 1893년 1월에는 밀러(Frederick S. Miller, 1866 ~1937)가 운영하였다(민노아학당). 그러나 이 학당은 1897년 10월, 미북장로교 선교회 연례회의의 결정에 따라 폐교되었다. 교육사업보다는 전도사업이 더 시급하다는 판단 때문이었다.[33]

### (2) 대학 설립의 꿈

언더우드는 한국에서 교육사업을 시작할 때부터 대학 설립을 구상하였다. 고아학당을 세울 때, 언더우드는 헐버트에게 '의과대학이 있는 종합대학'을 설립해야 할 것이라고 하였다.[34] 그 후에도 언더우드는 "큰 학교(large school)", 곧 대학을 세우는 것이 소망이라고 선교 본부에 건의하였다.

> 서울 도성 중앙에 '큰 학교'를 세우는 것이 바로 이곳 장로교 선교사들의 소망입니다. 이것은 의심할 바 없이 한 사람이 필요한 일로서 최상의 지원을 요구하며 최선의 결과를 보장하는 자리입니다. 개교를 위한 설립 자금은 그렇게 많이 필요하지 않으며 3천 달러면 충분할 것입니다. 그러나 사람은 더 필요합니다.[35]

피어슨(A. T. Pierson)에게 보낸 편지에서는 '장로교 선교회 관할 하(under the care)에 정부 병원과 그 산하의 남녀 진료소와 의학교와 고아원' 등이

---

33) 정운형, 앞의 글, 2016, 116~120쪽.
34) 『언더우드』, 55쪽. 언더우드는 헐버트(Hulbert)에게 언젠가는 한국에 대학교와 신학교를 설립하겠다는 희망을 털어 놓았다.
35) 언더우드→ 웰즈, 1887년 4월 8일, 서울[『자료집(I)』, 61쪽].

있지만, "지금은 이 나라에서 기독교 대학(Christian College)의 시초가 될 새 학교가 필요한 시점입니다. 우리는 이것을 위해 대지를 매입했고 건물을 수리하고 있습니다."라고 강조하였다.36)

학교 건물을 지어가면서 언더우드는 헤론과 함께 1888년 9월 8일, 미국공사 딘스모어(Hugh Dinsmore)를 통하여 외아문에 '대학' 설립을 요청하였다. "한국의 젊은이들의 지도와 교육을 위해 미국의 대학(college)과 같은 학교"를 세워, 영어를 비롯한 외국어, 그리고 여러 학문(branches of science)을 교육하고자 하였다.37) 조선 정부로부터 아무런 응답이 없자 언더우드는 미국공사를 통하여 직접 자신의 의견을 개진하였는데, 이때에도 영어와 서양 학문(機器學, 醫術, 公法 등)을 교육하면 조선 정부에게도 유리하다는 점을 다시 강조하였다.38) 언더우드는 이후에도 미국 선교부에 대학의 필요성을 지속적으로 피력하였다.39)

갑오개혁 시기, 언더우드는 정부의 권유로 대학 설립을 추진하였다. 이때 정부는 '독립과 개명 진보'를 위한 근대교육제도를 수립하였다. 1894년 6월, 갑오개혁에서 근대교육제도를 실시하기 위해 학무아문(學務衙門)을 설치하였는데, 그 산하에 '전문학무국'을 두어 대학교를 비롯한 중학교, 기예(기술)학교, 외국어학교 등의 업무를 관장하도록 하였다.40) 1895년 2월에 고종은 다시

---

36) 언더우드, 「한국에서 보낸 강력한 청원」, 『세계선교평론』, 1888년 3월[언더우드→ 피어슨, 1887년 11월 29일, 『자료집(I)』, 288쪽].

37) 『舊韓國外交文書』美案(1), #570 「惠論 및 元杜尤 學堂 設立의 申請 准許要請」(10, 391~392쪽).

38) 『舊韓國外交文書』美案(1), #606 「元杜尤英語學校開設申請의 許可要請」, 1889년 1월 18일 (10, 414~415쪽). 그 전에도 미공사 딘스모어는 1888년 9월 17일자로 회답을 재촉하는 공문을 보냈고(10, 393~394쪽), 회답이 없자 12월 17일자로 다시 공문을 보냈다. 이에 조선 정부(독판 조병직가) 좀 더 시간을 두고 보자고 하였다(#610 「元杜尤英語學校開設許可申請에 對한 回答」, 1889년 1월 25일).

39) 제중원 의학당을 새 학교의 분과로 할 수도 있다는 의견도 있었고, 언더우드는 아직 이를 논할 단계는 아니라고 하였다[언더우드→ 엘린우드, 1889년 1월 7일, 『자료집(I)』, 134쪽].

40) 『高宗實錄』31년(1894) 6월 28일.

「조서(詔書)」를 내려, 당시의 정세 변화에 따라 '개명'을 위한 새로운 교육의
필요성을 천명하고, 이를 통해 부강과 독립을 달성하고자 하였다.[41] 이어
9월에는 학부의 「고시」를 통해 "교육은 개화의 근본이라"고 하면서, 애국심과
부강, 곧 나라의 문명은 학교의 성쇠에 달려있다고 하였다.[42] 비록 고종은
갑오개혁에서 소외되어 있었지만, 교육을 통한 문명화에 대한 책임을 스스로
표명하였고, 이런 차원에서 선교사를 통한 대학 설립도 시도하였던 것이다.

1895년 1월경, 박영효가 언더우드를 방문하여 국립기독교 대학 설립에
관한 모든 계획-교과과정, 교사, 학교 부지와 건물 등-을 수립하고, 모든
업무를 전적으로 책임지라고 부탁하였다. 또 시작은 사립기관으로 하지만,
왕실에서 3만 달러(건물과 장비를 위해 2만 달러, 첫해 봉급을 위해 1만
달러) 정도를 지원할 것이라고 하였다. 언더우드는 '왕비의 지원을 받는 기독교
대학'이어야 한다고 하면서, 몇 번의 수정 과정을 거쳐 계획을 수립하였다.[43]
그러나 대학 설립계획은 지원자인 명성왕후가 시해[을미사변, 1895]되면서
무산된 것으로 보인다.

고아학당을 시작할 때부터 언더우드는 대학 설립을 구상하였다. 고등교육
기관을 설립하려던 언더우드의 꿈은 그 후 1915년, 기독교연합대학(Chosen
Christian College, 1917년 연희전문학교 인가)으로 결실을 맺었다.[44]

---

41) 『高宗實錄』 32년(1895) 2월 2일.
42) 「學部告示」 第4號 開國 504년(1895) 9월 28일(『官報』 開國 504년 9월 30일).
43) 릴리 언더우드→ 엘린우드, 1895년 2월 2일[『자료집(II)』, 49쪽]. 『상투의 나라』,
151쪽에는 영의정이 찾아왔다고 하였으나, 박영효는 내무대신으로서 개혁을 주도하
였다.
44) 이 책 제1부 다음 장에서 살펴볼 것이다.

## 2. 대한제국기의 개혁사업과 언더우드

### 1) 대한제국의 성립과 개혁사업

1894년 갑오개혁은 제도상으로 근대국가 체제를 마련한 부르주아개혁의 일환이었다. 그러나 개혁을 추진한 개화세력이 외세의존적이었고, 또 개혁도 급진적으로 추진되면서 이에 대해 많은 비판이 일어났다. 보수적 유생층과 민중층은 을미사변, 단발령을 계기로 곳곳에서 의병을 일으켰다. 또한 친일 정권에 의해 소외된 친미·친러 정치세력의 불만도 커져갔다. 특히 고종은 내각제도에 의해 권력이 제약되고, 을미사변 후에는 신변의 위협도 받고 있었다. 고종은 이를 타개하기 위하여 친미, 친러적 정치세력의 도움으로 러시아 공사관으로 피신하였다[아관파천, 1896].

아관파천 이후 고종은 자신의 주도 하에 근대개혁[광무개혁]을 추진하였다. 고종은 갑오개혁을 전면적으로 부정하지는 않았다. "개국 503년(1894) 6월[갑오개혁] 이후에 국가가 문명 진보하는 이름만 있고 기실은 아직까지 아무 것도 없어서 백성들이 의심하는 마음이 없지 않으니"라고 하여,[45] 개혁이 실질적인 효과 없이 전개되었던 점을 지적하였다. 갑오개혁에서 추구했던 실질적인 효과를 기대하면서, 다만 그 개혁이 외세의존적, 급진적으로 추진되었던 점을 비판하고, 점진적·자주적으로 추진하려 하였던 것이다. 이에 개혁의 이념으로 '구본신참(舊本新參)'을 확립하였다. 옛 것을 근본으로 새로운 것(신학문, 서구문명)을 참작한다는 것이었다. 김병시가 "복구한다는 것이 모두 옳은 것은 아니어서 복구할 만한 것과 복구하지 못할 것이 있으며, 신식을 좇는 것도 모두 옳은 것은 아니어서 좇을 만한 것과 좇지 못할 것도 있는 것"이라고 하였던 바와 같았다.[46] 이점에서 '구본신참'의 원리는 종래 1880년대

---

45) 『日省錄』 건양 원년(1896) 2월 13일.
46) 『高宗實錄』 建陽 2년 3월 16일.

정부의 '동도서기(東道西器)'와는 차이가 있는 것이었고,[47] 전반적으로는 서양의 법률체제까지 수용한 '신구절충(新舊折衷)'의 수준이었다.[48]

'구본신참'의 원칙을 강조한 광무개혁에서 가장 시급하게 착수한 것은 군주권을 '복원'하는 일이었다. 갑오개혁에서 추진했던 내각제를 폐지하고 의정부로 환원하였다. 그러나 이 조치는 갑오개혁 이전으로 돌아가는 단순한 복원이아니었다. '백성들과 나라에 편리한 것이라면 (舊章과 新規를) 참작하고 절충'한다는 원칙 하에서 이루어졌다.[49]

이런 분위기에서 고종은 황제로 즉위하고 대한제국을 수립하였다. 칭제(稱帝)는 자주, 독립을 추구하던 당시의 사회 여론과 합치된 것이었다. 이는 단순하게 군주의 권한을 강화한 것이 아니라 당시 국제 열강 사이에서 자주, 독립을 확보한다는 의미도 있었다. 국가의 주권이 군주에게 있으므로 군주권의 강화가 바로 자주독립의 확립으로 강조되었던 것이다.

황권 강화는 1899년 이후 본격화되었다. 만민공동회, 독립협회를 힘으로 제압한 후였다. 황제가 모든 권한을 가진다는 「대한국 국제」를 통해, 대한제국은 세계만국이 공인하는 자주독립의 제국이라는 점, 정치는 황제의 무한한 군권에 의한 전제정치라는 점, 그리고 황제는 군사통수권, 입법권과 사면권, 관제권과 행정명령권, 영전수여권, 외교권 등을 가진다고 명시하였으며, 이 권한은 공법에 의해 보증된다는 점도 아울러 밝혔다. 아울러 선왕(4대조) 추존사업, 어기(御旗 : 황제기), 예기(睿旗 : 황태자기), 친왕기(親王旗) 등을 제

47) 강만길은 박규수에서 출발한 동도서기론이 1880년대를 거쳐 대한제국기에 정책적으로 적용되었다고 하였다(강만길, 「東道西器論의 재음미」, 『韓國民族運動史論』, 한길사, 1985). 이에 비해 서영희는 더 적극적으로 '구본신참'이라기보다는 '신본구참'이라고 평가하기도 한다(서영희, 『대한제국정치사연구』, 서울대학교출판부, 2003, 110쪽).
48) 이런 점에 대해서는 김도형, 앞의 책, 2014, 118~126쪽.
49) 『日省錄』 건양 원년 9월 24일. 군주의 권한을 강화하면서도 동시에 의정부의 권한도 보장하였다. 당시 신문에서도 "국중에 제일 소중한 일들을 의정부에서 맡아서 의론하고 결정"하면서 "각부 대신과 찬정들이 자기의 의사대로 회중에서 연설하고 투표"할 수 있다는 점에 의미를 두기도 하였다(『독립신문』 1896년 10월 6일, 논설).

정하고, 군제를 고쳐 황제의 군사통수권을 확립하였으며, 국가(國歌)를 제정하기도 하였다.[50]

광무개혁을 추진하던 핵심 세력은 황실의 측근 세력과 몇몇의 친러·친미적 정치세력이었다. 갑오개혁 때 핵심 권력에서 제외되었던 인사들이었다. 이들은 청일전쟁을 계기로 반일적인 색채를 띠었고, 삼국간섭으로 일본의 영향력이 감소되자 반일, 친미·친러를 표방하는 정치집단으로 전환하였다. 이들은 정동의 손탁호텔을 근거지로 삼았기 때문에 '정동구락부'라고 불리었다. 그 세력에는 미국통(박정양·이완용·이상재 등의 보빙사 일행, 윤치호·서재필·서광범 등의 갑신정변 세력)과 왕실 측근의 민영환·민영소·심상훈 등이 포함되어 있었다.[51] 이들은 아관파천 이후 근왕적, 반일적인 점에서 서로 연합하여 광무개혁을 추진하였지만, 점차 이념, 출신 배경 등의 차이로 인하여 분화되었다.

한편, 대한제국기에 들면서 서구문명을 더 적극적으로 수용해야 한다는 여론이 일어났다. 청일전쟁에서 일본이 승리할 수 있었던 것이 일본의 적극적인 서구 문명 수용에 있었다는 이유였고, 기독교와 관련되어 문명국 미국에 대한 호의적인 분위기도 확산되었다.[52] 이를 주도한 것은 『독립신문』 등의 문명개화파 지식인, 그리고 이와 연관이 있던 기독교 선교사들이었다. 대한제국 정부도 '문명화', '개화'라는 이름 아래 서구문명을 적극적으로 수용하고, 식산흥업정책과 교육 진흥 정책을 추진하였다. 미국으로부터 전기·전차 등을 도입하고, 도시를 근대적인 형태로 개조하려는 사업도 행하였다. 더 나아가 정부에서는 서양의 법률까지도 참작하여 정부의 제도, 법률 등을 제정·개정하는 것에 힘을 기울였다. 대한제국의 '헌법'과 같은 「대한국 국제(國制)」도 국제적으로 통용되는 「만국공법」에 의거하여 제정하였다.

---

50) 이윤상, 「대한제국기 국가와 국왕의 위상제고사업」, 『震檀學報』 95, 2002 등 참조.
51) 한철호, 『친미개화파 연구』, 국학자료원, 1998.
52) 金度亨, 「大韓帝國 초기 文明開化論의 발전」, 『韓國史研究』 121, 2003, 175~178쪽.

대한제국에서는 왕권을 강화하는 가운데 근대개혁을 추진하였고, 종전에
비해 서양문명 수용에서 더 적극적이었다. 광무개혁은 고종을 중심으로,
기독교에 호의적인 친미 세력들이 주도하였다. 언더우드는 이런 여건 속에서
더욱 활발하게 활동할 수 있었다.

## 2) 언더우드의 계몽 활동

### (1) 왕실과 언더우드

선교사의 사업은 정부에서 허가된 교육과 의료 분야에서 시작되었다. 당시
법적으로 엄연히 기독교 선교가 허용되지 않았으므로, 선교사업은 국왕의
이해와 협조 없이는 어려운 측면이 많았다. 선교사들 사이에 입장의 차이는
있었겠지만, 대체로 선교사들은 왕실과 가까운 친분을 유지하려고 하였다.
언더우드와 언더우드 부인은 왕실과의 관계를 돈독히 하는 방안이 선교를
위해 가장 효과적이고 적절한 방법이라고 판단하였고,[53] 국왕과 왕비를 매우
긍정적으로 평가하였다.[54]

왕실과의 관계를 매우 밀접하게 맺은 것은 언더우드 부인이었다. 언더우드
는 1889년 제중원의 의사로 온 호튼과 결혼하였는데, 호튼 의사는 왕비(명성왕
후 민씨)의 시의(侍醫)로 활동하였다. 왕비는 호튼의 결혼에 선물과 사람을
보내어 축하하기도 하였다.[55] 왕비는 대수롭지 않은 병으로도 언더우드 부인
을 불러 치료를 받았고, 병이 나은 후에도 또 다른 데가 아프다며 계속 궁궐로
부인을 불러 들였다. 아프지 않을 때는 언더우드 부인을 정식으로 초대하기도

---

53) 그녀는 이것을 "교회의 기회"라고 표현하였다[릴리 언더우드→ 엘린우드, 1895년
   2월 2일, 『자료집(Ⅱ)』, 51쪽].
54) 기독교 선교사와 고종의 관계에 대해서는 류대영, 「기독교와 선교사에 대한 고종의
   태도와 정책」, 『한국기독교와 역사』 13, 2000 참조.
55) 이광린, 『초대 언더우드선교사의 생애』, 연세대학교 출판부, 1991, 125~127쪽.

하였다. 언더우드 부인은 왕비가 다소 외로워 위안 삼아 이야기 나누기를 바란다고 생각하였다. 왕비는 부인에게 성탄절이나 새해 선물로 많은 것을 하사하였고, 같이 입궐한 아들 원한경(元漢慶, H.H. Underwood, 1890~1951)을 귀엽게 여겨 엿, 견과, 귤 등을 주었고, 심지어 고종은 원한경을 자신의 무릎 위에 앉히고 토닥거리곤 하였다. 언더우드 부인은 이런 기회를 이용하여 왕비에게 기독교의 원리를 설명하기도 하였다. 언더우드 부인은 1894년 성탄절 이후 2월 초까지 14번이나 궁궐을 다녀왔다.[56]

언더우드 부인은 이런 관계 속에서 왕비를 매우 능력있고 좋은 사람으로 보았다. "애국심이 가득 차고 똑똑한 왕비" 혹은 "진보와 문명과 개혁을 펀드는 진보적이고 총명한 왕비", "왕비는 총명한 외교가" 등으로 표현하였다.[57] 그러나 언더우드와 선교사의 후원자가 되었던 왕비 민씨는 일본인에 의해 살해되었다(을미사변, 1895).

을미사변이 일어난 후, 신변의 위협을 느낀 고종은 외국 선교사에게 더욱 의지하게 되었고, 선교사가 자신을 보호해 줄 것을 원하였다. 언더우드 부인은 "불쌍한 왕은 그날 밤의 놀라운 경험(을미사변)과 그에게 우상화된 왕비의 잔인한 살해가 있은 후 보기에도 딱할 정도로 완전히 기진맥진할 정도의 충격 상태"에 있었다고 기록하였다. 고종은 왕비가 시해된 후 거의 7주 동안 에비슨, 언더우드, 게일, 아펜젤러, 헐버트 등에게 요청하여, 매일 밤 한두 명이 왕궁에 들어가 무장을 하고 보초를 서도록 요청하였다. 외국 사절들도 날마다 궁궐을 방문했다. 그들은 '혁명정부'[을미개혁 당시의 개화파 정부]를 인정하지 않았기 때문에 왕의 생각과 정책을 알기 위해서는 개인적으로 직접 고종을 만나야 한다고 파악하였다. 고종은 조선인 통역자도 믿지 못하여

---

56) 릴리 언더우드→ 엘린우드, 1895년 2월 2일, 서울[『언더우드자료집(II)』, 47~48쪽]. 기독교에 대한 설명을 들은 왕비가 여러 가지 호의적 반응을 보였다. 같은 내용이 『상투의 나라』에서는 "궁중에서의 복음 전파"라는 제목으로 서술되어 있다.
57) 『상투의 나라』, 180쪽.

언더우드에게 통역을 하도록 하였다. 엄격한 감시를 받던 고종은 간혹 감시자의 눈길을 피해 언더우드에게 작은 속삭임이나 사인을 보내거나, 또는 그의 팔 안에 아주 작은 메모를 슬쩍 떨어뜨려 왕 자신의 희망이나 계획 또는 이미 공개적으로 답변한 것에 대한 자신의 솔직한 견해를 간략하게 전달하였다. 또 독살을 우려하여 고종은 아무 음식이나 먹지 않았다. 이에 언더우드 부인을 비롯한 서양 공사관의 부인들이 교대로 음식을 만들어 자물쇠를 채운 양철통에 담아 궁궐로 운반하였다. 언더우드는 공사관과 왕궁 사이의 통역자 겸 사자(使者)로 열쇠를 전달하였다.[58]

이런 사정에서 '춘생문(春生門) 사건'이 일어났다(1895. 11. 28. 양). 일본 세력과 친일적 개화파에 의해 경복궁에 거의 감금되어 있던 고종을 탈출시키려다 실패한 사건이었다.[59] 시종원경 이재순, 시종 임최수, 탁지부 사세국장 김재풍, 참령 이도철, 정위 이민굉, 전의원 이충구, 중추원 의관 안경수 등이 참여하였고, 정동파 인사들이 이를 호응하였다. 주모자들은 서양 외교관, 선교사까지 동원하여 일을 성사시키려 하였다.[60] 고종을 보호하려고 애쓰던 언더우드, 에비슨, 헐버트 등 선교사들도 이 사건에 일정하게 관련되었던 것이다.

사건이 일어나던 날 밤, 언더우드는 왕궁에서 집으로 돌아오기 전에 에비슨을 만나, 그날 밤의 계획을 들었다. 미국 공사는 언더우드에게 그날 밤에 왕 가까이 있어 줄 것을 요청하고, 궁중을 출입할 수 있는 표식도 주었다.

---

58) 『상투의 나라』, 188~190쪽.
59) 춘생문은 경복궁 북문인 신무문 후원의 동편에 있던 협문으로, 경복궁의 후미인 乾淸宮에 머물고 있던 고종을 가장 빠르게 접근할 수 있는 문이었다. 이에 대해서는 오영섭, 「충민공 이도철의 생애와 애국 활동」 ; 이민원, 「춘생문 사건 전후의 조선」, 『이도철과 춘생문 의거』, 제천문화원, 2006.
60) 주모자의 한사람이었던 이도철은 각국 공사관에 "대조선 진위대 병졸 등이 방금 취군하야 조정에 역당을 토멸하고 병졸 등에 逆名을 伸雪코자 하오니, 각국 공사 대인은 경동치 말으시고 일제 우리 대궐 드러오셔 대군주를 보호하여 쥬압소셔"라는 통문을 보냈다(오영섭, 위의 글, 61쪽).

언더우드는 헐버트에게 동행을 요청하여 에비슨 등과 함께 입궐하였다. 그들
은 고종에게 자신들의 입궐을 알렸고, 고종은 미국인 무관 다이(Dye) 장군
방에서 첫 번째 신호가 울리기를 기다리라고 하였다. 이 "세 사람의 경호원"은
사건이 일어나자 고종에게 달려가 밤새도록 임금을 지켰다.

　그러나 이 사건으로 언더우드는 많은 비판을 받았다. 사건 전날 밤 윤응렬이
언더우드 집에 있었다는 것과 언더우드가 미국 공사와 왕의 요청으로 사건
당일 왕궁에 있었다는 두 가지 사실 때문에, 언더우드가 이 사건에 관여했다는
소문이 퍼지게 되었다. 미국 실 공사는 언더우드가 지나치게 정치에 관여하고
있다고 생각하고 더 이상 대궐로 들어가지 말도록 충고하였다. 그러나 언더우
드는 선교 본부에 보낸 보고서에서 이를 "정치적 사역"이라고 하면서

> 　우리는 조금이라도 연루된 적이 없을 뿐만 아니라, 저녁 늦게까지 계획된
> 공격에 대해서 아는 바가 절대로 없었으며, 저녁 늦게서야 그런 공격 소문이
> 있으므로 왕의 생명이 위험할 지도 모른다는 말을 들었고, 미국 공사는 외국인이
> 있으면 왕의 생명에 가해질 어떤 위해를 막을 수 있으므로 저에게 궁궐에 들어가라
> 고 부탁했습니다. 때때로 저는 국왕의 통역관이나 메시지를 그의 친구들에게
> 전달하는 사자(使者)의 역할을 했지만, 어떤 경우에도 궁궐을 공격하거나 권력을
> 잡고 있는 소위 내각을 전복하는 음모에 관계한 적이 단 한 순간도 없습니다.
> 왕이 아관파천을 하고 권위를 회복한 후, 그는 여러 번 황공하게도 저를 들어오라고
> 초청했고 자주 보자고 했습니다. 그곳에서 모든 접촉을 통해 제가 하는 모든
> 일이 이 나라 백성에게 그리스도의 왕국이 도래하는 데 도움이 되도록 기도해
> 주시기 바랍니다.[61]

라고 하여, 언더우드 자신은 춘생문 사건과 직접 관련이 없으며, 자신의

---

61) 언더우드, 「전도 보고서, 1896」[『자료집(Ⅱ)』, 166쪽].

행동은 오직 기독교 전도의 활성화를 위한 것이라고 하였다.[62]

러시아 공사관에 있으면서 고종은 언더우드를 자주 불렀다. 고종의 신임을 받고 있던 언더우드는 1896년 9월 대대적으로 고종 생신 축하 행사를 추진하였다. 언더우드 부인의 회고에서는

국왕의 생신은 9월이었다. 이것을 모르진 않았는데, 일 년 동안 거의 잊고 있다가 생신 이틀 전에야 생각이 났다. 언더우드는 이날은 반드시 기념되어야 할 뿐만 아니라 이러한 일에는 선교사들과 한국 그리스도인들이 앞장 서는 것이 당연하다고 생각하였다.[63]

이에 언더우드는 우선 서울 서대문 밖의 모화관 건물 사용을 허가 받았다. 그런 다음 언더우드는 왕의 생신을 기념하는 그리스도인들의 기도 및 찬양 집회가 열릴 것이라고 널리 선전하였다. 그 생일 축하 집회에는 몇 명의 내각 인사와 연설가 2~3명도 초청하였다. 축하집회에는 너무 많은 사람이 몰려들어 건물 안과 밖에 모두 가득 찼다.

모인 사람들에게 언더우드가 밤새 인쇄한 간략한 복음서와 찬송가가 뿌려졌다. 책자는 복음을 간략하고 명쾌하게 설명하여 실었고, 찬송가는 "아메리카

---

62) 언더우드 부인도 이를 "국왕구출 계획"이라고 회고하면서도 언더우드가 관련되지 않았다고 하였다. "많은 조선 사람들이 왕의 탈출을 성사시키려는 여러 가지 계획을 가지고 나의 남편을 찾아와 충고와 도움을 구했다. (…) 선교사의 신분 탓으로 그가 그러한 일에 참가하거나 지지를 보낼 수가 없었기 때문에 내심으로는 그들의 목적에 공감하고 반역 정부에 대한 그의 반대를 나타내고 싶었지만 그들의 어떠한 계획에도 동의하지 않았다. (…) 왕을 구조하려는 계획은 아주 비밀리에 이루어졌기 때문에 선교사들 중 누구도 그 계획에 관해 조금이라도 알고 있는 사람은 없다. 두 명의 지도자인 윤장군(윤웅렬)과 다른 한사람이 전날 저녁 늦게까지 우리 집에 머물렀는데 아마도 이 사실이 많은 사람들로 하여금 나의 남편이 그 충성스럽고도 불운했던 계획에 관련되었으리라고 확인시키는 원인이 되었던 것 같다"고 하였다(『상투의 나라』, 192~195쪽).

63) 『언더우드』, 172쪽.

(America)"라는 곡에 붙인 것이었다.[64] 축하 행사는 찬송가를 부르고, 마지막으로 모두 한 목소리로 주기도문을 외움으로써 끝을 맺었다.[65] 축하 모임에서 하나님을 찬양하면서 동시에 왕의 건강과 나라의 독립을 위한 기도가 행해졌던 것이다. 찬송가의 가사는 다음과 같았다.

1. 나의 사랑하는 나라의 행복을 위해 / 신이시여, 당신께 기도하오니, / 은혜로이 들어주소서. / 당신 능력의 도움 없이는 / 우리의 땅은 죽어 있게 될 것입니다. / 이 사랑스러운 대지를 강하게 해주소서 / 가장 은혜로우신 주님이시여.

2. 우리의 왕이시여 만수무강하소서. / 이것은 오늘 우리 모두 / 한 마음으로 드리는 기도입니다. / 그의 고귀한 옥체를 모든 질병에서 지켜 주옵소서 / 하늘에 계신 주 하나님 / 당신의 은혜를 우리 왕에게 베푸소서.

3. 당신의 전능하신 힘으로 / 우리 국왕 전하가 / 왕좌에 오르셨나이다. / 성령이시여 / 우리나라가 쓰러지지 않게 하시고 / 당신에 의해 세워진 / 우리 왕을 붙들어주소서.

4. 당신의 이 은혜로우신 선물, / 우리의 독립에 대해 / 주님 / 당신의 이름에 찬미 드립니다. / 양반과 천민, 모두가 하나가 되어 / 기도할 때 / 이 찬미는 그침이 없을 것입니다.

5. 오직 한분이신 주님 / 창조주이시고 영원한 왕이시여, / 우리가 찬미하나이다. / 우리 모두가 당신을 찬미할 때 / 우리의 땅이 행복할 것이며 / 힘과 부와 자유가 / 주님의 미소 아래 / 가득할 것입니다.[66]

---

64) 찬송가 제79장 「피난처 있으니 환난을 당한 자 이리로라」. 이 곡조는 「아메리카」 혹은 영국 국가로 쓰이는 「God Save the Queen」이라고 한다. 민경배, 『한국교회 찬송가사』, 연세대학교 출판부, 1997, 87쪽.

65) 『언더우드』, 172~173쪽 ; 『상투의 나라』, 213쪽.

66) 『상투의 나라』, 213~214쪽. 번역본을 그대로 인용하였다. 『언더우드』에서의 번역은 다음과 같다. "⟨3⟩ 당신의 전능하신 힘으로 / 우리 국왕 폐하는 / 왕위에 오르셨습니다. / 당신의 성령께서 / 우리 나라를 지켜 주시며, / 당신이 붙들어 / 국왕으로 만수무강케 하옵소서. (…) ⟨5⟩ 조물주요 하늘의 왕이신 / 유일하신 주님 당신께 / 우리는 찬양을

고종의 생신 축하 행사로 기독교가 호의적으로 인식되었다. 『독립신문』에서는 이 행사가 조선 사람에게 '위국(爲國) 위민(爲民)하는 뜻', 그리고 이 뜻을 널리 세계에 광고하여 다른 사람을 감동시킨 것으로 평가하였다. 그리고 무엇보다도

> 야쇼교를 ᄒᆞ야 젼국 인민이 츙동이 업시 모도 형뎨 ᄀᆞ치 ᄉᆞ랑 ᄒᆞ고 도와 주어 나라히 잘 되여야 올코 곳은 풍쇽과 법률이 셩ᄒᆞ게 ᄒᆞ며 강ᄒᆞ고 귀ᄒᆞ고 부요ᄒᆞ고 지혜 잇ᄂᆞᆫ 사름이나 약ᄒᆞ고 쳔ᄒᆞ고 무식ᄒᆞᆫ 사름이나 하ᄂᆞ님 압희ᄂᆞᆫ 다 일반이라. (…) 우리ᄂᆞᆫ ᄇᆞ라건ᄃᆡ 죠션 안에서 교ᄒᆞᄂᆞᆫ 인민들은 교를 ᄎᆞᆷ 밋고 교회에셔 ᄀᆞ른치ᄂᆞᆫ ᄃᆡ로 힝신을 ᄒᆞ며 동리 사름의게 본보기가 되야 불샹ᄒᆞ고 어리셕은 동포 형뎨들을 모도 ᄭᆞᆷ을 ᄭᆡ게 ᄒᆞ야 다만 셩경만 말ᄒᆞᆯ ᄲᅮᆫ이 아니라 엇더케 ᄒᆞ여야 ᄎᆞᆷ 올흔 빅셩되ᄂᆞᆫ 법을 ᄀᆞ른치ᄂᆞᆫ 거시 교ᄒᆞᄂᆞᆫ 직무로 우리ᄂᆞᆫ 싱각ᄒᆞ노라.[67]

라고 하여, 기독교를 믿게 되면 신분, 경제적인 차별이 없어지고, 인민이 서로 사랑하고 풍속과 법률이 융성하게 될 것이며, 교회에서 가르치는 대로만 하면 "참 옳은 백성"이 될 것이라고 하였다. 기독교와 교인에 대한 나라와 이웃의 기대와 신뢰를 드러내었던 것이다.

고종이 언더우드를 비롯한 선교사 등에 대한 신뢰는 더욱 깊어졌다. 1897년의 고종 탄신기념 행사는 아펜젤러가 주도하였다. 서울의 기독교인들이 고종을 위한 기도회를 열고, 그 이튿날에는 정부 관원들과 함께 훈련원에서 교인들이 주관하는 축하회를 가졌다. 아펜젤러의 개회사, 배재학당 교사의 기도, 윤치호의 연설 등이 행해졌다.[68] 그해 11월, 고종은 언더우드 부부를 명성왕후

---

드립니다. / 모두가 당신께 경배드릴 때, / 당신의 웃음 밑에서 / 우리 나라는 행복해질 것이며 / 부강하고 자유로워질 것입니다."(173쪽)

67) 『독립신문』 1896년 9월 3일, 「논설」.

68) 『독립신문』 1897년 8월 19일 ; 8월 26일. 윤치호는 연설에서 대군주 폐하의 탄일을 경축하는 일을 가르쳐 주고, 이를 주선한 선교사에게 감사한다는 말도 했다.

의 장례식에도 초청하였으며,[69] 황후의 명복을 빌기 위해 장로교, 감리교 교인들이 정동교회에 모여 집회를 열었다. 이때 언더우드는 "명성황후께서 병환이 계셔 천명으로 승하하시고 인사 때를 당하였더라도 나라 신민이 되어 사람마다 비감할 것이어늘 하물며 역적의 손에 변란을 당하심이리오. 우리가 오늘 한곳에 모임은 황후를 위할 뿐 아니라 하느님께서 나라를 도우샤 교회가 흥왕케 하시기를 원한다"라고[70] 하였다.

또한 고종은 을미사변 후에 의화군(義和君, 후에 의친왕)을 언더우드 집으로 피신시켰다. 개화파 정권은 의화군을 유럽 6개국 특파 대사로 파견하면서 사실상 일본에서 억류시켰다. 1897년, 고종은 언더우드에게 의화군을 미국에 갈 수 있게 해 달라고 부탁하였다. 미국 소도시의 대학 예비학교에 보내 몇 년 공부하게 한 후, 대학 정규 과정을 밟게 하고, 대학 졸업 후 본인이 원하면 웨스트포인트에 가서 1년 정도 특별 수업을 받게 하는 것이 고종의 계획이었다. 이에 언더우드는 "조선에서의 선교사업 전체 운명을 바꿀 수 있는 영향력"을 왕자에게 끼칠 수 있다고 판단하여 왕의 요청을 받아 들였다. 언더우드는 여행에 필요한 물품을 구입하고, 선교 본부에 부탁하는 편지까지 보내었다.[71] 그러나 가까스로 미국으로 간 의화군은 학업에 진전을 보이지 않았으며, 기독교적 영향을 받지도 않았다. 결국 선교사들의 관심도 줄어들면서 의화군의 삶은 망명생활이 되고 말았다.

고종과 선교사 사이의 친밀한 관계는 정부의 만민공동회, 독립협회 탄압을 계기로 일시적으로 냉각되었다. 대한제국이 민회(만민공동회)를 힘으로 해산

---

69) 『상투의 나라』, 242~244쪽.

70) 『죠션크리스도인회보』 1897년 12월 1일, 「나라를 위흠」.

71) 언더우드→ 엘린우드, 1897년 5월 6일, 요코하마[『언더우드자료집(Ⅱ)』 2, 69쪽]. "이 편지로 귀하께 의화군 전하를 소개하고자 합니다. 귀하께서 아시다시피 그는 미국에서 교육을 마치기를 원합니다. 폐하께서는 왕자가 소도시에서 몇 년간 살면서 대학을 준비하고, 이어서 뉴욕시립대학교와 같은 도시 대학에 입학해서 정규 과정을 이수하고, 졸업 후에는 그가 원하면 웨스트포인트 육군사관학교에서 일 년 정도 특별 연구하기를 원하십니다."

시키자 독립협회도 자연스럽게 활동이 중지되었다. 이 사건을 둘러싸고 왕실·정부와 선교사 사이도 미묘한 관계에 놓이게 되었다. 선교사들은 고종을 직접 비판하지는 않았지만, 고종을 찬양하는 말이 줄어들었으며 고종 주위의 '간신배'와 정부를 비판하는 횟수도 늘어났다. 특히 아펜젤러는 독립협회를 더 적극적으로 지지하였는데, 그는 독립협회 회장 윤치호를 숨겨주기도 하였다. 이에 비해 언더우드는 독립협회를 긍정적으로 보면서도 동시에 독립협회에 대한 불만도 가지고 있었다. 아펜젤러에 비해 언더우드가 황실과 더 긴밀한 관계를 유지하고 있었기 때문이었을 것이다.[72]

　1900년대 들면서 기독교측은 정부와의 관계 개선에 나섰다. 장로교에서는 '개인의 정치 활동은 가능하지만 교회가 정치 문제를 논하는 장소가 되어서는 안된다'는 원칙을 천명하였다.[73] 선교사, 교인들의 직접적인 정치활동은 자제되었고, 언더우드의 직접적인 정치 문제 개입도 없어졌다. 그러나 언더우드는 여전히 황실과 긴밀한 관계를 유지하였다. 언더우드는 1906년에 정부로부터 태극훈장을 받았다.[74]

### (2) 문명개화론의 확산과 『그리스도신문』

　청일전쟁 이후, 서양문명을 적극적으로 수용해야 한다는 문명개화론이 강하게 대두되었다. 신지식층이 『독립신문』을 통해 이를 주장하였으며, 대한제국 정부도 서양문명 수용을 통한 개혁을 추진하였다. 이때 기독교계 신문도 문명개화론 확산에 기여하였다. 언더우드가 1897년 4월 1일 창간한 『그리스도신문』이 그러하였다.[75]

---

72) 任善和, 「선교사의 독립협회와 대한제국 인식－언더우드와 아펜젤러를 중심으로」, 『全南史學』 14, 2000, 83~84쪽.
73) 任善和, 위의 글, 2000 참조.
74) 백낙준, 「元杜尤博士小傳」, 『언더우드』 부록, 367쪽. 게일, 「元牧師行狀」에서는 1895년에 '훈3등태극장'을 받았다고 하였다(같은 책, 392쪽).

『그리스도신문』은 기독교 선교를 가장 궁극적인 목표로 삼으면서도 생활에 필요한 다양한 정보를 제공하였다. 이를 통해 기독교에 대한 인식을 새롭게 하면서 기독교 신앙으로 이끌기 위한 것이었다. 언더우드는 이런 원칙을

> 『그리스도신문』은 통전적(統全的)인 가족 기독교 신문이 되는 것을 목표로 합니다. 농민을 위한 농사법 정보, 공인을 위한 공장법과 과학, 상인을 위한 시장 보고서, 기독교 가정을 위한 가정생활 기사를 게재할 것입니다. 모든 것을 기독교 방식으로 제시할 것이며,『그리스도신문』을 통해서 사람들을 그리스도에게 인도하는 위대한 목적을 이루고자 합니다. 전주의 레널즈의 말에 의하면, 농사 기사에 관심을 가진 한 사람이 다른 기사도 더 읽게 되어 개종했다고 합니다. 경상도에서 한국 쇠 종을 만드는 자는 외국 공장과 과학에 대해 배울 수 있는 것을 알아보려고 신문을 보았는데, 지금은 그 지역에서 적극적이고 신실한 그리스도인이 되었습니다.76)

라고 하였다.

더불어 『그리스도신문』은 서양의 문명을 소개하고, 이에 근거하여 조선의 문명개화에 기여하겠다는 목표도 가지고 있었다. 당시 서양문명 수용을 주장하던 사람들은 서양문명을 가장 높은 단계로 여기면서 아래와 같이 4개의 문명 단계를 설정하였다.

---

75) 류대영, 「한말 기독교 신문의 문명개화론」,『한국기독교와 역사』22, 2005 ; 김영민, 「근대계몽기 기독교 신문과 한국 근대 서사문학-『죠선크리스도인회보』와『그리스도신문』을 중심으로-」,『東方學志』127, 2004. 순한글 주간신문으로 사실상 언더우드의 개인 사업으로 출발하였다. 이 신문의 기사는 대부분 언더우드에 의해 집필되었고, 그 외 씰(Sill, 미국 공사. 농사 이치를 잘 아는 사람), 알렌(Allen, 부공사), 허치슨(Hutchson, 육영공원 교사), 벙커(Bunker, 배재학당 교사), 헐버트(Hulbert), 에비슨(Avison, 제중원 의사), 민영찬(전 학부협판, 민영환 동생) 등이 필자로 참여하였다.
76) 언더우드→ 엘린우드, 1900년 12월 10일, 서울[『자료집(II)』, 129쪽].

세계의 인민은 그 풍쇽과 법도와 인륜과 학문의 나아가면 나아가지 못홈을 좃차 긔화의 분수가 각각 다름이 잇스니, ① 아머리까의 본토 빅셩과 아셔아 쥬의 흔쪽 빅셩을 광막흔 산들과 혹 바다가에 거쳐ㅎ야 물고기 산양으로써 생업을 ㅎ야 형상이 굴쇽에 잇슬 째와 다름이 업스니, 야만이라 닐캇느니라. ② 아머리까쥬의 흑인과 아셔아의 한쪽 토인은 극히 비루흔 집에 거ㅎ야 풍쇽이 ᄌ못 잔인ㅎ야 죽이기를 됴화ㅎ며 ᄯ흔 문ᄌ가 업스되 야만에 비ㅎ면 약간 진보흔 거시 잇스니 <u>긔화치 못흔 빅셩</u>이라 ㅎ느니라. ③ 청국과 인도와 토이기 사름과 그 밧긔 아셔아 쥼의 허다흔 인민은 농ᄉ와 공쟝과 쟝사의 업을 힝ㅎ며 기예와 문ᄌ를 외여 닉히니 긔화치 못흔 빅셩의게 비ㅎ면 긔화흔 디경에 니르되 흔ᄭ 녜를 귀히 넉이고 다시 문명의 진보홈을 ᄇ라지 아니ㅎ며 실흔 학문을 강구치 아니ㅎ고 허탄흔디 미혹ㅎ야 ᄌ긔잇슴만 알고 나리히 잇슴을 알지 못ㅎ며 헛된 례모에 얽미여 지식을 발달홀 ᄯ시 업스니 <u>반긔화의 빅셩</u>이라 ㅎ느니라. ④ 구라파 여러 나라와 아머리까 합중국과 아셔야에서 닐ᄋ디 일본은 농ᄉ와 쟝ᄉ와 여러 가지 공쟝의 업이 왕셩ㅎ야 학문과 기예가 크게 진보ㅎ고 활판과 륜션과 텰도와 뎐션들의 문명ㅎ고 리익흔 긔계를 써셔 부국강병ㅎ기를 힘쓰고 샹하가 일심으로 집과 나라히 흥왕홈을 도모ㅎ야 졍령이 명빅ㅎ고 형벌이 관대ㅎ야 인민의 헛된 외식이 적고 념치의 ᄆᄋᆷ이 잇셔 문명 긔화의 ᄀ장 놉흔디 니르니 곳 <u>문명의 빅셩</u>이라 ㅎ느니라.[77](번호 및 밑줄은 인용자)

곧 기독교문명관, 사회진화론에 의거하여 문명의 발전 단계를 나누고, 청국이나 조선은 농업이나 상공업이 발전하고 기술과 문자를 알아 개화하지 못한 '미개'에 비해서는 개화하였지만, 문명으로 진보할 것을 강구하지 않고 예모에만 얽매여 지식을 발달할 뜻이 없는 '반개화'의 단계로 보았던 것이다. 그리하여 『그리스도신문』은 서구문명의 탁월함과 조선의 낙후됨을 강조하

---

77) 『그리스도신문』 1901년 9월 12일, 「인종과 긔화의 등급」.

면서, 신문을 통해 '부강한 나라들의 문물'을 알아 조선인들도 '문명'하게
되는 새로운 때를 맞이해야 한다고 강조하였다.[78] 『그리스도신문』에서는
조선의 문명화, 부강화를 위해서는 서양의 과학 지식의 보급과 산업(농사,
공장 등) 개발, 근대적 법률의 제정과 정치 체제의 변화, 인민의 권리와 여권
신장 등이 이루어져야한다고 주장하였으며, 또한 이 문명화를 통한 애국심의
함양을 강조하였다.[79] 그리고 서양 지식의 보급을 위해 가장 중요한 문제로
교육 기관의 정비와 교육 보급을 주장하였다. 무엇보다도 이런 물질적인
발달의 근본에는 "사람의 마음"을 개량하는 것이 중요하다고 하여 기독교
신앙이 있어야 함을 전제로 하였다.[80]

그리고 언더우드는 조선이 '반개화'의 상태에 머물러 있기는 하나, 언젠가는
문명화할 수 있을 것으로 믿고 있었다. 그는 조선의 정치, 경제, 학문, 풍속이
개화되지 못한 것은 조선 사람의 '재주'가 없어서가 아니라고 보았다. 그는
조선 사람들이 재주와 능력이 있음에도 그것을 발휘하지 못하는 것은 배운
것이 없기 때문이라고 보고, 재주를 발휘하지 못하게 하는 신분제도를 철폐하
고 학문과 지식을 넓히면 많은 인재가 배출될 것으로 보았다.[81]

## (3) 식민지화 비판과 한국문화 능력 긍정

1910년 8월, 대한제국은 일본에 의해 강제적으로 식민지가 되었다. 일본의
한국침탈은 국제열강의 동의를 얻으면서 진행되었다. 처음에는 영일동맹
(1902, 1905)을 통하여, 그리고 러일전쟁 후에는 포츠머스 조약과 카쓰라-태프
트 밀약(1905) 등을 통해서 추진하였다. 미국은 자신의 필리핀 지배를 인정받

---

78) 『그리스도신문』 1897년 4월 8일, 「지식」.
79) 류대영, 앞의 글, 2005. 참조.
80) 『그리스도신문』 1906년 6월 7일, 「론셜 : 정치를 기량홈이 인심을 기량ᄒ난디 잇슴」.
81) 『그리스도신문』 1898년 3월 14일, 「론셜 : 학문의 비홀 말」. ; 1898년 3월 31일, 「론셜 :
    그리스도신문 론」.

는 대신 일본의 조선 지배를 인정하고, 1905년 을사늑약이 강압적으로 체결되자 바로 주한미국공사관을 철수시켰다.

한국에서 활동하던 미국, 영국(캐나다 포함) 출신 기독교 선교사들은 매우 어려운 기로에 서게 되었다. 당시의 세계정세 속에서 선교사의 모국들은 대개 일본의 조선 지배를 용인하였기 때문이었다. 또한 선교사들은 대체로 기독교적 문명관에 의거하여 조선의 민족성이나 근대화 능력을 부정적으로 보면서, 대부분 지배 계급의 부패와 착취, 민중의 나태와 무능력, 정치 능력의 부족 등을 거론하였다.[82] 따라서 문명국 서양의 식민지배를 부정하지 않았으며, 따라서 '문명국' 일본도 조선의 문명화를 이끌어주기를 바랐다. 그러나 일본의 한국보호국화 과정에서 일본의 강압적 침탈이 이루어지면서 일본의 '자격'을 거론하고 일본의 식민지배를 비판하기도 하였다.[83]

식민지화에 대한 언더우드의 생각은 잘 알 수 없지만, 대체로 이와 유사하였을 것으로 생각한다. 일본의 조선 지배를 어쩔 수 없는 추세 속에서 인정은 하지만, 이를 찬성하지는 않았던 것으로 보인다. 식민지배를 비판적으로 보았던 점은 당시 한국의 민족주의자에게 인정되고 있었다. 가령 박은식은 『한국독립운동지혈사』에서 일제의 침략적 동화정책이 불가능하다고 하면서, '빙탄(氷炭) 같은 한국과 일본의 민족·민족성'을 그 이유로 들었는데, 그 민족성 문제를 거론하면서 언더우드의 말을 인용하였다.

아시아 민족은 대개 공통성이 있다. 몽고족이 한때 침략을 자행하였으나 일단 불교의 감화를 받은 후 양처럼 유순해졌으며, 印度族, 漢族은 모두 평화적 성질을 가지고 있다. 그 중에서 침략적 근성을 굳게 지키고 있어서 유교와 불교의

82) 당시 선교사를 포함한 서양인의 한국 인식에 대해서는 정연태, 「19세기 후반 20세기 초 서양인의 한국관」, 『역사와 현실』 34, 1999.
83) 오상미, 「헐버트(H. B. Hulbert)의 문명국지도론과 조선」, 연세대학교 대학원 석사학위논문, 2009.

감화를 가지고도 그 근성을 깨뜨릴 수 없는 것이 일본 민족이다. 2천년 동안 중국과 한국의 연해 지방을 침범하여 약탈과 살육을 일삼은 자들은 오직 일본 민족뿐이다. 따라서 양국이 역사상 겪은 외환은 대개 倭寇에 의한 것이 많았다. 또 아시아 민족이 치른 대전쟁의 역사로 볼 때 그 대부분은 일본이 주동한 것이었다. 임진왜란이 그러했고, 청일전쟁, 러일전쟁이 그러하였다. 오늘날 한국 내의 학살이 그것을 잘 보여주고 있다. 일본은 무인을 가리켜 '士'라 하고, 한인은 文人을 가리켜 '사'라 한다. 일본은 옛부터 무를 숭상하던 나라요, 한국은 문을 숭상하던 나라이다.[84]

곧, 언더우드는 아시아의 다른 민족이 평화적 성질이 있는 것에 비해 일본은 침략적 근성을 가지고 있으며, 역사적으로도 중국와 한국의 연해 지방을 수시로 약탈하고, 청일, 러일전쟁과 같은 대전쟁도 일으켰다는 점을 지적하였던 것이다. 특히 단적으로 한국은 문(文)을 숭상한 민족이라면, 일본은 무(武)를 숭상한 민족으로 지적하면서, 그 민족성이 다르다고 파악하였다.

언더우드는 조선에 대한 강한 애정을 가지고, 조선의 문명화에 대해 확신하였다. 언더우드 등은 한국인이 '근면 성실하고, 도덕적으로 건전하고 진실'하다고 보았고, 또한 교육에 대한 열의가 대단하며 습득 능력이 뛰어나다고 생각하였다. 1901년 5월, 언더우드는 안식년을 맞이하여 미국에 가면서도 "내가 본국에 가는 것이 반가운 일이 되지 아니하는 것은 아니로되 지금에 내 본국은 대한도 내 본국이라. 사세 부득이 하여 떠나는 것"이라고 할 정도였다.[85] 언더우드가 한국의 언어, 종교를 탐구한 것도 이런 태도와 무관하지 않았다.[86] 한국어에 능숙하게 되면서 한글 성경 편찬사업, 한글 찬송가(『찬양

---

84) 박은식, 『한국독립운동지혈사』(김도형 역주), 소명출판사, 2008, 149~150쪽.

85) 『그리스도신문』 1901년 4월 25일, 「론설 : 목스 환국」.

86) 이에 대해서는 김흥수, 「호레이스 G. 언더우드의 한국 종교 연구」, 『한국기독교와 역사』 25, 2006. 이러한 학문 자세는 그의 아들 원한경에게 전해졌던 것으로 보인다. 아버지를 이어 한국어 관련 사전 편찬을 개정하기도 하였고, 또 연희전문교장 시절에

가』)와 더불어 외국인을 위한 사전(『한영문법』, 『한영사전』)을 편찬하였다. 이런 일들은 한글의 보편화와 어학 발전에 기여한 것이었다.

언더우드는 한국의 유교를 언급하면서 기독교와 유교 관계를 상호 보완적으로 인식하였다. 물론 언더우드는 유교를 종교 자체로 보지 않고 사람 사이의 윤리 정도로 이해했고, 또한 유교로 인한 조선 사회의 폐단도 알고 있었지만, 유교를 "참 지극한 보배"라고 규정하면서, 유교와 기독교를 "표리" 관계로 서로 보완되는 것으로 규정하였다. 그는 예수가 세상을 이루기 위해 왔으며, 기독교는 어느 곳에 전파되든지 그곳의 풍토와 인심을 살펴 참되고 이치에 옳은 것을 어지럽히지 않는다고 하여, 한국 사회가 가진 옳은 것은 보존한다고 하였다. 그리고 유교는 "진실이 하늘을 공경하는 미쁜 덕"과 "격물치지하며 만물을 파악하는 큰 꾀"를 다 갖추고 있다고 높게 평가하고, 또 "인륜의 지극한 법"이요 "만세의 큰 강령"이므로 기독교가 존중해야 할 것이라고 하였다.[87] 물론 언더우드는 유교를 종교로 인정한 것은 아니었고, 조상 제사 문제 등에 동의한 것은 아니었지만, 조선의 문화 속에 있는 좋은 점을 지적하였다. 한국의 전통에 대한 인정은 기독교 선교사로서는 매우 어려운 일이었지만, 언더우드는 한국에 대한 애정 속에서 이를 만들어 내었다.

* * *

선교사 언더우드의 활동 목표는 물론 기독교 전도였다. 그리고 전도사업이 서양문명이 전해질 수 있는 기회이자 통로였던 점에서, 언더우드의 활동은 한국의 근대화 개혁에 직간접으로 연결되어 있었다. 정부는 근대화 개혁의 일환으로 '교육과 의료'사업을 선교사에게 허가하였고, 이 분야에서 선교사

---

는 연희전문의 교육 방침을 "기독교 주의 하에 동서고근 사상의 화충(和衷)"이라고 표현한 것도 이런 것에서 나온 것이었다.

87) 『그리스도신문』, 1898년 12월 15일, 「량교가 표리가 되는 론」.

활동은 한국 근대화 개혁의 일환이 되었던 것이다. 1880년대의 초기 개혁사업에서도, 또 대한제국의 개혁사업에서도 그러하였다. 정부의 개혁사업이 점차 서양문명을 더 적극적으로 수용하는 방향으로 나아가면서, 선교사들은 기독교계 신문을 통하여 그런 여론을 만들어 가는데 일익을 담당하기도 하였다.

개항 후의 근대개혁은 한편으로는 서양문명 수용의 과정 속에서 추진되었지만, 다른 한편으로는 서양이나 일본의 제국주의적 침략 앞에서 국권을 수호하기 위한 과정이었다. 근대개혁은 국권을 유지, 수호하는 일이기도 하였던 것이다. 언더우드는 왕실과의 친분을 통해 선교사업을 추진하였다. 언더우드 부인은 왕후의 건강을 돌보는 의사의 신분 이상으로 가까이 지냈고, 언더우드는 을미사변 후 신변 안전의 불안 속에서 지내는 고종을 옆에서 보호하기도 하였다. 대한제국기에는 황제의 탄신일 행사를 대대적으로 치러 왕실의 권위를 높이는 일을 하기도 하였다. 당시 일반적으로 통치권을 주권과 동일한 개념으로 인식하였던 점에서, 일본의 침략 앞에서 왕권을 지키는 일이 곧 국권, 주권을 지키는 일이기도 하였다.

언더우드의 활동이 한국의 근대화, 자주화에 기여하게 된 것은 기본적으로 언더우드가 한국에 대한 남다른 애정이 있었기 때문이었다. 주지하듯이 일반적인 서양인이나 일부 선교사들은 조선의 민족성이나 근대화 능력 등에 대해 부정적으로 보았다. 그러나 언더우드는 조선인의 능력과 조선의 문명화에 대한 확신을 가지고 있었다. 특히 교육에 대한 열의가 뛰어나 그 습득 능력이 뛰어나다고 생각하였다. 그의 교육사업은 이런 차원에서 시작되었다고 할 것이다.

1905년 대한제국은 국권을 상실하고, 일본의 보호국이 되었다. 선교사로서 언더우드는 새로운 국면을 맞게 되었다. 러일전쟁 이전에는 한국을 이해하는 선교사들조차 문명국 일본의 역할을 인정하고 일본이 한국의 문명화를 지도해야 한다는 입장을 보였다. 그러나 일본은 러일전쟁 이후, 조선을 강압적으로 보호국으로 침탈하였다. 그들은 도덕적으로 문제가 있는 일본의 한국 보호국화에 대해서 반대하였다. 왕실과 친밀한 관계를 유지하던 언더우드, 헐버트 등은 고종의 조약 체결 불인정 활동을 도와주지 않을 수 없었다.

헐버트가 고종의 외교 활동을 적극적으로 도왔던 것에 비해 언더우드가 보호국화에 대한 어떤 입장을 취했는지는 명확하게 드러나지 않는다. 하지만 그 이전에 맺었던 고종과의 관계를 본다면, 당연히 고종을 지지하고, 그 활동을 도와주었을 것이다. 조약 체결 후에 고종은 언더우드에게 매일 사람을 보내 자문을 구하였다. 또한 한국의 독립 유지를 요청하기 위해 미국에 보내는 대표단과 동행할 것을 권유하였다. 그러나 언더우드는 "불가피한 사정" 때문에 거절하였다.[88] 아마도 1901년에 결정한 '교회의 정치 불간섭' 원칙의 영향이었던 것으로 보인다. 국권 상실 후, 언더우드가 왕권 옹호를 통해 국권을 지지했던 사업은 이제 대학 설립을 통한 지도자 양성이라는 새로운 국면으로 전환하게 되었다.

---

88) 『언더우드』, 239쪽. "복잡한 정치 상황에 말려드는 것은 경솔하다고 생각했기 때문"이라고 하였다. 그러나 언더우드는 황제를 도울 수 있는 일이라면 무슨 일이든 기꺼이 할 수 있다는 입장이면서도 당시의 정치 상황에서 그런 사업에 끼어들게 되면 결국 선교회가 난처해질 것을 우려했다고 보인다.

# 연희전문학교의 '대학' 지향

근대사회의 발전에서 대학의 역할은 매우 크다. 그러나 대학이 출현한 이후, 어느 나라, 어느 시기를 말할 것도 없이 '제도권 교육기관'으로서의 대학은 항상 양면성이 있었다. 개인의 발전과 사회의 진보를 위해 끊임없이 새로운 학문을 정립하고, 학문의 자유를 지키면서 그 학문을 나름의 학파나 학풍으로 만들기도 하였지만, 다른 한편으로는 긍정적이든 부정적이든, 국가, 사회체제를 유지하는 데 필요한 학문을 제공하기도 하였다.

대학이 국가체제 속에서 가지게 된 양면성은 항상 동시에 작용하는 경우가 많았다. 그러나 설립자의 성격과 이념에 따라, 곧 국공립(관립)과 사립의 경우에 따라서 정도의 차이가 있었던 것이다. 이런 점은 식민지에 설치된 대학의 경우에는 더 분명하였다. 이 차이는 곧 '민족' 문제를 둘러싼 차이였다.

일제 강점기에 설치된 대학은 경성제국대학뿐이었다. 그 밖에 고등교육 수준으로는 제법 많은 전문학교가 있었지만, 일제에 의해 항상 차별을 받았다. 일제의 교육은 황민화를 목표로 식민지배를 위한 하급 지식인, 전문가를 양성하여 식민지배 체제를 공고하게 유지하는 것이었다. 경성제국대학의 목표는 식민지 지배이념의 학문적 창출이었고, 관립전문학교도 이를 담당하는 전문 지식인을 양성하고자 하였다. 이에 비해 사립전문학교의 경우는 상대적으로 자유로웠다. 전문학교 수준에서 실질적인 '대학'을 지향하면서 근대사회에 필요한 전문 지식인을 양성하고자 하면서도 조선의 현실과 민족 문제를 외면하지 않는 학문과 교육을 베풀었다. 이런 사립전문학교를 선도한 것이 1917년 일제 법령에 의해 가장 먼저 설립 인허를 받은 연희전문학교였다.

연희전문학교를 설립한 주역은 언더우드(H. G. Underwood, 원두우, 1859~1916)였다. 그는 한국에 온 이후 줄곧 '대학' 설립을 지향하였다. 언더우드의 교육은 1885년 제중원에서의 영어 교육, 이듬해 고아학당 개교로부터 시작되어 1915년, 조선 크리스찬 칼리지(Chosen Christian College, 이하 조선기독대학이라는 이름과 혼용함) 설립으로 일단락되었다. 언더우드는 대학 설립이 조선민족을 위하고, 나아가 기독교 인격자를 양성하는 것이라 믿었다.

조선 크리스찬 칼리지는 총독부의 법령에 따라 연희전문학교로 인가되었다. 이는 언더우드와 에비슨(O. R. Avison)의 '동역'의 산물이었다. 이후 연희전문학교는 실질적인 '대학' 교육을 행하면서 종합대학을 설립하고자 부단히 노력하였다. 에비슨이 연전과 세전, 양교의 교장으로 이를 추진하였고, 에비슨을 계승한 연전의 원한경(H. H. Underwood)과 세전의 오긍선이 그 '소명'을 이어갔다. 언더우드와 그 후계자들의 대학 설립운동은 기독교 선교사의 선교 원칙과 한국 인식의 소산이었다.[1]

---

1) 문백란,「한말 미국 북장로교 선교사들의 한국인식과 선교활동」, 연세대 대학원 박사학위논문, 2014 참조. 문백란 박사는 이 논문을 작성하는데 필요한 선교사 관련 자료를 제공해 주었다.

# 1. 조선 크리스찬 칼리지(Chosen Christian College) 설립

## 1) 경신학교 대학부 운영

폐교되었던 고아학당(구세학당)을 복구하는 것은 언더우드를 비롯한 서울 지역 선교회의 바람이었다. 언더우드는 "(고아학당의) 학교 사업이 결코 실패한 것이 아니다. 이곳에서 배운 많은 소년들이 지금 주님의 포도원에서 유능한 일꾼으로 일하고 있다"고 하면서, 중등교육을 통하여 고등교육을 지향하면서, 남자뿐 아니라 여학생도 입학할 수 있어야 한다고 하였다.[2] 그는 고아학당 폐교 후에 선교회가 아무런 교육사업을 하지 않고 있음을 비판하고, 중고등학교 사업을 작은 규모라도 시작해야 한다고 강조하였다.[3] 이런 여론 속에서 1901년에 게일(J. S. Gale) 목사를 교장으로 하여 중학교 과정이 세워졌다.[4] 이 '예수교중학교'는 고아학당을 다시 정비하여 문을 연 것이었다.[5] 1905년,

---

2) 언더우드→ 엘린우드, 1899년 7월 11일, 첨부 「미국북장로교회 한국선교회의 역사 개요」[옥성득·이만열 편, 『언더우드자료집(Ⅱ)』, 84~85쪽. 이하 『자료집』].

3) 언더우드→ 엘린우드, 1900년 9월 14일[『자료집(Ⅱ)』, 127쪽].

4) 1900년 북장로교 선교회 서울 지회에서 밀러(E. H. Miller, 密義斗)를 책임자로 학교를 다시 설립하기로 결정하였으나, 1901년 11월에 게일이 연동교회의 부속 건물에서 '예수교중학교'로 개학하였다. 밀러는 1901년 8월에 내한했지만, 선교회 규정상 한국 어를 먼저 익혀야 했기 때문에 게일이 이 학교를 개교하고 계속 운영했고, 밀러는 게일을 보조하다가 1903년 중에 전담하게 되었다.(게일→ 엘린우드, 1901년 11월 6일 ; 에비슨→ 엘린우드, 1901년 11월 30일 ; 밀러→ 엘린우드, 1902년 6월 17일 ; 밀러→ 브라운, 1903년 11월 16일).

5) 학교이름은 "Training School for Christian Workers"였고, 이는 초창기 boys' boarding school이 재조직, 재개교(reorganized and reopened)한 것으로 보고되었다(The Woman's Foreign Missionary Society of the Presbyterian Church, Historical Sketch of the Missions in Korea, 1909, 21쪽). 후에 언더우드가 영면하였을 때, 에비슨은 장례식 연설에서 "(언더우드가) 남아들을 위한 고아원을 건립하기 위해 노력하였는데, 그것이 현재 우리 경신학교의 시작이 되었습니다"라고 지적하였다[에비슨, 「장례식 연설」, 『The Korea Mission Field』, 12-12, 1916. 문백란·김도형 편역, 『연·세전 교장 에비슨 자료집(I)-국내 발행 영문잡지 기사』, 선인, 2017, 168~169쪽].

밀러(E. H. Miller, 密義斗, 1873~1966) 목사가 교장으로 취임하면서 이 학교는 경신학교(儆新學校)로 발전하였다.[6]

경신학교에서 물리를 가르치던 언더우드는 이 학교를 바탕으로 대학 설립을 시작하였다.[7] 경신학교 대학부(College Department)는 밀러가 교장으로 있던 1906년 경에 시작되었다. 1908년에는 교사 부족, 자금 부족으로 잠깐 중단되었다. 선교회에서는 이를 다시 열 수 있을 것으로 예상하였고.[8] 후술할 바와 같이 그해 8월에 대학과 모집광고를 행하였다.

1906년경, 북장로회 한국선교회는 서울 지회의 대학설립안을 승인하였고, 언더우드는 조선교육협회를 조직하고 회장이 되었다. 언더우드는 대학 설립을 위해 한국교육기금(Educational Foundation for Korea)을 만들어 기금 모금을 시작하였다. 언더우드는 한국에서의 대학 설립은 교파를 넘어 '연합(Union)' 형태로 추진해야 한다고 생각하였다. 선교 초기부터 선교사들은 이런 방향으로 사업을 추진하였다.[9] 이런 '연합' 정신 아래에서 경신학교와 배재학당은

---

6) 경신학교의 영어 이름인 "The John D. Well Academy for Christian Workers"는 미 북장로교 해외선교부 회장을 역임한 웰즈의 유족이 보낸 기부금으로 경신학교 본관 (웰즈기념관)을 건립한 데서 비롯되었다.

7) 언더우드 외 선교사들이 담당했던 과목은 De Camp(영어), 밀러(대수), 에비슨(화학), 게일(천문학, 교회사) 등이었다(최재건, 『언더우드의 대학 설립』, 연세대학교 출판문화원, 2012, 77쪽). 1907년 10월 당시에는 이들 선교사 외에 이상재(한문, 논어·맹자·중용·대학), 崔光玉(성경, 일어, 산술), 오천경(성경, 地誌, 역사, 산술) 등이 가르쳤다 (『大韓每日申報』 1907년 10월 12일. 밀러가 영어, 이학, 화학, 음악을 담당하였다).

8) 「Education Work, Seoul」 『The Korea Mission Field』, Sep., 1908, 133~134쪽. 박형우는 경신학교 대학부는 밀러가 학교를 책임지고 있던 1906~1907년에 시작되었다가 약 1년 후에 중단되었다고 하였다(박형우, 『연세대학교는 어떻게 탄생했는가』, 공존, 2016, 139~140쪽).

9) 1885년 4월 5일, 같은 날에 한국에 왔던 언더우드와 아펜젤러는 초창기 전교 사업의 어려움을 이겨내기 위하여 자연스럽게 교파를 초월한 협조 속에서 각종 사업을 추진하였다. 한국에서 행해진 최초의 개신교 성찬식, 세례도 두 사람이 집전하였으며, 1886년 4월 25일 부활주일에 이루어진 한국 최초의 세례는 언더우드가 감리교 선교사 스크랜튼의 딸 마리온과 아펜젤러의 딸 앨리스에게 베푼 것이었고, 아펜젤러가 이를 보좌하였다. 또한 1886년 7월 18일, 제중원 의사 헤론의 집에서 거행된 한국인에 대한 최초의 세례식도 언더우드가 노도사(노춘경)에게 담당하였고, 아펜젤러가 이를

1905년 9월부터 두 학교를 합쳐 약 2년간 합성중학교(Union Intermediate School)를 운영하였다. 이 학교는 처음에는 배재학당 건물에 중학부, 전문부, 부설 소학교를 두었다. 이해 등록된 학생수는 128명이었으며, 1906년 6월, 정동교회에서 첫 졸업식을 거행하였다. 그 후에는 연지동에 있던 경신학교로 옮겨 교육을 계속하였다. 장로교, 감리교 미국 선교부, 한국선교회도 이 학교가 연합대학으로 발전하기를 기대하였다. 그러나 이 '연합' 학교는 1908년에 중단되었다.[10]

그런 후, 경신학교는 단독으로 대학 설립을 추진하였다. 1908년 8월에 3년 과정의 중학과 더불어 새로이 4년 과정의 '대학과' 학생을 모집하였다.[11] 모집 광고에는 다음과 같은 교과목 및 시험과목을 소개하였다.

**대학과 4년.** 성경, 한문, 고금문선(古今文選), 역사, 영미사, 교회사, 고등생리, 고등물리, 고등화학, 천문, 지리, 경제, 법학, 심리, 논리, 성경, 교육법, 고등대수기하, 삼각측량, 음악, 도화(圖畵), 영일어작문

**대학과 시험.** 순한문, 독서작문, 수학, 초등대수(단 중학졸업생 대학과 시험면제)

경신학교의 대학과가 운영되는 가운데 언더우드는 안식년을 갖고 한국 사정을 미국에 소개하고 대학 설립을 위한 기금을 조성하였다. 1909년 8월에 한국에 돌아온 언더우드는 이듬해 초반 경신학교 교장이 되었다. 1909년 말, 경신학교에는 이유는 알 수 없지만, 교장과 학생들 사이에 충돌이 일어나

도왔다. 물론 장로교와 감리교가 연합하여 하나의 '대한예수교회'를 이루지 못했지만, 1905년에 만들어진 두 선교부의 협의체인 '한국복음주의선교회연합공의회'를 통하여 '하나 된 개신교회'에 대해 강한 의지를 표현하였다. 이에 교육사업은 물론, 선교지역을 서로 나누어 담당한 교계 예양, 성경·찬송가 편찬, 신문·잡지 발간 등의 문서 사업에서 연합 활동을 전개하였다.
10) 최재건, 앞의 책, 2012, 79~81쪽.
11) 『皇城新聞』 1908년 8월 10일. 이 광고는 10월 초까지 간헐적으로 계속되었다.

학생들이 대거 퇴학하는 일이 있었다.[12] 이에 언더우드는 교장 취임과 함께 교사(校舍)를 증축하고 학교를 대확장한다는 계획을 천명하였다.[13] 그 가운데 대학과를 더욱 확장하는 방안도 있었다.

언더우드는 경신학교를 고등과, 사범과,[14] 대학과로 나누어 운영하였으며, 대학과 설치를 위해 정부와 교섭하였다.[15] 1906년 설치 이후 성과가 없었던 대학과의 확산을 위해 기숙사를 설비하여 수업상의 편익을 도모하면서, 중학 과정을 마친 20세 이상의 "신체 강건하고 품행 단정한" 남자를 대상으로 대학과 학생을 모집하였다. 그 광고에는

本校에셔 今番에 校舍를 一層 廣濶ᄒ고 華麗ᄒ게 擴張 建築ᄒ고 中學科 科程을 精查增補ᄒ며 高明ᄒ 講師를 延聘ᄒ야 優尙ᄒ 敎授를 施及ᄒᄂ 中 特히 從來로 學生界에 希望ᄒᄃᄂ바 大學科를 新設ᄒ야 完美ᄒ 敎育을 實施키 圖ᄒ오며 校內에 靜潔ᄒ 寄宿舍를 設備ᄒ야 修業 上에 便益을 極盡케ᄒ고 各班에 補缺生과 新入生을 大募集ᄒ오니 願學 僉彦은 九月 十五日 內에 入學請願書를 提呈ᄒ고 左開에 依ᄒ야 應試ᄒ을 望ᄒ (…) 私立 蓮洞 儆新學校[16]

---

12) 『皇城新聞』 1909년 11월 25일, 「時事―掬」. 언더우드는 이 분규를 수습하는 차원에서 교장이 되었다. 분란을 일으켰던 그린필드(Greenfields) 교장은 언더우드 교장 아래 부교장이 되었다.

13) 언더우드가 경신학교 교장이 된 시기에 대해서『자료집』에는 1909년으로 되어 있고, 박형우는 1910년 9월이라고 하였다(박형우, 앞의 책, 2016, 141~142쪽). 그러나 언더우 드는 적어도 1910년 3월에 이미 경신학교의 교장이었다. 『皇城新聞』 1910년 3월 20일자의 기사에는 "신임교장 원두우가 교사를 증축하고 秋期부터 대확장할" 계획이 있음을 보도하였다.

14) 경신학교에는 이미 1908년 6월에 2개월 과정의 사범과를 운영하고 있었다(『皇城新聞』 1908년 6월 30일, 「師範科 大募集」).

15) 『皇城新聞』 1910년 8월 25일, 「儆新校大學科」. "私立儆新學校에셔ᄂ 大學科를 設寘ᄒ기 爲ᄒ야 現方學部와 交涉ᄒᄂ 中이라더라."

16) 『皇城新聞』 1910년 9월 6일, 「광고」.

라고 하였다. 학교 건물을 정비하면서 대학부를 신설하여 학생을 대대적으로 모집하였던 것이다. 그러나 이때는 한국이 일제에 강점된 직후였으므로 대학 설립은 일제 당국의 방침에 따라 성사되지 못했다.

한편으로 언더우드는 1911년, 경신학교에 수공부(手工部)를 설치하였다. 수공부는 실업의 중요성을 강조하고 고학생을 위한 직장을 마련한다는 목적이 었다. 언더우드는 후에 이를 '공업대학'으로 확장할 계획을 가지고 있었다. 설립 초기에는 공과(工科)로 시작하여 경신학교 고학생만을 대상으로 하였다. 면직 짜는 일, 염색하는 일, 바구니 만드는 일, 수놓는 일, 뜨개질 등을 가르쳤으며, 일정한 견습 기간을 끝내고 나면 노임을 지불하여 학비에 충당하게 한다는 것이었다. 1912년에 언더우드는 공과를 독립기관으로 개편하기 위해 5만 2천 달러의 성금을 모으고, 4개의 방직기를 마련하였다.[17] 1913년에는 이를 '경신 수공부'라고 하였고, 그 안에 직조과, 염색과, 자수과, 양말과, 재봉과, 죽물과 등 6개 과를 두고 수직기(手織機), 역직기, 족답기(足踏機), 재봉기, 양말기, 해사기(解絲機), 권사기(捲絲機), 경사기(經絲機) 등의 장비도 갖추었다. 1914년에는 수공부 안에 경신공과전문학교를 설립하여 운영하다가 연합 대학 설립 문제에 흡수되어 1915년에 폐지되었다.[18]

---

17) 쿤즈→ 포스트, 1914년 1월 2일『자료집(V)』, 11~12쪽. 이하『자료집』. 첨부된 '서울장로교 중고등학교 현황(1913년 10월 30일)'에는 "최근에 실업교육부[手工部]가 큰 규모로 발전했다. 이것은 몇 년에 걸쳐서 조금씩 진행되었는데 최근에 학교의 후원자인 한 지인이 상당한 액수를 기부해서 훌륭한 벽돌 건물을 세우고 기계를 살 수 있었다. 학생들이 모직 제품을 짜는 일도 대규모로 실행되었다. 무엇보다도 전교생의 여름 교복을 학교 제품으로 만들었다. 또한 여러 병원에 간호사복 주문을 받아 납품했다. 최근에는 한국산 천연 비단으로 산동주(山東紬)를 짜는 것에 특별한 관심을 기울이고 있다. 이것은 한국에서는 거의 처음 시도하는 일로서 만일 성공적으로 이루어진다면 한국에 또 다른 귀중한 자산이 될 것이다"라고 하였다.
18)『儆新八十年略史』, 1966, 123~127쪽. 그러나 수공부는 상당한 성과가 있었다. 언더우드의 영면(1916) 후에는 아들 원한경이 이를 계속 운영하였다. 1915년에 50명의 남학생 (재학생의 1/3)을 실업과에 고용하여 사업의 규모를 확장하였으며, 한국 돗자리 제조를 주된 사업으로 설정하기도 하였다[「H. H. 언더우드의 1915~1916년 개인보고서」,『자료집(V)』, 228~229쪽]. 1919년부터 경신학교와 완전히 별도로 보통학교를

## 2) 기독교 연합대학, 조선 크리스찬 칼리지의 설립

언더우드의 대학 설립은 매우 힘든 과정을 거쳤다. 특히 평양 지역을 중심으로 한 재한 북장로교 선교회의 반대 때문이었다. 그들은 서울보다는 숭실대학이 있는 평양이 대학 설립에 더 적합하다고 보았다. 하지만 언더우드는 처음부터 감리교측과 함께 연합대학을 서울에 설립해야 한다고 주장하였다. 대학 설립을 둘러싼 쟁점은 ① 몇 개의 대학을 세울 것인가?(한 개 혹은 두 개) ② 대학을 어디에 세울 것인가?(평양 혹은 서울)라는 문제로 압축되었다.[19]

1911년, 언더우드 등의 서울 지역 북장로교 선교사들은 감리교 선교사와 의논하여 경신학교와 배재학교 두 학교의 대학부를 연합하자는 안을 선교회에 제출하였다. 이때 선교사들은 여러 점에서 서울에 교파를 초월한 연합대학을 설립해야 한다고 주장하였다. 그린필드(M. Greenfields)는 서울의 중등학교 졸업생 가운데 많은 학생들이 평양의 대학으로 진학하지 않고 오히려 일본으로 유학을 가고 있으므로, 이런 흐름을 막기 위해서도 한국의 중심인 서울에 대학을 세워야 한다고 하였다.[20] 언더우드는 비기독교인까지 수용하는 '초교파적 기독교대학'(undenominational Christian University)을 세우고, 이 대학을 여타 지방에 있는 여러 기독교 교육기관의 중심 기관으로 운영해야 한다고 하였다.[21] 같은 시기 에비슨은 서울에 설립될 '대학(University)'에는 단과대학의 학과(college department)를 설치하고, 여기에 최초의 전문대학원(professional school)을 위해 세브란스병원의 의학과를 합해야(unite) 한다고 하였다.[22]

---

졸업한 자격이면 누구든지 수공 기술을 습득할 수 있도록 문호를 개방하였다. 그리고 죽물과를 없애고 양복과를 만들어, 전문적 재단사를 양성하였다(『徵新八十年略史』, 139쪽).

19) 이하 조선기독교대학의 설립 과정에 대해서는 최재건, 앞의 책, 2012 참조.

20) 그린필드→ 브라운, 1910년 12월 19일.

21) 언더우드→ 브라운, 1910년 7월 18일[『자료집(IV)』, 40쪽에는 장로교 교단 '직영'으로 해석하였으나, 원래 편지 원문에는 '초교파'라고 되어있다].

22) 에비슨→ 브라운, 1910년 7월. 이 편지는 언더우드가 에비슨에게 부탁하여 선교회의

이에 재한 북장로교 선교회는 대학 설립을 인가하지는 않았으나, 두 학교의
'대학' 과정을 2년제로 운영하는 것을 허용하였다. 이에 따라 1911년 9월,
경신학교, 배재학교, 그리고 개성(송도)의 한영서원 졸업생을 근간으로 '대학
부' 학생을 모집하였다. '대학교설립위원회(大學校設立委員會)' 이름으로 낸
「대학생모집광고」에는

> 現今에 京城 南北監理教會와 長老教會의 教育上 直接 關係ㅎ는 者가 曾히 高等教育ㅎ
> 을 各自 區分ㅎ보다 互相 共同ㅎ이 善ㅎ 줄로 認ㅎ지라. 儆新學校와 培材學堂과 開城韓英
> 書院 卒業生과 其他 卒業生을 一體 嘉納ㅎ야 合力 敎授ㅎ이 事實上 便順ㅎ 所以로
> 今에 此를 實行고져ㅎ야 西小門內 培材學堂 校舍 西便室(前 活版所)에 臨時로 設立ㅎ고
> 此에 應ㅎ는 志願者를 募集ㅎ. (…) 但 官公立私立高等學校를 卒業ㅎ 者나 相當ㅎ 學力이
> 有ㅎ 者에 限ㅎ.[23]

라고 하였다. 감리교와 장로교가 서로 협력하여 대학교를 설립한다는 점을
분명히 하였으며, 입학시험 과목은 조선 문법, 국어, 영어, 역사(동양사, 서양
사), 한문(四書, 作文), 수학(대수, 기하), 이과(물리, 화학) 등이었다.

이를 바탕으로 언더우드는 본격적으로 대학 설립에 나섰다. 언더우드는
처음부터 "대학이 두 개이건 하나이건 간에 그것들이 어느 한 교단에 소속된
것이 아니라 연합대학이어야 한다는 것에는 의심의 여지가 없다"고 하였고,
동시에 그는 비록 평양에 숭실이 있더라도 서울에 '기독교 종합대학'을 세워야
한다고 하였다.

언더우드는 서울에 대학을 세워야 한다는 여러 이유를 들었다. 한국 인구,
많은 중등학교와 그 재학생, 기독교계 학교 분포, 그리고 교수 인력 충당,
출판, 회관 등 교육 지원시설 등을 거론하였다.[24] 북장로교 서울지회의 언더우

---

입장을 자세하게 쓴 것이다.
23) 『每日申報』, 1911년 9월 20일.

드, 에비슨, 쿤즈, 그리고 남감리교의 하디, 북감리교의 노블, 벙커 등이 미국의
연합위원회에 보낸 서신에서는 대학의 설립 목적이 첫째는 교회 지도자를
양성하는 것이지만, 두 번째는 대학이 소재한 지역은 물론 나라 전체에 영향을
미쳐야 한다고 하였다. 그리고 서울지역의 경신·배재, 개성의 한영 출신 학생들
은 수도인 서울을 떠나 평양으로 가지 않으며, 서울에는 여러 기독교 관련
조직과 학생들이 있다는 점, 그리고 이미 필요한 자금을 확보하고 있는 점
등을 내세웠다.[25] 언더우드의 의견에 동의하는 장로교 선교사는 소수였지만,
세브란스의학교 교장인 에비슨은 언더우드의 의견에 적극적으로 동의하였다.

대학 문제를 두고 벌어진 평양지역 선교사와 서울지역 선교사 사이의
의견 대립의 근저에는 선교관, 교육관 등의 차이도 잠재해 있었다. 종교적으로
는 '신'의 호칭 문제, 사업으로는 세브란스 병원 신축 및 확장 문제, 『그리스도신
문』 문제 등이 있었으며, 또한 교육사업에서도 그 목적을 어디에 둘 것인가에
대한 견해차도 있었다.[26] 평양측에서는 직접적인 복음 전도에 주력하면서
토착 교회 개발과 열성적인 기독교 지도자 육성을 미션 학교의 주된 목표로
정하였지만, 언더우드는 일반인을 기독교적으로 교육시켜 한국에서 필요로
하는 인재를 양성하고자 하였다.

이런 의견 대립 속에서 한국 주재 장로교 선교사들은 대개 평양측의 의견에
찬성하였다.[27] 한국에서 활동하던 선교사들 사이에 의견의 골이 깊어지자
그 결정은 미국의 합동위원회로 넘어갔다. 1913년 2월 25일, 미국 뉴욕의
합동위원회에서는 서울에 하나의 연합대학(Union College)을 설립한다고

---

24) 언더우드→ 브라운, 1913년 12월 5일[『자료집(Ⅳ)』, 103쪽].
25) 노블 등→ 연합위원회, 1913년 12월 8일[『자료집(Ⅳ)』, 106~115쪽].
26) 문백란, 앞의 글, 2014, Ⅳ장 참조.
27) 1912년 9월 17일 서울에서 열린 선교사 전체 찬반 투표에서 "현재로서는 하나의
대학이 평양에 있어야 한다"는 안에 대해 평양 63표, 서울 37표, 기권 21표로 다수가
평양을 지지하였다. 남북감리교, 캐나다 장로교는 '서울안'을, 남북장로교, 호주장로
교는 '평양안'을 지지하였다(최재건, 앞의 책, 2012, 285~286쪽).

결정하였다. 그러자 재한 선교사(1년 이상 128명, 109명 투표)들은 서울 38표, 평양 71표, 기권 19표로 이를 거부하였다. 한국교육평의회회도 미국 합동위원회의 결정에 불복하고 재고를 요청하였다. 그러나 합동위원회는 1914년 1월에 원안을 최종 확정하였고, 각 교단 선교부도 이를 확인하였다.[28]

뉴욕 합동위원회에서 연합대학 설립을 결정하는 과정에는 많은 사람들의 영향이 있었다. 감리회 대표의 강한 주장이 있었고, 또한 언더우드 선교사의 형인 존 언더우드의 재정 지원 약속이 큰 힘이 되었다. 1912년, 언더우드는 아들 원한경의 졸업식에 참석하기 위해 미국을 방문하였는데, 이때 대학 설립을 협의하였다. 이때 존 언더우드는 5만 2천 달러 기부금을 약속하였다.[29] 이런 재정 지원에 힘입어 서울에 대학 설립을 추진할 수 있었다.

합동위원회의 결정에 따라 언더우드는 에비슨·쿤즈·하디·노블·벙커 등과 모임을 갖고 대학 설립을 준비하였다. 경신학교와 송도 한영서원 졸업생을 중심으로 신입생을 모집하고, 2학년은 1911~12년 경신과 배재의 대학부에서 수학했던 학생들을 선발하기로 하였다. 강의실을 비롯한 학교 시설은 경신학교를 이용하고, 또 교원 확보에도 문제가 없었으므로, 1914년 4월 개학도 가능하다고 보았다. 연합대학 설립이 활발해지자 숭실대학에서 근무하던 북감리교 선교사들도 점차 손을 떼고 서울의 대학 설립에 합류하였다.[30]

그리하여 연합대학 설립을 위한 이사회를 조직하고, 언더우드가 이사장, 베커가 서기를 맡았다. 한국선교회 교육평의회의 반대가 여전하자 미국의 선교부에서 1914년 12월 8일자 편지를 통해 서울에 하나의 대학을 세운다는

---

28) 최재건, 위의 책, 2012, 280~317쪽 참조.
29) 그 후에도 존 언더우드는 연전의 최초의 건물인 목조교사 치원관의 건축비, 먼저 사망한 동생 언더우드를 기념하는 건축물(언더우드관)의 건축기금도 기부하였다.
30) 장로교와 감리교 연합으로 운영되던 숭실대학에 참여했던 감리교 선교사는 베커(물리, 화학), 빌링스(역사학), 루퍼스(수학) 등이었는데, 감리교 선교사들이 평양에서 철수하자 숭실은 평양신학교와 더불어 장로교 선교회 연합(남북장로교, 호주장로교, 1922년에는 캐나다장로교회가 동참)으로 운영되었다.

결정을 재확인하였으며, 숭실을 초급대학(Junior College)으로 운영하고 서울의 대학 설립에 협력하도록 당부하였다. 그리하여 마침내 1915년 4월 12일, 종로의 YMCA에서 연합대학으로서의 '조선 크리스찬 칼리지(Chosen Christian College, 조선기독교대학)'가 출범하였다.[31] 그러나 대학 설립을 둘러싼 갈등은 그 이후에도 한참 동안 지속되었다.[32]

## 2. 연희전문학교의 '대학' 운영

### 1) 연희전문학교의 인가

조선을 강점한 일제는 이후 줄곧 조선인을 일본인에게 동화시켜 민족을 없애려고 하였다. 물론 이 정책은 일시동인(一視同仁), 내선일체(內鮮一體)와 같은 그럴듯한 명분 아래 추진되었지만, 조선인의 수준이 아직 내지 일본인에 비해 낮으므로 부득이 차별 정책을 실시할 수밖에 없다고 하였다. 일제가

---

31) 1914년 4월 22일, 미국의 합동위원회는 '대학 정관'을 한국에 보내 검토케 하였는데, 이때 학교이름은 'Korea Christian College'였다. 그러나 일제와의 관계 때문에 'Korea' 대신 '조선', 그것도 일본식 발음인 'Chosen'으로 된 것으로 보인다.

32) 평양측의 반발은 조선기독교대학의 개교 후에도 계속되었다. 장로교 선교회는 언더우드의 교장 취임도 부결시켰고, 아들 원한경의 교수 취임도 승인하지 않았다. 또 마펫, 아담스 등 평양측 인사들은 1921년 미북장로교 총회에 보고서를 제출하여 총회와 선교부, 선교회의 관계까지 재정립할 것을 요구하였다. 미장로교 총회에서는 선교본부의 정책과 활동은 옳았으나 평양의 대학을 학당(Academy)으로 칭하고 중등학교로 만들어 서울의 대학에 종속시키려 했던 것은 오류라고 지적하였다. 서울, 평양의 대학이 서로 배타적인 관계를 벗어나 상호 보완적인 관계를 형성하도록 당부하였다. 마침내 1923년, 연희전문 이사회에 북장로교, 남북감리교, 호주장로교 등이 참여하고, 평양지회가 주축인 한국선교회에서 4명의 이사를, 조선예수교장로회 총회에서 2명의 이사를 파송함으로써 일단락되었다. 한편, 숭실학교 대학부는 1908년 정부의 인가를 받았으나, 일제의 전문학교령이 정하는 조건을 맞추지 못해 1925년 5월에야 비로소 숭실전문학교로 인가 받았다. 이에 대해서는 최재건, 앞의 책, 2012, 343~355쪽 참조.

실시한 1911년 조선교육령은 '제국(帝國) 신민으로서의 자질과 품성을 갖춘 충량한 국민을 양성'하기 위한 교육만을 강조하였다. 그 교육은 높은 수준의 '고상한 학문'을 필요로 하지 않았고, 생활에 필요한 실용적인 기술을 가르치는 것이 급무였다. 곧 보통교육과 실업교육만으로 족하다는 것이었다. 특히 일본어 교육을 강조하고, 또 각종 실업교육을 통해 일본인 회사나, 식민지 농정을 위한 하급 기술인력을 양성하고자 하였다. 요컨대 식민지 조선에서는 고등교육을 실시하지 않겠다는 것이었다. 아직 일본 국내에서도 아직 「대학령」이 마련되기 전이었고, 따라서 조선에서는 최고 수준의 교육기관으로 전문학교만 인정하겠다는 것이었다. 이에 사립학교규칙(1911)과 전문학교규칙(1915)이 만들어졌고, 관립·사립 전문학교가 설립되었다.[33]

사립전문학교를 인가받기 위해서는 '재단법인'을 설립해야 하였다. 학교의 유지와 경영을 확실히 해야한다는 이유에서였다. 그런데 그 설립조건과 기준이 매우 까다로웠으므로 기준을 충족시키지 못한 기존 전문교육 수준의 학교들은 각종 학교로 격하되었다. 이에 1917년에 처음으로 인가받은 사립전문학교는 받은 연희전문과 세브란스의학전문뿐이었다.[34]

1915년 4월 조선 크리스챤 칼리지의 개교 당시, 교장은 언더우드, 부교장은 세브란스의학교장인 에비슨이었으며, 신입생 61명(연말에는 67명), 교직원 18명이었다. 그러나 대학을 설립하면서 언더우드의 건강은 매우 악화되어 있었고 이듬해 신병 치료차 미국에 갔다가 마침내 그곳에서 영면하였다(1916. 10. 12).

언더우드가 서거하자 부교장(교장 대리) 에비슨은

---

33) 1910년대 일제가 설립했던 전문학교는 경성법학전문학교(1916), 경성의학전문학교(1916), 경성공업전문학교(1916), 수원농림전문학교(1918) 등이었다.

34) 2차 조선교육령(1922년) 이후에 보성전문(1922), 숭실전문(1925), 이화여자전문(1925) 등의 설립을 허가하였다.

　　24년간 언더우드 박사와 저는 형제와 같이 지냈습니다. 우리는 서울에서
함께 살면서 서로 아주 친밀하고 지속적인 조화 속에서 사역하였습니다. 저는
(언더우드의 서거로) 완전한 상실감을 느끼며, 그의 따뜻한 지원과 동역 없이
제가 이곳에서 계속 사역하는 것을 거의 상상할 수 없습니다. (…) 우리는 하나님께
서 우리에게 사역을 할 수 있는 힘과 지혜를 주시고, 본국에 있는 분들이 자금의
형태로 전쟁 지원 물품을 제공해 줄 것을 신뢰하며 사역을 수행할 계획을 이미
마련하는 중입니다.[35]

　　라고 하였다. 언더우드 사후, 부교장이었던 에비슨(세브란스의학교장)이 교
장, 감리교 선교사 빌링스(B. W. Billings)가 부교장이 되었다. 조선총독부의
법령에 의한 재단(기독교연합재단)의 설립과 전문학교 인가, 신촌 부지 조성,
대학 수준의 교과 운영 등은 모두 에비슨 교장을 중심으로 추진되었다.[36]
　　조선기독교대학은 처음 개교할 때, YMCA를 임대하여 교사로 사용하였다.
대학교육의 여건이 갖추어진 방 8개를 강의실로 하였고, 신축한 체육관의
맨 위층을 여러 개 방으로 나누어 기숙사로 사용하였다. 초기의 교수진은
원한경(심리학, 영어),[37] 밀러(화학), 베커(물리학), 루퍼스, 빌링스, 저다인,
하디, 윌스 등이었고, 한국인으로는 백상규(상과)가 있었다. 그 외 일본인
교수가 일본어, 일본사, 서양사, 동양사 등을 강의하였다.

---

35) 에비슨→ 브라운, 1916년 10월 16일[『언더우드자료집(V)』, 238~239쪽].
36) 조재국, 「연희전문의 설립에 따른 에비슨의 교육 선교에 관한 연구」, 『신학논단』
　　80, 2015, 334~346쪽 참조. 교장으로 선임되자 에비슨은 자신이 "새 사역을 맡을
　　때 느낀 것보다 더 큰 책임감을 갖고 받아들였다"라고 하였다[에비슨→ 노스(F.
　　M. North, 1917년 3월 8일, 서울].
37) 개교 초기 원한경은 경신학교와 조선기독교 대학, 두 학교에서 강의를 담당하였는데,
　　경신학교에서는 1주일에서 의대 예비반(9명)에서 영어 6시간, 2학년 35명 학급 고대사
　　2시간, 3학년 45명 학급에서 고대사 3시간, 4학년 25명 학급에서 근대사 3시간
　　등 모두 14시간을 가르쳤고, 대학에서는 1주일에 영어 입문 5시간, 고급 수업 5시간,
　　상업 지리 3시간 등 모두 13시간을 가르쳤다[「H. H. 언더우드의 1915~1916년 개인보고
　　서」, 『자료집(V)』, 228쪽].

하지만 조선기독교대학의 '대학교육'은 순조롭지 않았다. 무엇보다도 일제 교육정책의 규제 때문이었다. 「전문학교 규칙」(1915. 3), 「개정 사립학교규칙」 등에 규정된 까다로운 조건을 맞추어야 하였고, 특히 선교사들에게 종교(성경) 교육을 불허한다는 것이 가장 큰 문제였다. 이에 선교연합회에서는 「개정교육 령에 관한 결의문」을 채택하였는데, 만약 10년이 지나도 성경 교육, 예배 등이 허용되지 않으면 학교를 폐교하겠다고 결의하였다.[38] 또 교원이 일어에 능통해 야 한다는 조건도 문제였다. 10년간 적용을 유예한다고 하더라도, 선교사 출신 교수가 주류를 이루고 있었기에 이 또한 심각하였다.

조선기독교대학은 총독부 법 령(「전문학교령」)에 따라 1917 년 4월 7일, 연희전문학교로 인 가를 받았다. 연전은 총독부의 「조선교육령」에 따라 교육을 행 하지 않을 수 없었다. 인가 당시 의 「학칙」에는 "본교는 조선교 육령에 의한 전문학교에 기초 하여 조선인 남자에게 문학, 신 학, 농학, 상업학, 수학 및 물리 학, 응용화학에 관한 전문교육 을 실시하는 것을 목적으로 한 다"(1조)고 하였다.

하지만 1920년대 초반의 학

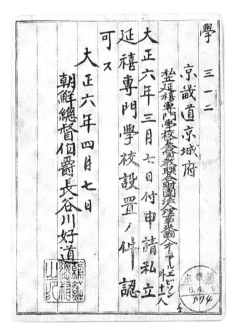

연희전문학교 설립인가서

---

38) 신교파 선교연합회, 「개정교육령에 관한 결의문」(1915)(『연세대학교사』, 연세대학교 출판부, 1969, 292~293쪽). 연희전문에 우호적인 총독부 관리들의 조언에 따라 신학과 를 설치하고, 성경 과목을 개설하였다(최재건, 앞의 책, 340~341쪽). 학과 설치에 따라 처음에는 신학과 학생을 2명 모집하였으나, 그 후에는 모집광고를 하면서도 학생은 모집하지 않았다. 평양에 있는 장로회신학교와의 관계를 고려한 것이었다.

교와 교육 상황은 열악하였다. 교수의 숫자 부족, 기숙사 등의 시설 등도 그러하였지만, 무엇보다도 교과 과정에 대한 총독부의 간섭 때문이었다. 1920년에는 학생들이 나서서 이런 열악한 교육 환경 개선을 위해 동맹휴업을 단행하기도 하였다. 학교 당국에서도 학생들의 요구가 온당하다고 보았고, 학교 차원에서 재정 문제로 해결할 수 있는 것은 노력하였지만, 교육 과정은 총독부 인가를 받아야 하기 때문에 개선이 어려웠다. 학교에서도 전문학교 과정으로 적당하지 않은 '보통과목'도 있고, 또한 일본어 수업 시간이 너무 많다는 점을 지적하기도 하였다. 에비슨 교장이 나서서 이런 문제를 총독부 관계자와 협의하였으나 성과를 얻지 못하는 형편이었다.[39]

'사립연희전문학교'는 총독부의 교육법 개정에 따라 1923년 3월 26일에 다시 '연희전문학교'로 인가를 받았다. 구법령에 의해 인가된 학과는 폐지하고, 다시 문과·신과·상과의 세 학과를 설치하였다. 그러다 1924년 4월에 다시 학칙을 개정하여 수물과를 증설하였다. 이로써 연희전문학교는 문과·신과·상과·수물과 등 4학과로 운영되었다. 학칙에는 "조선교육령에 의하여 문학, 신학, 상학, 수학 및 물리학에 관한 전문교육을 실시하는 것을 목적"(제1조)으로 한다고 천명하였다.

연희전문학교는 비록 조선총독부의 법률 제도 속에서 부득이 '전문학교'라는 이름을 달고 있었지만, 교육은 대학의 형태로 운영하였다. 이 학과(department)를 종합대학 안의 단과대학(college)으로 간주하여, 교수와 기금 등을 독자적으로 운영하였다. 즉

These three departments are practically three College, each with a separate

---

39) 『東亞日報』 1920년 6월 5일 ; 6월 6일. 학생들은 ① 학과 과정이 전문학교 수준에 미치지 못할 정도로 유치하고, 적절하지 않은 과정이 많으므로 전문지식을 배울 수 있도록 학과의 과정을 개정할 일, ② 전문학교 수준의 교수를 늘릴 일, ③ 통학하기에 불편하여 학생의 공부에 장해가 적지 아니하니 학교 기숙사를 지어줄 일 등을 요구하였다. 그러나 학생들은 배움을 멈출 수 없다는 점에서 7일부터 정상 등교하였다.

faculty, budget and recitation rooms.

라고 하였으며, 학과의 영어 표기도 College로 하였다. 문과는 "The Literary College", 상과는 "The Commercial College", 수물과는 "The Science College"였다.[40]

또 교육과정에서도 전문적인 학술 분야인 문과와 이과는 수업 연한을 4년으로 운영하였다. 대학이라는 이름을 먼저 내건 숭실학교 대학부(숭실대학, Union Christian College)에서 기존의 중등교육과정에다 2년을 더 공부하는 형태로 운영하였던 것과는 차이가 있었다. 연희전문은 전문학교의 이름 아래에서 실제적으로 종합대학을 구현하고 있었고, 또한 명실상부한 종합대학을 꿈꾸고 있었던 것이다.

## 2) 조선과 조선인을 위한 교육

언더우드는 대학을 설립하여 기독교 지도자는 물론이거니와 조선민족에게 영향을 미치는 인재를 양성하고자 하였다. 이는 북감리교측에서 1912년 5월, 조선에 고등전문교육기관을 설치할 것을 결의하고, "조선에 기독교주의에 의한 덕육, 지육 및 체육의 완전한 교육을 실시하는 기관을 설립하여, 조선의 문화에 다대한 공헌할 수 있는 인재를 배양하는 것이 급무"라고 하였던 바였다.[41]

---

40) 『Report of Chosen Christian College』, 1923~24, 1쪽[연세대학교 박물관 편, 『연희전문학교 운영보고서(상)』, 선인, 15쪽]. 연전 문과 과장을 지냈던 백낙준의 회고에서도 이런 점을 볼 수 있다. 그는 "대학이란 이름은 갖지는 못했지만 그 조직은 대학의 형태를 구비해서 5개 대학으로 출발했다. 즉 문과, 상과, 수물과, 농과, 신학과가 있었다. (…) 그러나 연전의 설립자들은 이것을 대학의 형태로 조직하는 동시에 민족 전체의 요구에 응하기 위하여 수물과와 상과를 두었다"라고 하였다[『백낙준전집(3)』, 「延世의 어제와 오늘」(1970), 연세대학교 출판부, 1995, 109~110쪽].

41) 『延禧專門學校一覽』, 「延禧專門學校沿革槪略」, 1939, 3쪽.

이런 방침에 따라 연희전문에는 비기독교 출신의 조선인(남자)도 입학할 수 있었다. 이런 점이 '숭실대학'과 달랐다. 숭실은 교회에 봉사할 수 있는 인물을 양성하는 것이 목표였고, 따라서 기독교인만을 입학시켜, 신학교 진학 전의 대학과정, 곧 목회 지망생을 위한 예비학교 수준으로 운영하였다.[42] 이에 비해 언더우드는 한국 사회에서 필요로 하는 인재를 키우기 위해 기초 학문과 전문 학문을 교육시켰다. 물론 연전에 입학한 학생들은 감리교인 50%, 장로교인 20%, 기타 교파 10% 등 기독교인이 많았으나, 비기독교인도 20%나 되었다. 교파를 뛰어넘어 연합 정신을 구현하는 것에 그치지 않고, 더 나아가 비기독교인들에게도 문호를 개방하였던 것이다.

이런 언더우드의 교육 방침은 에비슨 교장에게 계승되었다. 에비슨은 연전과 세의전의 교장으로 한국의 고등교육을 책임지고 있었던 것만큼, 식민지하 조선의 교육 발전에 대한 나름의 생각도 가지고 있었다. 그는 민중이 근본이 되는 '민본정치'를 위해 교육을 널리 보급해야 한다고 생각하였고, 이를 위해 소학교를 많이 만들어야 한다고 하면서 동시에 "일반 민중에게 정당하고 고상한 지조(志操)와 「세계 이상」을 품게 할 평이한 문학을 보급"해야 한다고 하였다. 또한 지식·도의심·신체(지덕체)를 키우는 균형적인 교육, 그리고 정치·문학 방면과 더불어 농업·상업·공업 등의 교육도 고르게 해야 한다고 주장하였다.[43] 이런 에비슨의 교육관이 연희전문의 교육에서도 실현되고 있었다고 보아야 할 것이다.

연전의 교수였던 피셔(Fisher)도[44] 학생을 개종(改宗)시키기보다는 "삶을

---

42) 최재건, 「언더우드의 대학설립의 이상과 실현」, 『언더우드기념강연집』, 연세대학교 출판문화원, 2011.

43) 魚丕信, 「朝鮮의 教育」, 『東明』 2-1, 1923[연세학풍연구소 편, 『에비슨자료집(Ⅱ)』, 선인, 2017, 158쪽].

44) 피셔에 대해서는 황금중, 「피셔(J. Fisher)의 민주주의 교육철학과 선교 교육관—1920년대 한국의 근대교육과 선교교육의 평가 및 전망」, 『연희전문학교의 학문과 동아시아 대학』(연세학풍사업단·김도형 편), 혜안, 2016.

더욱 더 잘 이해하여 가장 중요하고 윤택한 삶을 살게 하는 요소들을 더욱 잘 제어할 수 있게 만드는 것"이 중요하다고 하면서, 기독교 개종, 기독교 교육 자체만을 교육 선교의 목표로 삼지 말고, 한국인의 삶을 향상시키는 보편적인 가치를 향해 가는 교육을 목표로 할 것을 주장하였다.[45]

그리하여 연전은 교육으로 "조선민족 봉사(奉仕)를 위하여 준비할 만한 무상(無上)의 기회를 제공"하고자 하였다. 졸업생들을 단순하게 고등학교 교원으로 양성하는 것이 아니라 각 과의 성격에 따라 조선인의 경제력을 키울 수 있는 사업을 할 수 있도록 교육시켰다. 그리하여 각 과에서는

> 문과 필업생들은 반드시 상급학부로 올라가 전문학교 교수와 교회의 사역자와 저술가와 신문기자와 변호사와 기타 직무에 적임자들이 되도록 계속 수양할 것이오, 상과에서는 상업상 각 방면에 종사할 만한 교양을 가지고 최고의 상업 도덕의 표준을 따라 조선 상업 진흥의 선도자들이 될 만한 졸업생을 출세시켜, 조선인과 상업상 관계를 맺는 국제상업자들로 하여금 조선인의 상업상 신망을 景仰케 하며, 또한 아직 조선에서 실행되지 못하는 각종 영업에 착수하는 자들이 되며, 혹은 상업 학술을 계속 연구하여 상업학교의 교원들이 되기를 기대하는 바이며, 수물과에서는 純正 과학교수에만 전력하지 아니하고, 또한 국내 제조 공업, 운수 등 각 방면에서 要用될 만한 실용적 과목을 敎與하려 하는 바 (…)[46]

라고 하였다. 조선의 학문 발전은 물론, 실용적 학문을 가르쳐 조선민족의 향상을 위한 지도자를 양성하고자 하였던 것이다. 농과의 설치 또한 실용상의 필요 때문이었고, 또 같은 맥락에서 공과의 설치도 구상하였다.

조선민족을 위해 학문과 실용을 익히는 학생들에 대해서는 언더우드의 아들 원한경의 교장 취임사(1934)에도 그대로 표현되었다.

45) 최재건, 앞의 글, 2011, 376쪽.
46) 『故元杜尤博士紀念銅像志』, 1928, 11~12쪽.

3만5천여 권의 장서가 있는 본교 도서관에 동서 문학을 종람하는 청년 제군을 보시겠고, 문과연구실에는 이조 및 고대 서적과 싸우는 이를 보시겠으며, 상과연구실에는 조선경제 상태의 발전을 위하야 이 문제를 연구하는 이들을 보실 것이오. (…) 一方에서는 일반 자연과학을 연구하는 학생들을 보시겠으며, 또 다른 한쪽에서는 조선농촌문제를 연구하는데, 다른 한편에서는 조선가옥제도 개량을 위하야 연구하고 있는 학생 여러분을 보실 것입니다.[47]

곧 동서양의 문헌을 공부하여, 조선의 현실 문제를 해결할 수 있는 인재로 교육하고자 한 것이었다. 일반 사람을 교육시켜 한국 사회에서 필요한 사람으로 키우고, 또한 이러한 교육을 교파를 넘어 연합적인 형태로 추진한 점은 바로 연희전문의 교육 방침이 되었다.

이런 차원에서 연전은 1920~30년대 국내외 민족문화운동과 발을 맞추어 역사와 문화를 연구하고 교육하는 일을 선도하였다. 서양 선교사와 미국에서 수학한 교수들도 서양의 근대학문뿐만이 아니라 조선민족의 역사문화와 문학도 연구하고 가르쳤다. 언더우드의 이념을 계승하고 한국에 대한 믿음을 학문으로 정리한 바 있는 원한경을 비롯한 선교사의 한국 연구와[48] 더불어 문과의 정인보, 백낙준, 최현배 교수 등의 민족문화연구가 그 바탕이 되었다.

그리하여 연희전문은 일제하 '민족주의자의 소굴'이 되었다.[49] 신실한 기독교 신앙을 가진 문과 과장 백낙준, 전통 한학에서 출발하여 양명학과 역사학에

---

47) 「元漢慶校長의 就任辭, "大學을 目標로"」, 『延禧同門會報』 3, 1935.

48) 류대영, 「연희전문, 세브란스의전 관련 선교사들의 한국 연구」, 『근대 학문의 형성과 연희전문』, 연세대학교 출판부, 2005. 원한경의 한국 근대교육에 대한 연구에 대해서는 강명숙, 「H. H. 언더우드의 『Modern Education in Korea』와 일제시기 한국교육사 연구」, 『東方學志』 165, 2014.

49) 백낙준은 후에 "그때 연희전문학교는 민족주의자들의 소굴이라고도 하였다. 물론 그 중에는 백남운과 같이 유물주의사상에 젖어 있던 사람이 없던 것은 아니었다"라고 회고하였다[『백낙준전집(9)』, 「民族敎育 參與 첫 10年」(1968), 16쪽)]. 백낙준도 백남운 등의 '민족주의'적 입장을 인정하였다.

일가견을 이룬 정인보, 마르크스주의 경제사학자였던 상과의 백남운, 그리고
서양의 교육학과 더불어 한글을 연구한 최현배 등은 계급 문제에서 전혀
어울릴 것 같지 않은 성향을 지녔지만, 민족적 이념을 공유하면서 기독교
학교의 울타리 속에서 비교적 자유롭게 학문을 연구하고, 각별한 친분을
유지하였다. 신앙과 이념을 달리하면서도 학문적 차원에서는 서로 인정하고
교감하고 조화를 이루면서 연전의 '동서 화충의 학풍'을 만들어 갔다. 이
학풍의 근저에는 민족교육, 민족문화가 있었다. 이러한 학문적 분위기 속에서
'동서고근 사상의 화충'이라는 연전의 교육 방침, 학풍이 정립되었다.[50]


## 3. 연희전문학교의 대학 승격 노력과 좌절

### 1) 조선총독부의 대학 정책

일제시기 총독부는 우리 민족에 의한, 혹은 우리 민족을 위한 대학교육을
허용하지 않았다. 일제는 오직 조선을 영구적인 식민지로 만들기 위한 교육만
을 행하였고, 대학도 식민지 지배를 위한 이념과 인력을 형성하는 제국대학(帝
國大學)만을 두었다. 일제는 강제 병합 이후 바로 '조선교육령'(1차, 1911)을
발표하였다. 조선인을 식민 지배 하의 '충량(忠良)한 국민'을 만드는 목표가
제시되었고(제2조), '시세와 민도(民度)에 적합한' 교육을 내세워(제3조) 철저
하게 조선인을 차별하였다. 조선인에 대한 교육은 일본어 보급을 골자로
한 보통교육, 농상공 분야의 하급 기술 직업인을 만들어내는 실업교육, 그리고
약간의 전문적 기예를 가르치는 전문교육만으로 한정하였다. 곧 우민화(愚民
化), 황민화(皇民化) 교육이었다.

---

50) 이 책 제2부에 자세하게 서술함.

공사립전문학교는 1915년에 「전문학교 규칙」과 「개정 사립학교규칙」에 따라 설립되었다. 이는 관립학교 중심이었고, 사립전문학교는 엄격하게 제한하였다. 사립 가운데는 그나마 재정과 시설이 법적 조건을 갖춘 연희전문학교, 세브란스의학전문학교를 허가해주었다(1917). 연희전문학교는 점차 외형적, 학문적으로 체제를 정비하면서 대학 설립을 끊임없이 추진하였다.

1920년대 들어 일제의 교육정책이 조금 변하였다. 이른바 무단통치에서 문화정치로의 전환이었다. 그런 사이 일본 국내에서 기존의 전문학교의 대학 승격을 인정하는 '대학령'이 제정되었다(1918). '제국대학령'에 의한 제국대학만 설치하였다가 사립대학을 허가해 준 것은 일본 경제의 발전에 필요한 인력을 확충하겠다는 것이었다. 이 변화는 식민지 조선에도 영향을 끼쳤다. 곧 조선총독부에서도 제국대학 설립을 추진하였다. "전문대학, 대학예과 및 대학은 내지(內地)에 준거한다"라는 조항에 따라 1922년 2월, 「조선교육령」을 개정(제2차 교육령)하여, 대학 설립의 근거를 마련하였다. 이에서 1924년 경성제대 예과를 설치하고, 1926년에 경성제대를 설치하였다. 식민지배를 위한 학문적 근거가 그 주목적이었음은 말할 나위도 없다.

교육령의 개정은 조선인의 고등교육에 대한 열의를 자극하였다. 이에 조선인 스스로 대학을 수립하겠다는 운동이 일어났다. 곧 민립대학설립운동이었다(1922). 또한 일제는 서양 선교사의 불만을 완화시키기 위해 노력하였다. 연희전문 관계자도 이를 이용하여 학교 운영의 자율권을 다소 확보할 수 있었다. 일제는 1920년 3월, 「사립학교규칙」을 개정하여 교과목에 대한 제한을 없애고, 교원의 자격을 일부 완화하였으며, 또 「조선교육령」을 개정하여 일본 본국의 제도에 따라 조선에 대한 차별도 없앴다고 하였다.

## 2) 대학 설립을 위한 노력

언더우드는 처음부터 기독교연합대학을 종합대학(university)으로 세우고자 하였다. 그의 대학 설립을 줄곧 지지하였던 에비슨도 세브란스의학교까지 통합한 종합대학을 주장하였다. 미국의 합동위원회에서도 비공개 내부 회람용에는 'unversity'라고 하였다가 이후 총독부의 인가, 학생의 수급, 그리고 평양 측의 입장을 고려하여 'college'로 결정한 것이었다.[51] 언더우드의 사후 연희전문과 세브란스의전, 두 학교의 교장을 겸하고 있던 에비슨은 총독부의 정책 변화 속에서 두 학교를 통합한 종합대학 설립을 시도하게 되었다. 이 작업은 1920년대 들어 바로 착수되었다. 에비슨, 원한경 등은 재정 문제 해결을 위해 노력하면서,[52] 설립자 언더우드의 대학 설립의 꿈을 계승하여 이를 실현하고자 하였다.

　연전의 대학 설립 구상은 경성제대 예과가 시작된 1924년에 들어서 본격화되었다. 1924년 6월에 먼저 연희전문에 여자대학을 신설하고자 하였다.[53] 연전과 세전의 통합은 이미 1923년 9월, 조선기독교총회에서 결정된 사항이었고, 미국 선교본부에서도 허락한 것이었다. 그리고 그들이 만들려고 한 대학은 미국인의 학교가 아니고, 조선 사람을 위한 대학이었다.[54] 그리하여 1925년에는 교장 에비슨과 부교장 원한경이 미국으로 건너가서 1926년 3월까지 필요한 자금을 모금하여, 종합대학 설립에 필요한 150만 달러의 반 정도를 모금하는 성과를 거두었다. 연전과 세전을 합하여 대학으로 승격시키고, 협성신학교도 종합대학 문과에 편입한다는 계획이었다.[55]

　학교를 통합하려는 움직임은 세전에서도 마찬가지로 일어났다. 오긍선은 세전의 학감, 부교장으로 누구보다도 에비슨의 종합대학 설립 의지를 잘 알고

---

51) 최재건, 앞의 책, 2012, 328쪽.
52) 『東亞日報』 1920년 6월 3일. 에비슨은 미국에서 열린 감리교 총회에 참석하고, 연희전문을 동양에서 가장 완전한 대학을 만들기 위해 자금을 모집하는 중이었다.
53) 『東亞日報』 1924년 6월 11일 ; 6월 12일.
54) 『東亞日報』 1924년 6월 11일. 유억겸은 대학 설립이 2~3년 전부터 계획하던 일이라고 하였다.
55) 『東亞日報』 1925년 12월 2일 ; 12월 3일, 「종합대학을 계획」.

있었다. 1926년, 경성제대가 설립되면서 조선에서의 대학 설립 문제가 불거지
자 연전의 유억겸은 연전의 재산이 종합대학 설립에 충분하므로, "나의 희망으
로 「세브란쓰」의학전문학교를 합하여 종합대학을 설립하였으면 하는 예정"이
라고 하였는데, 세전의 오긍선도 이에 대하여 "우리학교는 이백만 원의 기본재
산이 있음으로 대학의 설립 충분합니다. 그러나 나의 희망은 연희전문학교와
종합하여 종합대학을 하였으면 하는 것이 이상이외다. 그리고 학교 이름에는
"조선기독교 무엇"이라고 하였으면 하나, 우선은 적립금이 오십 만원인 바,
이것은 관계 당국자와 같이 협의하면 가능성이 있겠지요"라고 하였다.56) 두
학교의 실무자 모두 '연·세'의 연합을 강조하였고, 더구나 오긍선은 학교 이름에
'조선기독교'라는 것이 들어가야 한다는 것도 강조하였다.

　그러나 종합대학 설립 계획은 성사되지 못하였다. 필요 자금도 문제였겠지
만, 무엇보다도 「대학령」에 의한 대학은 경성제대만으로 충분하다는 총독부의
정책 때문이었다.57)

　연희전문학교의 종합대학 승격 추진은 1929년에도 있었다. 연전은 학교
발전을 위한 7개년 계획을 세우고 궁극적으로 종합대학으로 나아가고자 하였
다. 명실상부한 '조선 민간의 학술연구의 중심'이 되기 위해 자금을 확충하면서
내적으로는 박물관 창립, 조선 고서 수집 및 조선학 관련 출판 사업, 교수
연구록의 발간, 정년제 및 안식년 제도 신설 등을 계획하였다.58) 종합대학을
만들기 위한 위원회도 활동하였다.59)

---

56) 『每日申報』 1926년 6월 3일, 「조선에서도 민대 설립 자유」.
57) 1923년 당시에 이미 조선총독부의 입장은 명확하였다. 관립이었던 의학전문학교와
　　법학전문학교의 대학 승격 문제가 나왔을 때, 총독부에서는 일본에서도 이런 경우가
　　없을 뿐 아니라 일본과 조선은 조건이 다르다고 하면서, 전문학교는 전문학교로써
　　내용을 충실하게 하는 것이 더 중요하다고 하였다(『東亞日報』 1923년 7월 16일,
　　「專門學校昇格運動에 就하야-長野學務局長談」).
58) 『東亞日報』 1929년 3월 28일, 「私學發展의 曙光-延專의 新計劃을 듯고」 ; 『中外日報』
　　1929년 3월 28일, 「延專의 新計劃-붓그럼을 업시하자」.
59) 이때 통합을 위한 회의는 1929년 6월 12일, 에비슨 교장의 집에서 열렸는데, 에비슨을

에비슨 교장(연희전문학교 교장집무실)

　　이런 계획이 진행되는 가운데 교장 에비슨은 1931년 4월, 연전 개교 16주년 기념식에서 불원 연전이 대학으로 승격하고자 하며, 조선 사람으로 총장을 삼겠다고 천명하면서, 필요 자금을 마련하기 위해 미국으로 건너갔다.[60] 에비슨은 미국 각지를 돌아다니면서 자금을 모으고, 10개월 뒤 1932년 2월에 서울에 돌아왔다. 그러나 미국 대공황의 여파로 모금이 여의치 않았고, 따라서 종합대학으로의 승격 작업도 추진되지 못하였다.[61] 하지만 1933년 10월에도 연전에서는 세의전 신축기지를 대여할 것을 결정하였고, 세의전 또한 그해에 양교에서 에비슨 합동관을 건립할 것을 승인하였다.[62] 곧 연전과 세전의 통합을 통한

---

　　비롯하여 R. A. Hardie, N. Found, S. H. Martin, U. K. Yu(유억겸), P. O. Chough(조병옥), J. S. Ryang(양주삼), W. M. Clark, H. H. Underwood, A. L. Becker, H. T. Owens, S. H. Hong(홍석후) 등이었다. 이때 한 교장 아래 두 명의 부교장을 두어, 각각 교육과 의학(세브란스)을 담당하게 한다는 것이 협의되기도 하였다. "Conference on Proposed Union between the CHOSEN CHRISTIAN COLLEGE and SEVERANCE UNION MEDICAL COLLEGE."
60) 『東亞日報』 1931년 4월 25일, 「不遠大學될 延專梨專 總長 朝鮮사람으로」.
61) 『東亞日報』 1932년 2월 19일, 「故國가튼 朝鮮으로! 에비슨博士昨夜歸京」.

종합대학 설립은 신촌에 한다는 공감대가 형성되었던 것이다.

종합대학을 추진하던 에비슨은 선교회 규정에 따라 70세에 은퇴해야 하였다. 하지만 선교부는 그 직책에 적합한 사람이 없을 경우에는 한번에 1년씩, 최대 3년 동안 기간을 연장할 수 있었다. 에비슨은 1년간의 기간 연장 요청을 두 차례 받고 교장직을 수행하였다. 그러다가 72세인 1932년 6월 30일 선교사 직에서 은퇴하였다. 하지만 연전과 세전 이사회는 에비슨이 선교사의 신분이 아니라 학교 교장으로만 2년간 더 일 할 수 있게 하였다. 이에 그는 1934년 2월 16일까지 세전 교장을, 9월 16일까지 연전 교장직을 수행하였다.[63] 세전은 부교장이었던 오긍선이, 연전은 역시 부교장이었던 원한경이 각각 교장으로 뒤를 이었다. 에비슨은 두 학교의 교장 취임 축하회에서 "자기가 죽기까지에 종합한 대학을 건설하여 달라는 심장한 부탁"을 하였으며,[64] 이 종합대학이 이화여자전문까지 합친 남녀종합대학으로 실현되기를 기대한다고 하였다.[65] 에비슨은 한국 생활을 마무리하고 1935년 12월 2일 미국으로 돌아갔다.

1934년 9월, 교장으로 취임한 원한경은 자신의 취임사 제목도 「대학(大學)을 목표로」였다.[66] 조선에 필요한 인재를 키우기 위해서는 조선의 전통 문화와 역사 속에서 필요한 것을 취사선택하고, 이를 서양의 근대학문과 결합해야 한다는 입장을 천명하였던 것이다.

1940년에 들어서 연전과 세의전의 '연합'을 통한 종합대학 설립안이 다시 제기되었다. 이 계획은 세의전이 좁고 소란한 서울역 앞을 떠나 연전 인근에 2백만 평을 마련하여, 동양 최대의 병원과 학교를 건설하고, "연세(延世) 종합대

62) 『연세대학교백년사(1)』, 연세대학교 출판부, 1985, 222쪽.

63) 올리브 에비슨, 『근대한국 42년(상)』(박형우 편역), 2010, 368~369쪽 ; 『東亞日報』 1932년 2월 19일.

64) 『東亞日報』 1934년 2월 28일, 「兩專門校正, 副校長 祝賀會 大盛況, 유지 170명, 어박사의 深長한 祝辭」.

65) 『每日申報』 1934년 3월 1일, 「綜合大學의 實現을 熱望 延專世專正副校長의 祝賀會」.

66) 원한경, 「元漢慶校長의 就任辭, "大學을 目標로"」, 『延禧同門會報』 3, 1935.

학"을 세운다는 것이었다. 즉

> 가장 오래인 역사와 전통을 갖고 半世紀 동안 仁術 朝鮮에 不朽의 공을 세운 세부란스 의학전문학교(世富蘭偲醫專)와 동병원이 금번 획기적 비약을 하게 되어 인연 깊은 현 교지를 떠나 延禧町 二百萬평의 송림 속에 三百萬원의 거금으로 명실함께 동양 제일의 설비 완전한 新校舍 급 신병원을 건설키로 내정코 방금 만반 준비가 착착 진행되어 일찍 私學界의 일대 숙안으로 각 방면에 기대가 컷던 延世綜合大學의 大理想의 실현이 일로 가까워젓다는 명랑보가 신춘 학계에 선풍을 던지고 잇다.[67]

원한경

라는 것이었다. 이런 계획을 세운 세의전의 오긍선 교장이나 연전의 원한경 교장 모두, 양교의 연합은 "최초 설립자들의 대이상"이라고 언급하였다. 연합하여 만든 종합대학이 '연세'라고 불린 점이 흥미롭다. 연전의 원한경과 세전의 오긍선도 다음과 같이 언급하였다.[68]

**원한경** 양교를 연합시킨다는 것은 최초 설립자들의 대

---

67) 『東亞日報』 1940년 2월 15일(조간, 석간), 「世專을 延禧松林에 移轉, 東洋一의 校舍를 新築, 延世專綜合大學建設譜」.

68) 오긍선의 대학 설립 지향과 연전과의 통합 문제, 신촌을 기지로 한 여러 사업 구상 등에 대해서는 이 책 제4부 「世專 교장 吳兢善의 의료 계몽과 大學 지향」에 자세하게 기술한다.

이상이었을 뿐 아니라 2~3년전만 하여도 양교 당국자 간에 누차 입안한 바도 있다. 최근 여러 가지 관계로 일시 중단되었습니다. 그리하여 곧 되리라고는 단정키 어려우나 양교에서 모두 대단히 찬성하는 바이므로 머지 않는 장래에 일부 난관을 돌파 해결하고 원만 합병되리라고 믿습니다. 더구나 동교가 연전 바로 옆으로 이전하여 대확충을 하게 된 계획은 숙안의 양교 연합을 일보 접근시켰다고 보아도 좋겠습니다.

**오긍선** 교사 이전문제는 주지하시는 바와 같이 원체 협착하고도 주위가 소란하여 연구 중이던바, 기지 문제가 연희정으로 해결되어 이사회의 정식인가만 있으면 明春부터라도 착공키로 하고 방금 모든 준비를 진행시키고 있습니다. 계획 만은 동양 제1의 설비를 다하려 하나 물자 관계로 어떻게 될른지요. 연세전 합병 문제는 최근 설립자들의 대이상이었으나, 여러 가지 관계로 급속히 실현되리라고는 믿어지지 않습니다. 그러나 이상만은 좋으니 앞으로 전연 절망이라고도 단정키는 어렵습니다.[69]

라고 하여, 두 사람 모두 '합병'의 실현 가능성을 높게 보고 있었다. 그러나 이 계획은 재원 문제에 부딪치게 되면서 중단되었다.[70]

대학 설립은 당시 조선 교육계의 중요한 현안이었다. 잡지 『삼천리』에서도 이를 특집으로 꾸미고, 각 전문학교 교장을 탐방하였다. 원한경은 이때에도 대학 설립 계획을 천명하였다. 그는 "조선 안에 있는 사립전문학교 중에서 우리 학교가 제일 먼저 그러한 의도를 가지고 있은 줄로 생각하며, 이미 세간에 알려지기까지 한 일"이라고 전제하고, 이미 1930년 무렵부터 구체적인 계획을 세워 연전 창립 25주년인 1940년에 완수하려 하였다고 언급하였다.

---

69) 『東亞日報』 1940년 2월 15일(조간, 석간), 「世專을 延禧松林에 移轉, 東洋―의 校숨를 新築, 延世專綜合大學建設譜」.

70) 『東亞日報』 1940년 2월 24일(석간), 「世醫專校長에 吳兢善氏 留任」; 『朝鮮日報』 1940년 2월 24일(석간), 「학교는 이전 안는다, 교장엔 오긍선씨 선임」.

그러나 이 계획 또한 일제가 침략전쟁을 일으켜 기부금을 모을 수 없게 되면서 일단 좌절되었다. 원한경은 약 5백만 원의 자금을 모은다면 대학 설립이 가능하다고 보고, 이때는 건축과, 종교과를 더 증설할 계획이었다. 그 모델로 삼을 수 있는 대학으로 프린스턴 대학이나 하버드 대학을 염두에 두었다.[71]

하지만 연전 옆으로 세전과 병원을 이전하고, 이를 합치는 문제가 연기되면서, 오긍선은 학교는 신촌으로 이전하지만, 당분간은 세전을 6년제의 단과대학 의과대학으로 매진하고자 하였다. 그러나 서울역 앞 세브란스병원의 "지금의 위치는 우리도 좋다고 볼 수 없으며, 옮기게 되면 延禧專門學校 곁인 新村 松林 속으로 옮기려고 합니다"라고 하였다.[72] 단과대학으로 하더라도 신촌으로 옮길 계획이 있었다는 점이 흥미롭다.

세전이나 기타 기관을 신촌의 연희 숲으로 옮기는 것은 세브란스의전을 경영하던 사람들의 오랜 꿈이었다.[73] 일찍이 신촌의 연전과 서울역의 세전을 하루에도 오전, 오후에 다니던 에비슨은 연전 부근의 땅에 주목하였다. 그는 1920년대 초에도 미국에서 자금을 모금하여 연희전문을 대학교에 걸맞는 시설로 만들면서 동시에 "자금 500만원으로써 경의선 신촌역(新村驛) 부근의 풍광 가려(佳麗)한 토지 6만평을 개척하여 하나의 자유이상촌을 건설하여 여하한 인종을 불문하고 평화평등의 생활을 짓게 한다"는 계획을 가졌다.[74]

---

71) 『三千里』12-4, 「未來의 大學 總長의 大學 創設 雄圖」, 1940. 이때 세브란스의전에서는 吳兢善 교장이 醫科單科大學 大學案을 구상하였다.

72) 위의 글, 50~54쪽. 회견 중에 주목되는 것은 "최초 본교가 창립되기는 韓國 光武 3년(西曆 1899년)"이라고 하였고, "개교기념일을 大年 11년(1922) 2월에 새로 발포된 교육령에 의해서 인가를 얻고 종래의 사립을 폐지하고 그저 세부란스聯合醫學專門學校 라고 개칭하게 됐는데, 동년 5월 15일을 본교의 개교 기념일로 정했습니다"라고 하였다.

73) 감리교 계통의 이화여전은 1935년에 정동에서 신촌의 연전 옆으로 이전하였는데, 이전에는 에비슨 등 장로교의 협조가 있었다. 이때 에비슨은 연전, 세전의 통합에 이화여전까지 포함하기를 원했던 것으로 보아, 신촌 일대를 기독교 교육 및 병원 등으로 조성할 의사를 가지고 있었던 것을 알 수 있다.

또한 기혼 학생들을 개량 한옥에 살게 하고, 남편들이 교육 받는 시간에 부인과 아이들에게도 교육을 제공하는 '모범촌'을 만들겠다는 구상을 표명하기도 하였다.[75] 오긍선 역시 신촌에 학교를 이전시킬 뿐 아니라 병원을 건립할 계획을 세웠다.[76]

### 3) 일제 말기의 탄압

연희전문은 처음부터 대학을 목표로 하였고, 학교의 운영도 이런 수준에서 행하였다. 하지만 연전이 대학으로 승격하고자 하는 노력은 번번이 총독부의 인가를 받지 못해 성사되지 못하였다. 그러다가 1932년 5월에 고등시험령상 고등학교, 대학 예과와 동등 이상의 학교로 지정이 되어 고등시험 예비시험 면제와 관공사립대학 본과 입학자격을 취득하였다. 비로소 당시 경성제국대학의 진학 예비교였던 경성제대 예과와 동등한 자격을 인정받은 셈이었다. 대학 승격을 향한 노력은 그것으로 끝이었다.

일제의 대륙침략 정책으로 많은 전문학교들이 그 형태를 유지하고 독자적으로 운영하기 힘들어졌다. 일제가 태평양 전쟁을 일으키면서 민족적 성향의 교수들은 학교를 떠났다. 조선어학회 사건, 수양동우회 사건, 흥업구락부 사건 그리고 교내의 여러 형태의 조직이나 독서회 사건 등이 그 원인이 되었다. 이윤재는 조선어학회 사건으로 구속되었다가 옥사하였으며, 유억겸도 흥업구락부 사건으로 부교장의 업무에서 손을 떼고, 정인보·백남운 등도 강단을 떠나야 하였다. 수양동우회에 연관되었던 백낙준은 국외에서 귀국하지 못하였다.

---

74) 『獨立新聞』(상해) 1921년 5월 31일.

75) O. R. Avison, 「Chosen Christian College, Laying of Corner-Stones of Underwood and Science Halls」, 『The Korea Mission Field』 Vol. XVII, No, 12, December 1921[문백란·김도형 편역, 『연·세전 교장 에비슨 자료(I)』, 선인, 2017, 242~243쪽].

76) 이에 대해서는 이 책 제4부 「세전 교장 오긍선의 의료 계몽과 대학 지향」 참조.

일제는 1940년에 들어서 이른바 '신체제(新體制)'라는 이름 아래 학원을 병영으로 만들어갔다. 원한경 교장 시절이었던 1940년에는 학칙 제1조를 개정하여 "본교는 (…) 전문교육을 실시하고, 특히 국민도덕을 함양함으로써 충량한 황국신민을 양성함을 목적으로 한다"고 명시하였다. 또한 일본어 상용 정책에 따라 10여 년 유지되던 조선어 강좌마저 폐지되었다. 교장 원한경이 교장직에서 물러나고, 후임으로 기독교계의 거물로 연전 이사로 활동했던 친일파 윤치호가 교장이 되었다(1941년 2월). 1941년에 들어서는 교육의 목표가 "전시 하에서의 황민교육의 철저, 신도(臣道) 실천의 원동력 함양, 반도 학도의 지도원리(國體明徵, 內鮮一體, 忍苦鍛鍊)의 실천"으로 천명되었다.

일제의 학원의 병영화는 학생들의 학교 생활에도 파급되었다. 가령 문과의 문우회 문예부에서 간행하던 『문우』 제2호(1941)를 보면 확연하게 알 수 있다. 윤동주, 송몽규, 김삼불 등 학생의 한글 시(詩)와 영어로 된 원한경 명예교장의 메시지, 영어 시를 제외한 모든 글은 일본어로 작성, 발간되었다. 표지에는 "총력(總力)으로 구축한 밝은 신동아(新東亞)"라는 일본어 표어를, 그리고 속표지에는 「皇國臣民の誓詞(황국신민의 서사)」 3개 항을 인쇄하였다.

「권두언」에 '신(新)'의 중요성을 강조하면서 모든 사회 부문에서 신체제, 신질서, 신조직을 필요로 하므로 "새 포도주는 새 부대에" 담아야 한다고 하였다. 편집부 명의로 「新體制と學生」이라는 글을 게재하여, 신체제는 "국방의 철저"를 의미하고, "고도국방(高度國防) 국가를 건설"하는 의미라고 하였다. 따라서 신체제를 구축하기 위해서는 많은 지식이 필요하고, 또 전국민의 책임 분담이 있어야 하므로, 청년 학도들도 새로운 사회 건설을 위하여 실제적 지식을 가져야 한다고 하였다. 학생들은 무엇보다도 "지금까지의 개인주의, 자유주의적 관념을 청산하는 전체적 훈련의 함양에 노력"해야 하고, 이런 의미에서 '근로보국운동(勤勞報國運動)' 같은 일치단결, 멸사봉공의 미덕을 체득하고 정신적으로 호흡하면서 동시에 신체를 '선철(銑鐵)' 같이 단련해야 한다고 하였다. 또한 동시에 현대의 기계전(機械戰)에 필요한 '과학의 발달'을

연희학원에 걸린 일제 침략 구호

짊어져야 한다고 강조하였다.[77] 이런 변화에 따라 「편집후기」에서는 "국민총
력운동으로 통합하는 학원의 신체제를 확립시키기 위하여 문우회(文友會)를
해산"하고, "국민총력학교연맹(國民總力學校聯盟)이 철저적으로 활동"해야 한
다고 하였다.[78]

이즈음 전쟁을 위한 정신적 결집을 위해 '일본학(日本學)'이라는 과목이
개설되었다(1940). 역시 『문우』에 일본학의 필요성을 설파하였다. 개인에게
개성이 있듯이, 각 민족에도 민족적 성격이 있다고 전제하고, 일본은 일본적인
독특한 성격이 있으며, 순수한 일본의 도덕도 존재한다고 하였다. 그런데
외국과의 접촉, 특히 서양의 공리주의(功利主義)의 악영향으로 일본의 사상이
혼란해지고 정치는 부패해지고 만민(萬民)이 방황하였다고 보았다. 이에 "순수

77) 편집부, 「新體制と學生」, 『文友』 2, 1941, 5~6쪽.
78) 『文友』 2, 「편집후기」. 이 후기를 쓴 사람은 "문예부 宋"이라고 하였으니, 그는 문우회
    문예부장으로 활동했던 송몽규였다.

한 일본정신을 탐구하여 확연한 일본적 성격을 획득하는 동시에 대국적 입장에서 일본적 성격을 고양"해야 한다고 하면서, 이를 통해 "천지의 의(義)를 보상(輔相)하고, 인류에 평화를 주며, 왕도(王道) 낙토(樂土)를 건설"하여 일본에게 부과된 세계적 의미, 대사명을 수행해야 한다고 하였다. 요컨대 일본학은 "과학적으로 신체제(新體制)를 세우고 조직하는 학문"이고, 그 교육을 통해 전쟁을 위한 '신체제'를 구축한다는 것이었다.[79]

연희학원을 전쟁으로 몰아가면서 마침내, 일제는 1941년 12월에 외국인 이사, 교수들은 '적국인(敵國人)'이라는 이유로 제명하고, 국외로 추방하기 시작하였다. 교장직에서 물러나 있던 원한경도 결국 1942년 추방되었다.

그리고는 1942년 8월부터 총독부에서 직접 연희전문을 관리하기 시작하였다. 연전은 서양 선교사가 운영하던 기관이었으므로 일제는 이를 '적산(敵産)'으로 규정하고, 「적산관리법 시행령」에 의해 '사립연희전문학교기독교연합재단법인'의 관리인으로 일본인의 조선교육회를 지정하였다(1942. 8. 17). 연전이 적산으로 처리된 후에는 1928년에 세워진 언더우드의 동상도 철거되었고, 그 자리에 조선총독 미나미(南次郞)의 글씨를 새긴 "흥아유신기념탑(興亞維新記念塔)"이 세워졌다. 또한 민족문화 연구의 산실이었던

일제말기의 흥아유신기념탑

---

79) 미상, 「日本學の主張」, 『文友』 2, 1941, 95~99쪽.

'문과'와, 유일한 자연과학의 교육장이었던 '이과'를 폐지하고, 대신에 '동아과 (東亞科)'라는 학과를 만들었다(1943).[80]

1944년 5월에 이르러서는 「조선총독부 고시(785호)」에 의거하여 '사립연희 전문학교기독교연합재단법인 적산관리인 조선교육부 부회장 大野謙一'의 이 름으로 연희전문학교는 폐교되고 대신 경성공업경영전문학교(京城工業經營專 門學校)를 설치하였다. 그러는 사이 세 사람의 일본인 교장이 학교를 운영하였 다. 조선총독부의 학무 관련 관리나 경성제대 교수 출신들이었다.[81] 강압적인 일제의 통치 속에서 많은 교수들이 학교를 떠났고, 연희전문 관계자 가운데 일제에 동조하는 이른바 친일파들이 다수 나온 것도 이즈음이었다.

\* \* \*

연전의 창립자인 언더우드는 1885년 한국에 온 후 곧바로 교육사업을 시작하였다. 제중원에 근무하면서 영어를 가르쳤고, 이듬해 세워진 제중원의 학교의 교사로서 영어와 물리·화학을 가르쳤다. 또한 제중원 의사 알렌, 헤론과 더불어 국문과 기술을 가르치는 고아원 설립을 조선 정부로부터 허가받 아 고아학당(언더우드학당)을 시작하였다. 제중원에서 시작한 이 교육사업이 곧 지금의 연세 교육의 출발점이었다.

언더우드는 처음부터 의과대학이 있는 종합대학 설립을 구상하였다. 1888 년, 헤론과 함께 했던 대학(college) 설립안은 정부의 허가를 받지 못했다. 또 갑오개혁 때 정부의 요청으로 대학 설립을 구상하였을 때에는 후원자인 왕비의 죽음으로 이루지 못했다. 언더우드의 대학 설립 계획은 경신학교를 직접 운영하면서 적극적으로 추진되었다. 그리하여 마침내 1915년 기독교연 합대학인 조선기독교대학(Chosen Christian College) 설립으로 그 결실을 맺게

---

80) 『每日申報』 1943년 3월 6일, 「延禧專門의 新出發」.
81) 高橋濱吉(1942년 8월), 辛島 驍(1943년 6월 22일), 近英藤男(1945년 3월)이었다.

되었다. 경신학교(북장로회)와 배재학교(북감리회)의 대학부를 연합하였던 것이다.

언더우드의 교육 이념은 연희전문학교 교육의 출발이 되었다. 그는 한국에 대한 애정과 신뢰를 바탕으로 한국을 위한 교육을 실시하였는데, 그 교육은 조선문화의 바탕 위에서 서양의 근대학문을 수용하는 것이었다. 이런 점은 그와 동역한 선교사들이 공유하던 바였고, 또한 아들 원한경을 통하여 계승되었다. 원한경은 아버지의 소명을 실천하여 한국문화의 바탕 위에서 서양 근대 학문을 접합시켜 연희전문을 운영하였다. 다음 제2부에서 기술할 "동서 고근 사상의 화충"을 교육방침으로 천명하였던 것이다. 연희전문의 민족교육은 이런 원칙 하에서 추진되었다.

그리고 에비슨과 원한경은 지속적으로 세브란스의전을 포함한 종합대학 설립을 추진하였다. 1920년대 중반에 대학령이 시행된 직후부터 이를 추진하기 시작하여 1940년까지 지속적으로 제기하였다. 이때 이미 '연·세 종합대학'이라는 것이 공공연하게 회자되었다. 그러나 일제가 태평양 전쟁을 시작하면서, 서양 선교사 추방 및 학교 재산 몰수 등으로 종합대학 수립은 좌절되었다. 연희전문학교의 종합대학으로의 발전은 결국 해방 이후 실현되었고, 이를 통해 연희대학교는 연전에서 이룩한 민족교육 및 학풍을 당시 사회의 과제 속에서 조정하며 새롭게 나아갔다.

## 제2부

연전 학풍의 정립과 발전 :
동서고근 사상의 화충(和衷)

# 1920~30년대 민족문화운동과 연희전문학교

사회 구조와 이념이 변화되는 과도기에는 언제나 신구 문명 사이에 치열한 대립과 통합이 일어나고, 이 과정을 통해 새로운 문명이 형성되었다. 한말, 일제하 한국사회의 변혁 과정에서도 그러하였다. 이 시기에는 '문명'이라는 이름으로 서양문명이 전래되고, 이를 수용·학습하는 '개화'사업이 추진되었다. 구래의 문화와 역사는 청산 대상이 되었고, 신구의 절충과 융합을 거쳐 전통 문화의 변용이 일어났다. 더욱이 근대화·문명화의 과정이 외세 침탈, 식민지화와 맞물려 전개되면서 전통의 민족문화는 민족 문제를 해결하기 위한 핵심방안으로 새롭게 해석되었다.

한말의 개혁 과정에서도 서양문명 수용과 유교 문제를 둘러싸고 많은 논의들이 제기되었다. 서양문명의 전면적 수용을 지향한 문명개화론이 주류를 이루어간 반면, 구래의 학문·사상 위에서 서양문명을 절충적으로 수용하려 했던 변법개혁론도 대두되었다. 이 양자는 근대개혁론의 논의 구조에서 매우 다른 사회를 지향하고 있었다.[1]

한국의 대학교육과 근대학문도 근대개혁의 일환이었다. 이런 점에서 근대

---

1) 김도형, 『근대한국의 문명전환과 개혁론―유교 비판과 변통』, 지식산업사, 2014.

교육, 학문은 무엇보다도 서양 학문을 수용하고 학습하는 과정에서 형성되었고, 기독교 선교사를 통해 근대학문이 직수입되었던 연희전문학교(이하 연전)는 한국 근대학문의 형성에 중요한 역할을 담당하였다.[2] 그러나 일제하에서는 서양 근대학문의 수용·학습과 더불어 민족의 주체성이 요구되었다. 연전에서는 민족의 자주독립과 더불어 문명화를 이루기 위해 서양 학문을 식민지 조선의 현실 속에서, 한국의 전통 학문이나 문화와 결합하였다.

1930년대에 들어 연전의 교육과 학문의 원칙은 '기독교주의 하 동서고근(東西古近) 사상의 화충(和衷)'으로 천명되었다.[3] 동서고금 사상을 '화충'한다는 것은 매우 중요하고도 획기적인 방안이었다. 연전에서는 선교사를 통해 서양의 근대 학문을 적극적으로 수용하면서 이를 동양의 옛 사상, 조선의 역사·문화와 결합한 것이었다. 특히 조선의 문화를 서양의 사상과 결합한 것은 일제하에서 민족주의, 민족정신을 유지할 수 있는 중요한 방안이었다. 이런 점은 식민지 학문을 생산하던 경성제국대학이나, 실용적 전문교육을 추구하던 다른 관·사립전문학교와 구별되는 연희전문학교만의 특징이었다.

연전의 교수들이 민족문화를 연구하고, 조선어와 조선역사, 조선문화를 교육한 것은 일제하의 민족운동과 민족문화운동을 교정(校庭)으로 끌어들인 것이었다. 연전 교수들은 국내의 여러 매체를 통하여 그 운동에 적극적으로 동참하였다. 또한 민족문화는 사회주의 계열에서도 제기되었는데 이 또한 연전의 학문에 포괄되었다.

---

2) 연세대학교 국학연구원 편, 『근대학문의 형성과 연희전문』, 연세대학교 출판부, 2005.

3) 『延禧專門學校狀況報告書』, 「本校敎育方針」, 1932 [연세대학교 박물관 편, 『연희전문학교 운영보고서(下)』, 선인, 2013, 30쪽].

# 1. 1920년대 민족문화운동과 연희전문학교의 민족교육

　민족정신과 민족문화를 운동의 원리로 확립한 때는 국권회복을 목표로
한 계몽운동 시기였다. 계몽운동에서는 교육과 식산흥업을 통해 실력을 양성
하고, 동시에 '조국정신(祖國精神)'을 거론하였다. 국수(國粹), 국혼(國魂), 국성
(國性) 등으로 표현된 '조국정신'을 고취하기 위한 가장 효과적인 방법이 '역사'
였다. 이를 주도하던 박은식, 신채호 등은 1910~20년대 민족주의 역사학을
형성하였다. 한편 계몽운동의 실력양성론을 계승한 신지식층, 부르주아계열
도『동아일보』를 중심으로 문화운동을 추진하면서 국수론(國粹論)과 민족문화
론을 제기하였다.[4] 연희전문은 이 두 계열의 민족문화론을 결합하여 민족교육
을 행하고, 민족문화운동에 참여하였다.

## 1) 1920년대 민족문화운동의 두 계열

### (1) 민족주의 역사학의 국수보전론(國粹保全論)

　청일전쟁 후, 서양문명의 우월성이 여러 경로를 통해 인정되면서 전통적
유학을 수학하던 유생층의 사상에서도 변화가 일어났다. 이른바 '개신유학자'로
불리는 박은식·장지연·신채호·이기(李沂) 같은 사람들이었다. 이들은 서양의
새로운 사조를 접하고 천하 형세와 시국의 변화를 깨달았으며, 국가와 민족을
살리기 위해서는 '변통갱신(變通更新)'해야 한다고 판단하였다. 그들은 유교의
변통론에 의거하여, 시세의 변화에 따라 구사상을 변역(變易)하고, 서양의 신학

---

4) 이지원은 계몽운동에서 시작된 국수보존론이 1910년대 일제의 식민정책을 거치면서
　① 독립운동의 이념이 된 저항적 국수보존론(박은식, 신채호)과 ② 자본주의 근대화론
　의 문명적 국수보존론(신지식층)으로 분화한다고 하였다(이지원,『한국 근대 문화사
　상사 연구』, 혜안, 2007, 제2장 참조).

(新學)에 담긴 실용을 강구하며, 서양의 법률·정치까지 수용하여 '변법(變法)'해야 한다고 하였다. 그들은 이 변역, 변법을 곧 '개화'라고 보았다.5)

이들 변법개혁론자들은 서양 학문의 전면적인 수용에는 찬성하지 않았다. 서양의 학문도 장단점을 헤아려, 우리의 단점을 보완하는 차원에서 '취사(取捨)'해야 한다고 하였다. 그들은 나라를 약하게 만든 유교의 폐단, 곧 양반의 무의도식, 주자학의 공리공담, 비경제적 활동, 당파 싸움 등을 비판하였다. 박은식의「유교구신론(儒敎求新論)」은 이런 필요성을 주장한 글이었다. 그러면서 동시에 우리 역사 속에서 형성된 장점들, 가령 사회개혁을 주장했던 실학파의 사회경제 개혁론, 역사지리 연구 등은 당시의 사회문제를 고치기 위해 계승해야 한다고 하였다. 그리하여 이들은 실학파의 저서를 새롭게 간행하고, 역사·지리에 대한 연구를 진행하였다.

변법개혁론자들이 본격적으로 역사를 연구한 것은 1905년 '국권상실' 이후였다.6) 그들은 자강을 위해서는 물질적인 부강과 더불어 '조국정신'을 천명하고, 조국정신을 고취하기 위한 가장 효과적인 방법으로 '역사'를 들었다. 신채호는 당시의 국가 경쟁 속에서 애국자, 애국심의 중요성을 지적하고, "내가 나라를 사랑하려거든 역사를 읽을 것이며, 다른 사람으로 하여금 나라를 사랑하게 하려거든 역사를 읽케 할지어다"라고7) 하고, "역사는 애국심(愛國心)의 원천(源泉)이라"고 강조하였다.8)

그들이 역사 속에서 찾은 것은 민족의 정신, 곧 국수(國粹), 국성(國性), 국혼(國魂) 등이었다. 국혼의 유무가 나라의 강약을 결정하므로, "국민의 뇌수(腦髓) 중에 국혼이 완전 견실(堅實)하면 그 나라가 강하고 그 민족이 성(盛)하는 것이오, 국혼이 소삭마멸(消鑠磨滅, 녹고 닳아 없어지면)하면 그 나라가 망하고

5) 김도형,「張志淵의 變法論과 그 변화」,『韓國史硏究』109, 2000.
6) 김도형,「大韓帝國期 變法論의 전개와 歷史敍述」,『東方學志』110, 2000.
7)『丹齋申采浩全集(下)』,「歷史와 愛國心의 關係」, 76~77쪽.
8)『丹齋申采浩全集(別)』,「許多古人之罪惡審判」, 119~120쪽.

그 민족이 멸(滅)"한다고 보았다.9)

그리하여 변법개혁론자들은 국혼의 원천을 단군(檀君)에서 찾았고, 우리 역사를 단군에서 비롯된 체계로 세웠다. 신채호는 『독사신론(讀史新論)』에서 기자조선–삼한으로 이어지는 한족(韓族) 중심의 국사 체계를 비판하고, 단군을 계승한 부여족을 조선민족의 주족(主族)으로 파악하면서, 단군–부여–고구려–발해로 이어지는 정통론을 주장하였다.

이 계열의 사람들은 1910년 나라가 망하자 대부분 국외로 망명하였다. 그리고 민족운동의 일환으로 역사연구에 몰두하였다. 물질적인 힘의 약세로 일제의 식민지배를 받고 있지만, 역사를 통해 민족정신, '국수', '국혼'을 보존하면 언젠가 나라를 되찾을 수 있다고 판단하였기 때문이다. 박은식은 "민족이 있은 후에 역사가 있고, 역사가 없으면 역시 민족도 없다. 왜 그런가 하면 역사라는 것은 민족의 정신이기 때문"이라고 하였다.10)

박은식의 『한국통사(韓國痛史)』(1915)는 바로 '국혼'을 지키기 위해 저술된 것이었다. 그는

> 대개 國敎·國學·國語·國文·國史 등은 魂에 속하는 것이요, 錢穀·卒乘·城池·艦船·器械 등은 魄에 속하는 것이다. 魂의 됨됨은 魄에 따라서 죽고 사는 것이 아니다. 그러므로 國敎와 國史가 망하지 아니하면 그 나라도 망하지 않는 것이다.11)

라고 하였다. 비록 군사기술, 기술 문명, 상공업 등의 국백(國魄)에서 자강을 달성하지 못해 나라가 망했지만 국혼을 유지하면 나라는 망하지 않은 것이라고 생각했던 것이다. 이런 점에서 『한국통사』는 망국의 역사 속에서 '아픔과

---

9) 『皇城新聞』 1908년 3월 20일 논설 「朝鮮魂이 稍稍還來乎」.
10) 『大東古代史論』. 또한 그는 "地理는 國民의 身體요 歷史는 國民의 精神"이라고 하면서 역사와 지리를 통해 진보적이고 충애하는 사상이 나온다고 하였다(『渤海太祖建國誌』, 「緒論」).
11) 『韓國痛史』, 「結論」, 198쪽(『朴殷植全書』 上, 376쪽).

부끄러움'을 알게 하고, 이를 통해 국혼을 지키고 유지하기 위해 서술된 것이었다.

따라서 박은식은 우리 역사를 단군 자손인 '대동민족(大東民族)'을 중심으로 그 계통을 세우는 일에 몰두하였다. 단군을 시작으로 고구려, 발해로 이어지는 역사 체계였다. 그는 단군이 우리 역사의 출발점이고 근본임을 항상 강조하였다. 그는 "하늘에서 내려온 신인(神人)인 단군대황조(檀君大皇祖)가 이 땅의 주인이고, 우리 대동민족은 그 자손이라"고 하였고,[12] 단군을 이어 "우리 4천년 역사에 가장 자주독립의 자격이 완전하여 신성한 가치가 있는 것은 고구려"라고 강조하였다.[13] 또 발해 건국은 단군이 후세 자손을 구하기 위해 태조[大祚榮]를 보냈기 때문에 가능하였고, 발해의 역사는 단군과 기자의 신성한 교화와 고구려의 문물제도, 제천의식 등을 계승한 것으로 파악하였다. 박은식은 만주에 산재한 여러 종족인 여진족, 만주족 등도 우리와 근원이 같은 '대동민족'으로 파악하고, 요·금까지 우리의 역사 영역에 포함시켰다.[14]

신채호는 '국수'에 근거한 민족의 고유정신을 강조하였다. 그는 유교 도덕 때문에 나라가 망했다고 보고, 유교를 대신하여 "나라 없는 국민의 특별 도덕"을 수립해야 한다고 주장하였다. 그 도덕 가운데 하나로 "고유의 국수적 도덕"을 거론하였다. 우리 고유의 도덕은 신라의 화랑정신과 같이 자신을 버리면서 나라를 구한 애국적 희생과 같은 것이었다. 역사 속에서 전승되어온 국수의 정신을 닦고 제창하는 것이 외국의 윤리와 학설을 고취하는 것보다 낫다고 하였다.[15] 그가 찾은 고유의 도덕, 사상이 '낭가사상(郎家思想)'이었다.

---

12) 『渤海太祖建國誌』, 「緖論」, 1ㄱ쪽.

13) 『明臨答夫傳』, 「緖論」, 1ㄴ쪽.

14) 김도형, 「1910년대 朴殷植의 사상 변화와 역사인식」, 『東方學志』 114, 2011 참조.

15) 『申采浩全集(下)』, 「道德」, 136~140쪽. 이 글의 작성 시기는 명확하지 않으나, 사회진화론적 인식에 여전했던 점에서 제1차 세계대전 이전인 것으로 보인다. 그는 유교 때문에 복종, 소극, 公私 顚倒 등의 폐단이 일어났다고 파악하고, 이를 대체하여 국가를 위해 무력까지 동원해야 하는 논리를 '도덕'으로 삼아야 한다고 하였다. 이를 위한 근거가 '국수적 도덕'이었다.

신채호는 역사상 축적된 우리 사상의 특징을 '노예적'이라고 비판하였다.[16] 곧 불교나 유교가 전래되면 언제나 그 사상의 노예가 되어 버린다는 것이었다. 그러나 화랑의 정신인 낭가사상은 자주적·진취적이었다. 그는 당시의 민족 쇠퇴가 바로 고유의 낭가사상을 배척한 유가(儒家) 때문이며, 이에 따라 "사가(史家)들이 매양 존화주의(尊華主義)에 취하여 역사적 사실까지 위조"하였다고 비판하였다. 이런 낭가(郞家)와 유가의 대립, 곧 자주적·독립적·진취적인 낭가·국풍파(國風派)와 존화주의·사대주의의 유가·한학파(漢學派)의 대결에서 김부식 등의 한학파가 승리하면서 조선의 역사가 "사대적, 보수적, 속박적 사상"인 유교사상에 정복되고 말았다는 것이다. 이런 점에서 그는 고려 중기의 '묘청(妙淸)의 난'은 조선의 역사를 바꾸어 버린 가장 중요한 사건으로 보았다.[17]

이상과 같이 국외에서 활동하던 박은식, 신채호의 역사 연구를 통해 우리나라 근대역사학이 성립되었다. 이른바 민족주의 역사학이었다. 이러한 박은식, 신채호의 학문과 역사학이 1920~30년대 연전에 계승되었다. 그 과업은 연희전문의 정인보와 이윤재 등의 몫이었다.

## (2) 1920년대 『동아일보』의 민족문화운동

1920년대 부르주아 민족운동의 한 축을 이룬 것이『동아일보』였다. 일제의 정책이 문화정치로 바뀌고 또한 제1차 대전 후 세계정세의 변동 속에서 『동아일보』는 '문화주의(文化主義)'를 창간 이념으로 표방하였다. 1920년대 중반 이후 이들 가운데 일부가 자치론으로 흐르기도 하였지만, 대체로는 부르주아 운동은 문화운동을 통하여 민족문화를 강조하였다.『동아일보』 문화운동을 이념적으로 이끈 사람은 송진우(宋鎭禹, 1890~1945)였다. 전남 담양 출신으로, 그는 한말 계몽운동과 일본 유학 시절부터 줄곧 김성수(金性洙)

---

16) 『申采浩全集(下)』,「浪客의 新年漫筆」, 1925, 25~26쪽.
17) 『申采浩全集(中)』,「朝鮮歷史上一千年來第一大事件」.

와 동행하면서 그 이념도 같이 하였다. 송진우는 김성수가 중앙학교를 인수한 뒤, 교감이 되었고, 1921년에는 김성수의 뒤를 이어 동아일보 사장이 되었으며, 그 이후에도 고문, 주필을 지냈다.

송진우의 민족문화론은 1910년대 일본 유학 시절에 이미 표명되었다. 당시 일본 유학생들은 새로운 세계 사조와 식민지배 하 조선의 현실을 고민하면서 대체로 구사상, 구관습을 개혁하고, 실력을 양성하여 문명개화를 달성해야 한다고 주장하였다.[18] 그런 가운데 송진우도 실력양성을 주장하면서도, 동시에 조선 문화·역사 속에서 '국수'의 중요성을 강조하였다. 이는 여타의 유학생과 다소 다른 점이었다.

송진우는 먼저, 조선의 구사상 개혁을 주장하였다.[19] 그는 사상의 성격 여하가 민족과 사회의 '융성(隆盛)과 교체(交替)', '문명(文明)과 야만(野蠻)'을 구별한다고 보고, "신시대는 신생활을 요구하고, 신생활은 신사상에 배태"되므로, 가장 시급한 것이 바로 '사상계 혁명'이라고 하였다. 특히 유교[孔敎]는 옛 것만 숭모하는 모고(慕古)사상이고, 민주사상이 아닌 전제(專制)사상이며, 다른 종족과 학문을 배척하는 배타(排他)사상이라고 규정하고, 공교가 우리나라에 들어온 이후로 '신성'한 민족정신이 파기되고 '장렬'한 무용(武勇)사상도 없어지게 되었다고 하였다.

그리하여 송진우는 공교, 곧 구사상을 혁파하고, 이를 대체할 새로운 이념으로 우리 고유의 이념인 국수를 주장하였다.

是以로 玆에 國粹 發揮를 急따코져 ㅎ오니, 吾人의 生命은 太白山 檀木 下에서 神聖 出現ㅎ신 大皇祖께서 創造ㅎ섯ᄂ니, 쎄옵셔ᄂ 領土 家屋을 開創ㅎ섯스며 禮樂文物을 制定ㅎ섯스며 血肉精靈을 分布ㅎ섯스니, 吾人의 生命을 集合ㅎ면 四千年 前의 渾全ᄒ 一體가 될지요 分布ㅎ면 二千萬族의 分派된 支流가 될지로다 (…) 然ㅎ면

18) 박찬승, 『한국근대정치사상사연구』, 역사비평사, 1992, 제2장 참조.
19) 宋鎭禹, 「思想改革論」, 『學之光』 5, 1915.

吾人이 大皇祖를 崇奉ᄒ며 尊祀흠은 事先追遠의 至極흔 精誠이요 啓後開來의 當然흔 義務가 될지며.[20]

라고 하였다. 국수는 우리 민족 생명의 원천인 단군 이래 형성된 것이므로, 마땅히 단군을 숭봉(崇奉)하는 것이 우리의 의무라고 하였다.

한편 문화주의를 표방했던『동아일보』는 당시의 시대 변화 속에서 '개조'를 천명하고 나섰다. 특히 조선 민중이 세계 문명에 공헌해야 하고, 또 조선이 문화의 낙원이 되어야 한다고 주장하였다.[21] 그들은 이 모든 운동을 '개조'라는 말로 집약하였다. 이를 위해서 ① 민족의 단결과 민족적 사업, ② 서양 신문명의 적극적 수용, ③ 경제 발달과 교육 확장 및 악습 개량, ④ 사회 각 방면에서 실력 충실[실력양성]과 문화의 행복 등을 달성하자고 하였다.[22] 요컨대 민족을 새로운 차원에서 결집하고, 산업이나 교육을 발전시켜 민족의 실력을 충실하게 하면서 동시에 문화적으로 새로운 신문화를 건설하자는 것이 문화운동, 개조운동의 핵심이었다.『동아일보』를 중심으로 추진된 신문화운동, 실력양성운동은 서양문명을 적극적으로 수용하면서도 동시에 조선의 민족문화를 새로운 차원에서 계승 혹은 변용하는 것이었다.

서양문명의 수용과 관련하여,『동아일보』는 기독교가 신사상, 신문화의 형성에 기여했던 점을 인정하였다. 즉 ① 개인의 가치 존중과 자유·평등의 발달에 기여한 점, ② 학교를 설립하여 민지를 계발한 점, ③ 미신을 일소하고 불합리한 가족제도를 고친 점, ④ 조선 글을 보급하여 일반 민중에게 문화 혜택의 기회를 제공한 점, ⑤ 병원을 설립하여 백성의 병고를 구원한 점, ⑥ 공동생활의 훈련과 음악을 취미로 함양시킨 점 등을 들었다.[23]

20)『宋鎭禹, 위의 글, 4쪽.
21)『東亞日報』1920년 4월 1일,「主旨를 宣明하노라」.
22)『東亞日報』1920년 4월 7일,「世界改造의 劈頭를 當하여 朝鮮의 民族運動을 論하노라(4)」.
23)『東亞日報』1921년 6월 23일,「基督敎와 基督敎的 文化의 環境」.

그러면서도 『동아일보』는 동시에 조선의 민족문화를 강조하고, 이를 새로운 서양 문화와 결합해야 한다는 점도 강조하였다. 역사적으로 우리 민족은 "반만년 역사의 문화적 배경으로 (…) 문화건설에 대한 독특한 창조력, 조화력을 가지고 있다"고 자부하고, 우리 민족의 문화적 창조 능력이나 외국 문화 수용을 소화하는 능력 등이 있으므로, 서양의 문화와 조선의 문화를 조화, 창조하여 신문화를 일으키자는 것이었다.[24]

또한 그들은 조선의 민족문화를 강조하면서 조선 문화가 일본 문화와 다르다는 점을 처음부터 확실히 하였다. "민족은 역사적 산물"이고, 민족은 역사와 문화는 물론, 언어·관습·감정·예의·사상 등을 모두 공통적으로 지니고 있다고 하였다. 또한 역사적 경험 속에서 동일한 민족적 관념이 생기기 때문에 민족은 각각 특징이 있고, 따라서 다른 민족과는 혼합되지 않는다고 하였다.[25]

그들은 조선민족은 오랜 역사 속에서 정신적으로는 조선혼(朝鮮魂), 생활상으로는 조선식(朝鮮式)을 형성하였다고 보았다.

朝鮮人이 朝鮮人이 됨은 朝鮮人이기 째문이라. (…) 그 言語가 朝鮮의 言語이오, 그 衣服이 朝鮮의 衣服이오, 그 飮食이 朝鮮의 飮食이오, 그 家屋이 朝鮮의 家屋이오, 그 習慣風俗이 朝鮮의 習慣風俗이오, 居處行動이 朝鮮의 居處行動이오, 그 歷史가 朝鮮의 歷史이오, 그 土地가 朝鮮의 土地이니, 故로 有形한 物質도 朝鮮의 物質이오, 無形한 精神도 朝鮮의 精神이라. 朝鮮의 精神으로 生하고 朝鮮의 物質로 長하고 또 그 最後에 朝鮮의 魂으로 歸하는 朝鮮人이 어찌 朝鮮人이 되지 아니하리오. (…) 故로 朝鮮人이 永久히 滅치 아니하고 朝鮮人이 될 것은 可히 信할 바로다. 그리하고 朝鮮人의 精神은 朝鮮魂으로 出함이며, 朝鮮인의 生活은 朝鮮式으로 營함이니 이 朝鮮式과 朝鮮魂은 그 歷史가 實로 長且遠하니라. 聖祖檀君끠셔 그 式과 그 魂을 創造하신 後 (…)[26]

24) 『東亞日報』 1926년 5월 14일, 「新文化 建設의 根本 意義 – 舊習陋習부터 改革」.
25) 『東亞日報』 1920년 4월 6일, 「世界改造의 劈頭를 當하여 朝鮮의 民族運動을 論하노라(3)」.

즉 조선인은 단군이 만든 조선식, 조선혼을 계승하여 이를 역사적으로 축적하여 유형(물질)과 무형(정신, 혼)의 문화를 만들었다고 하고, 이에 대한 민족적 자부심을 드러내었다.

따라서 조선의 신문화를 일으키기 위해서는, 먼저 조선인으로서의 자각과 단결이 있어야 하며, 무엇보다도 역사적으로 축적된 조선 문화를 연구하고 보급해야 한다고 하였다. 특히 "조선인의 입장에서 조선을 위해서의 조선학의 연구 및 건설을 주의"하자고 하면서, "조선 연구는 조선인이 주인일 것이거늘, 조선의 학풍이 도리어 외객(外客)을 우러러보기에 얼을 빠뜨리니 이 무슨 기괴한 현상"인가 하며 외국 학문만을 따르는 학풍을 비판하였다.[27] 1920년대 초반에 이미 국내에서 '조선학(朝鮮學)'이 제기되고, 이에 관한 다양한 저술들이 간행된 것도 이런 문제의식에서 가능하였다.

그들이 조선의 신문화 수립을 위해 강조한 것 가운데 하나가 '조선 글의 장려'였다. 즉 "학문의 독립과 예술의 독창이 그 문자의 독립 여부와 관계됨이 실로 크다"고 하면서 한문 존중의 폐단을 지적하였다. 또한 새로운 서양 문화도 '조선어문'으로 해야 한다고 주장하였다. 조선어문을 사용하게 되면 "민족에 대한 애착심도 커질 것"이기 때문이었다.[28] 『동아일보』 창간 직후에 「조선인의 교육에 일본어 강제를 폐지하라」는 사설을 게재하고,[29] "조선어의 압박, 즉 교육 용어를 일본어로써 강제하는 폐해와 고통에 대하여는 인내할 수 없다"고 주장한 바도 있었다. 일본어를 강제로 사용하게 하는 것은 조선인의 능력을 소모하는 것이고, 또 조선인의 독특한 문화를 파괴하는 것이라고 진단하였던 것이다. 한글보급 운동은 『동아일보』가 1930년대 초반에 이르기까지 줄곧 추진하던 핵심 사업이었다.

---

26) 『東亞日報』 1920년 6월 22일, 「自精神을 喚하고 舊思想을 論」.

27) 『東亞日報』 1927년 3월 24일, 「朝鮮의 原始相(上) 校刊三國遺事의 感」.

28) 『東亞日報』 1920년 9월 20~22일, 「朝鮮文化普及의 一方法(上, 中, 下)」.

29) 『東亞日報』 1920년 4월 12일, 「朝鮮人의 敎育 用語를 日本語로 强制함을 廢止하라(中)」.

이런 차원에서『동아일보』는 앞서 본 박은식, 신채호 등 국외 민족주의사학자를 국내에 소개하기도 하였다. 박은식의「이순신전」이 상해에서 간행되었다는 기사를 게재하였고,[30] 1925년 4월에는 박은식의「學의 眞理는 疑로 쫏차 求하라」라는 글을 싣기도 하였으며, 그해 박은식이 사망하자 이를 대대적으로 보도하였다. 신채호의 글도 소개하였는데, 특히 1925년 신년 벽두에『동아일보』는 조선 문화의 주체성을 강조한「낭객(浪客)의 신년만필(新年漫筆)」을 게재하였으며,[31] 이를 이어「조선사연구초(朝鮮史研究草)」를 연재하였다.

이와 같이『동아일보』의 신문화운동은, 한편으로는 조선의 고유한 문화를 계승하는 작업이면서, 또 다른 한편으로는 서양문명, 기독교 등의 문화에 대한 기여도 인정한 것이었다. 이런 점에서『동아일보』는 연전과도 원활한 협조 관계를 유지할 수 있었다.

## 2) 1920년대 연전의 민족문화 연구와 교육

### (1) 연전 학풍의 출발과 민족교육

(가) 기독교 학교였던 연전에서 조선의 민족문화를 교육하고 연구할 수 있었던 것은 학교를 설립한 서양 선교사의 방침에서 가능하였다. 언더우드는 내한한 직후부터 대학 설립을 구상하였고, 경신학교를 운영하면서 기독교인에 한정하지 않고 일반 조선인을 대상으로 하는 장로교, 감리교의 '연합대학' 설립을 주장하였다.[32] 이런 점에 대해 연전의 교수였던 피셔(James E. Fisher)는

---

30)『東亞日報』1923년 2월 26일,「이순신전 발행」.
31)『東亞日報』1924년 1월 1일,「朝鮮古來의 文字와 詩歌의 變遷」; 1924년 10월 20, 27일, 「吏讀文名詞解釋」; 1925년 1월 2일,「浪客의 新年漫筆」.
32) 이런 점에 대해서는 제1부에서 언급하였다. 교육의 방침과 관련된 기독교계의 동향, 특히 서울지역과 평양지역 선교사의 대립에 대해서는 최재건,「언더우드의 대학설립의 이상과 실현」,『언더우드기념강연집』, 연세대학교 출판문화원, 2011.

기독교 교육만을 그 목표로 삼지 말고, 한국인의 삶을 향상시키는 보편적인 가치를 향해 가는 교육을 목표로 할 것을 주장하였다. 그리하여 연희전문에서는 조선의 문화에 공헌하고, 조선의 현실에 필요한 인재를 양성하고자 하였다.[33]

선교사들은 일제 침략 하에서도 한국의 문화와 한국인의 자질을 높게 평가하였다. 일찍이 언더우드는 『그리스도신문』을 만들어 문명화를 위한 계몽활동을 전개하면서, 조선의 정치·경제·학문·풍속이 개화되지 못한 것은 조선 사람이 '재주'가 없어서가 아니라, 배운 것이 없어 그 재주와 능력을 발휘하지 못하기 때문이므로 신분제도를 철폐하고 학문과 지식을 넓히면 많은 인재가 배출될 것으로 보았다.[34] 물론 선교사업이 궁극적인 목적이었지만, 언더우드는 한국 문화와 종교에도 관심을 가졌으며, 한글 성경 편찬사업, 한글 찬송가(『찬양가』) 및 외국인을 위한 사전(『한영문법』, 『한영사전』)도 편찬하였다.

선교사에 의한 한국문화 연구는 연전, 세전에 근무하던 선교사 교수들에 의해서도 이루어졌다.[35] 특히 언더우드의 아들이었던 원한경이 이런 흐름을 이끌었다. 그는 1917년 연전 교수가 된 이래, 1920년대에 연전의 문과 과장을 거쳐 부교장을 역임하였고, 1934년에 교장이 되었다. 그는 먼저 부친이 편찬한 『한영문법(韓英文法)』과 『한영자전(韓英字典)』을 개정하였는데, 1915년에 『한영문법』을 개정하고, 1917년에 『한영자전』을 개정하여 영한사전인 『영선자전(英鮮字典)』으로 출간하였다(1925).[36] 1925년, 원한경은 미국의 뉴욕대학에서 박사학위를 받았다. 그의 박사학위 논문은 기독교 선교사의 한국 근대교육을 다룬 『Modern Education in Korea』였다. 특히 이 논문에서 원한경은 일제가

---

33) 이 책 제1부 91~94쪽.
34) 『그리스도신문』 1898년 3월 14일, 「론설 : 학문의 비홀 말」 ; 1898년 3월 31일, 「론설 : 그리스도신문 론」.
35) 류대영, 「연희전문, 세브란스의전 관련 선교사들의 한국 연구」, 『근대학문의 형성과 연희전문』, 연세대학교 출판부, 2005,
36) 류대영, 위의 글, 409~410쪽.

행한 교육에서의 한국인과 일본인 사이의 차별에 주목하였으며, 또 한국인들
의 지적 수준을 낮게 보는 서구인들의 글을 비판하면서 한국인의 자질을
강조하였다.[37] 원한경의 한국 문화에 대한 연구는 한국의 선박 연구(『Korean
Boats and Ships』, 1933)로도 이어졌다.[38]

　한국문화 연구의 본산지는 연전 문과였다.[39] 선교사들은 서양의 근대학문
과 조선의 민족 문화를 결합하기 위한 첫 과업으로 정규 교육을 거치지
않은 한학자 정인보(1893~1950)를 문과 교수로 초빙하였다(1922). 이는 매우
획기적인 일이었다. 정인보는 전통적인 한학을 수학하고, 1913년 상해에서
박은식·신채호·신규식 등과 교류하면서 동제사(同濟社)에 가입하여, 이들의
민족주의 사상과 역사학에 영향을 받은 터였다. 그는 연전에 출강하면서
동시에『동아일보』의 논설반에서도 활동하였다. 정인보가 교수로 임용되면서
연전은 민족문화 연구와 교육의 터전이 되었다.

　정인보를 이어 교토대학(京都大學)에서 교육학을 전공한 최현배(1894~1970)
도 교수로 부임하였다(1926). 그는 대학에서는 서양 교육학을 전공 하였지만,
1910년대에 이미 조선어강습원에서 주시경으로부터 우리말글을 배웠던 터였
다. 그는 연전에서 자신의 전공이었던 교육학, 철학을 가르치면서 동시에
한글학자로『우리말본』,『시골말 캐기 잡책』,『한글갈』등을 저술하였다. 연전
의 조선어 교육은 물론, 교외의 한글운동도 그의 몫이 되었다.

　1929년부터 연전에 강의를 나왔던 이윤재(李允宰, 1888~1943)는 조선어학회

37) 류대영은 "한국인들에 대한 서구인들의 편견을 바로잡아 주면서 또 한편으로는
　　근본적으로 서구중심적인 시각을 드러내는 전형적인 선교사적 관점을 보여주는
　　책"이라고 하였다(류대영, 앞의 글, 416쪽). 원한경의 교육사상에 대해서는 강명숙,
　　「H. H. 언더우드의『Modern Education in Korea』와 일제시기 한국교육사 연구」,
　　『東方學志』165, 2014.
38) 이 책은 한국 선박의 역사가 오래되고, 조선 기술도 뛰어나다는 점을 밝히고, 일반적
　　서구 연구자들이 가진 한국 문화에 대한 잘못된 인식을 바로 잡기 위한 것으로,
　　이순신의 거북선에 대해서도 상세하게 서술하였다.
39) 정선이,「연희전문 문과의 교육」,『근대학문의 형성과 연희전문』(연세대학교 국학연
　　구원 편), 연세대학교 출판부, 2005.

에 참여한 한글학자이자 북경대학 사학과를 나온 역사학자였다. 그는 북경대학 유학시절에 신채호를 만나 민족주의 역사학을 계승하였으며, 홍사단과 국내 조직인 수양동우회에도 참여하였다. 그는 조선어 강의를 하면서 세종, 이순신 등의 역사도 강의하여 민족문화의 고취에 노력하였다.[40]

정인보, 최현배, 이윤재 등과 더불어 연전 민족문화 연구의 기틀을 세운 사람이 백낙준(1895~1985)이었다. 그는 평북 정주 출신으로, 미국인 선교사 맥큔(尹山溫, G. S. McCune)의 도움으로 중국 천진을 거쳐 미국에 유학하였다. 그는 맥큔의 모교인 파크(Park) 대학에서 역사학을 전공하였고, 이어서 프린스턴신학교에 진학하여 신학사 학위를 받았으며, 다시 프린스턴 대학에서 역사학으로 석사학위를, 예일 대학에서 『The History of Protestant Mission in Korea, 1832~1910』이라는 논문으로 박사학위를 받았다(1927). 이런 수학 과정을 통해 그는 서양과 동양의 고전을 두루 익혔다. 1927년 가을에 귀국하여 연전 교수가 되어 주로 성경을 가르쳤다. 역사학자로서의 안목과 동서양 고전에 대한 해박한 지식으로 그의 성경 수업은 일반적인 성경 과목이 아니라 동서 문명을 폭넓게 아우른 역사학 강의로 진행되었다.

(나) 학문적 배경이 전혀 다른 정인보, 최현배, 백낙준은 자신의 전공에 따라 동양과 서양의 학문을 아우르면서 연전에서 우리 민족의 역사와 문화를 연구하고 교육하였다. 동양적·조선적 입장에서 서양 학문을 수용하거나, 혹은 서양의 학문과 조선의 사상 문화를 결합하였던 것이다. 이 세 사람이 '의기 상통'하여 '화충의 학풍'의 기초를 다져 나갔다.

당시 연전의 학문적 분위기와 민족교육은 백낙준의 회고 속에서 확인할 수 있다.

40) 이에 대해서는 이 책 제3부 「이윤재의 민족운동과 역사연구」 참조.

백낙준의 강의

내가 연전에 와서 처음 강의를 할 때, 교실에 들어와 방청한 분이 정인보님이었다. 정인보님은 내가 중국에서 공부를 하였다 하여 한문학 이야기를 듣고자한 것이며, 이래서 우리는 가까워지고 나는 정인보님에게 실학에 관한 지식을 많이 얻게 되었다. 내가 문과 과장으로 있으면서 실학 내지는 국학을 진흥시켜야겠다고 느끼고 그런 방향으로 애쓴 것은 정인보님의 깨우침과 협력이 있었기 때문이었다. 내가 연전에 왔을 때, 최현배님은 교육학, 철학, 윤리학 등을 강의하고 있었다. 우리는 의기 상통하여 한국어를 가르쳐야 하겠다고 생각하였으나, 일본 총독부의 교육 정책에 위반되므로 최현배님이 교과 내용을 유인물로 만들어 과외로 가르쳤다.[41]

이런 와중에 문과과장으로 있으면서 나는 국학 분야과목을 새로 만드는 데 주력했다. 그때 일본제국주의 밑에서 국사, 국어, 국문학이란 과목이 없었다.

---

41) 『백낙준전집(9)』, 「종강록—제9강 나의 주변」(1983), 484쪽.

(…) 정규수업에서 가르칠 수 없었으므로 이 방면에 관심이 있는 학생을 모아 수업이 끝난 뒤 과외로 조선어를 가르쳤는데, 일찍이 이 방면에 연구를 많이 한 최현배 선생이 이를 맡아 오랫동안 계속되었다. 한국문학도 일반 문학 특히 한문학을 가르치고 있었으므로 정인보 선생이 한국의 한문학으로 가르치기도 했다. 이렇게 하여 직접 간접으로 조선사, 조선어, 조선문학을 우리 학생들에게 가르칠 수 있었던 것이다.[42]

이 회고에 따르면, 정인보의 조선사, 조선문학 강의와 최현배의 조선어 강의를 통하여, 연전이 국학(조선학)의 본산이 되었다는 점을 알 수 있다.

연전은 전문학교로서는 독특하게 학과의 '연구실'을 두었다(1929). 민족문화 연구의 산실은 '문과연구실'이었다. 문과연구실은 "제반 참고서류를 수집하여 조선문학, 영문학 및 역사학의 연구에 편의를 도모"하고자 하였다.[43] 문과연구실에서는 비록 단 한차례에 그쳤지만, 교수의 연구논문집 『조선어문연구(朝鮮語文硏究)』를 간행하였다(1931). 문과과장 백낙준은 이 논문집 간행의 의미를 다음과 같이 기술하였다.

우리 民族의 過去 生活을 적으랴면 思想上으로나 藝術上으로나 文學上으로나 社會制度로나 적을 바 많이 있고 우리가 만일 우리 先祖의 업적을 外人에게 자랑한다면 다른 民族에게 북그러울 것이 없을 것이다. / 우리는 祖先의 偉業을 계속하지 못하였을 뿐 아니라, 더우기 그 자취를 더듬을 길조차 渺然하게 되었으니, 어찌 痛恨히 여길 바 아니리오. 오늘 우리 그 痛恨을 刪除하려면 그 偉業을 계속함에

---

42) 『백낙준전집(9)』, 「나의 삶을 되돌아보며」(1981~1982), 146쪽.
43) 『延禧專門學校狀況報告書』, 1930, 8쪽. 1932년도에는 교수들의 연구 활동과 더불어 "生徒의 硏究 지도를 行"한다는 점도 부가하였다. 1937년도의 경우, 문과 연구실에 전속되어 있는 내외국 도서 및 자료는 ① 도서 총수 1,989책(동양문 1,822책, 서양문 167책), ② 소책자 및 잡지 423책, ③ 繪畵 및 지도 115종, ④ 매월 구독잡지 17종(동양문 14종, 서양문 3종), ⑤ 매월 구독 신문 2종, ⑥ 섹스피어 연극용 의상 11건, ⑦ 조선 고대유물 35점 등을 보관하고 있었다(『延禧專門學校狀況報告書』, 1937, 7쪽).

『조선어문연구』 1집(1931)

있고, 그 위업을 계속하려면 우리 祖先들의 생각하신 바와 感覺하신 바와 및 行하신 바를 생각하고 느끼고 본 받음에 있을 것이다.[44]

라고 하였다. 곧 민족의 위대한 업적과 자취를 이어받기 위한 작업이었던 것이다.

논문집에는 정인보의 「조선문학원류초본(朝鮮文學源流草本)」과 최현배의 「조선어의 품사분류론」, 「한글의 낱낱의 글자의 쓰히는 번수로서의 차례잡기」 등 논문 3편이 실렸다. 조선의 문학과 어학을 대상으로 한 연구논문집의 발간은 당시 조선의 일반 식자층에게도 큰 반향을 불러일으켰다.

근래에 朝鮮에 관한 學問이 갑자기 勃興하는 눈치가 잇다. 京城帝國大學을 중심으로 『朝鮮學報』의 發刊이 잇고 靑丘學會의 發起가 잇거니와 이때에 延禧專門學校 文學部에서 硏究集을 發行하는 것은 前者의 官學임에 대하여 이것이 私學의 진출로 매우 意義잇는 일일뿐 아니라 어떠케 말하면 快活한 일이다. 專門學校의 校名으로 본다면 이러한 事業이 도리어 外道라고도 할 수 잇을 것이나 아직 私立大學이 없는 朝鮮이니만큼 없어서는 안 될 이 事業을 延禧에서 先鞭을 着한 것을 感謝히

---

44) 연희전문학교 문과연구실, 『朝鮮語文學硏究』 제1집, 1930.

여기어야 할 것이다. 장차 大學으로 昇進하겠다는 計劃을 가진 延專으로서는 물론 당연한 事業이겟지마는 (…)[45]

대학을 지향하던 연전이 사립으로, 그것도 전문학교로 관학을 대표하는 경성제대(京城帝大)의 조선 연구에 대항하였다고 본 것이다. 평자는 이를 전문학교로는 '외도'이지만, 사립대학이 없는 사정 속에서 이를 주도한 연전에 감사해야 한다고 하였다. 그리고 그 논문의 내용도 그 "방면의 권위자인 정인보 교수와 최현배 교수의 독창적 연구로서 조선학 연구의 중대한 공헌이 되고 학술적 태도의 지침이 되리라"고[46] 평가하였다.

또한 민족문화를 연구하고 민족정신을 가다듬어 가던 연세학풍의 발전에는 이념을 달리하는 백남운(1894~1979)도 가세하였다. 그는 도쿄상과대학(東京商科大學)에서 조선경제사를 공부하고 1925년 4월에 연전 상과교수로 부임하였다. 당시 연전 상과에는 유물론이 강하였다. "상과 교수들의 사상이 대체로 유물론으로 치구(馳驅)하는 반대로 문과 교수들은 유심론으로 머리를 파뭇"는다는 중평이 있을 정도였다.[47]

이와 같이 연전의 학풍은 비교적 이념적으로 자유로웠다. 그들은 이념을 초월하여 조선의 문화와 역사를 연구하는 데 방향을 같이 하였다. 가령 백남운은 유억겸·이춘호·이순탁 등의 교수와 함께 '조선사정조사연구회'에 참여하여 일제하 조선의 사정을 연구하면서 민족문화, 정신의 유지에 기여하기도 하였다.[48] 특히 상과의 백남운은 정인보와 매우 친밀하였다. 그는 조선경제사

---

45) 「讀書室-私學의 進出」, 『東光』 19, 1931, 68쪽.

46) 위와 같음.

47) 漢陽學人, 「左傾敎授·右傾敎授, 延禧專門敎授總評(續)」, 『三千里』 12, 1931.

48) 조선사정조사연구회에는 비타협적 민족주의 계열과 민족적 성향이 강한 사회주의 계열이 모두 참여하였다. 이 연구회는 "극단적인 공산주의를 주장하여 외국의 제도 문물 학설과 같은 것을 그대로 채택하여 실시하려는 과격한 주장을 하는 사람이 있지만 조선에는 조선의 歷史가 있고 독특한 민족성이 있어 이런 것은 조선민족을 자멸로 이끄는 것이므로 따라서 능히 그 可否를 연구하고 그 장점을 강구하여 民族精神

연구에 필요한 고문헌 수집에 정인보의 도움을 받았다. 백낙준도 백남운의 연구를 직간접으로 도와주었다.[49] 이렇게 사상적 성향을 달리하는 사람들이 서로를 존중하며 어울린 것이 연전의 분위기였다. 당시 사회에서는 문과의 최현배, 정인보와 함께 백남운을 '연전 삼보(三寶)'라고 지칭하였다.[50]

이처럼 연전의 학문적 분위기는 독특하였다. 신실한 기독교 신앙을 가진 문과 과장 백낙준, 전통 한학(漢學)에서 출발하여 양명학에 일가견을 이룬 정인보, 마르크스주의 경제사학자였던 상과의 백남운, 그리고 서양의 교육학과 더불어 한글을 연구한 최현배 등은 계급 문제에서 전혀 어울릴 것 같지 않은 성향을 지녔지만, 민족적 이념을 공유하면서 기독교 학교의 울타리 속에서 비교적 자유롭게 학문을 연구하고, 각별한 친분을 유지하였다. 신앙과 이념을 달리하면서도 학문적 차원에서는 서로 인정하고 교감하고 조화를 이루면서 연전의 '동서 화충의 학풍'을 만들어 갔다.

## (2) 최현배의 『朝鮮民族 更生의 道』와 신문화적 민족주의

1920년대 전반기 부르주아계열의 문화운동에는 교육과 식산흥업을 통한 실력양성론이 계속되었다. 제1차 세계대전 이후 잠시 정의, 인도주의 등이 풍미하였지만, 평화회담이나 군축회담 등이 결렬되면서 실력양성론이 다시 더 강하게 대두되었다. 이와 아울러 신문화의 수립을 위해 조선인의 습관, 성격을 고치자는 논의도 실력양성운동의 일환이었다.[51] 이런 논의는 민족적,

---

의 保持에 노력하지 않으면 안된다'라고 하였다. 곧 당시 사회 문제를 민족적, 주체적 입장에서 접근하였던 것이다. 이에 대해서는 방기중, 『한국근현대사상사연구』, 역사비평사, 73~76쪽.

49) 白南雲, 『朝鮮社會經濟史』, 개조사, 1933, 4쪽.

50) 漢陽學人, 「新進學者 總評(一), 延禧專門敎授層」, 『三千里』 10, 1930 ; 漢陽學人, 「左傾敎授·右傾敎授, 延禧專門敎授總評(續)」, 『三千里』 12, 1931.

51) 가령 『東亞日報』에서도 ① 웅장한 기풍의 결핍, ② 지속성의 결핍, ③ 신앙심의 부족, ④ 怠惰의 폐습, ⑤ 당파열, ⑥ 拜官熱 등을 지적하고, 이를 개혁해야 할 것을 주장하였다

정치적 입장의 차이에도 불구하고 여러 사람들에 의해 제기되었다.[52] 최현배
의 「조선민족 갱생의 도」도 그러하였다.

이 글은 최현배가 일본 유학을 마치면서 저술한 것이었다. 대학을 졸업하면
서, 그는 일본에 유학하러 갈 때 결심했던 "장래의 소망의 동경(憧憬)" 등과
같은 것은 아무 것도 얻지 못하였다고 스스로 한탄하였다. 졸업 후에 그는
일본에 1년간 더 머물면서 이 글을 작성하였다. 이에 그는 이 글을 "일본에의
10년 유학(留學)의 학창 생활의 선물"이라고 하였다.[53] 연전 교수로 부임하면
서 최현배는 『동아일보』에 이 글을 연재하였고,[54] 1930년에 이를 단행본으로
출간하였다.

최현배는 단행본을 간행하면서 이 글을 쓴 목적을 표명하였다. 첫째는
조선을 사랑하고 조선을 위해 일하겠다는 청년 학생들에게 조선을 역사적으
로, 현실적으로 이해하는 데 도움을 주기 위함이었고, 둘째는 시대적 진운(進
運), 문화적 발달에 조금이라도 도움을 주어, 특히 민족이 수난을 받는 시기의
지식인으로써 '민족적 갱생'을 위해 근본적인 길을 제시하겠다는 사명감 때문
이었다.[55]

---

(『東亞日報』 1920년 8월 9일, 「朝鮮人의 短處를 論하여 反省을 促하노라」).
52) 일제가 조선의 민족성, 사상, 성격 등의 '열등과 폐해'를 거론하고, 이를 조선의
   '독립 능력 부족'의 근거로 제기했음은 주지의 사실이다. 당시 민족성 문제를 거론한
   것은 대개 일제의 논리 위에서 제기한 경우가 많았다. 이를 대표하던 사람이 李光洙였
   다. 그는 당시 "조선민족 衰頹의 근본원인은 타락된 민족성에 있다"고 단정하고,
   "조선민족의 성격을 현재의 상태에서 정반대의 방면으로 변환"하는 '개조'를 주장하였
   고, 이를 추진하는 동맹 세력을 결집하고자 하였다(李春園, 「民族改造論」, 『開闢』 23,
   1922). 이광수의 논의는 다음 단계로 자치운동으로 변해갔다.
53) 崔鉉培, 『朝鮮民族 更生의 道』, 東光堂書店, 1930, 1쪽.
54) 『東亞日報』 1926년 9월 25일부터 66회 연재.
55) 崔鉉培, 앞의 책, 1930, 2~3쪽. 그런데 식민지 아래에서 제기된 '민족개조', '민족갱생'
   등의 정치적, 민족적 의미는 양면적이다. 해방후 최현배는 이 책을 정음사에서
   다시 간행하였는데, 그 「머리말」에 흥미로운 서술이 첨가되었다. 이 책이 일본어로도
   번역되어 일제의 정책, 홍보용으로도 사용되었다는 것이다. 즉 "일본말로 번역되어
   조선 관계의 일인들에게 널리 읽혔을 뿐 아니라, 이 글의 한 토막이 왜정의 교과서에도
   채용되어 널리 조선 청년들에게 가르치는 바 되었으며, 당시 남대문 거리 도서관의

　최현배는 먼저 식민지로 전락한 조선의 현실을 분석하였다. 그는 민족이 쇠락하고 생기가 없어진 '민족적 쇠약증'이라는 병질(病疾) 때문에 조선이 식민지가 되었다고 분석하였다. 조선의 '민족적 쇠약증'은 조선시대 이후 얻어진 병으로, 고대의 조선민족에게는 없었던 것이었다. 그는 이 병의 원인으로 ① 의지 박약, ② 용기 없음, ③ 활동력의 결핍, ④ 의뢰심, ⑤ 저축심 부족, ⑥ 성질의 음울(陰鬱)함, ⑦ 신념 부족, ⑧ 자존심 부족, ⑨ 도덕심 타락, ⑩ 정치경제적 파멸 등을 지적하였다. 그리고 이 병질에 따라 ① 조선 5백년 간의 악정으로 인한 문약(文弱)의 폐, ② 사상 자유의 속박과 유교 전횡, ③ 중국의 학문만 배우는 무자각, ④ 한자의 해독("아! 아! 한자! 한자! 이는 우리에게 정히 망국적 문자이었다"), ⑤ 양반 계급의 횡포, ⑥ 번문욕례(繁文縟禮)의 누설(縷絏), ⑦ 불합리·불경제의 일상 생활 방식, ⑧ 조혼의 폐해, ⑨ 나이 자랑하기, ⑩ 미신의 성행과 과학정신의 위축, ⑪ 자력주의의 절멸 등과 같은 폐단이 생겼다고 분석하였다.56)

　민족 쇠약증에 대한 이러한 분석 위에서 최현배는 그 치료법도 제시하였다. 그는 모든 병증이 민족의 생기(生氣)가 없어진 것에서부터 시작하였으므로, 조선민족이 진화 발달하고, 갱생 및 흥륭하기 위한 길도 바로 민족의 생기를 진작하는 것이라 주장하였다. 그리하여 그는 갱생의 길을 "생기진작(生氣振作)-이상수립(理想樹立)-갱생확신(更生確信)-부단노력(不斷努力)"이라는 단계로 설정하고, 이를 신문 연재물의 제목 아래 항상 적시하였다.

　먼저, 최현배는 "민족적 생기를 진작하라"고 하였다. 그는 우리 민족의

---

　　열람대에 이 책이 진열되어, 몇 번 그 꺼풀을 개장한 것을 보았으며, 일제의 각처 감옥에까지 이를 교양도서로 채용한 바 되어, 일제 말에 내가 함흥 감옥에서 몸소 이를 보게 되었던 것이니, 민족생활에 진리의 길을 내어 보임에 대해서는 악마같은 저네들도 이를 시인하지 않을 수 없었던 모양인 듯하다"라고 하였다(3~4쪽). 하지만 최현배 자신의 의도와 '자부'와는 달리 일제는 거꾸로 이 책에서 분석한 '조선의 병폐, 능력 부족'을 부각시키고, 조선인의 '개조'를 위한 식민 정책의 정당성을 선전하는 근거로 활용했음을 알 수 있다.
56)『朝鮮民族 更生의 道』(3~28), 최현배, 앞의 책, 1930, 2~3장.

쇠약증은 마음에서 비롯된 병이므로 따라서 무엇보다도 각자 이 쇠약증이라는 병에 걸렸다는 사실을 자각하는 것이 중요하다고 하였다. 그런 다음 침체한 민족 생기를 진작하여 민족 장래에 광명과 희망이 있다는 것을 확신하고, 모든 활동에서 용감하게 매진해야 한다고 하였다. 이것이 "현하의 조선민족의 쇠약증에 대한 최상 최량의 방문(方文)"이라고 하였다.[57]

민족적 생기를 진작한 다음에는 '민족적 이상'을 수립하자고 하였다. 그는 "민족갱생의 원동력은 생기의 진작이요, 민족갱생의 지남차(指南車)는 이상의 수립"이니, '생기 진작'과 '이상 수립'은 "민족적 갱생의 쌍익(雙翼)이며, 양륜(兩輪)"이라고 하였다.[58] 그는 조선민족의 이상을 "조선민족의 고유한 특질과 특장을 자유로 충분히 발휘하여 항상 부단의 창조와 불휴의 개조로써 인류의 영원한 진보와 문화의 항구한 발달에 기여 보비(補裨)하여 세계 진화의 기운에 참여하는 것이 곧 우리 조선민족의 민족적 이상"이라고 하였다.[59]

그런 다음에는 그 민족적 이상을 '시대적' 이상으로 확산시켰다. 그는 '시대적 이상'을 세계인으로서는 문명과 문화 발달로, 다른 한편으로 조선민족으로서는 민족 특유의 문제(조선의 역사적, 사회적 사정을 통찰) 등으로 제기하였다.[60]

최현배는 더 나아가 민족의 쇠약증을 고칠 수 있는 '갱생'의 노력과 방안을 구체적으로 제기하였다. 그는 민족 갱생을 위한 노력이 ① 신교육(조선 사람 자각 및 조선민족의 행복을 위한 교육), ② 계몽운동(민중을 위한 교육기관 정비, 야학, 강습소, 신문 잡지 등), ③ 체육장려, ④ 신도덕의 수립(진실, 신의, 용기, 독립 자존, 사회적 의무, 근면 등), ⑤ 경제진흥(근로 역작, 자작 자급 등), ⑥ 생활방식 개선(의식주 개량), ⑦ 민족고유문화의 발양 등의

---

57) 『朝鮮民族 更生의 道』(29), 위의 책, 119쪽.
58) 『朝鮮民族 更生의 道』(35), 위의 책, 144쪽.
59) 『朝鮮民族 更生의 道』(34), 위의 책, 134~143쪽.
60) 『朝鮮民族 更生의 道』(36~38), 위의 책, 146~156쪽.

방면으로 전개되어야 한다고 보았다. 그 외 미신타파, 조혼 폐지, 무용의 정신, 민립대학의 실현, 민족 현실 생활에 대한 통계적 조사 연구 등을 제안하였다.[61] 이와 같은 '조선민족 갱생'의 방안은 당시 부르주아 문화운동에서 제안하던 것과 유사한 것이었다. 곧 민족의 자질, 성질을 고치고, 경제적으로 실력을 키워가자는 것이며, 이를 위한 계몽, 교육 운동을 제기하였던 것이다. 최현배의 방안도 문화운동에서 제기한 실력양성운동의 두 영역, 곧 교육(민립대학설립운동)과 식산흥업(물산장려운동)을 포함한 것이었다.[62]

하지만 최현배의 '갱생의 도'는 당시 문화운동이나, 대표적으로 '민족개조'를 주장했던 이광수의 논의와 근본적으로 다른 점이 있었다. 즉 민족에 대한 사랑과 민족의 역사적, 문화적 능력에 대한 확신이었다. 그는 먼저 이를 다음과 같이 표현하였다.

> 우리는 朝鮮 사람이다. 그럼으로 우리는 世界 어느 나라의 사람보다 더 마음이 조선의 山河를 사랑하며, 朝鮮의 民族을 사랑하며, 그 山河와 民族 사이에 半萬年이나 잇서 나려온 朝鮮의 歷史를 사랑한다. 朝鮮의 文化를 사랑한다. (…) 우리는 朝鮮을 全的으로 사랑한다. (…) 要컨대 우리는 이 世界 아모보다도 가장 많이 朝鮮을 사랑하는 朝鮮 사람이다.[63]

이와 더불어 최현배는 조선민족이 이상을 수립하고 시대적 이상을 파악할 수 있는 능력과 자질이 있음을 분명하게 적시하였다. 조선민족은 지(知)·의(意)·정(情)의 모든 방면에서 그 소질이 우량하므로 민족적 이상을 추구할 가능성이 풍족하다고 확신하였다.[64] 특히 그는 조선민족의 역사문화적 능력을 인정

---

61) 『朝鮮民族 更生의 道』(51~65), 위의 책, 222~286쪽.
62) 그는 민립대학을 '민족문화 중심기관'으로 표현하였고(위의 책, 282쪽), 물산장려운동에 대해서는 "내 살림은 내 것으로!"라는 표어를 제안하였다(같은 책, 259쪽).
63) 『朝鮮民族 更生의 道』(1).
64) 『朝鮮民族 更生의 道』(38~43), 위의 책, 159~178쪽. 최현배가 구체적으로 지적한 가능성

하고 "인문 진운에 막대한 기여를 한 민족으로, 향상하여 가는 인류사회에 영구히 존속 발전하여 증진하여 가는 문화적 행복을 충분히 향락번영할 자격이 있을 것"이라고 자신하였다.[65]

최현배는 조선민족이 역사적으로 세계 어느 민족에 견주어도 손색이 없고, 오히려 문화적으로 우월하다는 증거로 '한글'을 들었다.

> 우리 民族의 文字에 對한 卓越한 獨創力의 最大 發現, 最後 完成인 世宗朝의 訓民正音을 가젓으니, 이것이 하나님께서 우리 民族으로 하여금 그의 人類救濟, 文化育成의 大理想을 將來하는 時代에 實現하게 하시랴는 本意에서 나온 民族的 榮譽이며, 世界 人類의 慶福이다. (…) 그 組織의 가장 學術的임과 그 應用의 가장 普遍的임은 實로 地球上 人類가 생겨난 지 數十萬年에 空前絶後의 文字의 完成이다. / 이 人類文化史上에서 唯一한 文字的 完成은 朝鮮民族에게 더업는 世界的 榮光이오, 朝鮮 民族的 精神의 世界的 卓越이며, 人類的 貢獻이다. 이쑨아니라 우리의 한글(正音)은 世界 文化史上에서 獨特한 地位와 深遠한 意義를 가지고 잇다.[66]

그리하여 최현배는 민족갱생의 방안 가운데 특히 "민족 고유 문화의 발양"을 제기하였고, 그 가운데서도 "우리 말과 글의 연구, 애육(愛育), 선용(善用)"할 것을 주장하였다. 우리 글에 대해서는 ① 한글의 보급운동, 문맹 타파 운동, ② 한글의 과거사와 장래 발달에 대한 학리적 연구, 한글의 가로쓰기[橫書], ③ 한글의 조직에 대한 학리적 연구 등을 제기하였고, 우리 말에 대해서는 ① 소리의 연구, ② 어법의 연구, ③ 표기법의 합리화, ④ 우리 말의 정리, 표준어의 사정(査定), ⑤ 고어(古語)의 연구, ⑥ 사전의 완성, ⑦ 조선어 교육의

---

가운데는 단군의 홍익인간, 대종교, 석굴암의 예술성, 거북선 등의 과학적 발명 재능, 그리고 활자 등을 거론하였다.

65) 『朝鮮民族 更生의 道』(43), 위의 책, 177~178쪽.

66) 『朝鮮民族 更生의 道』(43), 위의 책, 174~175쪽.

최현배의 강의

장려 등을 주장하였다. 그리고 더 나아가 한글을 연구하는 전문학자가 필요하
며, 우리 청년 가운데서도 위대한 신문학가가 많이 나와야 한다고 주장하였
다.[67]

최현배의『조선민족 갱생의 도』는 당시 부르주아 계열의 '민족개조' 및
신문화운동과 맥을 같이 하는 것이면서도, 민족의 역사와 문화의 우수성을
강조하고, 이를 통하여 민족의 생기(生氣), 정신을 높이는 방안이었다. 최현배
는 연전에서 조선어 연구와 교육을 담당하고, 이후 문화운동과 발맞추어
한글 보급운동, 조선어사전 편찬 사업 등을 주도하면서『조선민족 갱생의
도』에서 제시한 바를 그대로 실천하였다. 특히 한글 보급 운동은 그가 주장한
"말은 민족정신의 반사경"[68] 혹은 "우리 말은 정신적 산물의 총합체"라는[69]
점을 실천한 것이었다.

주목되는 것은 최현배가 민족문화의 진흥을 통해 세계 인류의 진보와

---

67) 『朝鮮民族 更生의 道』(62~63), 위의 책, 275~279쪽.
68) 『朝鮮民族 更生의 道』(63), 위의 책, 279쪽.
69) 『朝鮮民族 更生의 道』(42), 위의 책, 172쪽.

문화 발달까지 고려하고 있었던 점이었다. 그는 세계 평화, 세계의 보편적 이상이 거론되는 상황에서 자신이 강조하는 '민족적'이라는 말이 구시대, 구제도의 유물처럼 보일 수 있다는 점도 동의하였다. 그러면서도 식민지하의 조선에서는 아직 '민족'의 구별이 필요하다고 하였다. 즉 민족은 혈통, 생활 근거지, 언어, 그리고 역사 등이 다르므로, 아무리 물질적 평등의 사회가 실현되어도 민족은 소멸되지 않는다는 것이었다. 민족의 역사, 언어, 혈통 등을 거론한 것은 분명 당시 일본과 구별되는 조선민족을 염두에 두었음이 분명하다. 또한 그는 조선민족의 고유한 특질을 발휘하여 창조와 개조를 이루어 나간다면, 궁극적으로 세계 인류의 진보, 문화에도 기여할 수 있을 것으로 보았다. 그는 인류 번영, 문화 진보 등을 추구하는 민족주의를 '신문화적 민족주의(新文化的 民族主義)'라고 하였다. 구시대의 민족주의를 '상호 쟁탈의 민족주의'라면, 자신의 '신문화적 민족주의'는 '상호 협조의 민족주의'라고 규정하였다.[70]

## 2. 연희전문학교 학풍의 정립 : '東西古近思想의 和衷'

연전은 1920년대 민족문화 교육을 실시한 후, 1930년대에 들어 '동서고근(東西古近) 사상(思想)의 화충(和衷)'이라는 교육 방침, 곧 학풍을 정립하였다. 그리고는 이 학풍을 사회운동, 학술운동으로 전개하여 당시 사회에서 일고 있던 민족문화사업을 주도하였다. 민족문화에 관한 정인보, 최현배, 백남운 등의 학술연구도 이루어져, 이를 바탕으로 그들은 조선학운동, 한글보급운동, 학술기관설립 운동 등을 전개하였다.

---

70) 『朝鮮民族 更生의 道』(35), 위의 책, 144쪽.

## 1) 1930년 전후의 민족문화운동과 연전

1920년대 중반 부르주아 민족운동이 전개되면서 기독교 세력도 중요한 사회운동 세력으로 등장하였다. 평안도 지역, 장로교를 기반으로 한 수양동우회와, 서울·경기지역의 감리교에 기반을 둔 흥업구락부가 대표적이었다. 전자는 국외의 안창호와, 후자는 이승만과 각각 연결되어 있었다. 연전의 교수, 이사 등도 그러하였다.[71] 흥업구락부 계열 인사는 신간회에 다수 참여하였는데, 연전에서는 유억겸, 이관용, 이순탁 등이 그러하였다.[72]

신간회 운동은 조선공산당 사건 등으로 사회주의 계열이 다수 일제에 검거되자 지도부에 공백이 생기게 되었다. 이런 틈에 신간회 설립초기에 가담하지 않았던 동아일보 세력이 신간회에 참여하게 되었다. 그러자 신간회의 한 축이었던 사회주의 세력이 반발하여 신간회 해소를 주장하였고, 그들은 오히려 대중운동의 중요성을 거론하면서 노동자, 농민 속으로 들어갔다. 마침내 부르주아 세력의 반대에도 불구하고 1931년 신간회는 해소되었다.

신간회가 해소되자 부르주아 세력의 활동 공간이 축소되었다. 또한 일제의 식민정책이 군국주의로 흐르면서 부르주아 세력의 문화운동은 새로운 활로를 찾지 않을 수 없었다. 이를 주도한 것이 『동아일보』였다. 『동아일보』에서는 신간회 해소 이후 '민족적 중심단체의 재조직'을 주장하고, 문화혁신론을 주창하였다. 이 문화혁신을 기반으로 민족운동, 정치운동, 경제운동 등을 새롭게 진전해야 한다는 것이었다. 민족주의 문화운동은 정치운동의 준비운동이었고, 그 방안은 교육기관의 육성, 신문 잡지 강습회를 통한 지식 계몽, 소비조합과 협동조합운동 등으로 제기되었다.[73]

---

71) 장규식, 『일제하 한국기독교민족주의 연구』, 혜안, 2001. 연세와의 관련은 2부 보론 「일제 강점하의 민족운동과 연희전문학교」 참조.

72) 수양동우회 계열의 조병옥도 신간회에 참여하였다. 이 가운데 이관용에 대해서는 이현희, 「1920년대 이관용의 사상 형성과 교육·언론 활동」, 『연희전문학교의 학문과 동아시아 대학』, 연세학풍사업단·김도형 외, 혜안, 2016.

『동아일보』가 중심이 되어 추진한 문화혁신론은 조선의 고유문화·사상을
제고하는 것이었다.74) 민족문화 선양사업으로 한글 보급(문자 보급), '민족문
화의 산물인 사적(史蹟)' 보존사업, 위인 선양사업 등이 추진되었으며, 한글
보급을 위한 조선어강습회가 전국적으로 개최되었다. 또 이순신·권율·단군
등을 선양하고, 특히 이순신 유적 보존사업(현충사, 제승당, 충렬사 등)을
추진하였다. 이 운동에는 신간회 해소 이후 활동 공간이 축소된 안재홍 등의
비타협적 부르주아층도 참여하였다.

『동아일보』가 주도하던 민족문화 사업에는 연전 교수들도 적극적으로 참여
하였다. 정인보, 유억겸 등은 이순신 유적 보존사업의 위원으로 활동하였다.
이윤재도 이미 「이순신」을 집필한 바 있었는데, 정인보는 이 책의 서문을
써 주었다. 정인보는 동아일보와 일정한 연관이 있었고, 특히 송진우와 가까운
사이였으며,75) 정인보가 『동아일보』에 「양명학연론」을 연재한 것도 송진우의
권유 때문이었다. 한글보급, 조선어강습회에도 최현배, 정인보, 백낙준 등과
연전 출신 국어학자들이 큰 역할을 하였다.

이런 흐름 속에서 1935년 전후에 조선학운동(朝鮮學運動)이 일어났다. 이
운동은 정인보, 안재홍이 중심이 되어 추진한 다산정약용 서거 100주년기념
학술활동에서 비롯되었다. 정인보는 조선학의 핵심을 조선 후기의 실학에서
찾았고, 특히 정약용의 학문을 새롭게 평가하였다. 이 운동에는 연전의 백낙준
과 백남운도 동참하였다.

문화·학술계의 민족적 분위기 속에서 새로운 학문을 지향하는 조직으로
중앙아카데미를 창설하자는 주장도 제기되었다.76) 『동아일보』가 1936년 신년

73) 이지원, 앞의 책, 2007, 306~316쪽.
74) 이지원, 위의 책, 316~327쪽 참조.
75) 윤덕영, 「일제하, 해방 직후 동아일보 계열의 민족운동과 국가건설 노선」, 연세대학교
    사학과 박사학위 논문, 2010, 252~253쪽 ; 윤덕영, 「위당 정인보의 교유관계와 교유의
    배경─백낙준·백남운·송진우와의 교유관계를 중심으로」, 『근현대 한국의 지성과
    연세』(연세대학교 국학연구원 편), 혜안, 2016.

을 맞으면서 세계 각국의 학술 연구기관을 소개하고, 일제하에서 우리의 학술기관도 세우자는 문제를 제기하였다. 이 운동은 연전의 교수들이 주도하였다. 특히 백남운은 「학술기간부대(學術基幹部隊)의 양성-중앙아카데미 창설」이라는 글을 통해 대규모 학술단체로서의 중앙 아카데미 창설을 제안하였고, 백낙준은 「학술 조선의 총본영-조선문고(朝鮮文庫)를 세우자」라는 글에서 조선문화 연구를 목표로 하는 소규모의 '조선 문고' 설치를 주장하였다.[77] 그 규모나 성격은 조금씩 다르지만, 모두 민족문화 연구를 통해 식민지 하 조선의 미래를 개척하기 위한 것이었다.

## 2) '동서 화충'의 연전학풍 정립

연전은 1920년대에 이미 국내외에서 일어난 민족문화운동과 보조를 같이하면서 민족교육과 민족문화를 연구하는 본거지로 자리 잡았다. 그리하여 연전은 이런 방향을 하나의 교육방침, 곧 학풍으로 정립하였다. 1932년 「학교보고서」에 이런 점이 분명하게 표명되었다.

> 本校는 基督敎主義 下에 東西 古近 思想의 和衷으로 文學, 神學, 商業學, 數學, 物理學 및 化學에 關한 專門敎育을 施하야 宗敎的 精神의 發揚으로써 人格의 陶冶를 期하며 人格의 陶冶로부터 篤實한 學究的 成就를 圖하되 學問의 精通에 伴하야 實用의 능력을

---

76) 김용섭, 『남북학술원과 과학원의 발달』, 지식산업사, 2005, 18~27쪽.

77) 그 외 연전 교수 李春昊의 '理化學연구소 설립', 유억겸의 조선체육연맹 조직, 이묘묵의 종합도서관 설립, 현제명의 종합예술학원 등이 제안되었고, 세브란스 교장 오긍선도 「연구창작을 위한 학자 아파트」를 주장하였다(『東亞日報』 1936년 1월 1일). 『東亞日報』 의 이 기획은 신문사의 객원이었던 백남운이 구상한 것으로 추측되고 있다. 백남운은 중앙 아카데미를 통하여 일제하 정치, 경제, 사회, 교육 등에서 낙후한 조선의 현실 및 문화 수준을 고양시킬 수 있는 사업을 추진하자고 제안하였다. 공교롭게도 백낙준 과 백남운은 해방 후 남과 북에서 각각 국가 학술기관 설립을 주도하였다(김용섭, 위의 책).

幷備한 人才의 輩出로써 敎育 方針을 삼음.[78]

이라고 하여, 기독교 이념 아래에서 교육과 학문 연구를 행하는 목표 및 방법을 "東西 古近 사상의 和衷"으로 정립하였던 것이다.

　연전의 교육방침은 기독교 정신에 의해 인격을 도야하고, 학문과 실용 능력을 겸비한 인재를 만들자는 것이었다. 학교의 학칙에서는 단순하게 조선 교육령에 따라 '전문교육'만을 실시한다고 하였지만,[79] 실제로는 실용적인 전문학교 수준을 넘어 '대학' 수준에서 '학문의 정통(精通)'을 추구하여 왔던 점까지 표명하였다. 유억겸은 이를 연전 창립초기부터 줄곧 실천해오던 학교 의 교육과 학문 연구의 방향을 정립한 것이라고 보았다.[80] 요컨대 언더우드 이래 대학을 지향하면서 추구해 온 민족교육의 원칙을 이때에 이르러 명확하게 표방하였던 것이다.

　연전에서 '동서고근 사상의 화충'을 학풍으로 표명한 것은 일제하 조선 사회가 지닌 문명화·근대화의 과제를 서양 문화와 조선(동양) 고유의 문화·사 상을 결합하여 해결하고자 한 것이었다. 그리고 이는 당시 식민지하에서 민족문화를 주창하던 조선의 사상계와 민족문화운동의 이념을 반영한 것이었 다. 1920년대, 30년대 초반『동아일보』를 중심으로 전개되던 신문화운동(민족 문화운동), 그리고 국외에서 강조되던 민족주의 역사학, 국수론 등의 영향을 받은 것이었다.

---

78)『延禧專門學校狀況報告書』,「本校敎育方針」, 1932.

79) 가령「延禧專門學校學則」(1921, 1932)의 제1조는 "본교는 조선교육령에 의한 문학, 신학, 상업, 수학 및 물리학에 관한 전문교육을 실시하는 것을 목적으로 함"이라고 하였다.

80) 1932년 당시 학감으로, 1934년에 부교장이 되는 유억겸은 그 취임사에서 "현대 교육, 특히 고등교육의 대체의 동향을 관찰하건대, 내외 사회를 막론하고 過度히 智育 편중에 흐르는 이때에 본교에서는 20년 전 창립 당초부터 지육 편중의 非를 제창하면서 기독교로 德育의 本을 삼고, 동서고근 사상의 和衷으로 문학, 신학, 상업, 수학, 물리학, 화학 及기타 학문에 관한 고등 교육"을 실시하였다고 표현하였다(兪億兼 부교장 취임사,『延禧同門會報』3, 1935).

조선의 현실과 민족을 위한 인재 양성을 지향했던 점은 1934년 9월, 교장으로 취임한 원한경의 취임사에도 잘 표현되었다.[81] 취임사는 「대학을 목표로」라는 제목 하에, 대학을 지향하는 연희전문의 의지를 표명하였고, 또한 조선에 필요로 하는 인재를 키우고, 조선의 전통 문화와 역사 속에서 필요한 것을 선택하며, 이를 서양의 근대학문과 결합한다는 독특한 학풍을 제시하였다.

먼저, 원한경은 조선문화의 중요성을 인식하고, 이를 계승한다는 점을 분명하게 표현하였다.

> 지금으로붙어 四千年 前에 江華 摩尼山에 祭天壇을 싸으신 檀君의 宗敎的 精神을 위해서 감사하며, 大同江岸에선 箕子城의 遺物을 위해서 감사하고, 千餘年 前 新羅가 나은 崔致遠과 같은 賢人들과 그의 뒤를 이여나온 有名한 先生들을 위해서 저는 감사합니다. (…) 半萬年 朝鮮 文化庫에서 무엇이나 朝鮮人으로서 記憶할만하고 銘心할만 한 것을 取하며, 또는 今日에 使用될만하고 現代 民衆의게 줄만한 모든 것을 取擇하랴는 것이며 (…)

이라고 하였다. 무엇보다도 원한경은 조선의 역사를 존중하고 감사하였으며, 조선문화 가운데 계승해야 될 것은 계승하고, 민중에게 혜택이 될 수 있는 것은 가려 택하려[取擇] 하였던 것이다. 그리하여 현대의 문제, 곧 식민지하 조선 문제를 연구하겠다는 것이었다.

그리고 원한경은 연전에서 학문과 실용을 익히는 학생을 다음과 같이 묘사하였다.

> 三萬五千餘 卷의 藏書가 잇는 本校 圖書館에 東西 文學을 縱覽하는 靑年 諸君을 보시겟고, 文科硏究室에는 李朝 및 古代 書籍과 싸호는 이를 보시겠으며, 商科硏究室

---

81) 「元漢慶校長의 就任辭, "大學을 目標로"」, 『延禧同門會報』 3, 1935.

에는 朝鮮經濟 狀態의 發展을 위하야 이 問題를 硏究하는 이들을 보실 것이오.
(…) 他 一方에서는 一般 自然科學을 硏究하는 學生들을 보시겠으며, 또 다른 한쪽에서
는 朝鮮農村問題를 硏究하는데 다른 한편에서는 朝鮮家屋制度 改良을 爲하야 硏究하
고 잇는 學生 여러분을 보실 것입니다.

곧 동서양의 문헌을 공부하면서 이를 조선의 현실 문제를 해결하기 위해
노력하는 학생들을 강조하였던 것이다.

'동서 화충'의 교육 방침을 천명한 연전에서는 자연스럽게 민족문화 교육을
추진하였다. 이는 1920년대 이래 줄곧 계속되던 것이었지만, 조선어 교육을
추진한 것은 특기할 만하다. 조선어 교육이 억압된 식민지 아래에서 공식적으
로 조선어를 가르칠 수 없었기 때문에 처음에는 지망자를 모아 과외 과목으로
가르쳤다. 그러다가 1929년에 학칙을 개정하여 문과 1~3학년에 각각 2시간씩
정식 조선어 과목을 개설하였다. 문과과장이던 백낙준은 경성제국대학에서
조선어를 정규과목으로 가르치는 것을 보고 용기를 얻어 연전에서도 이를
정규과목으로 가르치게 되었다고 회고하였다.[82]

또한 연전은 1932년부터 문과 입학시험에 조선어 과목을 부과하였다. 이를
주관한 최현배는 먼저 "말이란 것은 그 임자된 민족의 문화적 노력의 산물인즉,
이를 충분히 이해하려면 학습의 노력이 필요한 것"이라고 하고, 당시 "조선
사람은 제 말에 대한 이해와 사랑과, 구사력과를 충분히 가지고 있다고 말할
수가 없음은 섭섭한 사실"이라고 판단하였다. 그리하여

　　내가 敎務를 가지고 잇는 延禧專門學校에서 今春 文科 入學試驗에 朝鮮語 科目을
두엇다. 專門學校 入學 試驗에 조선어를 치르게 함은 이것이 처음이다. 入學 志願者는
勿論이요, 全 社會 사람들도 대단히 異常스러운 感을 가젓을 줄로 안다. (…) 이

---

82) 『백낙준전집(9)』, 「나의 삶을 되돌아보며」(1981), 146쪽.

問題를 꾸며 낸 趣意를 말하면, 中等學校를 마치고, 專門學校에 入學을 志願하는 조선 靑年의 朝鮮 말에 대한 理解力과 使用力이 얼마나 한가를 알아보고저 함에 잇다.[83]

라고 하였다. 전문학교 시험에서 조선어 과목을 부과하여 조선어에 대한 관심과 연구를 고취시켰던 것이다.[84]

1920년대를 통하여 구축된 연전의 민족문화 교육은 1930년대 들어 화충의 학풍, 교육방침으로 확립되었다. 이런 학풍은 적어도 일제의 대륙침략 이전까지는 그 맥을 이어갈 수 있었다.

### 3) 정인보의 민족주의 역사학과 조선학운동(朝鮮學運動)

연전에서 한학(漢學)만 수학한 정인보를 교수로 초빙한 것은 획기적인 일이었다. 선교사 혹은 외국 유학파 출신이 학교를 경영하였지만 한국의 민족 문화교육은 한학에 정통한 정인보 같은 사람이 담당해야 한다고 생각하였다. 그들이 초기부터 지향하던 '동서 화충'의 정신이었다고 할 것이다.

---

83) 崔鉉培, 「조선사람은 조선말을 얼마나 아는가?—延禧專門學校 文科 入學試驗에 朝鮮語를 보이고 나서의 所感」, 『한글』 2, 조선어학회, 1932, 54~56쪽.

84) 조선어 문제는 주로 이해력, 사용력을 묻는 시험이었다. 철자법은 아직 통일된 것이 없었기 때문이었다. 주로 낱말의 뜻과 낱말을 사용한 문장 구성, 속담이나 시조 등의 해석, 그리고 작문 문제로 구성되었다. 첫해의 시험 결과 80점 이상이 1명뿐이었고, 대부분은 60점 정도 수준이었다(최현배, 위의 글, 56쪽). 매년 작문 문제로 출제된 논제는 ① 전문학교 입학 시험에 조선어 과목을 있음을 보고(1932), ② 나는 왜 文學에 뜻하는가(1933), ③ 전문 교육을 받는 조선 청년의 임무를 논하라 (1934), ④ 문학의 필요를 논하라(1935), ⑤ 성공의 要訣을 논함(1936), ⑦ 시골서 서울 중등학교에 입학시험 보러 서울로 올라온 생도가 시골 계시는 그 어머니에게 보내는 편지(입학시험에 합격하였다는)(1937), ⑧ 음악의 필요를 논함(1938) 등이었다(『滿鮮高等專門學校 入學試驗問題集』 해당 연도 ; 『每日申報』 1938년 4월 3일 등 참조). 간혹 조선어학회에서는 연전의 시험 문제 가운데 낱말 풀이, 해석 등에 대한 답안을 제시하기도 하였다(가령, 『한글』, 4—5, 「朝鮮語 問題와 答案」, 1936).

정인보는 당시 "조선 한문학의 제1인자"로 평가받았다.

> 鄭교수는 朝鮮漢文學의 第一人者임은 자타가 공인하는 바로, 延專에 잇서서는
> 延專三寶에 하나드는 才人이다. (…) 담임 과목은 한문학과 조선문학이다.[85]

정인보가 1931년 『동아일보』 지상에 「조선고전해제(朝鮮古典解題)」를 연재하고 있을 당시, 동아일보에서는 그의 서재를 탐방하였다. 그러면서 "비록 누더기 되고 좀은 먹었으나 그 속에서는 고조선(古朝鮮)에 빛나는 역사와 문화, 그리고 온갖 우리의 보물이 들어있는 금광입니다. 이 광 속에서 작업하는 교수는 옛 보물을 찾기에 눈이 붉은 조선의 귀한 광부(鑛夫)"라고 표현하였다.[86]

한문학을 강의하면서 그 속에 깃든 민족 문화를 가르치던 정인보는 1930년대에 학교 밖의 민족문화운동에 참여하면서 자신의 논의를 학술적으로 발표하였다. 양명학을 중심으로 한국의 사상사, 정신사를 검토하여 새로운 도덕론을 제기하였고, 또한 역사학 속에 담긴 민족의 고유사상과 정신(얼)을 강조하였다. 곧 정인보는 국내외의 민족문화운동을 결합하여 자신의 학문을 정립하였고, 이를 다시 사회적 학술운동, 곧 조선학운동을 주도하였던 것이다.

정인보는 양명학(陽明學)을 정리하면서, 조선시대의 역사와 학술계를 비판하고, 당시의 현실 문제를 포함한 학문 자세이자 새로운 도덕으로 '실심(實心)'을 주장하였다. 그는 먼저 조선시대 5백년의 역사를 "허(虛)와 가(假)로서의 연출한 자취"라고 비판하였다.

> 一은 그 學說를 배워 中華 嫡傳을 이 땅에 드리우자는 尊華派이다. (…) 그런즉 世降 俗衰함을 따라 그 學은 虛學뿐이오, 그 行은 假行뿐이니, 實心으로 보아 그

---

85) 漢陽學人,「新進學者 總評(一), 延禧專門學校 敎授層」,『三千里』 10, 1930.
86)『東亞日報』 1931년 3월 30일,「書齋風景(第一景, 鄭寅普氏書齋)」.

學이 虛인지라, 私計로 보아 實이오, 眞學으로 보아 그 行이 假인지라, 僞俗으로
보아 實이다. 그러므로 數百年間 朝鮮人의 實心 實行은 學問 領域 以外에 구차스럽게
間間 殘存하였을 뿐이오, 온 세상에 가득 찬 것은 오직 假行이요 虛學이라.[87]

  요컨대 조선의 학문은 성리학 이후의 유학자들이 모두 개인의 영리만을
위하거나, 중화(中華)만을 존중하는 학문이 되었는데, 이를 '실심'이나 '실행'이
없는 헛된 학문[虛學]이며 거짓 행위[假行]만이 가득 찬 것으로 규정하였던
것이다. 뿐만 아니라 정인보는 근대 학문의 형성과정에서도 서양 대가들의
학문만 따라간 탓에 '실심'이 없다고 지적하였다.[88]
  정인보는 『양명학연론』을 통해 당시 학문계, 사상계의 허심(虛心), 허학(虛學)
을 비판하고, '실심'을 세워야 할 것을 주장하면서 우리의 역사와 이념 속에서
'실심'을 찾는 작업을 추진하였다. 이는 크게 두 방면으로 추진되었는데, 우선
하나는 실심의 학문, 곧 조선 후기의 실학을 계승하고, 이를 당시 사회문제
해결의 길잡이로 삼고자 한 것이었다. 정인보는 1929년에 『성호사설(星湖僿說)』
을 교열하여 간행하였고, 1934년 '다산(茶山) 서세(逝世) 99주년기념사업', 1935
년 '100주년제' 등을 기념하여 학술사업을 행하면서, 『여유당전서(與猶堂全書)』
를 간행하였다. 정인보는 실학의 핵심을 '신아구방(新我舊邦)' 곧 '옛 나라를
새롭게 한다'는 것으로 보고, 이를 식민지 하의 현실 문제를 해결하기 위한
길잡이로 삼았던 것이다. 실학은 학술운동인 '조선학운동'의 동력이자 목표였
던 것이다.[89]

---

87) 「陽明學演論」, 114쪽.
88) 위의 글, 116쪽.
89) 조선학운동은 1920년대의 조선학과는 달랐다. 1920년대 최남선 등에 의해 거론된
  '조선학'은 민속, 토속 등의 연구를 통하여 일본과의 차별성(혹은 위계성)을 인정하였
  다면, 1930년대의 조선학은 새로운 민족문화를 정립하고, 자주적 국가건설을 지향한
  것이었다. 따라서 자연스럽게 조선 후기 개혁론으로 제기된 실학에 주목하게 되었다.
  이는 한말 계몽운동에서 제기된 변법개혁론의 전통이기도 하였다.

또 다른 하나는 조선 고유의 문화와 정신 속에서 '실심'을 찾고자 하였다. 정인보는 「양명학연론」의 연재를 마치고 바로 1935년 1월 1일부터 「五千年間 朝鮮의 얼」을 다시 연재하였다. 이 또한 당시 현실 문제를 해결하기 위한 학술운동의 차원이었다. 정인보는 이런 사정을 해방 후에 다음과 같이 회고하였다.

　　日本學者의 朝鮮史에 대한 考證이 저의 總督政策과 얼마나 緊密한 關係가 있는 것을 더욱 깊이 알아 「언제던지 깡그리 부시여 바리리라」 하였다. 그 뒤 申丹齋의 朝鮮史硏究草가 들어와 그 眼識에 歎服하는 一面에 (…) 갈수록 世故 점점 多端한지라. 民族的 精神이 여러 가지로 흐리어 지는데다가 (…) 나는 부탁받은 범위를 넘어서 한번 五千年을 나려 괴는 大著를 내여 볼 작정을 하고 「五千年間 朝鮮의 얼」이라는 제목을 걸었었다.[90]

　곧 정인보는 일본인의 역사 서술로 인해 민족 정신이 점차 흐려지고, 또한 자기 것을 너무 모르는 사람들이 생기고 있다고 보고, 일본인의 역사학을 '깡그리 부수어' 버리는 차원에서 민족 정신을 '얼'의 흐름을 정리하였던 것이다.

　정인보가 양명학의 '실심'을 강조하고, 조선 후기의 실학에 주목한 점이나, 또 역사 속에 담긴 민족의 얼을 찾고자 한 것은 모두 앞서 민족역사와 문화를 민족운동 차원에서 정립하였던 박은식과 신채호의 학문을 계승한 것에서 가능하였다.

　정인보는 1913년 상해에서 동제사에 가입하여 박은식과 신채호를 만났다. 박은식과는 같은 집에서 '동정식(同鼎食)'하였으며, 박은식은 나이 차이에도 불구하고 정인보를 "끔찍이 사랑해 주고", 정인보는 박은식을 '형님'이라고 불렀다. 박은식이 상해임시정부의 대통령이 되었다는 소식을 듣고는 '개결무

90)　鄭寅普, 『朝鮮史硏究(下)』, 「附言」, 서울신문사, 1947, 361~362쪽.

구(介潔無垢)한 애국적 노지사(老志士)'이며, '문장은 원활창달(圓滑暢達)한 점에서 당대 조선의 제1인'이라고 평하였다.[91] 이런 학문적 관련 속에서 정인보는 『동아일보』에 연재하던 「양명학연론」의 후기(後記)에 "붓을 던짐에 미쳐 내 (…) 구원(九原)에 영격(永隔)한 박겸곡(朴謙谷, 殷植) 선생께 이 글을 질정(質正)하지 못함을 한(限)함을 부기(附記)"하기도 하였다.[92]

또한 정인보가 역사연구를 통하여 민족의 '얼'을 세우고자 한 것은 신채호의 역사론·국수론을 1930년대 차원에서 계승한 것이었다. 정인보는 신채호의 글을 『동아일보』 등에 소개하였으며, 「오천년간 조선의 얼」이 연재되던 중에 신채호가 여순(旅順) 감옥에서 뇌일혈로 위독하다는 소식을 듣고, 여순으로 떠나는 신채호 부인을 서울역에 나가 배웅하기도 하였다.[93] 신채호가 사망하자 그를 추모하면서 "명실상부한 거벽(巨擘)", "청구사가(靑丘史家)의 제일인자"라고 칭송하였다. 그는 신채호의 역사연구가 사실에 대한 고증, 기록의 정리, 그리고 역사의 성쇠변천을 실제에 따라 고찰하여 미미한 것도 약동하여 보이게 하였으며, 동시에 문장력도 뛰어났다고 하였다.[94]

이와 같이 정인보는 양명학에서 말하는 실심의 학문을 조선 역사 속에서 찾고자 하였다. 주자학과 대비되는 '실심의 학문', '실행의 학문', 곧 실학에 주목하였으며, 그리고 조선의 역사 속에서 간간이 잔존하던 '민족의 얼'을 밝히고자 하였다. 이런 점에서 양명학에서 말하는 '양지(良知)'는 '5천년간

---

91) 鄭寅普, 「介潔無垢의 朴殷植 先生」, 『開闢』 62, 1925, 38쪽.

92) 『薝園鄭寅普全集(2)』, 「陽明學演論」, 연세대학교 출판부, 1983, 242쪽. "붓을 던짐에 미쳐 내 本師 李蘭谷(建芳) 先生으로부터 斯學의 大義를 받음을 正告하고, 同好 宋古下(鎭禹)의 斯學闡揚에 對한 苦心을 深謝하며, 또 九原에 永隔한 朴謙谷(殷植) 先生께 이 글을 質正하지 못함을 恨함을 附記"라고 하였다. 그의 학문적 계통, 교유관계 등을 알 수 있다.

93) 元世勳, 「丹齋 申采浩」, 『三千里』 8-4, 1936.

94) 『薝園鄭寅普全集(2)』, 「丹齋와 史學」, 98~101쪽. 정인보는 역사학뿐 아니라 신채호의 유교 비판에 대해서도 언급하였다. 신채호는 "유교를 항상 배척하기는 하되 거기 대한 知識은 또한 一家의 견을 가졌다"고 하였다(101~102쪽).

조선의 얼'을 올바르게 아는 일이었다. 「양명학연론」에서 '실심'을 제기한
다음 자연스럽게 「5천년간 조선의 얼」을 연재하였고,[95] 조선학운동을 통하여
실학을 조선학으로 규정하였던 것이다.[96] 이런 학문적 태도는 박은식과 신채
호가 구축했던 민족주의 학문과, 변법개혁적 차원에서 신구 학문을 결합하고
자 했던 학문태도에서 비롯되었다. 정인보의 민족문화, 국학론은 일제의
파시즘 체제가 강화되면서 연전의 학풍 속에서 새로운 차원의 민족주의론으로
변전되었다. 곧 민족적 측면을 바탕으로 세계적, 계급적 성격 등이 결합된
새로운 민족주의론이었다. 이런 논의는 고유문화를 바탕으로 민족 문제를
새롭게 정립한 안재홍(安在鴻) 등의 신민족주의(新民族主義論)와도 통하는 것이
었다.

## 4) 백남운의 민족주의적 경제사학

백남운(白南雲)은 사회주의역사론(사적유물론)을 우리 역사 속에 적용하여
우리 민족사를 체계화하였다.[97] 그는 1925년에 연전 교수로 부임하여 경제학
과 경제사를 강의하였다. 그는 조선사정조사연구회 등에서 활동하면서 교내
에서는 1926년 5월, 이순탁 교수와 더불어 경제연구회를 창립하였다. 이
단체는 "경제의 이론 및 실제 문제의 토구(討究)와 단체적 훈련 및 통일을
촉진"시키자는 목표를 천명하였다. 1927년 이후에는 조선경제사를 비판적
관점에서 정리하기 시작하였다. 마침내 1933년에 자신의 역사론을 명확하게

---

95) 이런 점에서 홍이섭은 정인보가 「陽明學演論」을 지은 목적을 활자로 된 지면에서는
   찾기 힘들지만 평소의 강연 등에서 강조한 "獨立實踐을 直視하시었고, 知行一致가
   獨立精神에 直結되는 것이었음"에 있다고 보았다(洪以燮, 「陽明學演論 解題」, 『陽明學演論
   (外)』, 삼성문화재단, 1972, 252쪽).

96) 정인보 등의 국학연구가 한국의 근대 한국학 형성이었던 점에 대해서는 이 책 제2부
   「근대 한국학의 형성 : '실학'의 전통과 연희전문의 '국학'」에 자세하게 설명한다.

97) 방기중, 앞의 책, 1992 참조.

정인보와 백남운

담은 『조선사회경제사』(개조사, 1933)를 출간하였다.

백남운은 역사 연구의 필요성, 곧 일제 식민지 하에서의 역사연구가 가지는 민족적 속성을 명확하게 인식하였다. 이런 목표를 위한 역사학의 방법으로 백남운이 택한 것은 사적유물론이었다. 이를 통해 그는 특히 "조선 역사의 특수성"을 비판하고, 과학적, 보편적 역사관을 주장하였다. 그는 사적유물론 일각에서 제기되던 '아시아적', 혹은 '동양적'이라는 특수성, 정체성도 비판하였다.

조선사연구는 곧 과거의 역사적 사회적 발전의 변동과정을 구체적, 현실적으로 구명함과 동시에 그 실천적 동향을 이론화하는 것을 임무로 해야 할 것이다. 그러기 위해서는 인류사회의 일반적 운동법칙인 史的辨證法에 의해 그 민족생활의 계급적 제관계 및 사회체제의 역사적 변동을 구체적으로 분석하고, 나아가 그 법칙성을 일반적으로 추상화함으로써만 가능하다. 그것은 결국 전인류사의 한 부문으로서, 세계사적 규모에서 현대자본주의의 이식발전 과정을 본질적으로 파악할 수 있게 함과 동시에, 그 지구상의 사회평원으로 나아가는 진로를 제시하게 될 것이다.[98]

라고 주장하며 사적변증법에 따라 조선의 역사를 세계사의 보편적 발전과정의 일환으로 파악하고자 하였다.

백남운이 역사의 보편성에 입각하여 '특수사관'으로 지목한 것은 역사학파, 국사학파, 문화사학 등 일본 역사학의 주류를 이루는 관학(官學)과, 문화사관(文化史觀)의 변종인 한국인의 특수문화사관(特殊文化史觀) 등이었다. 전자는 일본의 관학으로 출발하여 형성된 식민사학—타율성론·정체성론—이었고,[99] 후자는 신채호, 최남선 등에 의해 이루어진 단군 중심의 역사론이었다. 백남운은 일제의 관학을 비판하는 동시에 당시에 회자되던 단군 중심의 민족 형성 문제, 국가 본질 문제 등도 과학적으로 이해할 수 없다고 지적하였다. 이런 특수사관은 "인류 사회 발전의 역사적 법칙의 공통성을 거부하는 점에서 본질적으로 완전히 동궤적(同軌的)이며 따라서 반동적"이라고 단정하고, 이를 배격해야 한다고 하였다.[100]

---

98) 白南雲, 『朝鮮社會經濟史』, 개조사, 1933, 5쪽.
99) 백남운은 문명과 야만의 문제도 결국 문명적 利器인 무기에 의해 구분된 것으로 보고, 무력으로 지배한 민족은 문명이 되고 문화 민족이라도 피정복민이 되면 비문명으로 규정된다고 하면서, "문명인이라는 정복군은, 비문명인(!)이라는 피정복군의 현상유지를 모든 정책의 기준으로 삼는다"라고 하여 일본의 식민지배와 그 학문의 성격을 비판하고 있다(위의 책, 444쪽).
100) 위의 책, 7쪽, 446~447쪽.

이런 비판 위에서 백남운은 "조선경제 발전법칙을 역사적으로 규정하는 것이 조선경제사의 임무"라고 강조하였다.[101] 그는 "역사과학에서 유일한 특수성은 사회의 역사발전 단계의 특수성"이라고 하면서, 조선의 경우에도 동일하다고 보았다.

> 우리 조선의 역사적 발전의 전과정은 비록 지리 조건, 인종학적 骨相, 문화형태의 외형적 특징 등 다소의 차이를 인정한다고 해도 외관적인 이른바 특수성은 다른 문화민족의 역사적 발전법칙과 구별될 독자적인 것이 아니며, 세계사적인 일원론적 역사적 발전법칙에 의해 다른 제민족과 거의 同軌的인 발전과정을 거쳐 온 것이다.[102]
>
> 유일한 과학적 방법론으로 大觀하면, 우리 조선민족은 특별히 선택받은 天孫族이 아니고, 神人(!)인 단군의 자손도 아니며, 민족성 혹은 국민성이 금일의 '조선인'이란 것을 운명 지은 특수성도 아니다. 말하자면 早熟性의 민족으로서 정상적인 역사법칙의 궤도를 통과하여온 것이며 (…)[103]

즉 백남운은 조선의 역사는 외형적으로 다른 민족과 구별되는, 또 신인(神人)인 단군 자손의 역사라는 '특수'한 것이 아니며, 다른 민족과 같이 세계사적인 보편적 발전 법칙의 길을 걸어온 역사라고 하였다.

백남운은 세계사의 보편적 발전법칙에 따라 조선경제사의 발전 단계를 ① 원시씨족공산제, ② 삼국정립시대의 노예경제, ③ 삼국시대 말기에서 최근세에 이르기까지의 아시아적 봉건사회의 특질, ④ 아시아적 봉건국가의 붕괴과정과 자본주의의 맹아형태, ⑤ 외래자본주의 발전의 일정과 국제관계, ⑥ 이데올로기 발전의 총과정 등으로[104] 정리하였다.

---

101) 위의 책, 12쪽.
102) 위의 책, 9쪽.
103) 위의 책, 447쪽.

　　조선민족의 발전사는 그 과정이 아무리 아시아적이라 하더라도 사회구성의
　　내면적 발전법칙 그 자체는 완전히 세계사적인 것이다. 삼국시대의 노예제사회,
　　통일신라기 이래의 동양적 봉건사회, 이식자본주의 사회는 오늘날에 이르기까지
　　조선 역사의 기록적 총발전 과정을 표시하는 보편사의 특징(!)이고, 그 각각은
　　그 특유의 법칙을 가진다.[105)]

라고 하여, 조선경제사를 통해 세계사적인 보편적 발전 법칙을 확인하고자
하였던 것이다.

　　이러한 문제의식을 세우고, 백남운은 우선 ① ②단계를 먼저 『朝鮮社會經濟
史』로 정리하고, ③단계의 일부를 『朝鮮封建社會經濟史(上)』(개조사, 1937)으로
간행하였다. 그와 동시에 그는 학문연구와 더불어 다양한 사회활동, 집필
활동도 전개하였다. 식민지 이식자본주의의 본질과 국제경제에 대한 평론
활동도 행했고, 봉건 말기의 자본제 맹아와 상품생산에 대한 이론적·실증적
작업도 추진하였다.

　　이러한 백남운의 역사 연구는 당시 식민지하 조선 문제를 해결하기 위한
것이었다. 그는 조선사를 과학적, 보편적으로 파악하여 조선사 연구의 법칙성
을 밝혀내면 앞으로 조선 문제도 이 법칙에 따라 해결될 것이라고 하였다.
그는 이것을 "금후 밟을 更生의 동향도 역시 역사법칙의 운동과정에 의할
것"이라고 하였다.[106)] 또한

　　여기서 조선사 연구의 법칙성이 가능해지며, 세계사적 방법론 아래에서만
　　과거의 민족생활 발전사를 내면적으로 이해함과 동시에 현실의 위압적 특수성에
　　대해 절망을 모르는 적극적인 해결책을 발견할 것이다.[107)]

---

104) 위의 책, 3쪽.
105) 위의 책, 9쪽.
106) 위의 책, 447쪽.

라고 하였다. 조선 '갱생'의 동향, 그리고 현실의 위압에 대해 "절망을 모르는 적극적인 해결책"이 바로 그의 역사 연구의 목적이었던 것이다. 곧 백남운의 역사학은 현실에 대응한 실천적인 역사학이었고, 민족해방에 기여하는 역사학이었던 것이다.

연전의 민족적 학문 분위기 속에서, 백남운은 이런 연구를 동료 교수들의 도움을 받으면서 진행하였다. 그는 책의 서문에 "고문헌 수집에서는 외우(畏友) 정인보 교수의 시사에 힘입은 바가 많았다. 나아가 백낙준 교수 및 본교 도서관 직원들 (…) 직접 또는 간접으로 여러 가지 편의를 제공받은 점"을 거론하고 감사를 표하였다.[108] 이런 학문적 신뢰 속에서 백남운은 정인보 등과 실학, 정약용 연구, 곧 조선학운동에도 참여하여 자신의 경제사 연구를 체계화하였다. 그리고 앞서 지적한 바와 같이 중앙아카데미 창설을 통한 식민지하 조선 문화를 중심으로 한 학술운동도 구상하였던 것이다.

백남운은 이순탁, 노동규 등과 함께 1938년 경제연구회 사건(여운형 초청 강연회)으로 검거되었다가, 1940년에 출옥하였다. 연전에서 축출된 백남운은 1945년 해방 공간에서 다시 '학술원'을 세우고 새로운 국가건설을 위한 다양한 학술, 정치운동을 전개하게 되었다.

\* \* \*

연전은 한국 근대학문이 형성된 근거지였다. 새로운 서양의 과학을 직접 들여온 수물과(數物科. 혹에 理科)나 실용적인 상과(商科)의 학문도 그러하였지만, 특히 문과의 학문(어문학, 역사)과 교육은 일제하 경성제대의 식민지 학문에 대항하면서 형성·발달되었다. 연전에서는 이러한 민족적, 주체적 교육과 학문을 하나의 '학풍'으로 정립하였고, 1930년대 초반 이를 "동서고근

---

107) 위의 책, 9쪽.
108) 위의 책, 4쪽.

사상의 화충"으로 표방하였다.

연전의 학풍은 1885년 내한 이후 줄곧 대학 설립을 꿈꾸던 언더우드의 교육사업과 계몽운동에서 비롯되었다. 선교사로서 전교(傳敎)의 목표가 있기는 하였지만, 언더우드는 누구보다도 한국의 전통문화와 문화적 능력과 그 가능성을 신뢰하였다. 그는 한국을 이해하기 위해 종교를 연구하고, 한영·영한 사전을 편찬하였다. 언더우드의 신념은 그의 아들 원한경 교장에 의해 이어졌으며, 또 많은 연전의 선교사 교수들도 이런 방향에 보조를 같이 하였다. 비록 일제 교육 정책의 틀 속이지만, 그들은 연전에 조선인을 위한 교육을 구축하였다. 학교운영자의 이러한 자세는 연전의 많은 한국인 교수들이 민족적 교육이나 사회적 활동을 가능하게 하였다.

한편 연전의 학풍은 한말·일제하에 추진된 한국의 근대개혁론을 연전의 교육과 학문으로 수렴한 결과였다. 한국의 근대개혁론은 서양문명을 수용하는 방향에서 정립되었다. 그러나 서양문명을 어떻게 인식하고, 어떤 방법으로 수용할 것이며, 전통의 문화와 이념을 어떻게 처리할 것인가에 따라 다양한 논의들이 제기되었다. 1905년 이후 계몽운동에서는 대체로 서양문명의 전면적 수용을 주장하는 문명개화론(文明開化論)과, 서양과 우리의 장단점을 고려한 절충적인 형태를 취한 변법개혁론(變法改革論)으로 대별되었지만, 민족문화에 대한 논의가 견지되었다. 1910~20년대에 이르면서 국외 박은식, 신채호에 의해 정립된 국수론(國粹論)적 민족주의역사학이 정립되었으며, 국내의 부르주아 운동에서도 국수와 민족문화의 중요성이 제기되었다. 연전에는 이 두 계열의 교수들이 포진하였고, 여기에 민족문화의 중요성을 강조하던 사회주의 계열의 교수도 가세하였다. 연전에서는 서양 학문을 연구하면서도 민족문화를 거론하고, 또한 '국학'(조선학)을 중시하면서도 서양의 근대학문과 결합하였다.

그리하여 정인보, 최현배, 백낙준, 백남운 등은 '동서 화충'의 학풍을 학문적, 교육적으로 실현하고, 나아가 1920~30년대 민족문화운동에 적극적으로 참여하였다. 전문학교 수준에 맞지 않게 각 학과에 연구실을 두고, 학문적 수준을 유지하였다. 특히 문과연구실은 민족문화 연구의 산실이었다. 비록 창간호로 그쳤지만 연구논문집『朝鮮語文硏究』의 간행은 획기적인 것이었다. 식민지 학문의 본산 경성제국대학에 맞설 수 있는 자세와 능력을 보였던 것이다.

정인보는 박은식·신채호의 역사학을 계승하여, '민족의 얼'을 찾기 위해 「5천년간 조선의 얼」을 저술하였다. 북경 유학중 신채호로부터 역사학을 배운 이윤재도 역사학을 가르쳤다. 최현배는 일본 유학을 통해 국내의 문화운동 노선과 보조를 같이하여, 「조선민족 갱생의 도」를 통해 민족의 생기를 진작하고, 민족을 개조하는 방안을 제기하였다. 백남운은 사적유물론의 원리를 우리 역사에 적용하여 민족해방을 지향하는 발전적인 역사로 규명하였다. 그 외에도 강사 손진태, 이인영, 그리고 연전 출신 김윤경 등도 새로운 민족문화 건설을 위해 그 역할을 담당하였다. 특히 그들은 신간회 해소 이후 국내 민족주의 운동의 활로였던 민족문화운동 – 민족문화 선양사업, 조선어 보급 운동 등 – 에 동참하였고, 조선학운동을 주도하였다.

민족문화운동을 주도하던 연전 학풍은 1930년대 후반, 일제의 대륙침략의 여파로 점차 억압되었다. 전쟁의 바람이 연전에도 미쳤던 것이다. 1932년에 표방되었던 '동서 화충'의 교육방침은 1937년에 이르러 사라졌고, 1940년에는 학칙 제1조를 개정하여 국민도덕 함양과 충량한 황국신민 양성을 명시하였다. 또한 일본어 상용 정책에 따라 10여 년간 유지되던 조선어 강좌가 폐지되었고, 그 대신 '일본 정신을 체득'하기 위한 '일본학(日本學)'이라는 과목이 개설되었다. 급기야 일제는 연전을 적산(敵産)으로 처리하면서 교장 원한경을 미국으로 추방하고, 친일적인 윤치호(尹致昊) 교장을 거쳐 일본인을 교장으로 앉혔다. 그리고는 민족문화 연구의 산실이었던 문과와, 유일한 자연과학의 교육장이었던 이과를 폐지하고, 대신에 '동아과(東亞科)'라는 학과를 만들었다(1943).[109]

---

109) 『每日申報』, 1943년 3월 6일, 「延禧專門의 新出發」.

이런 소용돌이 속에서 연전의 교수들은 여러 민족운동(수양동우회, 흥업구락부, 조선어학회, 경제연구회 사건 등)에 관련되어 옥고를 치르거나 강단을 떠나야 하였다. 급기야 일부 교수들은 일제의 침략을 옹호하는 활동을 전개하게 되었다.[110]

하지만 그런 침체 속에서도 민족문화 연구를 바탕으로 정립된 '화충의 연세 학풍'은 연전에서 수학한 후예들에 의해 계승되었다. 정인보의 민족사학을 계승하고 백남운의 역사론을 결합한 홍이섭은 『朝鮮科學史』라는 역작을 저술하였다(1944). 연전에서 강의하였던 손진태, 이인영은 새로운 민족주의론을 정립하였다. 이런 흐름 속에서 연전 출신은 해방 후 민족문화 영역을 새로운 차원으로 개척하는 역할을 담당하게 되었다.

---

110) 교장 윤치호를 비롯하여 갈홍기, 백낙준, 이묘묵, 현제명 등이 그러하였다(친일반민족행위진상규명위원회, 『친일반민족행위진상규명보고서』 Ⅳ-1~Ⅳ-19, 2009).

· 보론 ·

# 일제 강점 하의 민족운동과 연희전문학교

일제하 연희전문학교는 민족주의자의 '소굴'이었다. 학교의 교육 목표나 교수 구성, 교과 내용 등에서 이를 꾸준히 지향하였다. 국학(國學) 연구를 통해 민족과 민족정신을 강조하고, 또한 민족주의적 성향이 강한 기독교계 인사들이 연전을 주도하였기 때문이었다. 3·1운동, 6·10만세 사건 등의 학생운동, 교수들의 민족문화운동 등이 전개되었다.

## 1. 3·1운동과 연전, 세전

1910년대 일제는 우리 민족을 폭압적으로 탄압한 '무단통치'를 행하였다. 군대를 동원하여 의병을 '토벌'하고, 각종 사회단체, 학회, 언론기관을 모조리 해산시켰다. 특히 계몽운동의 중심 역할을 담당했던 지식층과 기독교 세력을 탄압하기 위하여 '105인 사건'을 조작하였다. 이와 더불어 식민지배에 순응하는 사람을 만들어내기 위한 '황민화 교육'을 실시하였다. 조선인에게 고등교육의 기회를 주는 것이 아니라 기술교육, 보통교육 정도만 제공하였다.

식민통치 10년 동안 쌓인 우리 민족의 불만은 3·1운동으로 터져 나왔다.

종교인, 청년 지식인이 앞장서고 농민층, 노동자층이 호응하여 만세 시위는 전국적으로 펴져 나갔다. 1910년대의 억압적인 통치 속에서도 기독교와 고등 교육을 지향하여 세워진 연희전문학교와 세브란스의전의 학생들도 3·1운동에 적극적으로 참여하였다.

제1차 세계대전이 끝난 후 세계적으로 평화·정의·인도 등을 지향하는 분위기가 고조되었다. 특히 미국 윌슨 대통령의 민족자결주의는 피압박 민족 사이에 대단한 환영을 받았다. 이런 분위기에서 조선독립에 대한 논의가 제기되어 나왔고, 학생층도 이에 적극 호응하였다. 학생층의 의사 결집과 시위운동의 중심에 연전 학생 김원벽(金元壁)이 있었다.

1919년 1월 23, 24일경 중앙기독교청년회(YMCA) 간사 박희도는 회원부 위원인 김원벽을 만나 청년회 회원 모집을 협의하고, 서울 소재 각 전문학교의 졸업생, 재학생 가운데 대표인물 8명을 중국음식점 대관원(大觀園)에 모았다. 김원벽을 비롯하여 연전의 윤화정(尹和鼎), 세브란스 의전의 이용설(李容卨), 그리고 보성학교의 강기덕(康基德) 등이 모여 '독립선언'을 논의하였다.

2월 초에 계획은 급속도로 진전되었다. 12일, 14일 두 차례, 이갑성(李甲成, 3·1운동 민족대표 33인, 세브란스 병원 직원)은 음악회 개최 명목으로 관련자들을 세브란스병원 구내 자신의 집으로 초청하여 세계정세와 해외 독립운동 등에 관해 토론하고 의견을 모았다. 이들은 각 학교 별로 활동책임자를 정하였는데, 세브란스의전에서는 김문진(金文珍), 이용설(李容卨)이 책임자가 되었다. 김원벽은 이런 취지를 연전의 학생청년회장 이병주(李秉周)에게 말하였고, 이병주는 다시 이를 회원 40명에게 전하여 찬동을 얻었다.

비밀리에 인쇄된 독립선언서는 이갑성을 통하여 이용설 등의 학생층에게 전달되었다. 학생들은 3월 1일 오후 2시 탑골공원에 집결하였다. 하지만 독립선언서를 낭독할 민족대표들이 오지 않았다. 태화관에 모인 민족대표 29인은 별도로 독립을 선언하고 그 사실을 조선총독부에 연락하였다. 그리고는 곧 출동한 일본 헌병경찰 80여 명의 포위 속에서 만세를 부르고 잡혀갔다.

탑골공원에 모신 약 4천명의 학생, 시민들은 민족대표가 나타나지 않자 학생대표 김원벽, 강기덕 등이 태화관으로 가서 민족대표를 면담하고 탑골공원으로 오기를 요청하였으나 손병희·최린 등은 불가능하다고 오히려 이들을 설득하였다.

　탑골공원에 모인 시민·학생들은 자발적으로 독립선언식을 거행하였다. 경신학교 출신 정재용이 선언서를 낭독하였고, 이를 계기로 '대한독립만세' 소리가 터져 나왔다. 시위대는 두 무리로 나뉘어져 서울시내 일원을 돌아다니면서 만세를 불렀다. 일본 헌병의 체포 작전이 자행되고, 또 날이 어두워져 시내의 만세 시위는 일단락되었다. 밤 11시경에는 신촌의 연희전문학교 부근에서 학생 200여 명이 모여 시위를 하였다.

　2일에도 산발적인 시위가 있었다. 밤 11시 반경에는 세브란스 병원 사무원 정태영(鄭泰榮)이 독립운동을 계속해야 한다는 '경종'을 울리기 위하여 보신각 안에 들어가 종을 쳤다. 3일은 고종의 인산일(因山日)이었기 때문에 큰 시위는 없었으나 각종의 신문, 격문이 난무하면서 분위기를 고조시켰다. 김원벽 등 학생 대표들은 4일 밤에 세브란스의전 구내에 모여 다음 날인 5일에 만세운동을 벌이기로 하고, 시위 방법을 협의하였다. 그리고는 이를 각급 학생들에게 알리고 전단도 살포하였다.

　드디어 5일 아침 8시부터 서울역 광장에 군중이 모여들기 시작하였다. 이 시위를 주도한 것은 연전의 김원벽과 보성학교의 강기덕이었다. 이 광경을 목도했던 경성여고보 학생 간부였던 최은희는 다음과 같이 회고하였다.

　　광장에는 이미 남녀 학생 수천 명이 모였고, 통행인들과 역(驛)에서 나오는 사람들까지 연해 끼어들었다. 어디서 인력거(人力車) 한 채가 군중 앞에 나타나 턱 멈추더니 짙은 구동색 한복 두루마기를 입은 청년이 내리지 않고 인력거 위에 올라서서 품속에서 커다랗게 '조선독립'이라고 쓴 기(旗)를 꺼내어 높이 들면서 "조선독립만세!"하고 고함을 쳤다. 군중은 그를 앞세우고 의기충천하여

한꺼번에 만세를 불렀다. 여학생들은 울음바다를 이루었다. 너무도 감격한 울음
이었다. "만세!" "만세!", 뒤미처 흰 한복 두루마기를 입은 청년이 올라탄 또
한 채의 인력거가 군중의 선두에 서서 '조선독립'이라고 쓴 커다란 기를 휘두르며
나타났다. 군중은 두 손을 번쩍번쩍 올리고 중학생들은 껑충껑충 길길이 뛰면서
독립만세를 환호하였다. 먼저 나타난 인력거는 연희전문 대표인 3학년생 김원벽
(金元璧)이요, 뒤미처 새로 나타난 인력거는 보성법률상업전문학교 대표인 3학년
생 강기덕(康基德)이었다.(崔恩喜, 『祖國을 찾기까지(중)』, 1973, 113쪽).


3월 5일의 만세 시위로 김원벽 외 많은 연전 학생들이 구속되었다. 5일에
김상덕(문과 1)·하태흥(상과 1)이, 6일에는 김한영(문과 4)·최평집(문과 2)·이
병주·서광진이, 8일에는 최치완·박태화·윤기성(농과 1)·윤대진·강우석·송
기주 등이 잡혔다. 이들 가운데 6명은 6개월에서 12년의 징역형을 선고 받았으
며, 1명은 사망, 5명은 집행유예 3년, 2명은 미결수, 2명은 무죄 석방되었다.
핵심인물 김원벽은 2년간 미결수로 복역하였다. 세브란스의전의 김찬두(金瓚
斗, 1)·박주풍(朴疇豊, 4)·김봉렬(金鳳烈, 1)·서영완(徐永琓, 1) 등도 예심재판을
받았고, 김성국(金成國)·이굉상(李宏祥)·김병수(金炳洙) 등도 재판을 받고 형을
살았다.


## 2. 기독교계의 민족운동과 연세

3·1운동 이후 민족운동은 새로운 단계로 발전하였다. 부르주아 민족주의
세력의 문화운동이 일어났고, 새로운 사회주의 사상이 수용되었다. 문화운동
의 일환으로 물산장려운동, 민립대학설립운동이 일어났다. 부르주아 세력의
중요한 한 축은 기독교 계열이었다. 연전의 교수와 학생들은 이 계열의 민족운
동과 깊은 관련이 있었다. 가장 대표적으로 수양동우회(修養同友會)와 흥업구

락부(興業俱樂部)를 들 수 있다.

수양동우회는 안창호의 흥사단과 관련된 조직이었다. 안창호는 민족개조를 주장하면서 흥사단을 만들고, 이광수를 통하여 국내의 거점 조직을 만들었다. 이에 상해에서 귀국한 이광수는 1922년 2월, 김종덕(金鍾德), 김윤경(金允經, 연전 출신) 등 11명을 모아 수양동맹회를 만들었다. 그리고는 1926년 1월에 평양의 동우구락부(同友俱樂部, 흥사단계열로 1922년 7월 조직)와 통합하여 수양동우회로 개편하였다. 수양동우회 자체는 기독교 단체가 아니었으나, 안창호가 관서 지방의 장로교 세력과 깊은 관련이 있었던 점에서 관서지방의 장로교회를 비롯하여 장로교 총회, 기독청년면려회조선연합회 등을 그 기반으로 하였다.

연희와 세브란스 관계자는 수양동우회 서울 지회에서 중요한 역할을 담당하였다. 백낙준·조병옥·하경덕·이묘묵·한치관·현제명(이상 교수), 갈홍기·이윤재(이상 강사) 등과 직원 현정주(玄正柱)·박태화(朴泰華, 연전 출신), 연전 졸업생 김윤경·유기준·채우병·허용성 등이었다. 그리고 세브란스의전에서도 김창세(金昌世)·이용설·선우훈·주현칙(朱賢則) 등이 참여하였다.

수양동우회는 1929년에 미국의 흥사단과 통합하여 동우회로 개칭하였다. 또한 이전과 같이 단순한 인격 개조와 같은 수양운동으로는 민족문제를 해결할 수 없다는 주장이 제기되면서 '혁명투사의 인격 훈련'이라는 목적을 새롭게 정립하였다. 동우회는 농촌운동, 민족운동을 전개하고, 또한 기독청년면려조선연합회의 주도권을 확보하여 활동하였다. 그러다가 1937년에 이르러 이른바 '동우회 사건'이 터졌다. 그해 5월 재경성기독청년면려회에서 전국 지부에 '멸망에 빠진 민족을 구출하는 기독교인의 역할'을 지적하는 인쇄물을 배포했는데, 이를 이유로 관련자가 대거 검거되었다. 서울지회 관계자 55명, 평양·선천지회 관계자 93명, 이듬해 1938년 3월에 안악지회 33명 등 모두 181명이었다. 이 가운데 49명이 기소되고, 42명이 재판에 회부되었다. 1941년 경성고등법원 상고심에서 모두 무죄로 풀려났으나 이미 4년 5개월간 일제의 혹독한 옥고를 치른 후였으며, 그 가운데 2명은 옥사하였다.

다음으로 흥업구락부는 기호지방 기독교 세력, 특히 YMCA를 주도하던 감리교계통의 기독교를 중심으로 조직된 것이었다. 이 활동을 주도한 사람은 연희전문의 이사였던 신흥우(申興雨)였다. 당시 YMCA는 국제적 기독교 단체와의 교류를 통하여 민간 활동을 전개하고 있었다. 신흥우는 1921년 8월 범태평양협회 주최 범태평양교육대회(하와이, 호놀룰루)에 한국대표로 참석하고, 귀국 후에는 YMCA 회관 안에 범태평양조선협회를 조직하였다. 또 1925년 6~7월 호놀룰루에서 열린 YMCA 태평양회의에 참여하고, 이때 결정된 것에 따라 태평양 연안 지역의 종교·교육·경제·이민·정치 문제 등을 조사 연구할 상설기구로 태평양문제연구회(Institute of Pacific Relations)의 조선지회를 조직하였다. 조선지회의 위원장은 윤치호, 서기 겸 회계 신흥우, 위원으로 유억겸·이관용·최원순·조병옥·안재홍 등이었다. 윤치호·신흥우·유억겸(후에 부교장)·이관용·조병옥(상과 교수) 등이 연전 관계자였다. 이외에도 이 지회의 창립회원으로 연전에서 백남운·이순탁·노정일·백상규 등이, 세브란스의전에서 구영숙·최동(崔棟) 등이 참여하였다.

이런 활동 과정에서 신흥우는 미국에 있던 이승만과 연결이 되어 미주의 동지회와 자매단체로 흥업구락부를 조직하였다(1925년 3월). 흥업구락부는 '산업 발전에 힘쓰고 조선인의 자급자족에 노력'하며, '파벌투쟁을 배척하고 대동단결할 것'을 추구하였다. 흥업구락부 결성에는 연전의 유억겸이 적극적으로 참여하였다. 유억겸은 연희전문 교수 조정환·이춘호·최현배·홍승국 등을 참여시켰다. 이들은 YMCA, 신흥우 등과 더불어 농촌 문제를 해결하는데 노력하였다. 정신의 소생, 생활의 조직, 농사개량 등을 통하여 농촌을 계몽하려 했던 것이다. 그리고 1926년에는 동아일보 중심의 자치운동에 반대하여 연정회(硏政會) 부활계획을 저지하였고, 민족연합전선이었던 신간회에도 참여하였다.

흥업구락부는 1938년 일제에 의해 탄압을 받았다. 그해 2월 후술하게 될 연희전문의 경제연구회 사건 조사 중, 유억겸의 집에서 이승만의 동지회 관련 문서가 발견되었고, 또 이승만의 측근으로 있다가 귀국해 있던 윤치영이 검거되면서 그 조직이 발각되었다. 이때 흥업구락부는 활동이 거의 중지된 상태였지만, 대륙침략이 본격화되고 일제의 통제가 심해지고 있었던 때였으므로, 일제 당국은 기독교에 대한 견제, 해외 독립운동 조직과의 연계 등을 우려하여 대대적인 검거를 단행하였던 것이다. 이때 윤치호, 신흥우, 안재홍, 최두선 등과 더불어 유억겸도 구속되었고, 최현배도 학교를 떠나게 되었다.


## 3. 학생운동단체의 조직과 활동

1920년대 문화운동이 시작되면서 많은 청년·학생단체가 조직되었다. 학생 운동단체는 당시 민족운동의 영향 속에서 부르주아 계열과 사회주의 계열로 나뉘었고, 연전의 졸업생, 재학생도 이들 단체에 참여하여 핵심적인 역할을 담당하였다.

1920년 5월 9일, 연전 학생청년회를 중심으로 서울 소재의 고보, 전문학교 학생 약 천여명이 정동예배당에서 '조선학생대회'를 조직하였다. 연전의 김윤경(金允經)이 회장, 세브란스 의전의 김찬두가 부회장이 되었다. 전국에 약 2만 명의 회원을 가진 큰 조직으로 발전하면서, ① 조선 학생 대중의 친목과 단결, ② 조선물산 장려, ③ 지방열(地方熱) 타파 등을 목적으로 하였다. 그러다가 일제 당국의 지시에 따라 7개교 교장들이 중등학교 학생의 단체 가입을 불허하고, 퇴회하지 않으면 퇴학처분을 내리겠다고 협박하면서 활동이 약화되었다. 이에 1922년 11월에 '조선학생회'로 개편되었다.

'조선학생회'는 수표동 교육협회에서 발기회를 가지고, 다음 해(1923년) 2월 9일 중앙기독교청년회관에서 창립총회를 열었다. '조선학생회'는 ① 조선 학생 자체에 당면한 문제는 학생 스스로 해결할 것, ② 학술을 연마하여 풍기를 바로 잡을 것 등을 강령으로 하였다. 당시 정치적인 입장을 표현할 수 없었기 때문에 학생 자세 및 풍속 개량 등을 내세웠지만, 민족적 의식이 내포되어 있었으며, 일제에 의한 차별 교육 철폐 운동도 전개하였다. 집행위원은 연전·의전·법전·보전 등 8개교에서 각각 3명씩 선출되었는데, 연전에서는 최경식·신봉조·정인승 3명이 파견되었고, 상무집행위원으로 신봉조가 당선되었다. 활동의 일환으로 1923년 전조선정구대회(연전 학생회 주최, 동아일보사 후원), 전조선 남녀전문학교 연합음악대회 등을 개최하였다.

1922년 겨울, 물산장려운동의 일환으로 '자작회(自作會)'라는 단체도 만들어졌다. 연전 학생 염태진·박태화 등 50여명이 조직한 것이었다. 물산장려운동은 1920년 봄 평양에서 시작되었고, 앞서 본 '조선학생대회'에서도 제기했던 것이었다. 이런 점에서 본다면 당시 서울 지역의 물산장려, 토산품 애용운동은 연전 학생들의 주도로 시작되었던 셈이다. 자작회에서는 ① 조선인은 조선인이 만든 제품만을 사용하자, ② 조선인의 일용품은 조선인의 손으로 만들자, ③ 조선인은 일치하여 토지를 정당하거나 매도하지 말고 매입하는 데만 힘쓰자 등의 원칙을 내세웠다. 그리고 조선인의 일용품을 생산·공급하는 길드식 대산업조합을 결정하자고 하였다. 이에 자극되어 서울에서 1923년 1월 조선물산장려회, 2월에는 토산애용부인회가 조직되었다.

'조선학생과학연구회'(1924)라는 단체도 조직되었다. 이는 사회주의적 성향을 띤 것으로, 연전 문과의 이병립(李炳立, 신흥청년동맹 집행위원)이 중요 인물로 참여하였다. 연구회에서는 ① 사회과학 연구 및 보급, ② 학생의 사상 통일, ③ 인간 본위의 교육 실시, ④ 조선 학생의 당면 문제 해결 등을 목표로 하였다. 이 단체는 특히 6·10만세운동과 관련이 있었다. 6·10만세운동은 사회주의 계열의 청년단체, 천도교청년동맹 등이 주도하였는데, 이 연구회도 만세 시위에 참여하였다. 간부 이병립을 비롯하여 박두종·이선호(중앙고보)·박하균(연전 문과 2년) 등이 충정로 박두종의 집에서 만세 시위를 모의하고, 태극기 200장과 '독립만세'라고 쓴 깃발 약 30장을 제작하였다.

6월 10일 당일, 연전에서는 수표동 부근을 담당하였다. 이병립이 선도하여 격문을 뿌리고 만세를 불렀다. 이 운동으로 6월 12일 현재 학생 83명이 검거되었는데, 이 가운데 연전생이 25명, 세브란스 의전 학생이 8명이었다. 뒤에는 더욱 늘어나 연전생이 37명이나 되었다. 체포된 학생 대부분은 풀려났으나 주모자였던 이병립은 징역 3년, 박하균은 2년을 구형받았다. 이들의 명단을 정리하면 다음과 같다.

| 학과 | 이 름(학년) |
|---|---|
| 문과 (20명) | 박하균(2)  이병립(2)  이석훈(2)  김규봉(2)  홍명식(1)  유경상(2)  함창래(2) 장흥식(1)  이광준(3)  김윤근(金潤根, 1)  안태희(1)  이은택(4)  박안근(2) 이관희(4)  박복래(1)  윤치련(4)  박영준(1)  채우병(2)  김영하(1)  한일청(2) |
| 상과 (10명) | 박병철(1)  송운순(1)  김윤근(金允根, 3)  장희창(2)  김낙기(3)  김영조(2) 김근배(3)  김명진(3)  김특삼(3)  최현준(2) |
| 수물과 (6명) | 권오상(1)  김영식(1)  최창일(3)  김영기(1)  조대벽(3)  이석영(1) |
| 불명 | 박영규 |

* 경상북도 경찰부, 『高等警察要史』, 1934, 293~298쪽.

1929년 11월 3일에 광주학생운동이 일어났다. 이 사건은 전국으로 파급되어 다음해 3월까지 전국의 학교에서 시위와 동맹휴교가 이어졌다. 이 학생운동의 배후에는 신간회가 있었다. 신간회 본부에서는 1929년 12월 13일에 안국동 네거리에서 광주학생사건의 진상을 탄핵하는 민중대회를 열기로 하였다가 하루 전에 발각되어 간부들이 검거되었다(민중대회사건). 신간회 경성지회에서 활동하던 조병옥(1929년 6월 7일, 연전 상과생이 학내 문제로 일으킨 맹휴사건의 선동 혐의로 상과 교수를 사임했음)과 이관용도 이때 체포되어 징역살이를 하였다. 1930년 1~2월에 연전에서도 전교생 116명이 학생회의 이름으로 광주학생운동을 지원하고, 일제의 식민지 교육을 비판하는 동맹휴학을 단행하였다.

이후에도 학생들의 조직적 활동은 산발적으로 일어났다. 1930년대 전반에는 농촌계몽운동에 동참하기도 하였다. 그러나 이들의 활동은 일제의 침략전쟁이 강화되면서 차츰 힘을 잃어갔다.

## 4. 학생층의 학회 활동과 경제연구회 사건

일제하 연전의 학술활동은 민족주의적 성격이 강하였다. 민족 문화·역사·어문 등을 학술적으로 연구하고 그 속에서 민족정신을 찾아내고자 하였다. 연전은 1930년대 조선학운동을 주도하면서 국학을 근대적 학문체계로 정립시켰다. 학생들의 교내 학회 활동도 자연스럽게 민족주의적 성향을 띠게 되었다.

학생들의 학술 활동을 돕기 위하여 연희전문이 설치한 공식적인 기관은 1929년 '문과연구실'과 '상과연구실', 그리고 '수물과연구실'이었다. '문과연구실'은 문과 학생들의 학술 활동을 돕기 위한 것으로 문과 내에 설치되어 각종 문과에 필요한 도서 및 자료와 참고서를 수집 보관하여 문과 연구에 도움이 되도록 하였다. 문과 학생들은 문과생의 상호간 친목을 도모하고 학술연구를 조장하기 위하여 '문우회(文友會)'를 조직하였다. '문우회'는 문과 교수와 문과 학생을 회원으로 하고 사교부와 변론부, 연극부, 문예부, 연구부를 두었는데 연구부의 역할은 특히 문학, 어학, 사학, 철학을 주로 하여 제반 학술 연구 사업을 처리하는 것이었다. 1922년에 창간된 연희학생청년회에서 발행한 『연희(延禧)』가 학생들의 학술연구물 발표의 장이 되었고, 문과 학생들의 『문우(文友)』는 1932년에 만들어졌다.

연전 학생의 기관지였던 『연희』에는 조선 민중을 위한 학생들의 포부가 깃들어 있었다. 그들은 "본지의 포부는 진성(眞誠)으로 민중을 돕자는 것"이라고 하였고, "학창에 공부하는 것이 어찌 일신을 위함이랴 남은 결을 먼저 민중에게 바치는 것이 옳고, 강단에서 교수하는 것이 어찌 자기를 위함이랴. 쉬는 시일을 또한 민중에게 드리는 것이 옳다"고 자임하였던 것이다(『延禧』臨時號, 1925년 3월, 卷頭言). 『연희』의 5호에서는 이를 "우리 민중을 위한

피의 결정체"라고 더 적극적으로 천명하였다. 『문우(文友)』를 창간한 연전문우
회문예부에서도 또한 "대중이 요구하는 문예운동이란 그들의 생활상태와
그들의 감정과 그들의 의식을 여지없이 그려내고 그들의 운동방침을 제시하는
데 있을 것"이라고 하면서, 우리의 사회 실상을 살펴야 한다고 하였다.(『文友』
1號, 1932, 1쪽)

상과의 경제연구회(經濟研究會)도 '민족'과 조선 현실에 항상 관심을 가졌다.
결국 경제연구회는 일제로부터 대대적인 탄압을 받았다. 1938년 2월, 일제는
경제연구회가 당국의 허가 없이 학생 웅변대회, 여운형 초빙 강연회 등을
열어왔던 점을 빌미로 조사를 시작하였다. 일제는 학생의 배후에는 연전의
항일적 민족주의, 마르크스주의 교육이 있다고 파악하면서 부교장 유억겸
이하 '좌익교수 그룹'을 조사하였다. 우선 상과의 이순탁·백남운·노동규 교수,
졸업생 이용(李墉)·조은상(趙殷相, 당시 영국인 병원에 근무) 등을 연행하고,
연전의 학교 당국도 대대적으로 수색하였다.

일제의 수사는 1938년 2월부터 10개월동안 지속되었다. 일제는 교수와
학생의 가택, 유억겸 부교장실, 서무실, 상과 과장실, 상업연구실, 문과연구실,
도서관까지 수색했다. 또한 교수들의 강의안, 원고, 시험답안지, 학생 임원
명부, 동문회원록, 상과 회의록, 경제연구회 집행위원 회의록, 경제연구회
회의록, 회칙 등은 물론이거니와 학생들이 강의시간에 필기한 공책, 메모지,
수첩, 사진, 일기장까지 압수했다. 위의 세 교수 외에 부교장 유억겸과 상과의
홍승국·최순주·임병혁·정인섭(鄭寅燮)·박효삼·정래길·정광현(鄭光鉉) 등을
연행하였으며, 이와 더불어 졸업생·재학생 모두 60여명을 체포하였다. 그
가운데 이순탁 등 세 사람은 치안유지법(治安維持法) 위반으로 재판을 받았다.
1938년 말에 예심에 회부된 세 교수는 구류기간을 수차 연장하며 서대문
형무소에서 영어(囹圄)의 기간을 보냈다. 그들은 "학적 양심(學的 良心)"으로
기소 내용을 부인하였으나, 자신들로 인해 고통 받고 있는 학교 당국이나
학생들을 위해 '책임'을 지기로 하고, 결국 '사회에 복귀하면 갱생의 길을

걷겠다'는 취지의 '감상록'을 제출해야만 하였다. 세 교수는 1940년 7월에 보석으로 풀려났고, 계속된 공판에서 세 교수는 각각 징역 2년, 집행유예 4년을 선고받았다.


## 5. 일제말기의 수난

1938년의 경제연구회 사건은 때마침 연전 내외에서 일어난 동우회 사건, 흥업구락부 사건, 그리고 뒤이은 조선어학회 사건 등과 맞물리면서 연전의 진로와 학문경향에 커다란 변화를 불러왔다. 관련된 교수들은 대부분 학교를 떠나야 하였다. 또한 교장을 제외한 교무위원 전원이 추방 교체되었다. 부교장 겸 학감이었던 유억겸 대신 부교장은 베커(A. L. Becker)가, 학감은 이춘호(李春昊, 수물과장)가, 다시 이춘호 교수의 검거 후에 학감은 이원철(李源喆) 교수를 거쳐 이묘묵(李卯默, 도서관장 겸임)이 이었으며, 문과과장 최현배(崔鉉培), 상과과장대리 홍승국(洪承國)도 추방되자 문과는 하경덕(河敬德), 상과는 임병혁이 각각 과장이 되었다.

일제의 간섭과 억압이 심해지면서 학교의 전체운영 역시 침략전쟁, 황민화 정책을 따라야 하였다. 1938년 말부터 교수들의 복장이 국민복(國民服)으로 바뀌고, 1940년 이후 교수들의 창씨개명, 삭발 등도 강요되었다. 교장은 원한경(H. H. Underwood)에서 윤치호(尹致昊)를 거쳐(1941년 12월), 1942년 8월에는 일본인으로 바뀌었다. '적국' 출신 서양선교사는 조선에서 추방되었다. 이와 더불어 학교재산을 적산(敵産)으로 몰수하고 재단이사회를 해체했으며, 1944년에는 연전을 경성공업경영전문학교(京城工業經營專門學校)라는 학교로 만들어 버렸다. 연희전문의 민족주의적 학문은 해방을 기다려 다시 활성화될 수 있었다.

# 근대 한국학의 형성 :
# '실학'의 전통과 연희전문의 '국학'

국가 단위의 역사·문화적 전통을 학문적으로 정리한 '국학'은 근대국가를 만들기 위한 이념의 학문으로 형성, 발전되었다. 주로는 자국의 국사, 국어, 국문 등을 통합한 학문으로, 근대사회, 근대국가의 '국민'을, 식민지 아래에서는 '민족'을 만들어가기 위한 학문체계로 발전하였다.

'국학'은 근대학문의 특징인 과학성과 합리성, 그리고 시민성을 담고 있었다. 또한 동시에 '국가주의' 혹은 '민족주의'도 내포되어, 국학은 제국주의의 이념으로 작용하기도 하였고, 또 다른 한편으로는 제국주의의 침략을 막아내기 위한 '민족주의'의 학문체계로도 발전하였다. 일본 막부(幕府) 시기의 '국학'이 근대학문의 형태를 갖추면서 천황을 중심으로 한 관학(官學) 아카데미즘으로 형성되어 일본의 침략을 합리화하는 동양학으로 발전하였다면, 그 반대로 중국이나 한국의 '국고(國故)'나 '국학(國學)'은 민족주의와 결합되었다.

우리의 고유 학문을 '국학'이라고 규정한 것은 시대를 불문하고 그러하였지만, 근대개혁운동, 민족운동의 이념으로 근대학문 체계로 성립된 때는 근대개혁운동, 국권회복운동이 전개되던 시기였다. 개항 후 전개된 근대개혁운동 과정에서 제기된 역사, 문학, 어학에 대한 민족주의적 학문 연구에서 비롯되어, 1910~20년대의 민족문화운동을 거쳐 조선학=국학으로 정립될 수 있었다.

이를 근대학문으로 정립하던 사람들은 박은식, 신채호, 주시경 등이었고, 이를 '국고운동'을 통하여 조선학으로 정립한 사람은 정인보였다.

　조선학운동으로 전개된 민족문화운동, 국학운동의 기지는 연희전문학교였다. 한국을 위한 고등교육이 실현되지 않았던 시절, '문과'를 설치하고 대학 수준의 교육을 실시하던 연희전문이 자연스럽게 그 역할을 담당하게 되었던 것이다. 연희전문에서의 민족문화 연구와 교육은 식민지 이데올로기를 생산하던 경성제국대학의 '조선학' 연구와는 달랐다. 정인보를 중심으로 한 연전의 교수와 출신은 한글 연구와 사전 편찬, 한글 보급, 역사 연구와 실학 등을 통하여 근대학문으로서의 한국학을 만들었다. 여기에서는 근대 한국학이 실학의 전통에 있음을 언급하고, 이를 정립한 연전과 정인보를 중심으로 살펴본다.


## 1. 근대개혁론과 실학

　서양문명이 한국에 전래되면서 지식인들의 '문명관'도 바뀌어 갔다. 서양문명이 우월적 지위의 문명으로 인식되고, 구래의 전통, 특히 국정(國定) 교학이었던 주자학이 누리던 지위는 '반개화(半開化)'로 격하되었다. 한국의 근대개혁은 이런 변화 속에서 추진되었다. 따라서 개혁론은 구래의 전통 문명을 어떻게 처리하면서 서양문명을 어느 수준에서 받아들이느냐에 모아졌으며, 이를 둘러싸고 대대적인 논쟁이 전개되었다.[1] 1880년대 초반, 정부의 양무개혁정책과 개화파의 문명개화론의 대립도 이에 대한 입장 차이에서 비롯된 것이었고,[2] '실학'의 사회개혁론에 주목하면서 서양문명을 절충적으로 받아들이고자

---

1) 김도형, 『근대한국의 문명전환과 개혁론-유교 비판과 변통』, 지식산업사, 2014 참조.
2) 서양의 과학기술, 자연과학을 '이용후생' 차원에서 접근했던 사람들은 18~19세기의 북학론자들이었다. 이들은 생산력 증대라는 차원에서 그 필요성을 인정하였지만 서양의 종교에 대해서는 철저하게 부정적이었고 유교의 우월성을 확신하였다. 서양

하였던 변법개혁론도 이런 점에서 제기되었다.


## 1) 변법개혁론(變法改革論)과 실학

청일전쟁 후, 서양문명을 더 적극적으로 수용하자는 여론이 확산되었다. 이를 주도한 것은 독립협회와 『독립신문』이었다. 청국의 패배로 '독립'을 성취했다는 여론 속에서 고종은 '자주독립'의 의지 하에 대한제국을 세우고, 서양의 법률, 기술을 받아들여 개혁사업을 적극적으로 추진하였다(光武改革). 이에 일부 유자층의 사상적 변화도 일어났다. 박은식(朴殷植), 장지연(張志淵), 이기(李沂) 등 이른바 개신(改新) 유학자들은 『황성신문(皇城新聞)』을 중심으로 그 역할을 담당하였다.

박은식은 자신의 사상적 변화를 다음과 같이 설명하였다.

> 及其來留京師하는 始也에는 猶是宿志를 不變하고 新學을 厭聞하는 主義러니 乃東西 各國의 新書籍이 偶然 觸目하매 天下의 大勢와 時局의 情形을 觀測함이 有하여 今日 時宜가 不得不 變通更新하여야 吾國을 可保하고 吾民을 可活인 것을 覺知한지라.[3]

즉, 동서 각국의 신서적을 접하고, 천하의 형세와 시국이 변동하고 있다고 느끼면서 '변통갱신(變通更新)'해야 국가와 민족을 살릴 수 있다고 깨닫게 되었던 것이다.

박은식이 말한 '변통갱신'이라는 것은 '시세의 변화에 따라 마땅함을 구한다'는 유교의 변통론(變通論)이었다. 그는 "수시변역(隨時變易)하고 온고지신(溫故

___

의 종교와 기술을 분리하여 대응했던 북학론의 논리는 1880년대 초반 집권세력의 양무개혁사업으로 이어졌다. 이에 비해 일본과 미국으로부터 서양문명을 익힌 개화파(김옥균, 박영효, 홍영식 등)들은 유교적 문명관(세계관)을 비판하기 시작하였다. 이로써 개화세력은 북학론의 전통에서 '이탈'되었다.

3) 『朴殷植全書(下)』, 「賀吾同門諸友」(1908), 32~33쪽.

知新)은 오도(吾道, 유교)의 대요(大要)"라고 하고, 당시의 민족적, 국가적 위기를 구하기 위해서는 "부득불 시무의 필요와 신학의 실용을 강구"하는 것이 유자(儒者)의 책임이라고 하였다.[4]

그들이 시세의 변화에 따라 받아들이고자 했던 서양문명과 학문은 과학기술로부터 정치론에 이르는 광범한 것이었다. 과학기술의 필요성은 이미 1880년대 초반부터 제기된 것이었지만, 이때는 서양의 근대정치론, 민권 등에도 주목하였다. 이들 가운데 이기(李沂)는 서양의 정치체제를 공화, 입헌, 전제정치로 파악하고, 이는 곧 동양의 당우(唐虞), 삼대(三代), 진한(秦漢) 시대의 정치와 같다고 하였다. 그리고는 요순 정치에 비견되는 공화제는 높아서 바랄 수 없지만 삼대시대에 행했던 '군민동치(君民同治)', 곧 입헌군주정치는 시행할 수 있다고 하였다.[5] 이런 점에서 그들의 '수시변역'의 원리는 서양의 정치, 법률 제도까지 받아들여 개혁하고자 했던 점에서 '변법개혁론'이었다. 시세와 지역에 따라 변개(變改)하는 '변통'이 '개물화민(開物化民)'의 본질이고, 이 '개화'는 '변법'을 통해서 실현될 수 있었다는 것이었다. 대한제국이 처한 내부의 폐단과 밖으로부터의 수모도 모두 '변법'으로 구할 수 있다고 확신하였다.[6]

변법개혁론의 '수시변역'은 유교의 사회변화 논리, 곧 변통론에서 나왔고, 따라서 그들은 유교나 전통 문화를 전면적으로 폐기하고 서양문명을 수용하려고 하지 않았다. 시세 속에서 서양의 신학문을 수용하면서도, 각 나라마다 학문이 다르므로 구학문과 서로 참작, 절충하여 그 장점만 수용하고자 하였

---

4) 『朴殷植全書(下)』, 「賀吾同門諸友」, 32~33쪽.

5) 『海鶴遺書』 권2, 「急務八制議」 國制.

6) 『皇城新聞』 1899년 1월 17일 論說. "今日 大韓之勢에 處하여 積弊의 誤함은 人皆可知니, 積弊의써 誤한 바는 반드시 成法을 執하여 化치 못한데 由함인즉 變法하기를 진실로 緩緩치 못할지라. (…) 大抵 法久則弊生하고 不變則弊積하나니 今 大韓이 內有敵 外有侮하여 因陋就簡에 日趨闇弱하니 진실로 變法이 아니면 功될 바가 無하니 變哉 變哉여. 어찌 하여 變코자 하다가 또 變치 않는가. 此 變法은 마땅히 去弊하는데 在하니 (…)."

다.7) 때문에 변법개혁론에서는 우리의 역사 문화 속에서 계승할 수 있는 것은 인정하였다. 그리하여 변법개혁론에서는 사회개혁의 원리를 조선 후기 '실학'에서 찾았다.

『황성신문』에서는 이용후생(利用厚生), 격물치지(格物致知), 실사구시(實事求是) 등을 강조하면서 실학파의 사회경제론을 사회문제 해결의 길잡이라 평가하였다.8) 실학자 가운데서도 "정치가로 말할 수 있는 사람은 잠곡 김육(潛谷 金堉), 반계 유형원(磻溪 柳馨遠), 성호 이익(星湖 李瀷), 다산 정약용(茶山 丁若鏞), 연암 박지원(燕巖 朴趾遠) 등 4, 5 선배가 있어 경제정치학으로 저술한 것이 뛰어나다"고 하였고,9) 장지연은 정약용을 평가하여 "선생은 경세제시(經世濟時)의 제목이 되기로 생각하고 박고통금(博古通今)의 학을 쌓았으며, 언제나 경장유신의 뜻이 있었으나 불행히도 때를 만나지 못해 쓰이지 않았다"고 하였다.10)

변법개혁론에서는 실학파의 학문 가운데서도 토지개혁론, 농학, 역사, 지리 등에 이르는 분야에 관심을 두었다. 이런 인식에서 그들은 정약용의 『목민심서(牧民心書)』, 『흠흠신서(欽欽新書)』, 『아언각비(雅言覺非)』, 박지원의 『연암집(燕巖集)』, 안정복의 『동사강목(東史綱目)』 등을 간행하고, 유형원과 정약용의 전제개혁론(田制改革論), 이익의 『곽우록(藿憂錄)』, 정약용·박제가의 농학론 등을 『황성신문』에 소개하였다. 박은식은 『연암집』 간행(1900)에 참여하여 「발문」을 썼다. 장지연은 시사총보사(時事叢報社)의 후신으로 광문사(廣文社)를 만들어 이런 작업을 주도하였고, 스스로 정약용의 『아방강역고(我邦疆域考)』를 증보하여 『대한강역고』를 편찬하였다.11)

---

7) 『謙谷文稿』, 「興學說」, 1901[『朴殷植全書(中)』, 405쪽].

8) 李光麟, 「開化期 知識人의 實學觀」, 『東方學志』 54·55·56, 1987 참조.

9) 『皇城新聞』 1902년 5월 19일 논설, 「廣文社新刊牧民心書」.

10) 『韋庵文稿』 권5, 「題雅言覺非後」, 192쪽(『皇城新聞』 1903년 12월 2일 논설).

11) 이런 점에서는 金澤榮은 장지연의 학문이 "其學主李星湖·丁茶山二公"이라고 평가하였다 (김택영, 「事略」, 『韋庵文稿』 권12, 496쪽).

이기도 계몽운동에 참여하였는데, 자신은 젊은 시절에『반계수록』과『방례초본(邦禮草本)』[經世遺表]을 읽고는 과거시험을 포기했다고 하였다.

> 20살 이후로 점차 그 잘못을 깨달았다. 그러나 그 시절에 온 나라 안에 理學, 化學, 政治學, 經濟學 등의 학문이 없었기 때문에 오직 柳磻溪의 隨錄과 丁茶山의 邦禮草本 등의 책을 구하여 읽었고, 28세에 이르러 과거 공부를 팽개치고 다시는 하지 않았다.12)
>
> 나는 어린 시절부터 비록 학문을 하기는 하였으나 과거 공부나 하여 나 스스로 즐겁지 않았다. 간간이 옛 사람이 쓴 磻溪의 隨錄이나 茶山의 邦禮草本 등의 경제 관련 책과 國朝典故 등의 책을 취하여 더욱 연구하였다.13)

또한 박은식은 일제시기에 이르러서도 실학파의 학문이 계승되지 못했다고 안타까워하였다.

> 전에 정조 때 星湖, 茶山, 燕巖 제공이 함께 학계에서 革新思想을 가지고 이상적인 空談에 힘쓰지 않고 정치·경제의 實用을 연구하면서 西法을 參考하여 그 장점을 채택하고자 하였다. 이들 諸公들이 그 뜻을 폈다면 우리나라의 維新이 東亞에서 일찍 선도의 위치를 점하였을 것이니, 어찌 금일과 같은 羞恥에 이르렀겠는가. 이에 舊派의 압력에 굴복하여 그 뜻을 펴지 못하였고, 혹은 邪說의 誣告 사건에 걸리어 세상에 쓰이지 못하였으니, 정녕 千古의 큰 恨이 아니랴.14)

라고 한탄하며 혁신사상과 서법(西法)의 장점을 참작하려 하였던 실학자들의 학문 태도를 칭송하였다. 실학자의 개혁 원칙은 바로 박은식 등의 변법개혁론

---

12) 李沂,「習慣生涯變愛變生頑固」,『大韓自强會月報』8, 1907, 10~11쪽.
13) 李沂,『海鶴遺書』권6,「答鄭君曦圭書」癸卯(1903), 117쪽.
14)『朴殷植全書(下)』,「雲人先生 鑑」(1924), 243쪽.

자들에 의해 계승, 활용되었던 것이다.


## 2) '조국정신'과 역사학

서양의 신학문과 우리의 전통 학문을 참작하여 절충하고자 했던 변법개혁론에서는 당연히 우리의 역사 속에서 형성된 민족문화를 긍정적으로 보았고, 이를 밝히기 위해 역사 서술에 힘을 기울였다. 이들이 본격적으로 민족 역사를 체계화한 때는 1905년 이후 국권회복을 위한 계몽운동시기였다.

계몽운동에서는 국권 상실이 힘의 우열에 의해 초래되었다는 판단에서 '자강'만이 국권을 회복할 수 있는 길이라고 파악하였다. 자강을 위해서 교육 진흥과 산업 발전을 주장하였으며, 이와 더불어 '조국정신(祖國精神)'을 배양할 것을 급무로 제기하였다.[15] 조국정신을 일으키기 위한 방안 가운데 하나가 역사였다. 장지연은 "교육을 시작함에서는 반드시 본국의 역사를 가르쳐 조국정신을 환기시키고 동족 감정을 고발(鼓發)하여 애국의 혈성(血性)을 배양하고 발전의 뇌력(腦力)을 공고히 해야 한다"고 하였다.[16]

이런 차원에서 역사를 가장 적극적으로 강조한 사람은 신채호(申采浩)였다. 그는 당시의 국가 경쟁 속에서 "애국자가 없는 나라는 비록 강하다고 해도 반드시 약해지고, 애국자가 있는 나라는 비록 약하더라도 반드시 강"해지므로,[17] 애국심의 배양이 무엇보다도 긴요한 일이라고 주장하였다. 그리하여 그는 계몽운동에서 행한 연설회나 언론활동을 통해서는 결코 애국심을 고취할 수 없다고 하면서, 애국심을 키우기 위해서는 역사를 읽어야 한다고 하였다.[18] 그는 "역사는 애국심의 원천"이라고 단언하였다.[19]

---

15) 大韓自强會, 「大韓自强會趣旨書」, 『大韓自强會月報』 1, 10쪽.
16) 장지연, 「新訂東國歷史序」, 『韋庵文稿』 권4, 146쪽.
17) 신채호, 「伊太利建國三傑傳」, 『丹齋申采浩全集(中)』, 183쪽. 서문을 쓴 장지연도 "애국자와 애국심을 위해 이를 번역한 것"이라 지적하였다(179쪽).
18) 신채호, 「歷史와 愛國心의 關係」, 『丹齋申采浩全集(下)』, 76~77쪽.

'조국정신', '애국심'은 제국주의 침략에 저항하는 민족주의의 출발이었다. 제국주의는 민족주의가 약한 나라에만 침략해 들어오므로 민족을 보전하는 유일한 길이 바로 "타민족의 간섭을 불수(不受)"하는 '민족주의'라고 하였던 것이다.[20] 신채호의 『독사신론(讀史新論)』은 이런 필요성에서 서술되었다. 나라의 역사는 "민족 소장성쇠(消長盛衰)의 상태를 열서(閱敍)한 것"이므로 민족을 버리면 역사가 없어지고, 역사를 버리면 민족의 그 국가에 대한 관념이 작아진다고 하였다.[21] 이런 인식에서 그는 '민족주의'를 주창하고 국맥(國脈)을 보존하기 위해서는 역사가 필요하다는 점을 강조하였다.

　今日에 民族主義로 全國의 頑夢을 喚醒하며, 國家觀念으로 靑年의 新腦를 陶鑄하여, 優存劣亡의 十字街頭에 幷金麗하여 一線尙存의 國脈을 保有코자 할진대 歷史를 捨하고는 他術이 無하다 할지나 (…)[22]

라고 하였던 것이다.

　그리하여 신채호는 '동국(東國) 민족'을 구성하는 인종을 6종, 즉 선비족, 부여족, 지나족, 말갈족, 여진족, 토족(土族)으로 구분하고, 이 가운데 형질상·정신상으로 부여족이 나머지 5종족을 정복하고 흡수하여 동국 민족의 역대 주인이 되었으므로, 4천년 동국 역사는 곧 부여족의 흥망성쇠의 역사라고 하였다.[23] 따라서 국사 서술은 부여족을 중심으로 그 정치, 실업, 무공, 습속,

19) 신채호, 「許多古人之罪惡審判」, 『丹齋申采浩全集(別)』, 119~120쪽.
20) 신채호, 「帝國主義와 民族主義」, 『丹齋申采浩全集(下)』, 108쪽.
21) 신채호, 「讀史新論」, 『丹齋申采浩全集(上)』, 471쪽.
22) 위의 글, 472쪽.
23) 민족(종족) 구성에서 북방의 여러 종족(선비, 말갈, 여진)을 넓은 의미의 '동국' 민족의 구성원으로 보고 있는 점은 안으로 구체적인 내용에서는 차이가 있지만, 같은 계열의 역사학자들의 공통된 견해였다. 박은식, 유인식 등의 이런 견해에 대해서는 김도형, 「근대문명 전환기의 단군 인식과 박은식」, 『요하문명과 고조선』(한창균 편), 지식산업사, 2015 참조.

외래 각족의 흡입(吸入), 타국과의 교섭을 포함하여야 하며, 반드시 민족의 화복과 이해와 관련된 사건과 인물을 서술해야 한다고 하였다.

역사 서술을 통해 고취하고자 했던 '조국정신'은 국성, 국혼, 국수 등으로도 표현되었다. 1910년대 이후 민족주의역사학에서 강조된 민족과 민족정신의 핵심은 이때 형성되어 '국학'의 기본이념이 되었던 것이다.


## 2. 유교 비판과 신도덕 건설


### 1) 박은식의 「유교구신론(儒敎求新論)」과 양명학


#### (1) 유교개혁론

변법개혁론의 원리는 유교의 변통론에서 출발하였다. 따라서 변법개혁론에서는 자강을 이루지 못하고 국권을 상실한 원인을 완고한 보수 유림이 변통하지 못한 것에 있다고 보고 이를 비판하였다. 박은식은 공자가 오늘날에 다시 태어난다 하여도 서양인의 '이용후생'의 제조품과 신법률, 신학문을 거절할 수 없을 것이라고 하였다.[24]

보수 유림을 비판하던 박은식은 한걸음 더 나가 유교를 '종교개혁'의 차원에서 개혁하고 새롭게 해야 한다고 주장하였다. 이를 주장하며 쓴 것이 「유교구신론」이었다.[25] 그는 먼저 공자의 가르침을 암담하게 만든 유교 폐단의 원인을 다음의 세 가지로 정리하였다.

    所謂 三大問題는 何也오. 一은 儒敎派의 精神이 專히 帝王側에 在하고 人民社會에

---

24) 『朴殷植全書(下)』, 「舊習改良論」, 9쪽.

25) 謙谷生, 「儒敎求新論」, 『西北學會月報』 10, 1909[『朴殷植全書(下)』].

普及홀 精神이 不足함이오. 一은 轍環列國하야 思易天下의 主義를 不講하고 匪我求童蒙
이라. 童蒙이 求我라는 主義를 是守함이오. 一은 我韓儒家에서 簡易直切한 法門을
不要하고 支離汗漫한 工夫를 專尙함이라.

요컨대 유교의 쇠퇴는 본래 유교가 지향하던 인민에 대한 교화, 시대의
변화에 따른 적극적 대응이 없어지고, 지루하고 사변화(思辨化)된 주자학의
논리 구조만 남았기 때문이라고 보았던 것이다.

이 폐단을 해결하기 위해 박은식은 ① 유교를 개혁(변통)하여 맹자의 학문(民
爲重之說)을 드러내고 확장하여 인민사회에 보급하여 민지를 개발하고 민권을
신장하자고 하였고, ② 서양의 기독교처럼 유교계도 인민사회를 대상으로
적극적으로 유교를 전수할 방법을 찾아야 한다고 하며, ③ 지리한만(支離汗漫.
지루하고 방만)한 주자학을 배우기보다는 각종 과학을 배우면서 동시에 '본령
의 학문'으로는 간단하면서도 긴요한 법문인 양명학(陽明學)을 배워야 한다고
하였다. 박은식이 유교 폐단을 비판한 것은 결코 유교 자체를 부정한 것은
아니었다. 그는 "(유교구신론에서) 3대 문제에 대해 다소의 어리석은 생각을
감히 개진한 것은 실로 독창적인 의견이 아니오, 경전 가운데 모두 있는
보물"이라고 하고, 이는 유교의 실제적인 면목을 회복하는 것이라고 하였다.
즉 본래의 유교 모습을 바로 세우자는 것이었다. 유교의 고유한 光明인 '신(新)'
의 의미에 따라서 '새로운 것을 구하자(求新)'는 것으로, 루터가 행한 종교개혁의
의미를 유교에서 구하였던 것이다.

박은식의 유교개혁론에 대해서는 많은 사람들이 찬성하였다. 한광호(韓光
鎬)는 공자의 진면목이 없어져 보이지 않는 것이 우리나라의 액운(厄運)인데,
「유교구신론」은 말류(末流)의 폐단을 고쳐 추락된 공자를 영원히 멸하지 않게
하는 것이라고 하면서, 이를 '종교적 혁명'이라고 높이 평가하였다.26) 『대한매

---

26) 韓光鎬, 「儒敎求新論에 대하여 儒林界에 贊否를 望함」, 『西北學會月報』 12, 28~29쪽.

일신보』에서도 "박은식씨의 논의가 세상 사람의 믿음을 얻으면 유교계에
새로운 관성이 일어날 것"이라고 찬동하였다.[27] 김원극(金源極)도 유교개혁에
찬성하고, 시대의 변화를 거부하는 수구 인사를 비판하고, 유교도 시대에
따라 변해야 한다고 하였다.[28]

### (2) 양명학의 변용

  박은식은 유교를 개혁하는 대안으로, '지리한만'한 주자학 대신에 '간이직절'
한 양명학을 주장하였다.[29] "주학(朱學)과 왕학(王學)이 공맹의 후예라는 것은
한 가지"이므로 "공맹의 도가 전해지지 않게 된다면 부득불 간단직절한 법문으로
후진을 지시함이 옳다"는 것이었다.[30] 즉 주자학과 양명학은 대립적인 것이
아니며, 공맹의 학문을 이어가기 위해서는 양명학이 필요하다는 것이었다.
  박은식이 양명학에서 주목한 것은 '치양지(致良知)', '지행합일(知行合一)'이
었다. 곧

  蓋 致良知의 學은 直指本心하여 超凡入聖하는 門路요, 知行合一은 在於心術之微에
省察法이 緊切하고 在於事物應用에 果敢力이 活潑나니 此는 陽明學派의 氣節과 事業의
特著한 功效가 實多한 所이라.[31]

라고 하여, '치량지'의 학문은 본래의 마음을 알고, 범인을 넘어 성인으로

---

27) 『大韓每日申報』1909년 2월 28일, 「儒敎界에 對한 一論」.
28) 金源極, 「敎育方法必隨 其國程度」, 『西北學會月報』1, 1908.
29) 박은식의 양명학에 대해서는 愼鏞廈, 『朴殷植의 社會思想硏究』, 서울대학교 출판부,
    1982, 185~195쪽 ; 최재목, 「박은식의 양명학과 근대 일본 양명학과의 관련성」, 『일본
    문화연구』16, 2005.
30) 「儒敎求新論」, 18쪽[『朴殷植全書(下)』, 48쪽].
31) 「儒敎求新論」, 17쪽[『朴殷植全書(下)』, 47쪽].

가는 문로이고, '지행합일'은 미세한 마음을 성찰하는 것에 긴요하며, 사물을
응용하는 과감한 힘이 활발해지는 것이라 하였다.

박은식은 이를 더 구체적으로 정리하여 『왕양명실기(王陽明實記)』를 저술하
였다(1910).[32] 그는 양명학의 '지행합일론'이 당시 시세의 변화에 적합한
시의의 논리이고, 서양의 소크라테스, 칸트 등 여러 철학자의 학설과도 '암상부
합(暗相符合)'하는 것이라고 하였다.[33] 그리하여 박은식은 주자학과 양명학의
다른 것을 밝히는 것은 무익하다고 하고, 다만 자신을 닦아 다른 사람에게
미치고, 세상에 보탬이 되기 위해서는 "오직 왕학(王學)이 오늘날의 학계에
유일무이한 양약(良藥)"이라고 하였다.[34]

박은식은 일본의 양명학에도 관심을 가지고, 그들과 교류하였다. 박은식은
서양 학문이 대부분 물질문명에 관한 것이므로 도덕을 밝히고, 인도를 유지하
고, 생민에 행복을 주고, 나아가 세계 평화를 위하는 원리는 양명학에 의거해야
한다고 하였다.[35] 또 "일본의 학자들이 양명의 학문을 활용하여 명치유신(明治
維新) 이후에 중국보다 우세하게 발전할 수 있었고, 후에는 이를 더욱 밝혀
서양의 물질문명으로 국력을 진작하고, 동양의 철학으로 민덕을 배양시켜
문명 사업을 추진하고 있다"고 지적하였다.[36] 따라서 우리나라에서도 역시
양명학의 간단하면서도 핵심적인 원리, 곧 치양지(致良知), 지행합일에 따라
본령이 되는 윤리·도덕을 확립하고, 그 위에 서양의 신학문을 배워 당시

---

32) 이 책은 본래 『新陽明年譜』으로 구상했던 것으로, 일본 高瀨武次郎가 지은 『陽明詳傳』,
    그리고 『傳習錄』, 『明儒學案』 등을 참고하여 저술되었다. 왕양명의 생애를 중심으로
    군데군데 자신의 생각을 「按說」로 정리하였다. 이 책의 서문을 張志淵에게 부탁하였다
    [「與韋菴書」, 『朴殷植全書(下)』, 246쪽].
33) 『朴殷植全書(下)』, 「與韋菴書」, 246쪽.
34) 『王陽明實記』, 145쪽[『朴殷植全書(中)』, 183쪽].
35) 『朴殷植全書(下)』, 「日本陽明學會主幹에게」, 237~238쪽. 박은식과 일본 양명학자와의
    교류에 대해서는 최재목, 앞의 글, 2005, 참조.
36) 『皇城新聞』 1909년 12월 28일, 「再與日本哲學士陽明學會主幹東敬治書」[『朴殷植全書(下)』,
    236쪽].

국권상실 하에서의 민지 개발, 민권 확립을 달성하자고 하였던 것이다.[37]

양명학 수용을 통한 유교개혁의 시도는 1910년 병합 이후에도 계속 이어졌다.[38] 박은식은 양명학을 정리하여 『왕양명실기』를 저술하였다. 하지만 그 당시에는 스스로도 아직 "왕학(王學)의 진리에 대하여 실험의 자득(自得)이 없었다"라고 자평하였다. 국망 후 박은식은 중국 땅에서 청국의 학술을 검토하면서 양명학에 대한 확신을 더 강하게 가지게 되었다. 중국학계의 거장들도 모두 주자학이 시의에 적합하지 못한 점이 있다고 지적하였고, 또 일반 청년들 가운데서도 양명학의 발양도려(發揚蹈勵)한 점을 취하는 사람이 많아지게 된 점에서 그러하였다.

그리하여 박은식은 양명학에 대한 확신을 다음과 같이 언급하였다.

> 要컨대 朱王 兩家의 異點은 格物致知의 訓으로 由한지라 大約 朱子의 致知는 卽物窮理이오 王子의 致知는 致良知라. 兩家의 解釋이 條條縷縷하매 余가 此에 對하야 懷疑 未決한 點이 恒常 胸中에 往來함이 日久하엿스나 質正할 곳을 엇지 못하엿다. 余의 平生으로써 證하건대 무엇이든지 疑點을 懷하고 잇든 것은 畢竟 解釋되는 일이 잇더니 今에 格物致知의 訓도 또한 그렇게 되엿도다.[39]

박은식은 항상 '격물치지'에 대한 의문을 품고 있다가 이때에 이르러 비로소 그 뜻을 깨닫게 되었다고 하였다.

---

37) 박은식의 유교개혁론을 지지하였던 김원극도 양명학에 주목하였으며(최재목,「金源極을 통해서 본 1910년대 陽明學 이해의 특징」,『陽明學』23, 한국양명학회, 2009), 양명학에 대한 관심은 『皇城新聞』에서도 나타났다(『皇城新聞』1910년 1월 30일,「舊學改良意見」).

38) 한말, 일제 강점기의 양명학에 대해서는 금장태,『한국양명학의 쟁점』, 서울대학교 출판부, 2008, 4장 참조.

39) 박은식,「學의 眞理는 疑로 쏫차 求하라」,『東亞日報』1925년 4월 3일(『朴殷植全書(下)』, 198쪽). 박은식이 이들을 쓰게 된 것은 "余年六十七歲 乙丑[1925] 陽三月十六日 晨에 偶然히 夢寐의 覺醒을 因하야 格物致知의 訓을 實驗으로 悟得함이 有한 바 (…)"라고 하여, 바로 그해 3월에 이런 뜻을 깨닫게 되었다고 고백하였다[같은 글,『東亞日報』 1925년 4월 6일,『朴殷植全書(下)』, 198쪽].

## 2) 신채호의 '국수(國粹)'와 국학

신채호도 다른 변법개혁론자와 마찬가지로 유교와 이로 인한 사대사상 때문에 조선이 망했다고 파악하였다. 그는 유교를 "멸망케 한 도덕"으로 규정하고, 그 잘못을 다음과 같이 정리하였다.

① 관념의 오류 : 인유(仁柔), 온후한 것만을 도덕으로 간주하고, 시나 쓰고 체를 논하는 사람을 도덕자라 하는 "망학자(妄學者)의 편파한 도덕론"의 해독
② 복종의 편중 : 신민(臣民)은 군주에게 충근(忠勤)하는 것이 도덕이고, 소년은 어른에 대해 공경하는 것을 도덕이라는 폐단
③ 공사(公私)의 전도 : 군신, 부자, 부부, 붕우 등과 같은 사덕(私德)만 거론
④ 소극의 태심(太甚) : 소극적인 방면에 더 유의하여 난세가 되면 구세(救世)의 길보다는 산림에 숨는 고사(高士)가 많음

이런 유교의 잘못된 도덕에 대해 신채호는 새로운 도덕을 주장하였다. 즉 ① 국가주의를 중시하는 유제한적(有制限的) 도덕, ② 국가를 위해 모든 수단을 동원한다는 무공포적(無恐怖的) 도덕, ③ 우리의 도덕인 국수적(國粹的) 도덕 등을 제시하였다.[40] 이는 일제 강점 하 민족과 국가에 우선적으로 필요한 도덕이었다.

이 가운데서도 신채호가 강조한 것은 국수적 도덕이었다. 신채호는 우리의 고유 도덕을 자신을 희생하여 나라를 구한 애국과 같은 것으로 보고, 이 도덕으로 약한 나라를 강하게 하고, 또 망한 나라를 흥하게 해야 한다고 하였다. 그리고 이 도덕을 위해서는 역사 속에서 전승되던 도덕, 곧 국수의 정신을 "수습(修習)하며 제창"하자고 하였다. 그는 고유의 도덕을 찾아내는

---

40) 『申采浩全集(下)』, 「道德」, 136~140쪽. 이 글의 작성 시기는 명확하지 않으나, 사회진화론적 인식이 여전했던 점에서 제1차 대전 이전인 것으로 보인다.

것이 외국의 윤리와 학설을 고취하는 것보다 낫다고 주장하였다.

1920년대 초반, 신채호는 여전히 '국수'를 강조하였다. 한편 그는 제1차 대전을 목격하고 '국수'가 내포한 위험성도 알고 있었다. 즉 "(유럽에서) 국수라는 것은 군국 침략의 별명으로, 이로 인해 국교가 깨어지고 대전이 일어나고, 사람을 죽인 것이 수천만이 되고, 이로 인해 재물이 손기(損棄)된 것이 억만에 이르니, (…) 내셔널리즘(nationalism)이라는 말의 위험성을 알고 있다"고 하였다.[41] 그러나 신채호가 주장하는 '국수'는 유럽의 국수주의, 민족주의와는 다른 것이었다.

이에 근거하여 신채호는

> 옛 것을 지키는 사람은 漢文만 있다고 알고 國文이 있다는 것을 알지 못하고, 새로운 것을 구하는 사람은 洋學이 있다는 것만 알고 國學이 있다는 것을 알지 못한다. 자신의 조상을 망각하고 자신을 낮추고 다른 사람을 존중한다. (…) 왕왕 國故를 연구한다고 서로 말하지만 아직 완성되었다고 할 수 없다. 源流를 考校하고 音과 뜻을 깊게 풀이하여 두서가 있고 합리적인 것은 오직 주시경의 國語音學 한 권뿐이다. 그 외 삼한의 옛 강토는 논의가 분분하여 國史가 편찬되지 못했고, 神誌나 古記는 秘藏되어 땅 위에서 사라져서 國學이 세워지지 않아서, 기로에 서서 길 잃고 갈 곳을 몰라 깡충거리는 양과 같이 위태롭다.[42]

라고 하여, 국학(國學), 국고(國故), 국사(國史) 등의 수립을 강조하였다. 옛 것을 지키는 것, 국수와 국학을 거론하는 것이 자칫 시대의 흐름에 어긋나고, 또한 퇴화될 가능성이 있지만, 이를 경계하면 당시의 시대 변화 속에서 자기 자신을 알게 됨으로써 주체적 발전의 근거를 확보할 수 있다는 것이었다.

---

41) 『申采浩全集(別)』, 『天鼓』 창간호(1921), 「考古篇」, 『史論』, 266쪽(최광식 역주, 『천고』, 아연출판부, 2004, 81~82쪽).
42) 위의 글, 267쪽(최광식 역주, 82~83쪽).

그리하여 신채호는 조선의 신문화, 신사상 수립을 모색하면서 고유의 도덕, 고유의 사상을 찾는 일에 집중하였다. 그가 역사를 '아와 비아의 투쟁 과정의 기록'으로 규정했던 『조선상고사(朝鮮上古史)』에서는 조선민족을 '아'의 단위로 잡고 민족의 생장발달 상태를 서술하는 것을 제1 요건으로 하면서도, "오늘 이후는 서구의 문화와 북구(北歐)의 사상이 세계사의 중심이 된 바, 우리 조선은 그 문화사상의 노예가 되어 소멸하고 말 것인가? 또는 그를 저적(詛嚼)하며 소화하여 신문화(新文化)를 건설할 것인가?"라는 것을 염두에 두고 역사를 서술해야 한다고 하였다.[43] 요컨대 역사 속에서 유교를 비판하고 고유 사상을 유지하면서도, 아울러 당시의 서양 문화의 수용 과정을 통해 이를 소화, 흡수하여 신문화를 건설해야 한다는 것이었다.

신채호가 역사 연구를 통해 찾은 고유 사상은 낭가사상(郎家思想)이었다. 이것이 바로 우리 민족을 흥하고, 강하게 할 것이었다.

> 郎家는 매양 國體上에는 獨立·自主·稱帝·建元을 主張하며 政策上에는 興兵北伐하여 鴨綠 以北의 舊疆을 恢復함을 力唱하고, 儒家는 반드시 尊華主義의 見地에서 國體는 中華의 屬國됨을 主張하고, 따라서 그 政策은 卑辭厚幣로 大國을 事하여 平和로 一國을 保함을 力唱하여, 彼此 反對의 地位에 서서 抗爭하였었다.[44]

신채호는 우리의 역사 속에 이루어진 자주적·독립적·진취적인 국풍파와 존화주의·사대주의의 한학파(漢學派) 사이의 대결을 중시하였다. 이 대결에서 김부식 등의 유학·한학파가 승리하면서 조선의 역사가 "사대적, 보수적, 속박적 사상"인 유교사상에 정복되고 말았다고 보았다. 따라서 신채호의 역사연구와 '국학'의 핵심은 바로 고유사상인 낭가사상을 계승하는 것에 있었던 것이다.

---

43) 『朝鮮上古史』, 「總論」, 『申采浩全集(上)』, 34쪽.
44) 『申采浩全集(中)』, 「朝鮮歷史上一千年來第一大事件」, 107쪽.

## 3. 정인보의 양명학과 '5천년 간 조선의 얼'

정인보는 가학의 학풍 속에서 이건방을 통하여 양명학, 곧 '강화학'을 배웠다. 또한 그는 일제 강점 후 중국 상해에서 박은식, 신채호 등 민족주의 역사학자와 같이 지냈고, 국내에 돌아와 연희전문학교의 교수로 활동하면서 당시 문화운동을 주도하던 동아일보와 관련을 맺었다. 정인보의 학문은 크게 보면 이런 세 경향이 결합된 것이었다. 그 결과는 한편으로는 양명학으로, 또 다른 한편으로는 역사 연구로 모아졌다. 그의 학문 성과를 두루 아우르는 핵심은 '실지(實地), 실심(實心)'의 학문이었다.[45]

### 1) 양명학 : '허학(虛學)' 비판과 '실학(實學)'

정인보는 1913년, 중국 상해에서 동제사(同濟社)에 가입하여 박은식, 신채호, 신규식, 홍명희 등과 함께 활동하면서 이들의 학문과 민족주의 역사학을 배웠다. 그 후 정인보는 신채호, 박은식의 학문을 국내에 소개하는 역할을 담당하였다. 정인보는 신채호를 우리나라 최고의 역사학자로 칭송하면서, 1925년 1월, 신채호의 「조선사연구초(朝鮮史研究草)」를 『동아일보』에, 1931년에는 「조선사」(후에 「조선상고사」)를 『조선일보』에 연재하게 하였다. 또한 정인보는 상해 시절에 박은식과 같은 집에 살면서 매우 가깝게 지냈으며, 박은식의 원활창달(圓滑暢達)한 문장은 당대 조선의 제1인이라고 평하면서, 장지연·유근·현채 등이 따라올 수 없다고 하였다.[46]

---

45) 이 장은 앞서 연희전문학교의 학풍을 서술한 부분과 중복되는 것이 많지만, 전체 논지를 위해 정리하였다.

46) 정인보는 1913년 상해에서 동제사에 가입하여 활동하면서 박은식을 만났고, 같은 집에서 '동정식(同鼎食)'하였다. 박은식은 나이 차이에도 불구하고 정인보를 "끔찍이 사랑해 주고", 정인보는 박은식을 "형님"이라고 불렀다(鄭寅普, 「介潔無垢의 朴殷植 先生」, 『開闢』 62, 1925, 38쪽). 『담원시조』에도 박은식 사후에 그를 생각하면서 "글월은

정인보는 1920~30년대 당시 "조선 한문학의 제1인자"로 평가받았다.[47] 정인보는『동아일보』에「조선고전해제」를 연재하여 주자학 때문에 주목받지 못하던 소론, 남인 계열의 학자를 소개하여, 조선의 고전을 통한 국학(조선학) 의 기초들을 닦았다. 이런 작업 후에 바로 정인보는『동아일보』에 66회에 걸쳐「陽明學演論」을 연재하였다(1933년 9월 8일).

정인보의 양명학은 그의 스승 이건방(李建芳)을 통하여 정제두(鄭齊斗)의 양명학으로 이어졌다. 이런 점에서 지금도 흔히 이들의 양명학을 '강화학'이라 고 한다.[48] 정인보는 양명학의 입장에서 조선시대 5백년의 역사를 "허(虛)와 가(假)로서의 연출한 자취"로 규정하였다.

> 朝鮮 數百年間의 學問으로는 오직 儒學이오, 儒學으로는 오직 程朱를 信奉하였었으 되, 信奉의 弊 대개 두 갈래로 나누었으니, 一은 그 學說을 빌어 身家便宜를 圖하려는 私營派요, 一은 그 學說를 배워 中華 嫡傳을 이 땅에 드리우자는 尊華派이다. 그러므로 平生을 沒頭하여 心性을 講論하되 實心과는 얼러 볼 생각이 적었고, 一世를 揮動하게 道義를 標榜하되 自身 밖에는 보이는 무엇이 없었다. / 그런즉 世降 俗衰함을 따라 그 學은 虛學뿐이오, 그 行은 假行뿐이니, 實心으로 보아 그 學이 虛인지라, 私計로 보아 實이오, 眞學으로 보아 그 行이 假인지라, 僞俗으로 보아 實이다. 그러므로 數百年間 朝鮮人의 實心 實行은 學問 領域 以外에 구차스럽게 間間 殘存하였 을 뿐이오, 온 세상에 가득 찬 것은 오직 假行이요 虛學이라.[49]

곧, 조선의 학문이 성리학으로 정립되면서 유학자들이 모두 개인의 영리만

몃재랏다 '속' 공부(양명학)로 절개놉하 / 계오서 이제려면 온 '의지'가 되실 것을 / 우음띈 님의 신색이 눈물될 줄 알리오"라고 하였다(『薝園鄭寅普全集(1)』, 연세대학교 출판부, 1883, 64쪽).

47)  漢陽學人,「新進學者 總評(一), 延禧專門學校 敎授層」,『三千里』10, 1930.

48)  閔泳珪,『江華學 최후의 광경』, 우반, 1994.

49) 『薝園鄭寅普全集(2)』,「陽明學演論」, 1983, 114쪽.

을 위하든가, 아니면 중화만을 존중하는 학문을 하게 되었고, 이 때문에
실심이나 실행이 없는 헛된 학문(虛學), 거짓 행위(假行)만이 가득차게 되었다
는 것이었다.

　뿐만 아니라 정인보는 당시 서양 학문의 수용 과정에도 실심이 없음을
지적하였다.

　　英吉利의 某學者, 佛蘭西의 某大家, 獨逸의 某博士, 露西亞 某동무의 "言說"에 비추어
　는 아니다. 꼭 이래야 옳고, 꼭 아니하여야겠다, 이 "마음"이야 그까짓 것 우스운
　것이지만, 저 "말씀"이 世界的 大學問이다. 그러므로 "實心"을 죽이어 "他說"을 살린
　다. 사람이란 身家를 主로 삼는 自私念에게 古今없이 부려먹히는 것이어늘 實心의
　是非分別로써 制止 또는 裁節함이 없이 오직 "他說"에만 의지할지대 "他說"은 언제든
　지 밖으로만 回翔하는 것이다. 實心을 만만히 보는 그 속에는 自私念이 쉽사리
　들어서 있게 되고 그럴수록 實心에 對한 輕視 더하여지며, 實心으로서 照察하지
　아니한 他說인지라 어느덧 自私念에 대한 利用物로 變하게까지도 된다.[50]

라고 하여, 서양의 학문을 수용하면서 우리의 '실심'을 버려서는 안 된다고
하였다.

　이와 같이 정인보는 당시 학문계, 사상계의 허심, 허학을 비판하고, 실심을
세워야 한다고 보았다. 구래 주자학의 폐단을 극복하면서, 동시에 서양 학문을
맹목적으로 따르는 것을 경계하고, 학문의 본래 목적인 '실심'을 불러 깨울
것을 주장하였다. 이런 학문적 태도는 곧 박은식, 신채호가 주장하던 변법개혁
론의 전통이었다. 그는 양명학이 곧 허학이 아닌 '실심'의 학문이라고 보고,
「양명학연론」을 실심을 깨닫게 하는 기회로 삼고자 하였던 것이다.[51]

　아울러 정인보는 양명학의 원리를 실제의 학문 연구, 생활에 적용하는

---

50) 위의 글, 116쪽.
51) 위의 글, 116쪽.

문제도 고민하였다. 그는 왕양명의 일생과 후학의 학문을 통해 "스스로 가릴 수 없는 천생으로 가진 이 앎에 의하여 조금도 유감이 없게" 하고자 한다고 하였다. 이는 곧 "내 본 밑 마음의 천생으로 가진 앎"을 찾는 것, "본심독지(本心獨知)"하는 것이었다. 정인보는 양명학을 말하였지만, 누구나 양명학을 좋다고 하는 선입견을 가지고 수긍하는 것도 바라지 않았다. 자신 스스로도 양명학자라면 할 일과, 양명학자가 아니라면 할 일을 분별하는 것도 '사심(私心)'일 수 있다고 경계하였다.[52]

그리고 정인보는 「양명학연론」의 후기에 다음과 같은 글을 첨부하였다.

> 붓을 던짐에 미쳐 내 本師 李蘭谷(建芳) 先生으로부터 斯學의 大義를 받음을 正告하고, 同好 宋古下(鎭禹)의 斯學闡揚에 對한 苦心을 深謝하며, 또 九原에 永隔한 朴謙谷(殷植) 先生께 이 글을 質正하지 못함을 恨함을 附記한다.[53]

이를 바탕으로 정인보의 양명학이 가지는 학문적 연원과 시대적 역할을 가늠할 수 있다. 즉, 자신의 양명학이 스승인 이건방(李建芳)을 통하여 정제두(鄭齊斗)의 양명학으로 이어지고 있다는 점,[54] 또 『동아일보』를 대표하는 송진우도 함께 양명학의 천양(闡揚)을 위해 고심했던 점, 그리고 자신보다 앞서 양명학을 정리한 박은식의 학문을 거론한 점 등의 언급 속에서 알 수 있다. 민족문화에 처한 자신의 학문적 위상과 시대적 역할을 한편으로는 박은식의 학문과 민족주의 역사학, 또 다른 한편으로는 동아일보와 송진우와의 인연과 이념적 결합을 통해 정립한 것이었다.[55] 양명학이 당시 부르주아

---

52) 위의 글, 237~242쪽.
53) 위의 글, 242쪽.
54) 금장태, 『한국 양명학의 쟁점』, 서울대학교 출판부, 2008, 227~237쪽.
55) 實心을 강조하던 정인보에게 양명학에 관한 글을 부탁한 것도 동아일보 사장 송진우였다(『東亞日報』 1933년 9월 9일). 정인보의 『薝園文錄』에는 송진우와 관련된 글이 수록되어 있으며(『담원문록』 권3, 「邀民世飯夕古下秋江亦至」), 송진우가 암살된 후에는 묘비명

운동에서 주자학을 대체할 이념으로 모색되고 있었던 것을 알 수 있다.

정인보가 제기한 양명학은 자신이 추구하는 학문의 목표가 아니었다. 단지 새로운 학문, 곧 민족의 정체성을 찾아 현실에 대처하는 '본심'을 찾아가는 통로였다. 한국의 정신사를 구상하면서 이를 '오천년간 조선의 얼'로 개진한 것은 이런 양명학의 학문론의 당연한 결과라고도 할 것이다.

## 2) '조선의 얼'과 실학, 다산학

정인보는 양명학을 바탕으로 실지의 학문을 추구하였고, 그 일환으로 또한 조선 고유의 문화, 정신을 찾고자 하였다. 이는 신채호의 역사론, '국수론'을 1930년대 차원에서 계승한 것이었다. 정인보는 1935년 1월 1일부터 「5천년간 조선의 얼」을 『동아일보』에 연재하기 시작하였다.

정인보는 이런 사정을 후에(1947) 다음과 같이 회고하였다.

나는 國史를 硏究하던 사람이 아니다. (…) 그러다가 어느 해인가 日人들이 "朝鮮古蹟圖譜"라는 "첫 冊"을 낸 것을 보니, 그 속장 二三葉을 넘기기 전에 벌써 "분" 한 마디가 나타남으로 "이것 그냥 내버려둘 수 없구나" 하였고 (…) 日本學者의 朝鮮史에 대한 考證이 저의 總督政策과 얼마나 緊密한 關係가 있는 것을 더욱 깊이 알아 "언제든지 깡그리 부셔버리리라" 하였다. (…) 나는 부탁받은 범위를 넘어서 한번 五千年을 내려 꾀는 大著를 내여 볼 작정을 하고 "五千年間 朝鮮의 얼"이라는 제목을 걸었었다.[56]

과 애도하는 시를 지었다(권7, 「古下宋君墓碑」; 『東亞日報』 1946년 12월 1일, 「宿草 밋혜 누은 故友 宋古下를 우노라」). 송진우와 정인보의 관계에 대해서는 윤덕영, 앞의 글, 2010, 252~253쪽 ; 윤덕영, 앞의 글, 2016, 참조. 그 외 정인보는 책상을 선물한 김성수에게 감사하는 글을 짓기도 하였다(권6, 「謝金仁村購寄赤木書案」).
56) 鄭寅普, 「附言」, 『朝鮮史研究』 하, 서울신문사, 1947, 361~362쪽[『薝園鄭寅普全集(4)』, 290~291쪽].

곧 정인보는 일본인의 역사 서술로 민족 정신이 차츰 흐려지고, 또한 자기 것을 너무 모르는 사람들이 생기고 있기 때문에, 일본인의 역사학을 '깡그리 부수어' 버리는 차원에서 민족 정신을 '얼'의 흐름으로 정리하였던 것이다.

다음으로 실질의 학문을 추구한 정인보는 조선 후기의 실학에 주목하였다. 곧 '조선학운동'이었다. 이를 통해 그는 새로운 민족문화를 정립하고, 새로운 국가건설을 지향하였다. 따라서 자연스럽게 조선 후기 개혁론으로 제기된 실학에 주목하게 되었던 것이다. 정인보는 1929년에 『성호사설』을 교열, 간행하였고, 1931년에는 『동아일보』에 「조선고서해제」를 연재하였다. 그리고 1934년 '다산 서세(逝世) 99주년기념사업', 1935년 '100주년제' 등을 기념하여 학술사업을 행하면서, 『여유당전서』를 간행하였다.[57] 정인보가 이를 통해 특히 강조하고 싶었던 것은 다산의 학문이 "실학이요, 실학의 귀요(歸要)는 '신아구방(新我舊邦)'이 그 골자"이며, 다산이 '백성과 나라에 실익을 도모한 점'이었고,[58] 성호가 허위의 '난풍(亂風)'을 '실(實)'에 돌아가게 한 '실사구시(實事求是)'의 학문을 하였다는 것이었다.[59]

이와 같이 정인보는 양명학에서 말하는 실심의 학문을 조선의 역사 속에서 찾고자 하였다. 이는 곧 조선의 역사 속에서 주자학 외의 영역에 간간이 잔존하던 '민족의 얼'을 밝히는 일이었고, 주자학과 대비되는 '실심의 학문', '실행의 학문', 곧 실학에 주목하는 일이었다. 이런 점에서 양명학에서 말하는 '양지(良知)'는 '5천년 간 조선의 얼'을 올바르게 아는 일이었다. 그는 「양명학연론」에서 제기한 '실심'을 바탕으로 하여 그 다음 작업으로 「5천년간 조선의

---

57) 『薝園鄭寅普全集(2)』, 「朝鮮古書刊行의 의의」. 그는 성호사설, 연암집, 완당집, 그리고 여유당전서 등의 간행의 의미를 "古는 곧 今의 本이요 古書는 곧 古의 留影이라. 그러므로 우리는 조선 고서의 간행을 전현의 托傳함만으로 보지 아니하려 한다"고 하고, "本我"를 찾아 증명하는 것이라고 하였다(310~311쪽).

58) 『薝園鄭寅普全集(2)』, 「유일한 政法家 丁茶山先生 敍論」, 75쪽, 80쪽 ; 「丁茶山先生逝世百年을 기념하면서」, 90쪽.

59) 『薝園鄭寅普全集(2)』, 「星湖僿說을 校刊하면서」, 107쪽.

얼」을 연재하였고, 조선학운동을 통하여 '실학'을 '조선학'으로 규정하였다.

당시 조선학의 개념에 대해서는 많은 견해들이 제기되었다. 정인보는 "조선학(朝鮮學)을 제창코자 하며 조선심(朝鮮心)을 배식(培植)"하고자 했던 것에서 알 수 있듯이[60] 조선의 혼과 마음[朝鮮心魂]을 지닌 학문 체계가 '조선학'이며, 이는 '국고(國故)', 정법, 역사, 지리, 외교, 천문, 역산(曆算), 병계(兵械) 등 일체 조선을 중심으로 한 실용적 고색(考索)'을 말한다고 정리하였다.[61] 정인보는 실학을 ① 이익에서 시작되어 정상기로 전해진 계열, ② 이이명(李頤命), 김만중(金萬重)으로 유행된 계열(홍대용 포함), ③ 정제두의 학문을 계승한 계열 등이 있다고 하였다.[62] 이 학문은 곧 "구시(求是), 구진(求眞)의 본로(本路)로 전향"한 학문으로 정치, 경제, 역산, 수지(水地), 민족, 어문 등에 관한 것이었다.[63] 정인보가 거론한 조선학이 실학이라고 함은 이것이 바로 구시, 구진, 구실의 학문이라는 뜻이었고, 여기에는 실심의 학문인 양명학도 당연하게 포함되었다.

## 3) 연희전문학교의 학풍과 '국학'

1930년 전반기, 민족문화운동의 한 형태로 추진된 조선학운동의 근거지 가운데 한 곳이 연희전문학교였다. 근대적 학문으로서의 한국학, 국학은 여기에서 형성되었다고 할 것이다. 곧 연희전문이 근대한국학의 산실이었던 것이다. 1920~30년대 연희전문의 '국학' 연구와 민족교육에 대해서는 당시 문과과장이었던 백낙준의 회고 속에서 여러 차례 확인할 수 있다.

---

60) 『薝園鄭寅普全集(2)』, 「조선고전해제 ― 무예도보통지」, 46쪽.
61) 『薝園鄭寅普全集(2)』, 「唯一한 政法家 丁茶山先生 敍論」, 70쪽.
62) 『薝園鄭寅普全集(2)』, 「조선고전해제 ― 椒園遺稿」, 28쪽.
63) 『薝園鄭寅普全集(2)』, 「조선고전해제 ― 憃書」, 3쪽.

　나는 鄭寅普선생에게 漢文學을 강의하면서 韓國學을 자료로 써주기를 요청하였
다. 그리하여 그는 중국의 漢文學을 형태로 하고 韓國의 國文學을 내용으로 하는
한문학을 강의하였던 것이다. 이리하여 國語·國史·國文學이 조금씩이나마 우리
학교에서 교수되었고, 또한 전파되어 나가게 되었다. 그때에 國語·國史·國文學
연구를 通稱하여 '國學'이라고 하고 싶었다. 그러나 그러한 科目의 名稱에 '國'자를
쓸 수가 없었다. 그래서 '朝鮮學'이란 어휘가 나돌기도 하였다. (…) 日帝監視 下에
國學研究가 활발하지 못하였으나, 우리 學者들이 우리가 주관하는 교육기관에서
출발하였던 것은 歷史的 사실이다. 그 교육기관은 물론 延禧專門學校였다.[64]

　이 회고에 따르면, 백낙준은 정인보로부터 국사, 국어, 국문학 등의 '국학'
의 중요성을 배웠다.[65] 연전의 '국학' 분야 강의는 정인보의 조선사·조선문학,
최현배의 조선어, 이윤재와 손진태의 조선사 강의 등으로 이루어지게 되었다.
　이런 국학 연구의 중심지는 연전 문과였다. 문과 아래에는 학문적 연구를
위해 연구실을 만들었다(1929).[66] 문과연구실에서는 비록 한 차례에 그쳤지만,
연구논문집으로『朝鮮語文研究』를 간행하였다(1931). 논문집에는 정인보의「조
선문학원류초본(朝鮮文學源流草本)」과 최현배의「조선어의 품사분류론」,「한글
의 낱낱의 글자의 쓰히는 번수로서의 차례잡기」등 논문 3편을 실었다.
　조선의 문학과 어학을 대상으로 한 연구논문집의 발간은 당시에는 매우 충격적
으로 받아들여졌다. 어느 잡지에서는 사립학교인 연전이, 그것도 전문학교의
지위에서 관학을 대표하는 경성제대의 조선학 연구에 대항한 점을 지적하면서,
그 논문의 내용도 "각 방면의 권위자인 정인보 교수와 최현배 교수의 독창적

64) 『백낙준전집(9)』,「民族教育 參與 첫 10年」(1968), 18~19쪽.
65) 『백낙준전집(9)』,「종강록—제9강 나의 주변」(1983), 484쪽. "나는 정인보님에게 실학
에 관한 지식을 많이 얻게 되었다. 내가 문과 과장으로 있으면서 실학 내지는 국학을
진흥시켜야겠다고 느끼고 그런 방향으로 애쓴 것은 정인보님의 깨우침과 협력이
있었기 때문이었다."
66) 『延禧專門學校狀況報告書』, 1932, 7쪽.

정인보와 백낙준

연구로서 조선학 연구의 중대한 공헌이 되고 학술적 태도의 지침이 되리라"고 평가하였으며, 이런 연전의 선편(先鞭)에 감사해야 한다고 하였다.[67]

1920년대, 국내외에서 일어난 민족문화운동을 배경으로 연전은 민족교육과 민족문화를 연구하는 본거지로 자리 잡게 되었으며, '동서고근 사상의 화충'이라는 학풍을 정립하였다.

연전의 '국학' 연구는 당시 민족문화운동과 맥을 같이 하였다. 연전은 신간회 해소 이후 다시 부르주아 운동에서 돌파해간 민족문화운동, 가령 한글보급운동, 위인(이순신, 단군, 권율 등)선양운동과 유적지보존운동 등에 핵심적으로 참여하였다. 이런 흐름 속에서 1935년 전후에 '조선학운동'이 일어났다. 정인보는 조선학의 핵심을 조선 후기의 실학에서 찾았고, 특히 정약용의 학문을 새롭게 평가하였다. 이 운동에는 연전의 백낙준과 백남운, 이윤재도 동참하였다. 조선학운동을 통해 비로소 근대한국학이 형성되었고, 이는 연전의 학풍과

---

67) 「讀書室」, 『東光』 19, 1931, 68쪽.

밀접한 연관 속에서 이루어진 것이었다.

* * *

한말 근대개혁기에서 시작하여 일제 강점 하에서 형성된 '한국학'은 당시의 현실 문제를 민족적 차원에서 해결하기 위한 적극적인 학술운동이었다. 연희전문학교는 바로 이 '한국학' 연구와 교육의 본산지였다.

연전의 한국학은, 한편으로는 한말 개혁운동 차원에서 제기된 변법개혁론의 전통을 이어받고, 또 다른 한편으로는 1920년대 국내외에서 전개되던 민족문화운동의 지향과 학문적 성과를 수렴한 것이었다. 연전은 이런 차원에서 '동서고근 사상의 화충'이라는 교육방침을 확립하였다. 이는 서양의 근대학문은 물론, 일제 식민체제 하 현실 타개책으로서의 새로운 민족주의와 그 학문적 체계인 '조선학'을 서로 '화충'하여 정립되었다. 연전에서 연구한 '국학'은 일제의 '관학'과 대립되는 학문체계였고, 정인보에 의해 정립된 실학, 양명학, 국사, 그리고 최현배가 주도하던 우리말(국어)을 주축으로 하고 있었다. 여기에서 한국의 근대 한국학이 성립되었다고 할 수 있다.

일제의 대륙침략이 자행되면서 연희전문의 민족문화 교육과 '국학'=조선학 연구도 억압되기 시작하였다. 수양동우회 사건, 흥업구락부 사건, 경제연구회 사건, 그리고 조선어학회 사건 등으로 많은 '국학' 관련 교수들이 구속되거나 학교를 떠나야 하였다. 백낙준, 최현배, 백남운 등이 그러하였고, 이윤재는 조선어학회 사건으로 투옥 중 순국하였다. 정인보는 자진하여 학교를 떠나 낙향하였다. 학원에는 "전시 하에서의 황민교육의 철저, 신도(臣道) 실천의 원동력 함양, 반도 학도의 지도원리[國體明徵, 內鮮一體, 忍苦鍛鍊]의 실천" 등의 광풍이 몰아쳤다. 그리고는 민족문화 연구의 산실이었던 '문과'도 폐지되었고, 대신에 '동아과(東亞科)'라는 학과가 설치되었다(1943). 민족문화를 연구하던 연전의 '국학'은 해방 후를 기다려야 하였다.

# 해방 후 대학교육과 '화충 학풍'의 조정

1945년 8월, 해방과 함께 학술계와 교육계는 새로운 국가건설에 부응하는 방향으로 재편되었다. 식민 잔재를 청산하고, 근대 민족주의, 민주주의적 국가를 만드는 일이었다. 일제의 식민지 학문을 생산하던 경성제국대학이 독점했던 대학교육도 폐지하고 새로 세워야 하였다. 일제시기부터 대학 설립을 지향하였던 여러 전문학교(연희, 이화, 보성, 세브란스 등)의 역할이 증대하였고, 교육을 통해 새로운 국가 건설에 필요한 고급 전문 인력을 양성하고자 하였다.

그러나 새로운 학술계, 교육계의 재건은 이념적 대립 속에서 이루어졌다. 1920년대 이래 민족주의 운동에서 제기된 사회주의와 부르주아 계열 사이의 대립과 이념 투쟁 때문이었다. 이들은 각각 자신들의 이념에 따라 방안을 제시하였다. 남한의 경우, 미군정의 강한 영향 속에서 부르주아 세력이 점차 재편의 주도권을 잡게 되었다. 마침내 남북한 각각 분단정부 수립과 6·25전쟁으로 인하여 학술계, 교육계도 이념적으로 분단되었다.

해방 후, 연희전문, 세브란스전문 출신의 많은 교수나 졸업생은 학술계, 교육계에서 중요한 역할을 담당하였다. 두 학교는 서양 학문을 수용하여 한국의 근대학문을 이룩하고 실질적인 대학교육을 시행하였다. 더욱이 연전 교수들은 일제의 식민지 학문에 맞서 민족주의적 학술운동과 문화운동을 이끌었기 때문이었다. 이런 차원에서 연희는 종합대학으로 개편되고 일제하에서 형성했던 학풍을 계승하여 새로운 시대의 학문을 개척하기 위해 노력하였으며, 오랜 숙원이었던 연·세 통합의 종합대학을 달성하였다(1957). 그런 후에 역사 속에서 축적했던 학풍과 교육 방침을 재조정하였다.

## 1. 해방 후 학문 재건과 대학교육 진전

### 1) 학술운동의 동향

1945년 8월, 해방이 되자 일제 말 전쟁의 억압 속에 잠복되었던 다양한 이념들이 한꺼번에 터져 나왔다. 새로운 국가를 세우기 위한 건국준비위원회가 발족하였고, 곧이어 각 운동진영에서도 신국가건설론을 연이어 천명하였다. 학술계, 교육계도 신국가 건설을 위한 학술상의 문제를 제기하고 학술운동을 전개하였다. 모든 학문 분야에서도 '신[새로운]'이라는 말을 내걸며, 일제 식민지 학문 청산과 민족적 학문 정립에 나섰다.[1]

학술운동으로 학문계의 재편과 재건을 주도한 것은 해방 이튿날인 8월 16일에 조직된 백남운의 '조선학술원'이었다.[2] 백남운은 연전 상과 교수 시절이었던 1930년대 중반, 학술운동 차원에서 중앙아카데미를 주창한 바 있었다. 해방이 되자 이를 실천하게 되었던 것이다. 조선학술원은 다음과 같은 취지를 밝혔다.

---

1) 역사학계의 재건에 대해서는 方基中, 「解放後 國家建設問題와 歷史學」, 『韓國史 認識과 歷史理論』(김용섭교수정년기념한국사학논총 1), 지식산업사, 1997.
2) 방기중, 『한국근현대사상사연구』, 역사비평사, 1992, 227~230쪽.

정치의 자유가 없는 데는 학술의 발전이 없는 것이다. (…) 이제 조선민족은
일본제국주의 羈絆으로부터 해방되었다. (…) 玆에 약간의 유지 학도와 기술자들은
미력이나마 신국가건설기를 임하여 각계 전문학도와 지도적 기술자들을 대동
집결하여 조선학술원을 창설하고, 첫째로 이론적으로나 기술적으로나 조선경제
체제 재건과 국토계획에 관한 근본적 검토를 가하고, 둘째로 정치경제와 사회문화
의 성격을 규정할 수 있는 핵심 문제에 대한 과학적 토론을 거듭함으로써 신정부의
요청에 대한 국책적 건설안을 준비하며, 셋째로 장래의 학술체제와 고차적인
사회연구 태세를 확립하고자 (…)[3]

조선학술원은 과학적 학술 연구를 통하여 새로운 정부 건설에 필요한
대안들을 제안하기 위해 조직된 것이었다. 「규약(規約)」에서도 이를 더 명확하
게 정리하여, "본원은 과학의 제 부문에 걸쳐서 진리를 탐구하며 기술을
연마하여 자유 조선의 신문화 건설을 위한 연총(淵叢)이 되며 나아가서 국가의
요청에 대한 학술 동원의 중축(中軸)이 되기를 목적으로 함"(제3조)이라고
하였다.[4]

조선학술원은 위원장 백남운과 그 아래 서기국 위원, 학문별 학부장(學部長),
그리고 상임위원으로 구성되었다. 이 가운데 연전 관계자로는 백남운을 비롯
하여 문학언어부장 이양하(李敭河)가 있었고, 상임위원으로 김봉집, 이원철,
이순탁, 윤일선, 최현배, 김일출 등이 활동하였다. 조선학술원은 기본적으로
좌우익을 넘어 학술계를 통합한 학술총본부의 역할을 수행하고자 하였던
것이다.

한편, '조선문화 연구'를 표방하면서 창립(1934)되었던 진단학회도 해방
직후 재건되었다. 진단학회는 일제의 침략이 노골화되면서 자진해산했던
터였다. 진단학회를 주도하던 이병도 등은 해방 정국의 학문, 교육계에서

---

3) 『學術』 1, 「朝鮮學術院趣旨書」, 229쪽.
4) 『學術』 1, 휘보, 「朝鮮學術院規章」, 227쪽.

중요한 역할을 담당하였다. 미군정청에서 발간한『국사교본』을 집필(이병도, 김상기)하였으며, 경성대학 사학과에 자리를 잡고 학계를 주도하였다. 그러나 이들은 '순수학문', '실증사학'이라는 명분 아래 일제 말기에 친일적인 태도를 보인 경우가 많았고, 해방 이후에는 이로 인해 학회 내부에서도 비판이 일어났다. 이를 주도한 사람은 조윤제 등 '신민족주의' 계열의 학자로, 역사학에서는 연전 강사를 지낸 손진태, 이인영 등이 이에 속하였다.[5]

한편, 연전 출신들도 해방 후의 학술 재건운동에 동참하였다. 정인보는 해방 후에 연희로 돌아가지 않고 '국학'을 내세운 국학대학(國學大學)을 책임지게 되었는데, 연전출신 홍이섭이 교수로 부임하여 이를 도왔다. 아울러 홍이섭은 연전 출신 역사학자들을 모아 '역사학회' 조직을 주도하였다(1945년 12월 25일). 역사학회는 "여러 분야의 역사를 학문적으로 연구하여 새로운 사학(史學)을 세우는 것"을 목적으로 하였다. 주로 20~30대의 소장 학자들이 참여하였다. 홍이섭(洪以燮), 조의설(趙義卨), 민영규(閔泳珪), 김일출(金一出), 염은현(廉殷鉉), 홍순혁, 정진석 등 연전 출신을 중심으로, 서울대 사학과 1회 출신들(全海宗, 高柄翊, 韓㳓劢 등)이 참여하였다. 이들은『역사학연구』라는 잡지도 간행하였다.[6]

사회주의 계열의 학술운동도 활발하였다. 이들은 미군정을 상대로 싸우면서 마르크스주의 학술진영을 통합하여 '조선과학동맹'을 결성하였다(1947년 2월). 이들은 사회주의 진영의 대가였던 백남운의 학문도 강하게 비판하였다. 조선과학동맹에는 연전출신 정진석이 부위원장으로 참여하였다.[7] 그 외,

---

5) 이 책 제3부 보론「동산학파의 신민족주의 역사학」.
6) 『歷史學硏究』1, 1949, 326쪽. 제1차 간사진(홍이섭, 김일출, 민영규, 염은현)은 모두 연희전문 출신이었다. 이에 대해서는 조동걸,『한국근현대사의 탐구』, 2003, 419쪽 ; 김도형,「홍이섭의 현실인식과 역사연구」,『東方學志』130, 2005. 10~11쪽 ; 이 책, 327~328쪽. 서울대 사학과 학생들이 참여했던 것은 아마도 연전 출신으로 서울대 교수로 있던 김일출의 영향이었던 것으로 보인다.
7) 이 책 제3부「정진석의 학술운동과 실학연구」참조

여운형의 인민당 계열이었던 김일출도 '신문화연구소'를 만들어 학술운동에 동참하였다.[8]

그러나 1948년 대한민국 정부 출범과 6·25전쟁으로 학술계도 남북으로 분단되었다. 사회주의 계열은 물론, 일제에 대항하던 민족주의 계열 인사들도 대거 월북하거나 납북되어 북으로 갔다. 많은 연세인도 여기에 포함되었다.[9]

6·25전쟁 중 남한 학술계는 전쟁을 극복, 승리하기 위한 학술기관을 만들었다. 고착되어 가던 냉전구조의 영향을 받은 '전시과학연구소'였다.[10] 이들은 6·25전쟁이 동서(東西)간 냉전체제의 대립, 즉 '전세계가 고민하고 있는 자유민주주의와 독재공산주의와의 전쟁'의 연장선상에 있다고 보고, 이 난국을 극복하고 전쟁에 승리하기 위하여 총력전의 태세로 결집하였다. 이들 가운데는 해방 후 이념의 차이를 넘어 좌우 통합의 역할을 담당하던 사람들도 있었으나, 남북분단과 전쟁은 이런 여지를 남기지 않았다. 학문상의 분단을 극복하기 위한 노력은 또 다시 우리 학술계의 과제가 되었다.


## 2) 대학교육제도의 정비와 연전 출신

해방 후 학술계의 재편과 더불어 새로운 교육제도와 대학교육도 마련되었다. 미군정 하 교육정책은 동시에 일제시기 교육 경험이 있었던 부르주아 세력이 주도하였다.

미군정은 1945년 9월 10일 서울에 들어왔다. 11일에 락카드(E. Lockard) 대위가 교육담당으로 정해지고 곧 학무국장이 되었다(14일). 그리고 16일에 조선교육위원회(Korean Committee on Education)가 만들어져, 18일에 첫 회의를 열었다. 이 위원회는 각 분야별로 7명의 위원으로 구성되었다. 김성달

---

8) 도현철, 「김일출의 학술활동과 역사연구」, 『한국사연구』 170, 2015.
9) 연세학풍연구소 편, 『남북분단 속의 연세학문』, 혜안, 2017.
10) 김용섭, 『남북 학술원과 과학원의 발달』, 지식산업사, 2005, 62~64쪽.

(초등교육), 현상윤(중등교육), 유억겸(전문교육), 백낙준(교육전반), 김성수(고등교육), 김활란(여자교육), 최규동(일반교육) 등이었다. 9월 22일, 김성수가 락카드의 고문으로 임명되자 백남훈이 고등교육 담당 위원이 되었다. 이들 위원들은 일제하 교육 경험자로, 대개 우익적, 보수적이었다.

교육위원회는 미군정의 학무국장의 자문에 응하여 각급 학교의 개교 시기, 일본인 및 친일 교사의 축출 문제, 학무국 인력 구성, 교과서 및 교육과정 구성 등을 다루었다.[11] 위원회는 학무국장, 공립중등학교 교장, 대학장 등도 선발하였는데, 해방 후 일제의 잔재 '제국'을 떼어 내고 계속된 경성대학의 총장대리로 법문학부장이던 백낙준을 선정하였다. 그러나 이에 대해 경성대학 학생자치위원회, 법문학부 조선문화건설중앙협의회 등이 거부의사를 표명하였다. 부득이 10월 10일, 미 해군 대위 크로포츠(A. Crofts)가 경성대학 총장이 되었다.[12]

11월에는 조선교육위원회의 위원이 10명으로 늘어났다. 윤일선(의학교육), 조백현(농업교육), 정인보(학계 대표)가 추가되었다. 위원회는 9월 16일 이후부터 일주일에 평균 2차례, 1회 3~5시간씩 회의를 거듭하여 해방 후 교육제도의 골격을 마련하였다.

이즈음, 학무국에도 한국인이 직접 참여하였다. 9월 29일에는 김성수가 학무국장(대리), 오천석이 학무과장이 되었다. 12월에는 국장으로 한국인, 미국인 두 사람을 두었는데, 한국인 학무국장으로 연희전문학교 교장인 유억겸이 임명되었다. 1946년 3월에 국(局)이 부(部)로 바뀌면서 학무국은 문교부가 되었다. 이에 해방 후 한국 교육제도의 골격은 미군정청 문교부장 유억겸과

---

11) 한준상, 「미국의 문화침투와 한국교육」, 『해방전후사의 인식(3)』, 1987, 573~575쪽.
12) 이길상, 「고등교육」, 『한국근현대교육사』 정신문화연구원, 1995, 340쪽. 백낙준을 반대하는 측에서는 "적어도 대학 총장과 학부 부장은 심오한 학식과 고결한 인격으로 만인의 흠모를 받아야 하겠거늘 10년 전에 연희전문 교수를 사한 일개 브로커로 또는 일본 제국주의의 주구로서 활약한 백씨를 총장으로 맞을 이유는 없다"라고 하였다(『주간건설』 1, 1945년 11월 ; 이길상, 위의 글, 340쪽, 재인용).

차장 오천석이 주도하게 되었다.

　한편, 조선교육위원회와는 별도로 11월 15일 조선교육심의회(The National Committee on Educational Planning)라는 자문위원회가 발족되었다. 이 위원회는 1946년 3월 7일 해산될 때까지 모두 105차의 분과회의와 20차의 전체회의를 통해 매우 다양한 교육안들을 결정하였다. 신교육제도 도입, 의무교육 실시, 학교 설립 기준, 교육 행정 기구 개편 등, 교육이념과 교육제도의 골격이 논의되었다. 이 안들은 위의 조선교육위원회의 결정을 정당화시켜주면서 한국의 새로운 교육체제를 마련하였다.[13]

　교육심의위원회 산하에는 모두 10개의 분과(① 이념, ② 제도, ③ 행정, ④ 초등교육, ⑤ 중등교육, ⑥ 직업교육, ⑦ 사범교육, ⑧ 고등교육, ⑨ 교과서, ⑩ 의학교육)가 있었다. 각 분과는 7~10명의 한국인과 1명의 군정청 미군으로 구성되었다. 중요한 위원회로는 교육이념을 정하는 제1분과(안재홍, 정인보, 백낙준, 김활란, 하경덕, 홍정식 등), 교육제도를 다루는 제2분과(유억겸, 오천석, 김준연, 이훈구, 이인기 등), 고등교육을 다루는 제8분과(김성수, 유진오, 윤일선, 백남운, 조병옥, 박종홍 등), 그리고 교과서를 다루는 9분과(최현배, 장지영, 조진만, 조윤제, 피천득 등) 등이었다.[14] 좌익계 인사는 거의 배제된 구성이었다. 교육심의위원회는 11개 부문에 총 65과제를 토의 안건으로 상정하였다. 이를 통해 '홍익인간(弘益人間)'을 한국의 교육이념으로 정하고, 6·3·3·4제의 교육기간을 정하였으며, 고등교육을 위한 대학교도 설치하였다.

　제1분과에서 정한 '홍익인간' 교육이념은 백낙준이 제안한 것이었다.[15]

---

13) 한준상, 앞의 글, 576쪽.

14) 위원 가운데 연세 관련자는 백낙준, 하경덕, 정인보, 유억겸, 윤일선, 백남운, 조병옥, 최현배, 장지영 등이었다.

15) 백낙준은 1952년 문교부장관 시절, 교육이념의 역사적 유래를 설명하면서, "여기서 여러분들이 敎育理念을 두세 개 제출해 가지고 토론했는데, 처음에는 우리 교육이념이 될 만한 것을 하나도 발견하지 못하였습니다. 그러다가 나중에 어떻게 되어서 내가 생각이 나서 '홍익인간'이라고 정하는 것이 어떠냐고 말을 할 때, 그때 모두가 좋다고 하였습니다. 그래 가지고 소위 분과위원회에서 '홍익인간'이라는 것을 우리 교육의

이 이념은 일제하 민족문화운동에서 강조되던 '단군'의 건국이념을 근대적으로 계승한 것으로, 연희전문학교에서 추구하던 민족교육과도 무관하지 않은 것이었다. 1분과에는 백낙준 외, 연전 교수였던 정인보, 하경덕이 있었고, 위원장 안재홍은 정인보와 함께 1930년대 초반의 실학 연구와 조선학운동을 전개하였던 사람이었다. 정인보도 일제하에서 줄곧 '홍익인간'을 강조하였다. 해방 후에는 교육이념을 세우기 위해서 무엇보다도 일본의 오예(汚穢)를 씻어내어야 하고, "민족의식의 강화 진작"해야 한다고 하였으며, 세부적으로는 고유의 윤리, 민주주의, 그리고 세계 문화에 기여 등을 강조하였다.16)

백낙준은 "원래 이 홍익인간이라는 교육이념은 다른 곳에서 빌려온 것도 아니고, 또 이것이 다른 나라를 배타(排他)하는 제국주의 이상(理想)도 아니고, 근대사상 그대로를 반영한 것이니까 '홍익인간'으로 우리 이상을 삼자고 해서 채택이 되었던 것"이라고 하였다.17) 즉 자민족주의를 극복하고 당시 사회적 과제인 민주주의를 실현하면서 다른 사람, 민족과의 공존·공영 등에 이바지하자는 것이었다. 제1분과 위원장 안재홍도 이 교육이념은 "건국 이념에 기(基)하여 인격이 완전하고 애국정신이 투철한 민주국가의 공민을 양성함"이라고 하였고, 이를 위해 민족의 자존 독립, 국제 우호, 고유문화, 과학기술, 예술과 창작성, 체력 향상 등을 방침으로 정하자고 하였다.18) 홍익인간 교육이념은 대한민국 정부 수립 후에 제정된 교육법 제1조에 그대로 수록되었다. 곧 "교육은 홍익인간의 이념 아래 모든 국민으로 하여금 인격을 완성하고 자주적 생활능력과 공민으로서의 자질을 구유하게 하여 민주국가 발전에 봉사하며 인류공영의 이상

---

이념으로 정하자고 했던 것입니다"라고 하였다[『백낙준전집(5)』, 「社會變遷과 새 敎育」(1952), 196쪽].

16) 『담원정인보전집(2)』, 「敎育理念槪議」, 378쪽.

17) 『백낙준전집(5)』, 「社會變遷과 새 敎育」(1952), 196쪽. 홍익인간 교육이념에 대해서 가장 반대했던 사람은 백낙준의 연전 동료였던 백남운으로, 백남운은 이 이념이 일제의 '八紘一宇'의 再版이라고 하였다.

18) 손인수, 『한국교육운동사 ①』, 문음사, 1994, 123~124쪽, 재인용.

실현에 기여하게 함을 목적으로 한다"고 명시되었던 것이다.[19]

한편, 교육심의위원회 고등교육위원회는 대학 설립과 대학 교육도 논의하였다. 1946년 4월에는 「전문대학의 입학시험에 대한 임시 조치안」을 확정하였다. 우수한 인재를 사회에서 쓸 수 있도록 하며, 관립과 사립의 차별을 없앤다고 하였으며, 전문학교를 대학으로 승격시킬 때 그 전 전문학교에 재학하고 있던 학생을 편입하는 문제를 다루었다.[20] 또한 5월에는 24개의 전문학교를 그해 9월부터 대학으로 승격할 것이라는 계획을 발표하였다.[21] 이에 따라 전국에 대학이 설립되기 시작하여, 1946년 8월 15일부로 연희대학교를 비롯한 몇몇 종합대학이 출범하였다. 1948년 대한민국 정부 수립 당시 고등교육기관으로는 종합대학 4개교(서울, 연희, 고려, 이화), 단과대학 23개교(국립 3, 공립 4, 사립 16), 초급대학 4개교가 있었다.

국립서울대학교 설립에는 많은 진통이 뒤따랐다. 1946년 7월 13일, 문교부장 유억겸이 국립종합대학 설립 계획을 발표하였다. 관립·공립 전문학교를 대학으로 승격시키고, 이를 경성대학 중심의 국립종합대학으로 통합한다는 것이었다(국대안). 일제하 법적으로 유일한 고등교육기관이었던 경성제대를 새로운 국가 건설에 걸맞는 종합국립대학으로 개편하기 위한 것이었다. 이에 해방 후에 새롭게 시작한 경성대학을 중심으로 흩어져 있던 9개 관공사립 전문학교를 통폐합하여 9개 단과대학과 1개 대학원으로 이루어진 '국립서울대학교'를 만드는 계획이었다.[22] 초대총장은 미군 대위 앤스테드(Harry Ansted,

19) 손인수, 위의 책, 126쪽. 정부 수립 후, 교육법을 정할 때 기초위원(장이욱, 오천석, 현상윤, 유진오, 백낙준) 사이에는 '홍익인간'을 빼고 그 대신 '인류공영(人類共榮)'이라고 하였는데, 전체위원회에서 '홍익인간'을 다시 넣게 되었다고 하였다(백낙준, 위의 글, 196~197쪽).
20) 『東亞日報』 1946년 4월 26일, 「專門 大豫 入試 7月에 施行」.
21) 『東亞日報』 1946년 5월 20일, 「建國 棟梁의 새 搖籃」.
22) 『東亞日報』 1946년 7월 14일, 「最高學府를 統合 改編」. 문리과대학(경성대 예과, 경대 문학부, 이공학부의 일부), 사범대학(경성사범학교, 경성여자사범학교), 법과대학(경성법전), 상과대학(경성경제전문), 공과대학(고등공업, 광업전문 일부), 의과대학(경

법학박사)로 정하고, 이사회는 문교부장, 문교차장, 고등교육국장(미국인, 한국인 각 1인) 등 모두 6명으로 하였다.

이 계획이 발표되자 대대적인 반대운동이 일어났다. 국가의 교육 관리권과 대학의 자치권 사이의 충돌이었다.[23] 관료적 교육행정은 대학의 자치권, 학생의 자치훈련 기회, 학원의 민주적 발전을 저해한다는 문제점이 부각되었다. 그러나 이 반대 운동도 1년 후 1947년 7월말에는 대체로 수습되면서 국립서울대학교가 출범할 수 있었다. 10월 25일, 한국인 최초의 총장(제2대)에 연희전문학교 교수 출신 이춘호가 선임되었다.

이렇게 해방 후에는 비록 미군정 체제 아래였지만, 일제의 잔재를 벗어나 독자적인 교육 체계를 세울 수 있었다. 특히 대학교의 설치 및 교육의 전개로 식민지 학문을 생산하던 경성제대의 독점을 깰 수 있었다. 실제적인 대학교육을 실시하던 몇몇 전문학교들이 대학으로 새롭게 출범하게 되었던 것이다.

연희와 세브란스 출신은 한국의 교육정책과 대학교육에서 많은 부분을 담당하였다. 앞서 본 바와 같이, 연전교장이었던 유억겸은 미군정청의 한국인 문교부장으로 교육 정책을 총괄하였고, 백낙준은 해방 직후 경성대학의 법문학부장을 지냈고, 후에 연희대학교 총장으로 재직하면서 제2대 문교부장관으로 활동하였다(1950년 5월 4일~1952년 10월 29일). 백낙준 장관 아래 차관은 연전 수물과 출신의 최규남(崔奎南, 1950년 5월 12일~1951년 9월 20일 재임)과 세브란스의전 출신(후에 교수 역임)의 고병간(高秉幹, 1951년 9월 21일~1952년 11월 13일. 후에 경북대 및 연세대 총장 역임)이었다. 최규남은 문교부 차관을 끝내고 바로 서울대학교 총장이 되었고(1951년 9월~1956년 6월), 총장 역임 후에 바로 문교부 장관이 되었다. 최규남 후임 장관은 세브란스의전 출신

대 의학부와 경성의전), 치과대학(사립경성치전), 농과대학(수원농전), 예술대학(신설, 미술과 음악)으로, 기존의 경성대학을 근간으로 여러 전문학교를 국립서울대학교로 통합하는 것이었다. 그 후 연전교수 출신 현제명이 설립한 음악학교도 음악대학으로 통합되었다.

23) 최혜월, 「미군정기 국대안반대운동의 성격」, 『역사비평』 계간 1, 1988.

최재유(崔在裕, 1957년 11월 27일~1960년 4월 27일)였다. 또 초창기 서울대학교
도 연세 출신이 이끌었다. 종합국립대학 후 제2대 총장인 이춘호(1947년 10월
25일~1948년 5월 12일), 최규남, 윤일선(1956년 7월 19일~1961년 9월 29일.
세브란스의전 교수 출신) 등이 총장을 지냈다. 그 외 서울대학교에는 많은
연전, 세전 출신 교수들이 참여하였다.[24] 일제하 실질적인 고등교육을 운영하였
던 연전과 세전의 힘이 해방 후 한국의 새로운 고등교육과 학문을 이끌었던
것이다.[25]


## 2. 대학 교육의 실현과 학풍의 재정립

### 1) 연희대학교의 출범과 새로운 학풍 모색

(1) 연희전문학교에서 연희대학교로[26]

연희전문은 일제 말기에 폐교되고 그 재산은 일제에 몰수되었다. 해방

---

24) 1946년 9월에 예과를 모집하였고, 1947년에 인가를 얻어 정식으로 세브란스연합의과
대학이 되었다. 세브란스는 해방 후 일본인 의료 관계자가 빠져나간 의학계의 공백을
메우는 중심적인 역할을 감당하였으며, 세브란스 교수 혹은 졸업생들은 다른 의과대
학이나 의료 행정을 주도하였다. 윤일선이 경성대학 의과대학 교수(后에 총장)로,
심호섭이 경성의전 교장(后에 서울의대 초대학장)으로, 고병간은 대구의전 교장(后에
문교차관, 경북대 총장, 연세대 총장)으로 진출하였다. 또 이용설은 미군정청 보건후
생부장으로, 대한민국 정부 수립 후에는 최재유 등이 보건부 장관을 역임하는 등
의료 정책도 담당하였다.
25) 해방 후의 이런 역할은 남한뿐 아니라 북한에서도 마찬가지였다. 백남운은 물론,
북한으로 간 여러 학자들의 활동으로 북한의 학문이 건설되었다. 또한 세전의 최명학
은 북한의 의료체계를 정비하기도 하였다. 이런 점에 대해서는 연세학풍연구소
편, 『남북분단 속의 연세학문』, 혜안, 2017. 최명학에 대해서는 신규환, 「해방 이후
남북 의학교육체계의 성립과 발전」, 같은 책, 참조.
26) 이 항은 『연세대학교백년사(1)』, 연세대학교, 1985의 해당 부분을 참조했음.

후 9월 9일, 미군이 서울에 진주하자 연전의 재산은 미군정청에 '적산'으로 넘겨졌다. 미군정은 학교 건물을 당분간 육군병원으로 사용하려 하였고, 학무국은 법관양성소로 사용하려고 계획하였다. 연전 관계자들에게는 무엇보다도 미군정에 넘어간 학교 재산을 환수하는 일이 급선무였다. 이에 9월 23일 동문회 대표 이묘묵·김윤경, 경성공업경영전문학교 대표 조의설, 재단기부자 김성권, 연희전문학교 대표 백낙준·유억겸·이춘호 등으로 이루어진 접수위원회를 구성하였다. 미군정청은 이들을 미군정청 접수위원으로 임명하였으며, 이 위원회는 경성공업경영전문학교장 곤도(近藤英男)로부터 학교를 접수하였다. 이는 9월 25일 시작되어, 10여 일 만에 끝났다.

연전은 접수위원으로 이사회를 구성하고 유억겸을 교장으로 선임하였다. 학교에 4개의 학부(문학부, 상학부, 이학부, 신학부)를 두었다. 학부장은 각각 김윤경, 이순탁, 장기원, 장석영이었다. 그리고 이사 및 학부장으로 이루어진 간부회의에서 10월 29일자로 곤도 교장을 파면하였다. 10월 30일 일제에 의해 추방되었던 전 교장 원한경이 미군정청 고문 자격으로 한국에 돌아왔다. 이에 따라 기구도 합법적인 위치를 갖게 됐고, '연희전문학교'라는 학교 이름도 사용하게 되었다. 이로써 학교운영은 접수위원과 원한경이 참석한 이사회 소관으로 넘어갔다.

연희전문이 다시 열렸지만, 일제 말기 전쟁과 해방 직후의 혼란 속에서 학생들이 부족하였다. 학교에서는 일제에 강탈된 후 운영된 경성공업경영전문학교로 입학한 학생들을 구제하고, 또 모자라는 학생을 다시 모집하여 충원하였다. 보결생 모집의 경쟁률은 평균 7 : 1이나 되었고, 특히 국내 유일한 학과로 신설된 정치외교학과의 인기가 대단하였다. 새로 합격한 394명을 합쳐 전교생은 888명이 되었다. 11월 20일에 개학하고, 곧바로 국사와 국어에 관한 특별 강습을 실시하였다. 이 강습은 1주일 동안 계속되었으며, 그후에 12월 5일부터 정규 강의가 시작되었다.

1945년 말, 교장 유억겸이 미군정청 학무국장(곧 문교부장)이 되어 자리를

연희전문학교 교기(해방 이후까지 사용했던 것으로 일제 억압 하에서 변형되었던
십자가 모양을 급히 만들어 사용. 6·25전쟁 중에 없어졌다가 2011년에 다시 들어옴)

떠나자 그 후임 교장으로 경성대학 법문학부장으로 있던 백낙준이 부임하였
다. 이때 경성제대가 독점했던 대학 교육에 대한 비판과 대학 설립 요구가
터져 나왔으며, 이에 미군정 하의 조선교육심의회에서도 이를 다루었다.
대학령(1946년 3월)이 반포되자 연희전문은 대학준비위원회를 조직하여 7월
31일자로 미군정청에 대학 설립 인가를 신청하여 8월 15일에 연희대학교가
되었다. 영문 이름은 연희전문 시절부터 사용하던 'Chosun Christian'으로
하였다(해방 후 'Chosen'을 'Chosun'으로 바꾸고, 종합대학인 University로
함). 학원과 학과 제도를 정비하여, 문학원(국문, 영문, 사학, 철학, 정치,
경제), 상학원(상학), 이학원(수학, 물리, 화학), 신학원(신학)을 설치하였으며,
백낙준이 총장으로, 원한경은 명예총장으로 추대되었다. 1948년에는 일제가
없애버린 언더우드 동상도 다시 세웠다.


(2) '화충' 학풍의 계승과 새로운 모색

해방이 되고 종합대학 연희대학교로 출범한 후에 본격적으로 일제 강점
하에서 축적된 학교의 학문 전통을 새롭게 정비하게 되었다. 이때는 앞서

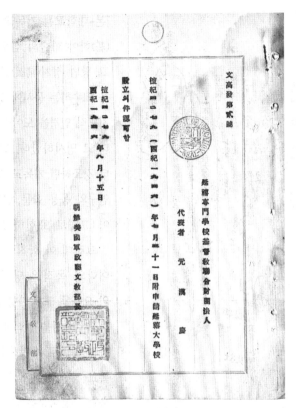

연희대학교설립인가서, 1946

본 바와 같이, 새로운 국가를 건설하기 위한 다양한 정치사회운동, 학술운동이
전개되고 있었다. 문화와 학술 분야의 중추 기관은 대학이었다. 대학에서는
일제의 식민유산 청산과 새로운 민주주의 국가 건설, 그리고 이를 위한 '민족문
화'를 강조하였으며, 동시에 새로운 학문 구축을 위한 학문 후진성의 극복
등을 추구하였다.

백낙준은 1946년 1월, 유억겸의 뒤를 이어 연희전문학교 교장이 되면서
"신흥국가의 건설은 연희인으로 건설하자", "독립국가의 국민으로서 자부심을
갖자"고 주창하고, '민족주의의 부활'을 연희 교육의 목적으로 삼았다.[27] 이런
변화 속에서 종합대학으로 출범한 연희대학교는 1946년도 학칙(學則) 제1조에

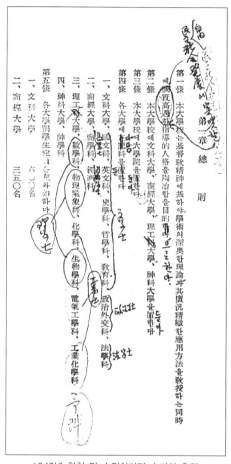

第一章　總則

第一條　本大學校는基督致精神에基하야,學術의深奧한理論과其廣汎精緻한應用方法을教授하는同時에內質高邁한指導的人格을陶治함을目的으로한다.

第二條　本大學校에文科大學、商經大學、理工大學、神科大學을置한다.

第三條　本大學院을置한다.

第四條　各大學에다음各科를設置한다.

一, 文科大學、國文科、英文科、史學科、哲學科、教育科、政治外交科、法學科

二, 商經大學、商學科、經濟科

三, 理工大學、數學科、物理氣象科、化學科、生物學科、電氣工學科、工業化學科

四, 神科大學、神科

第五條　各大學別學生定員左와如하다

一, 文科大學　六〇〇名

二, 商經大學　三五〇名

1946년 학칙 및 수정하려던 수기의 흔적

"본 대학교는 기독교 정신에 기(基)하야 학술의 심오한 이론과 그 광범 정치(精緻)한 응용방법을 교수하는 동시에 성실 고매한 지도적 인격을 도야함을 목적 한다"고 명시하였다. 연전 시절부터 강조하던 기독교 정신과 학술 연구와 응용 학문, 인격 도야 등이 그대로 표현하였다.

그런데 이 학칙 속에 정리된 대학의 '목적'은 당시 한국사회의 요구를 크게 반영하지 못하였다. 이런 점을 인식한 학교는 그 목적을 바로 수정하였다. 곧 기독교 정신은 변할 수 없지만, 학술과 응용학문을 추구하되 인격 도야 부분에서 "성실 고매한"이라는 구절을 "민주자유사회 발전에 기여할"이라고 손으로 수정하고자 하였다.28) 이런 의지를 반영한 「학칙」의 공식적인 개정 작업은 이루어지지 않았지만,29) 6·25전쟁 후에 매년 발간된 『학사보고서』의 「교육

---

27) 『연세대학교백년사(1)』, 340쪽.

28) 연세대학교 박물관에 보관중인 「학칙」에 보인다(사진).

29) 학칙개정의 필요성은 인식하면서도 6·25전쟁과 복구 과정 등의 분주한 나날들 때문에 이를 실천하지는 못했다. 1946년도 학칙은 1956년에 가서 비로소 개정되었고,「학칙」 제1조는 "본 대학교는 기독교정신에 基하여 학술의 深奧한 廣汎精緻한 응용방법을 교수 연구하여 국가와 인류사회 발전에 공헌할 지도적 인격을 陶冶함을 목적으로

방침」에서는 이를 그대로 반영하였다. 전쟁 후에는 전쟁 복구와 민주국가 건설이 사회적 과제로 부각되었고, 연희대학교의 교육 방침도 이에 따라 재조정되었던 것이다. 매년 표현에서 조금씩 차이가 있고, 또한 강조되어 부가되는 내용들도 조금씩 변하였다. 이를 정리하면 다음과 같다.

1952년 : 기독교 정신에 기하여 학술의 이론과 응용 방법을 교수함으로써 <u>민주 사회 발전에 봉사할 수 있는 지도적 인격을 양성하는 것</u>을 기본방침으로 하였고, 또 하고 있음.[30]

1955~56년 : 본 대학교 본래의 기독교 정신에 기한 교육 목적을 달성하는데 있어서, 그 간의 사회적 변천과 시대적 요청에 즉응하고자 대학의 권위를 높이고 대학의 사회에 있어서의 지도적 지위를 구가하기 위하여 <u>국난 극복의 신념과 부흥 정신의 진작</u>에 중점을 두고 있음.[31]

1956~57년 : 본 대학교 교육의 기본정신인 기독교 정신 밑에 사회와 시대의 요청에 적응한 학술을 연구 교수하는 동시에 <u>국난 극복의 정신을 함양하고 도의 교육과 종교 교육에 더욱 치중</u>하여 국가 사회에 지도적 인격자 양성을 기본 방침으로 하고, 그에 필요한 제반 시설의 확충과 정비를 계획 실시 중임.[32](밑줄은 인용자)

요컨대 기독교 정신에 입각하여 인격 도야를 행하면서, 동시에 신생 대한민국, 6·25전쟁 등을 거치면서 필요했던 민주주의, 국난극복, 부흥 정신 등을 강조하였다. 6·25전쟁이 수습된 이후에는 국가와 인류사회의 발전으로 그 시야가 넓어졌다.

---

한다"고 바뀌었다. 저간의 사정과 내용에 대해서는 趙孝源(교무처장), 「꼭 알아두어야 할 學則」, 『연세춘추』 4289년(1956) 4월 1일.

30) 연희대학교 교무처, 『학사보고서(4285년도)』, 1953, 1쪽.
31) 연희대학교 교무처, 『학사보고서(4287년도)』, 1955, 1쪽.
32) 연희대학교 교무처, 『학사보고서(4288년도)』, 1956, 1쪽.

한편, 대학 교육 방침의 기본이자 출발점인 '기독교'의 의미도 대학의 이념과 사명에 맞게 구체화되었다. 곧 '진리와 자유'로 언급되기 시작하였던 것이다. 진리, 자유 등은 일반적인 대학의 이념으로도 내세워졌는데, 연희에서 이를 『성경』에 근거하여 일반적인 대학 정신으로 정립하였다. '진리와 자유'로 정립된 시기는 정확하게 알 수 없다. 좀 빠른 기록으로 확인할 수 있는 것은 1953년 5월, 피난 시절 영도에 임시 교사(校舍)를 마련할 때 행한 총장 백낙준의 연설문이다.

> 연희대학교의 본 교사는 서울 西郊에 있다. (…) 延禧人이 있는 곳 마다 연희가 있고 연희의 精神이 발표되는 곳마다 연희가 있는 것이다. <u>진리와 자유는 연희의 정신이요</u>, 着實과 精微는 우리의 學風이요, 가족적 훈도는 대연희의 분위기이다. 자유를 귀히 여기는지라 압박자와 항쟁하고 침략자를 토벌하며, 진리를 중히 여기는 지라, 정확, 치밀, 착실, 진중한 것이다. 진리에 사로잡힘에 바로서 참다운 자유가 있고, 자유가 있는 곳에 진리의 표현이 있는 것이다. 그런데 진리는 진리의 化身이신 그리스도를 알음에 있고 자유는 세계의 승리자이신 그리스도를 배움에 있는 것이다.[33](밑줄은 인용자)

당시 총장이었던 백낙준은 '진리와 자유'를 연희의 정신이라고 하였고, 이는 그리스도에서 나온 것이라 하였다. 그리고 그동안 연희가 쌓아온 압박자에 대한 민족적 항쟁이나 학문 연구가 모두 여기에서 나온 것으로 보았던 것이다. 이런 진리와 자유는 특히 6·25전쟁을 거치면서 공산주의에 대항한 순교의 정신, 애국애족 정신 등과도 결합되었다.[34]

---

33) 『백낙준전집(3)』, 「延禧大學校 釜山 臨時校舍 獻辭」(1953), 62쪽.
34) 이런 점은 휴전 후에 서울로 환도하면서 6·25 전쟁 중의 희생, 곧 "자유를 사랑하여 생명을 버리고 나라를 지키는 그 정신과 동포를 사랑하고 민족을 아끼는 그 정신"을 언급하면서, 還校 후의 '재건의 무거운 사명'이 "공산 도배의 침범 하에 드러내인 殉敎의 정신, 애국애족의 정신, 곧 우리 학교의 정신인 진리와 자유의 완전한 실현을

그러면서도 연희는 해방 직후부터 학술운동과 민족문화 연구를 선도하였다. 근대화, 근대학문을 위해서는 서양 학문을 배워야 하지만, 이를 서양 일변도로 흐르지 않고 우리의 전통 문화와 결합하여 새로운 문화를 만들고자 한 것이었다. 그 전통은 물론 일제하 연희전문에서 지향했던 "동서고근 사상의 화충"의 자세였다.

이런 속에서 1948년 12월, 국내 최초의 한국학, 아시아학 연구기관인 '동방학연구소'를 설립하였다. 이 연구소는 한국문화와, 이와 관련 있는 외국 여러 민족의 문화, 특히 북방민족의 문화를 종합적으로 연구하여 한국의 전통문화와 학문을 계승 발전시킨다는 목표를 내세웠다. 연구소 설립은 당시 총장 백낙준이 주도하였으며, 그는 총장으로 연구소 소장을 겸하였다. 동방학연구소에서는 1954년 3월에 국내 최초의 대학 학술연구지인 『東方學志』를 발간하였다. 이는 한국 대학의 학문 연구에서 처음 있는 일이었고, 그 작업이 서양의 학문을 수용하기 위한 것이 아니라 우리 고유의 문화와 역사를 연구하는 '국학'이었음에 주목할 필요가 있다. 『東方學志』를 발간하면서 백낙준은

『東方學志』 제1집

> 『東方學志』는 東方研究輯錄이다. 동방문화지역에는 舊文化의 결실을 이미 거두었고, 신문화는 그 생장기에 處하여 있다. 우리는 槿域 및 그 近隣 문화의 학술적 연구로써 구문화의 眞髓를 이해 체득하고 신문화의 발전을 助長하려 한다.[35]

위한 생활을 영위"함에 있다고 한 것에서도 표출되었다(『백낙준전집(3)』, 「延禧大學校 還校 復歸辭」(1953), 66쪽. 밑줄은 인용자).

곧 한국뿐 아니라 동방(동아시아) 지역의 옛 문화의 진수를 이해, 체득하면
서 이를 통해 새로운 문화의 발전을 기한다는 원칙이었다. 이는 곧 연전
시절의 '동서고근의 화충'이라는 학풍을 해방 이후의 '신문화 건설'의 과제
속에서 조정한 것이었다. 또한 당시 풍미하던 '세계적 학술', '세계적 공헌'도
모두 우리 것을 우리가 연구하는 것에서 출발해야 한다는 확신을 표명하였
다.[36]

동방학연구소를 만들고 이끌었던 총장 백낙준은 민족문화 연구, 특히 1930
년대 연전이 주도했던 '실학 연구'의 필요성을 수시로 천명하였다. 연희대학의
창립 40주년(1955)에 즈음해서 백낙준은 '연희 학원 40년의 전통, 2천년의
기독교 문화의 전통, 4천년 간 민족문화의 전통'을 동시에 계승한 것이 '연희(延
禧)'라고 하면서, 4천년 민족 전통 속에서 축적된 '자아 의식'이 연희 학원에도
계승되고 있다고 강조하였다. 즉 4천년간 역사 속에서 축적된 자아(自我)
의식은 곧 민족의식으로, 이는 일제하 이민족의 침략 아래에서는 "사막을
복류(伏流)"했다가, 다시 해방된 공간에서는 민주교육의 선봉에 선 연희에서
다시 힘차게 뻗치고 있다는 것이었다.[37]

이런 점에서 백낙준은 연희대학이 갈 방향도 제시하였다. 대학에서의 학문
연구의 원칙이었다. 그는

35) 白樂濬, 「刊行辭」, 『東方學志』 1, 1954.
36) 『東方學志』 2집(1955) 「간행사」에서도 백낙준은 "國故 硏究는 반드시 있어야 될 것이요,
이에 獻身하는 학자들도 많이 일어나야만 될 것이다. (…) 우리 학문의 건설은 우리의
손으로 이룩하여야만 된다. (…) 우리는 西方을 상대하고 개국한 이래로 우리의
후진성을 벗어나기 위하여 또한 최근에는 '하나의 세계'로 지향하는 세계 공동한
발전을 위하여 우리 것은 다 잘아는 셈치고 남의 것만을 배워왔다. 그렇다고 하여
우리가 다른 학문의 방면에는 세계적 수준에 올라 있다고 장담도 하지 못할 처지이다.
우리는 세계적 학술의 진전에 보조를 같이하려는 노력을 망각할 수 없는 동시에
우리는 우리의 학술에 권위자가 되어야 된다. 우리의 세계적 공헌은 우리 것을
빛내게 하는 데 있을 줄 안다"라고 하였다.
37) 『백낙준전집(3)』, 「延禧大學校 創立 40週年 記念辭」(1955), 3~5쪽.

우리 민족은 그 후진성을 면하기 위하여 외국의 학문을 수입하기에 급급하지 말고, 우리의 가진 바 학문을 체계화하고, 과학화함으로써 우리의 과거를 빛내며 장래를 嚮導하여야만 될 것입니다. 우리는 지식을 中外에 구하고, 그 진리를 古今에 더듬어 선진 국가의 문화적 수준에 오르는 동시에 우리 문화를 빛내는 교육기관이 되어야만 될 것입니다.[38]

라고 하였다. 곧 후진성을 면하기 위해서는 외국 학문을 배워야 하지만, 더 중요한 것은 우리가 가진 학문을 체계화, 과학화하여야 한다는 것이었다. 이는 중외(中外)와 고금(古今), 곧 연전 시절부터 강조하던 '동서고근의 화충'의 자세였던 것이다.

그 이듬해(1956), 백낙준은 연희가 우리 나라 학문을 연구하는 본거지가 되어야 한다고 하면서, 그 일환으로 일제하 연전 시절 추구했던 '실학'의 정신을 연희의 학풍으로 정립할 것을 제기하였다. 그는 실학을 "虛와 假를 버리고 實과 眞을 구하여 이 나라의 사람으로 하여금 본연의 자체"로 돌아가게 하는 것으로 규정하였다. 이는 앞서 언급한 정인보가 양명학과 '실학'을 천명할 때 했던 그 논리였다.[39] 실학은 선견지명을 가진 학자들의 자각과 서양 문화의 간접적 자극으로 형성된 것이지만, 당시의 당파 싸움 등으로 그 진리를 버리게 되면서 마침내 나라도 멸망하게 되었다고 보았다. 그는 이런 실학자로 유형원, 이익, 안정복, 이덕무, 박제가, 정약용 등을 들었다.[40]

백낙준은 '신학문운동'과 '국학'의 필요성을 같은 차원에서 구상하였다. 그는 외국의 학문을 수입하면서 고유한 문화를 숭상하지 않는 학문 연구를 비판하였으며, 또한 학문의 후진성을 극복하기 위해서는 과학적 연구를 통하여 세계의 선진국가 수준에 오르도록 노력해야 한다고 하였다. 또한 그는

---

38) 위의 글, 5~6쪽.
39) 이 책 제2부에 실린 「1920~30년대 민족문화운동과 연희전문학교」 참조.
40) 『백낙준전집(3)』, 「延禧大學校 創立 41週年 記念辭」(1956), 9쪽.

우리 민족성을 유지하고 우리나라 문화를 발전시키기 위해서는 우리의 국학(國學)을 과학화, 체계화해야 한다고 하였고, 이런 역사적 경험을 강조하였다. 그리하여 백낙준은 민족의 활로를 개척하고 세계의 정세를 알고, 또 문화를 발전시키는 일을 학자의 책임으로 알아야 하며, 이들 학자들이 새 학풍을 일으키는 새 운동의 선구자가 되어야 할 것으로 주장하였다.[41]

실학과 국학을 바탕으로 새로운 학풍을 세워가는 가운데, 연희에서는 『동방학지』 외에 여러 자료집을 간행하였다. 동방학연구소에서 주관하여 '국고총간(國故叢刊)'이라는 이름 아래 『고려사』(3책, 1955), 『시용향악보(時用鄕樂譜)』(1954), 『월인석보(月印釋譜)』(1956~57), 『한한청문감(韓漢淸文鑑)』(1956), 『팔세아(八歲兒)』·『소아론(小兒論)』·『삼역총해(三譯總解)』·『동문류해(同文類解)』 합본(1956, 만주어교본) 등의 자료집과 『삼국사기 색인』(1956) 등을 간행하였다. 우리의 근역(槿域)의 문화 및 인근(鄰近) 문화를 연구하기 위한 자료들이었다. 당시의 열악한 재정으로 미국 하버드 옌칭의 지원을 받기도 하였지만, 당시 대학의 수준에서 보면 대단한 일이었다.

해방과 6·25전쟁을 거치면서 연희대학은 새로운 사회에 필요한 교육과 학문연구를 학풍으로 구상함과 동시에, 일제하 천명되었던 '동서고근 사상의 화충'을 새로운 차원으로 재정립하기 시작하였다. 이는 국학 연구와 실학의 이념, 그리고 학문의 과학적 정신 등이었다. 그리고 이를 이끌던 기관이 동방학연구소였고, 기관지 『동방학지』 발간은 한국의 '국학(한국학)' 발전에 기여한 연전의 학문을 다시 새롭게 천명한 것이었다. 연구소의 핵심 연구는 조선 후기의 실학사상과 1930년대 조선학운동에서 주력하던 여러 분야들, 가령 북방지역 역사와 고대사, 그리고 조선학으로서의 실학 등으로 모아졌다.

---

41) 위의 글, 9~11쪽.

## 2) 연희와 세브란스의 통합

### (1) '연세' 통합의 길[42]

해방 후 새로운 대학령에 따라 연희대학교와 세브란스의과대학이 설치되었고, 즉시 일제 시대 이래의 염원이었던 두 학교의 '통합' 논의가 시작되었다. 1946년 12월 말에 연희의 백낙준, 세브란스의 이용설, 그리고 이화대학의 김활란 세 사람이 모여 의논을 하였다. 그러나 이화는 단독운영을 주장하여 빠지고 연희와 세브란스만 통합의 원칙에 합의를 보았다.[43]

두 대학의 통합 논의는 1948년에 거의 성숙되었다. 그 해 11~12월에는 양교의 교수회에서 합동을 찬성하는 의결을 행하고, 건의서를 발표하였다. 건의서에서는 기독교 정신을 한층 확충하고, 종합대학으로의 면모를 갖추기 위한 점을 강조하였다. 이어 1949년에는 세브란스의과대학의 예과를 연희대학교 안에 개설하였다. 그러나 6·25전쟁으로 통합은 잠시 중단되었다가 1953년 환도 후에 본격적으로 추진되었다. 합동에는 아무런 이의가 없었다. 다만 합동 후의 교명을 두고 회의가 거듭되었다. 1954년 9월, 합동을 전제로 세브란스의대와 병원을 연희대학교 부지 안에 신축하기로 하였고, 1955년에는 연희대학교 대학원에 의학과 석사과정이 설치되었다.

학교 이름을 정하는 것이 통합의 마지막 진통이었다. 1955년 3월의 합동이사회에서는 교명으로 연희대학교, 기독교대학교, 한국기독교대학교 등을 제안하였다. 그러다가 다시 7월 이사회에서는 연희를 빼고, 동명대학교, 태백대학교, 한경대학교, 신민대학교 등을 후보군에 추가하였다. 6개 후보 이름을 두고 투표한 결과 신민대학교, 기독교대학교 등으로 순위가 압축되었고, 두 후보만을 두고 투표한 결과에서는 그 순위가 바뀌기도 하였다. 그러다가

---

42) 이 항은 『연세대학교백년사(1)』, 연세대학교, 1985의 해당 부분을 참조했음.
43) 『백낙준전집(9)』, 「격동의 한 세기를 되돌아보며」(1979), 125쪽.

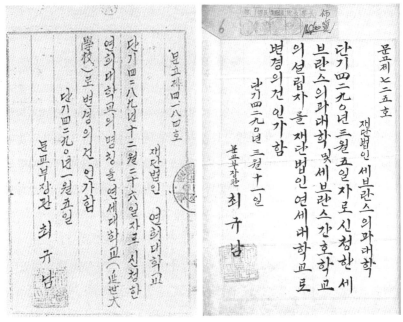

연세대학교 설립인가서(문고 제4184호)          세브란스 설립자 변경 인가서(문고 제725호)

10월 이사회에서는 연희와 세브란스가 가진 전통적 명칭을 살리자고 하면서, 그 머리 글자를 따 '연세대학교'로 결정하였다. 이 교명은 1929년 연전과 세의전의 합동을 논의할 때 이미 제안되었던 이름이었다.

이런 논의를 거쳐 마침내 1957년 1월 5일 문교부의 허가를 얻어 연세대학교가 출범하였다. 문교부의 허가서는 "단기 4289년 12월 26일자로 신청한 연희대학교의 명칭을 연세대학교로 변경의 건을 인가함"이라고 하여, 형식적으로는 연희대학교의 이름을 연세대학교로 변경하는 모양을 취하였다. 또한 같은 날 세브란스의과대학의 재산을 연세대학교에 양도하는 것도 인가되었다. 이로써 제중원을 모태로 출발하였던 의료교육사업(세브란스의전)과 교육사업(연희전문)의 두 기관이 오랜 우의 속에서 유지되다가 이제 하나로 다시 시작하게 되었던 것이다.

## (2) 진리·자유의 이념과 종교 교육

1957년 연세로 통합된 이후, 창립이념인 기독교 정신은 '진리와 자유'로 다시 천명되었다. 「정관」에 "본 법인은 진리와 자유 정신을 체득한 기독교 지도자 양성을 위주하는 기독교 교의에 조화하고 대한민국 교육법령에 기하여 고등교육을 실시함을 목적으로 한다"고 명시하였다. 백낙준은 통합된 연세의 초대총장으로 정관 속의 '자유', '진리', '대한민국 교육법령', '기독교 교의(敎義)' 등의 네 가지가 연세가 실시하려는 '주의와 정신'이라고 하였다.[44]

백낙준은 먼저 진리를 설명하면서 이를 과학(科學)과 연관시켜 정리하였다. 그는 대학을 "진리에 대한 책임을 지는 기관"이라고 하고, "대학은 진리를 탐구하는 기관"이면서, 진리를 가르치는 일, 알지 못하는 바를 연구하는 일, 그리고 선대(先代)에서 이어받은 문화를 보전 보호하며 또한 그것을 후대에 전해 주는 일을 담당한다고 하였다. 그리고 이 진리 탐구의 방식이 곧 "과학적 방식"이라고 하고, "진리 탐구와 과학은 서로 떠나지 못하게 되어 있"다고 하였다.

또한 대학은 '자유를 찾기' 위한 기관으로 규정하였다. 자유에는 '무지무식(無知無識)'에서 얻는 자유, 미혹과 의구(疑懼)에서 얻는 자유, 사상적·정치적·종교적 억압에서 얻는 자유 등이 있지만, 그 자유를 얻고자 하는 것은 '사람이 하나님의 형상대로 만들어진 귀중한 인격의 소유자'이기 때문이라고 하였다. 그리고 자유는 인간 본능의 해방이 아니라고 하고, "사람이 누릴 수 있는 진정한 자유는 진리의 제재(制裁) 하에서 이루어지는 것"이라고 하였다.

마지막으로 그는 '진리와 자유'를 기독교 교의 위에서 설명하고, 이를 연세의 '사명(使命)'이라고 하였다.

---

44) 『백낙준전집(3)』, 「延世大學校 初代總長 就任辭」(1957).

우리가 구하는 진리는 예수 그리스도를 통하여 啓示된 하나님의 진리요, 우리가 쟁취하는 자유는 인간생활상의 자유인 동시에 죄와 불의에서 벗어나는 심령의 자유입니다. 예수 말씀하시기를, 너희가 내 안에 있으면 진리를 알 것이요, 진리가 너희를 자유롭게 하리라 하였습니다. (…) 우리가 진리를 위해 싸우는 것과 자유를 위해서 싸우는 것이 이 학교의 사명이요 또한 이 대학가의 역사에서 볼 수 있는 사실입니다.[45]

학교의 정관에 기초하여 4292(1959)년도 『학사보고서』에서는 1959~1960년의 교육방침을 "본 대학교는 기독교 정신에 기하여 '진리와 자유'의 교훈 밑에 학술의 심오한 이론과 광범정치한 응용 방법을 교수 연구하며 (…)"라고 하여 이를 분명하게 적시하였다.[46]

『연세대학교 요람』(1961년)에는 이를 매우 분명하게 정리하여 제시하였다.[47] 즉 "연대 학생들은 갈망하는 마음으로 '진리'의 문을 두드리고 들어와, 학문을 닦은 후에 '자유'의 날개가 돋치어 나가기를 바라는 것"이라고 설명하였다. 그리고 '진리는 자유의 본질'이라고 하면서, 이 진리를 "나는 길이요 진리요 생명이니라"(요 14 : 6)고 거론하면서 진리는 예수 자신에게서 찾아야 한다고 하였다. 곧 "예수가 가르치신 이 길, 이 진리, 이 생명을 우리가 받아들일 때에 우리는 자유인이 될 수 있다. 자유는 진리의 활용에서 온다"고 하였다. 기독교 핵심 원리를 현실의 대학생활, 인생에 적용하였던 것이다.[48]

기독교정신이 창립정신과 교육 이념으로 정립되면서 당연히 학생들을 위한 종교교육이 중요하게 실시되었다. 종교교육에 대해서는 비교적 일찍부터 정비

---

45) 위의 글, 30~31쪽.
46) 연세대학교 교무처, 『학사보고서(4292년도)』, 1960, 1쪽.
47) 이 부분은 백낙준이 수시로 언급했던 '진리와 자유' 정신을 정리할 것으로, 『요람』의 해당 부분은 신과대학의 金夏泰가 抄하고, 백낙준과 최현배가 같이 다듬어 만들었다 [『백낙준전집(3), 「延世學園에 없어진 것들과 생긴 것들」(1972), 131쪽].
48) 『연세대학교 요람(1961)』, 12쪽.

된 것으로 보이는데, 가령 1958~59학년도의 '교육방침'이라는 항목 하에

(a) 기본방침 : 본 대학교는 기독교 정신에 기하여 학술의 심오한 이론과 광범 정치한 응용 방법을 교수 연구하며 국가와 인류 사회에 공헌할 지도적 인격을 도야함을 목적으로 하여, 그에 필요한 제반시설의 확충과 정비를 계획 실시하고 있습니다.

(b) 종교교육의 철저 : 매주 월, 수, 금 제3교시(11 : 00~12 : 00)에는[49] 종전과 같이 전교 직원 및 학생이 종교부 계획에 따라 기도회를 보고 또 학생에게는 필수 교양과목으로 종교 6학점을 과하여 이수키시고 있으며, S.C.A.와 Y.W.C.A.를 통한 학생 자치적인 종교 활동을 적극 추진시키고 있습니다.[50]

라고 하였다. 이때 교양과목은 ① 통재(通才)과목, ② 어학과목, ③ 종교, ④ 체육 등 4종으로 구분하여 실시하였는데, 이 가운데 전교생의 필수 교양과목으로 '종교' 6학점을 부과하였다.[51]

　종교 교육의 필요성은 1961년도 『연세대학교 요람』에 더 구체적으로 제시되었다. 이때는 '연세교육의 중점'을 "기독교적 인격의 조성", 곧 '진리, 자유로 표현된 창립 정신에 바탕을 둔 기독교적 인격도야'라고 명시하였다.

---

49) 1959년 11월 24일에 대강당이 준공된 후에는 월·수·금 반, 화·목·토 반, 둘로 나누어 각 학생의 좌석표를 지정하여 채플에 참석할 것을 강조하고 있다[『학사보고서(4292년도)』, 1쪽].

50) 『학사보고서(4291년도)』, 1959, 1쪽.

51) 「교과목의 교류 이수 권장」을 강조하였는데, "전공 과목을 될 수 있는 대로 넓은 범위로 생각하여, 소속되어 있는 전공 과목뿐만 아니라, 그 과에서 베푸는 선택과목, 또는 타과에서 베푸는 교류 과목 혹은 관련과목까지도 전공으로 간주할 수 있도록 하였습니다. / 타 부문 과목의 이수를 권장하며 대학과 과의 장벽을 없애도록 힘쓰고 있습니다. 타 부문의 과목이라 함은 인문, 사회, 자연의 3 부문 중 학생의 전공으로 하지 않는 부문을 말하며, 졸업할 때까지 다른 2 부문에 속한 과목중 적어도 6학점(그 이상은 자유)씩을 이수해야 합니다. (…) 여학생은 아동학, 가정학, 가정 문제를 이수하면 타 부분 12학점 가운데 이를 대치 (…) 이상의 제도는 명년부터 이것을 권장하며 (…)"라고 하였다(『학사보고서(4291년)』, 1959, 2~3쪽).

연세 교육의 중점은 인격 도야에 둔다. (…) 우리는 예수 그리스도의 완전하신 인격을 우리 인격 변화의 목표로 정하고, 예수를 배우기 위하여 그의 가르치신 이상을 배우고, 그의 살으신 행동을 본받으라고 한다. 그는 진리이며 생명이고, 빛이시다. 그를 배우면 사람이 되어지고 그를 본받아 살면 사람노릇하게 된다. 온전히 자유스런 인격과 인생은 희생으로 자기 완성을 얻는 사람이 되라고 한다. 이렇게 공부를 쌓는 것이 곧 그리스도스런 인격을 이룩하는 공부요, 우리 학교가 치중하는 교육이다.[52]

이와 아울러 학생들의 종교 활동도 지도하였다. 「종교적 활동」에는 "본 대학교는 기독교 고등교육기관으로서 진리와 자유 정신을 체득한 기독교적 지도자의 양성을 위주로 삼는 까닭에 진리 자유의 교육 목적을 달성하기 위하여 기독교 교의(敎義)를 강의하고 종교 생활과 그 활동에 대한 면밀한 계획을 세워 지도하고 있다. 따라서 기독교적 종교 활동을 위한 행사에 대하여 학교 당국은 적극적인 후원과 보호책을 세우고 있으며, 특히 교회 활동의 기회를 자유롭게 하기 위하여 일요일의 모든 행사는 엄격히 금지되고 있다"고 하였다. 이런 활동의 일환으로 종교과목을 교양필수로 두었으며, 그 외 전교생이 참석하는 기도회(Chapel)를 실시하였다.[53]

---

52) 『연세대학교 요람(1961)』, 14쪽.
53) 『연세대학교 요람(1961)』, 86쪽. "매일 4째 시간(12~12 : 30) 성별(聖別)하여 대강당에서 예배를 보고 있다. 이 기도회는 엄숙한 종교 의식의 경건한 분위기 속에서 갖게 되는데, 여러 강사들은 설교, 강연, 학담(學談), 경력담 등으로 학생들을 가르치고 깨우치고 감동과 격려를 베풀어 주며, 또한 학생들이 이 시간을 통하여 종교 의식의 세련, 신앙적 수련, 그리고 덕성의 함양과 인격의 도야를 위한 귀중한 시간으로 삼게 된다. / 이와 같은 예배 시간은 본대학교의 기독교적 교육 목적을 달성하기 위한 한 방법으로서 사용되고 있는데, 대학의 전통이나 학생들의 기질이 또한 이곳을 통하여 은연 중에 형성되어 가고 있는 현상은 중요한 사실이다. 특히 연세를 모교로 삼는 모든 연세인에게는 감명 깊은 수양 도장으로, 마음의 영원한 고향으로 새롭게 기억되고 있다. (…) 따라서 모든 학생들은 반드시 이 기도회 시간에 참석할 의무가 주어져 있는 반면에, 출석 점검을 받게 되나 결코 기독교 신앙을 강제 받지는 아니한다. 다만 한 학기 동안의 출석률이 3/4에 미달되는 경우, 그 학생은 다음 학기에 교목의

종교 활동의 일환으로 학교에서는 기도실을 설치하였다. 당시 본관(스팀슨
관) 2층과 대강당 4층에 기도실을 마련하여 항상 개방하였다. 특히 대강당의
기도실은 신과대학생들의 특별한 종교 훈련을 위한 곳으로, 1949년 좌익에
의해 암살된 원한경의 부인(에델 언더우드)을 기념하는 곳이었다.

종교과목은 2학기에 걸쳐 6학점을 개설하였다. 1학기에는 "기독교란 무엇인
가", 2학기 "성경이란 무엇인가"였다. 1학기 수업을 위해『종교와 기독교』라는
교재도 편찬하였다. 1959년에 초판이 출간되었다.[54]

이 책의 「서문」에는 당시 연세대학교에서 실시하던 종교 교육의 특징이
잘 드러나 있다. 먼저 현대사회의 세속문화 속에서 종교의 필요성을 많이
느끼고 있다고 전제하고

> 시대의 변천은 결국 인간 정신의 변천이요, 인간 정신은 그 밑받침을 하고
> 있는 종교를 떠나서는 생각 할 수 없는 것이다. 더욱이 현대에 이르러 정신적
> 위기를 자각하고 정신적 공백을 저어하는 사람들에게 있어서 종교의 새로운
> 의식은 가장 긴급한 문제가 된 것이다. 종교는 終當에 가서는 "삶"의 표시가
> 있어야 되겠지만, 종교적 삶을 가져오기 위하여는 먼저 종교가 무엇인지를 알아야
> 할 것이다. 그러므로 학교나 사회에서는 종교를 한 지식체계로서 배우는 운동이
> 많이 일어나야 될 것을 바라고 있는 바이다.[55]

라고 하여, 인간 정신의 밑받침이 되는 종교를 적어도 학교나 사회에서 '지식체

---

특별한 지도에 따라 신학과 과정에서 3학점으로 보충하도록 되어 있다"라고 하였다.
문과, 신과, 정법대학은 월·수·금요일, 상경, 이공대학은 화·목·토요일에 실시하였다.
54) 金夏泰·韓泰東·池東植,『宗敎와 基督敎』, 연세대학교 출판부, 1959. 이 책의 첫 페이지에
    는 "젊은 學徒들이 바른 信仰을 갖는 일에 平生을 갖는 일에 평생을 기울이신 總長
    白樂濬博士께 삼가 이 작은 冊子를 드리는 바이다"라고 하여, 당시 총장 백낙준의
    교육이념이 기독교 신앙과 직결된다는 점에 감사하고 있다.
55) 위의 책(초판), 「머리말」.

계'로 배워야할 것이라 하였다.

그리고 연세대학교에서 행하는 종교 교육은 주로 기독교 신자가 아닌 학생을 대상으로 설정하였다.

> 본서는 주로 기독교 신자가 아닌 학생을 대상으로 하여 종교의 본질이 무엇이며, 기독교는 어떻게 발전해 온 것이며, 기독교에서 신봉하는 교리는 무엇인가 하는 것을 될 수 있는대로 평이하게 또한 현대적 이해를 갖추어 설명하려고 애써 본 것이다. 그러나 이 책이 대학교과서인 만큼 학구적 내용과 체제를 또한 갖추려고 한 것도 저자들의 의도이었다. 저자들이 바라는 것은 기독교 신자가 아닌 학생들이 이 책을 통하여 종교와 기독교를 배우고 아는 데만 그칠 것이 아니라 한걸음 더 나아가서 "믿는데"까지 이르기를 바라는 바이요, 신자인 학생들은 이미 믿는 그 종교의 내용을 좀 더 학구적으로 이해하기를 바라는 바이다.[56]

이런 점은 〈개정판〉(1961)의 「서문」에서도

> 이 책을 내게 된 직접 동기는 神學生이나 오랜 동안 教會生活의 경험을 가진 기독학생보다도, 아직 기독교가 무엇인가를 알지 못한 채 基督教大學의 문을 두드리게 된 학생들에게 종교 일반과 特殊宗教인 기독교 역사 및 그 진리 내용에 대한 교양을 주기 위한 것이었다. (…) / 최근 각 대학에서는 교양 과목을 중요시하며 (…) 자연과학이나 사회과학에 관한 것을 중요시하고 인문과학 부문은 輕히 여기며 宗教的인 教養에 대해서는 극히 무관심한 편이 아닌가 (…) 결과적으로 학생들이 머리와 손을 위한 교양은 풍부하게 받을지 모르나 圓滿한 인간형성을 위한 충분한 교양을 받을 수 있을는지 의문일 것이다. 그런 만큼 종교적인 교양은 다만 기독교대학에 적을 둔 학생만이 아니라 모든 학생들에게 필요한 줄로 안다.[57]

---

56) 위와 같음.
57) 「宗教와 基督教」(개정판), 「改訂版을 내면서」, 1961.

이러한 목표 하에 신과대학 교수였던 김하태, 한태동, 지동식 세 교수가
① 종교의 본질(김하태), ② 기독교의 기원 및 발전(한태동), ③ 기독교의
교리(지동식) 등으로 나누어 집필하였다. 교양 과목의 교재라는 점에서 각
장 끝에 연구 및 토의 제목을 제시하였다. 기독교를 믿지 않는 학생들을
대상으로 종교 일반에서 접근할 수 있는 주제들이 포함되었다.

1964년 3월, 교양학부가 설치되면서 종교과목은 "학생들에게 기독교적
인격 도야와 종교학에 관한 지식을 주기 위한 과목"인 "기독교 과목"이 되었고,
'기독교개론' 3학점, '성서개설' 3학점으로 조정되었다. 그러나 『종교와 기독교』
는 교재로 계속 사용되었다.

기독교를 믿지 않는 학생들을 주 대상으로 종교과목이 개설된 것은 '일반
조선인 남자'를 대상으로 했던 연전 이래의 전통이었다. 당시 『종교와 기독교』
교재를 편찬했던 즈음(1961년 4월 현재)에 학생들의 종교 상황은 다음과
같다.[58]

| 재학생 종교 상황 (명 / %) | | | 기독교 학생 상황 (명 / %) | | |
|---|---|---|---|---|---|
| 기독교 | 1,707 | 48.18% | 장로교 | 1,024 | 59.99% |
| 천주교 | 122 | 3.44% | 감리교 | 532 | 31.17% |
| 불교 | 58 | 1.64% | 성결교 | 91 | 5.33% |
| 유교 | 36 | 1.02% | 침례교 | 18 | 1.05% |
| 기타 | 20 | 0.56% | 구세군 | 8 | 0.47% |
| 무종교 | 1,600 | 45.16% | 안식교 | 7 | 0.41% |
| | | | 성공회 | 8 | 0.47% |
| | | | 기타 | 19 | 1.11% |
| | 3,543 | 100% | | 1,707 | 100% |

---

58) 『연세대학교 요람(1963~64)』, 88~89쪽을 바탕으로 작성함. 참고로 1981년 7월 현재의
학생 종교 상황 조사에 의하면 기독교 38%(천주교 포함. 그 가운데 장로교 18.7%,
감리교 6.6%, 천주교 6.5% 등), 무종교 55.6%였다(『연세대학교 요람(1982)』, 218쪽).

### (3) 연세 '학풍'의 천명과 통재(通才) 교육

1957년 연희와 세브란스가 합하여 연세대학교가 된 이후, 학문도 점차 분화, 전문화되어 갔다. 많은 대학들이 이런 변화 속에서 자신들의 학풍을 정립해야 하였다. 연세대학교는 기독교 이념을 "자유와 진리"로 정립하면서 일제시기부터 유지해 오던 '동서고근 사상의 화충' 이념을 시대 변화에 따라 조정하고자 하였다.

새로운 학풍 조성을 천명했던 때는 1960년이었다. 백낙준은 이런 구상을 그해 「신년사」에서 표현하였다. 연세의 학풍은 이미 여러 차례 언급한 바 있었지만, 이를 더 구체적으로 제시하였다.

> 우리는 溫故知新의 학풍을 주장해 왔고, 緻密正確의 학풍을 고조하였으며, 利用厚生의 학풍을 환기하였던 것이다. / 오늘 우리 민족 국가는 재건과 번영의 길로 나아가기 위하여 實事求是의 정신을 본받아 뒤잇자고 하였던 것이다. 우리의 모든 문제를 해결할 학풍을 연구하고, 우리의 살 길을 指向할 사상을 기르고, 우리의 손으로 우리의 일을 만드는 학술과 기술을 가지자 하였다.[59]

백낙준이 제기한 바는 곧 온고지신, 치밀정확, 이용후생, 실사구시의 네 가지였다. 이런 학문적 지향과 태도는 당시 민족국가의 재건과 번영을 위해 반드시 필요하다는 것이었다. 그리고 이것은 조선 후기 실학의 학문 태도이기도 하였다.

백낙준이 제시한 이 학풍은 다시 논의를 거쳐 다음의 네 가지로 정리되었다.[60]

첫째, 기초와 전공에 균형된 교육을 지향하였다. 줄곧 유지해온 기독교 정신에 입각한 인격 도야는 물론, 다양한 교양 과목을 통해 넓은 지식, 박학을

---

59) 『백낙준전집(3)』, 「1960년 新年辭」(1960), 198~199쪽.
60) 『연세대학교 요람(1961)』, 14~15쪽.

기반으로 하고, 그 위에 전공을 쌓아 올려야 대학교육의 목적을 달성할 수 있다는 것이다. 이렇게 균형있는 교육을 받아야만 "고루(固陋), 편협(偏狹), 색폐(塞閉)의 폐(廢)를 제거하고 박식(博識), 활달(豁達), 관홍(寬弘)의 성과를 얻게 될 것"이라고 하였다.

둘째, 온고지신(溫故知新)의 태도를 강조하였다. '옛 것을 익히고 새로운 것을 안다'는 『논어』의 구절로, 일제하 연전시절부터 민족문화를 연구하던 전통을 새로운 차원에서 재천명한 것이다. 『요람』에서 이에 대해

> 우리는 유구한 문화의 계승자들이다. 우리 문화는 우리로 한 민족적 단위를 이룩하게 한다. 우리는 학문을 중외(中外)에 구하고, 진리를 고금(古今)에 취하되, 우리 과거와 절연할 수 없다. 우리가 우리의 과거로 그치는 때는 우리 민족의 본질을 상실하는 날이다. 새 것을 배우면서 우리 민족 문화를 더 빛나게 하여야 한다. 과거로 돌아가는 반동(反動)이나 자찬자위(自讚自慰)하려 함이 아니다. 우리 민족의 문화를 빛나게 하면서 새 문화, 새 학문을 배우라는 것이다.[61]

라고 하였다. 곧 연세가 국학 연구의 중심지로 자리 잡아 갈 수 있는 이념이자, '동서고근 사상의 화충'의 또 다른 표현이었다.

셋째, 모든 학문의 연구와 진리의 탐구에 필요한 과학적 정신이었다. 이는 학문 분야가 다양해지면서 자칫 잃기 쉬운 학문 태도의 자세를 언명한 것이었다. "과학적 방식의 행사로만 진리를 탐득(探得)"할 수 있다고 하였고, 이를 위해서 "우리는 피상적, 형식적, 명리적(名利的) 태도를 배제하고 치밀, 정확, 창의적 연구 태도를 치중"하자고 하였다.

넷째, 실사구시(實事求是)의 입장을 천명하였다. 이는 조선 후기 '실학'의 학문적 이념이었다. 실사구시는 "참되고 실제적인 일을 위하여 진리를 찾으라

---

61) 『연세대학교 요람(1961)』, 15쪽.

함"이었다. 학문이 현실에서 필요한 실제적 학문으로, 또한 선진국만을 모방하는 학문이 아니라 주체적인 우리의 학문이 되어야 함을 거론한 것이다. 이는 특히 한국 사회에 필요한 실용적인 학문 분야에 적용될 수 있는 태도였다.

> 우리는 문학의 후진성을 면하기 위하여 선진국을 모방하거나, 추종하는 일에 급급하지 말고, 우리의 요구에 응할 수 있고, 우리 문제의 해결에 공(供)할 수 있는 학문과 기술을 배우라는 것이다. (…) 남의 것을 배우는 까닭은 우리 문제 해결에 도움을 얻으려 함이다. 이론은 이론으로 가치 있는 것이다. 그러나 응용이 없는 이론은 공론(空論)이다. 이론을 연구하는 동시에 이론의 응용에 치중하라고 한다. 이것이 현하(現下) 우리 학인(學人)에 대한 요망이기도 하기 때문이다.[62]

이렇게 새롭게 정립된 연세학풍의 기반은 일제하의 조선학운동, 해방 후의 민족문화연구의 핵심이었던 '실학'이었다. 학풍의 실사구시, 온고지신, 과학정신 등은 모두 실학의 학문 이념이었던 것이다. 그리하여 이를 정립한 백낙준은 '실학사상이 연세의 학풍'으로 오랫동안 유지되기를 바랐던 것이다.[63]

이런 학풍의 정립과 더불어 전인교육을 목적으로 하는 교양과목이 중시되었다. 이는 1959년 백낙준 총장의 신년사에서 '통재(通才)교육'으로 제안되었다.[64] 통재는 곧 천지인(天地人) 삼재(三才)를 두루 관통, 통합하는 것으로, 백낙준은 이를 그 해 준공한 대강당 꼭대기 벽면에도 새겼다. 낙성식에서 백낙준은

> 옛 사람들이 이른바 三才란 것은 세 가지 始初요 根本이란 뜻입니다. (…) 옛

---

62) 위의 책, 15~16쪽.

63) 『백낙준전집(3)』, 「延世의 遺業」(1976년 5월 3일 연세대학교 채플), 301쪽.

64) 『백낙준전집(3)』, 「1959년 신년사」(1959), 195쪽. 그는 통재교육을 "세계적 동향이요, 근년에 와서는 아시아 기독교 관계 대학에서 이 교육이념에 앞장서고 있다"고 하면서, 아직 우리나라에서는 시작단계라고 보았다.

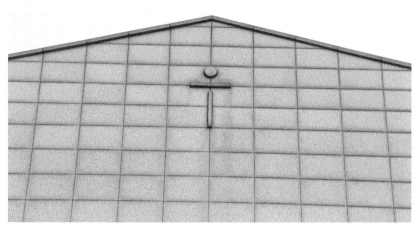

천지인, 연세대학교 대강당

사람은 天, 地, 人이 萬物의 始初요 근원이라 하였고, 그 根本되는 天道, 人道, 地道를
통달함으로써 천지 인간의 진리를 體得하는 과정을 삼아왔습니다. / 이러한 三才의
원리에 의하여 世宗大王께서는 訓民正音을 創造하실 때 圓으로 天을 상징하시고,
平行線은 地를, 垂直線은 人을 상징하였던 것입니다. 이제 우리는 宗敎, 道德, 哲學
등의 形而上學을 天道로 해석하고, 우주만물을 연구하는 自然科學을 地道에 부합시키
고, 인류의 역사, 사회생활, 문화 활동을 다루는 社會科學을 人道에 준하여 現代的
三才 敎育이 연세 교육의 목적이요, 이 대강당의 사용 목적도 이에 있음을 표기하기
위하여 訓民正音에서 天, 地, 人을 상징한 모습을 이 대강당의 象徵으로 삼았습니다.[65]

라고 하였다. 통재 교육, 곧 형이상학, 자연과학, 사회과학을 두루 통하는
교육을 연세교육의 목적으로 삼았던 것이다. 그리고 통재교육은 "이 학교의
전통으로 삼아온 것"이자, "우리가 물려받은 아름다운 유업"이라고 하여,
연희시절 이후 축적된 학풍의 발현으로 보았다.[66] 관련 교과목으로 「인간과

　65) 『백낙준전집(3)』, 「延世大學校 大講堂 落城 奉獻辭」(1959), 70쪽.
　66) 『백낙준전집(3)』, 「延世의 遺業」(1976), 299쪽.

사상」, 「인간과 사회」, 「인간과 환경」 등을 만들어 개설하였다.

\* \* \*

1915년, 한국 고등교육의 장을 열었던 연희전문학교의 설립은 1885년 한국에 온 언더우드의 대학 설립 노력의 결실이었다. 연희전문의 교육을 통해 언더우드의 소명을 이은 에비슨, 원한경에 의해 대학 설립은 지속적으로 추진되었지만, 일제의 교육정책으로 '대학'으로 허가되지 않았다. 대학 설립은 해방 후에 비로소 가능하였다.

해방 후, 한국의 학술계, 교육계는 새로운 국가건설을 위한 방향으로 재편되었다. 이는 일제 잔재를 청산하고, 우리가 한 번도 경험하지 못한 민주주의, 자주 국가를 세우는 과제였다. 대부분은 일제 식민지배를 극복하는 과정에서 발전된 민족문화론을 그 바탕에 두고 다양한 국가사회 건설을 구상하였다. 종합대학으로 출범한 연희의 과제도 또한 이와 다르지 않았다. 그들은 연전 시절의 민족문화 연구와 교육을 바탕으로 이 흐름을 주도하였다. 비록 사회주의 이념에 입각하였지만, 백남운의 조선학술원, 민족문화연구소도 그러하였고, 정인보의 국학대학, 홍이섭의 역사학회, 김일출의 신문화연구소 등도 모두 그러하였다. 연희 교정 안에서는 백낙준이 주도한 동방학연구소로 그 이념을 구현하고자 하였다.

이러한 민족문화론은 한국의 새로운 교육체계를 세워나가는 과정에도 반영되었다. 미군정 산하의 자문위원회를 통하여 교육이념과 제도가 만들어졌는데, 교육이념으로 '홍익인간'이 정립되었다. 홍익인간 이념은 우리의 역사 속에서 축적된 민족정체성을 근대적인 민주주의 이념 속에서 재창조한 것이었다. 이를 제안한 사람은 백낙준이었고, 연전 교수 출신의 정인보, 하경덕, 정인보와 조선학운동을 주도하던 안재홍(분과위원장)이 결정한 것이었다.

6·25전쟁으로 학술계가 남북으로 분단되면서 해방 직후의 활발한 학술운동

은 위축되었다. 그러나 1957년 연희와 세브란스가 통합된 후, 연세의 교육은 사회에서 필요한 민주주의 시민 양성을 큰 목표로 추진하면서도 '온고지신(溫故知新)', '실사구시(實事求是)'의 기치 하에 '화충의 학풍'을 새롭게 계승하였다. 연세는 학문의 전문화, 다양화가 추진되는 가운데서도 전통문화, 민족문화를 통합하고자 하였던 것이다.

이런 학풍은 교육에서 '통재(通才) 교육'으로 천명되었다. 학풍이 학문에 따라 세분화되는 것을 막고, 전인교육을 지향하였던 것이다. 이는 또한 연전에서 형성된 '동서 화충'의 학풍이 변화된 사회 속에서 재현된 것이었다. 이 연세학풍은 1960년대 이후 한국의 산업 발전 속에서도 국학연구와 새로운 학문 개척의 길잡이가 되었다. 1967년 11월 3일, 동방학연구소에서는 '실학공개강좌'를 시작한 것에서 이를 단적으로 볼 수 있다. 연전의 학풍과 교육(東西古近 사상의 和衷)을 계승하여 새로운 시대 속에서 연세의 교육(通才敎育)과 학풍(溫故知新, 實事求是, 科學精神 등)으로 재정립하고, 이를 연세 교육의 이념으로 제시했던 백낙준은 실학공개강좌에 참여하여 다음과 같이 언급하였다.

나는 實學을 장려한 사람이요, 또한 내가 아는 常識에 의하여 實學思想을 나의 敎育思想의 하나로 실천하여 왔다. 우리 나라 實學家들의 遺著를 부분적으로나마 涉獵하였고, 또한 理解하려고 노력하였다. 나는 이 기회에 내가 이 학교에서 在職하는 동안 實學을 延世敎育의 理念으로 삼아왔던 사실을 後代에 전하여 보려는 意圖에서 實學講座를 提請하였고 또한 이 開講에 참여하게 되었다.[67]

67) 『백낙준전집(6)』, 「實學의 現代的 意義」(1967), 8쪽. 그는 이 발표에서 실학의 학문적 특징을 민족적 자아의식, 합리주의, 민주사상, 法古刱新, 實心向學 등의 다섯 가지로 정리하고, 이 사상은 한말의 신민회의 務實力行, 정인보의 실학 운동으로 이어졌으며, 당시 한국의 근대화도 이런 실학 정신 위에서 추진되어야 한다고 하였다.

## 제3부

# 화충의 학풍과 민족문화 연구

# 이윤재의 민족운동과 역사연구

　이윤재(李允宰, 1888~1943, 호 : 환산(桓山), 한산, 한메, 한뫼 등)는 조선어학
회 사건으로 투옥 중에 고문으로 순국한 국어학자로 많이 알려져 있다.[1]
하지만 그는 국어학자이면서 동시에 민족주의 역사학자였다. 그는 신채호의
영향으로 역사에 관심을 가지게 되었고, 북경대학 사학과에서 역사학을 수학
하였다.

　경신학교, 동덕여고보에서 가르치던 이윤재가 연희전문학교에 출강한 것은
1929년이었다. 이윤재는 조선어연구회에서 연전 교수 최현배, 연전 출신
김윤경 등과 같이 활동하였으며, 흥사단·수양동우회 활동을 통해서 연전
교수들과 밀접한 관련을 맺었다. 또 많은 역사 글들을 신문이나 잡지에 게재하
였다. 이때 연전은 민족문화운동을 이끌고, 1932년에 이르러 이를 교육방침,
곧 학풍으로 "동서고근 사상의 화충"을 표방하였다. 한글 보급운동, 역사
위인 선양운동, 그리고 실학을 근간으로 한 조선학운동의 터전이자 민족주의
의 소굴이었던 연전에 이윤재가 강의를 나오게 된 것은 자연스러운 일이었던
것이다.

---

1) 이윤재에 대해서는 외솔회, 『나라사랑』 13, 환산 이윤재 특집호, 1973 ; 박용규, 『우리
　말 우리역사 보급의 거목 이윤재』, 한국독립운동사연구소 기획, 역사공간, 2013.

연전에서 이윤재는 동양사와 한국사를 담당하였다. 당시의 동료였던 백낙준과 최현배는 이런 사정을 다음과 같이 회고하였다.

이런 와중에 문과 과장으로 있으면서 나는 국학 분야 과목을 새로 만드는 데 주력했다. (…) 한국 사람이 자기 나라의 역사를 알아야 한다고 생각하여 동양사란 과목이 있기에 동양사를 가르치면서 그 일부인 한국사를 가르치기로 하고 이윤재 선생으로 하여금 이 과목을 담당케 했고, (…)2)

일제 탄압 아래에서 조선어 과목을 차린 것은 연희학원의 한 자랑이다. 이와 동무하여 우리나라 역사를 가르친 것도 또한 우리의 교육사 내지 사상사에 두드러진 이정표의 하나인 것이다. 당시의 압제정치 아래에서는 버젓하게 조선역사를 내걸 수가 없었기 때문에 동양사란 과목 밑에 국사를 가르쳤던 것이다. 이윤재, 정인보 두 선생이 수고하였으며, (…)3)

라고 하였다. 이윤재는 정인보와 더불어 역사학을 강의하였고, 이는 신채호의 민족주의역사학이었다. 이런 점에서 이윤재는 비록 강사 신분이었지만 연전의 민족주의 학풍을 잘 드러낸 학자였다.

2) 『백낙준전집(9)』, 「나의 삶을 되돌아보며」(『연세춘추』, 1981년 8월 17일~1982년 3월 1일), 146~147쪽.
3) 최현배, 「연희회고기」, 『연세대학교백년사(1)』(연세대학교백년사편찬위원회 편), 1985, 199쪽.

## 1. 민족주의 학문의 수학

### 1) 주시경의 한글 연구 계승

이윤재는 어려서 10여 년 동안 마을의
서당에서 한학을 공부하였다. 그러다가
1905년 다소 늦은 나이에 김해 공립보통학
교에 입학하여 신학문을 배웠다. 재학 중에
대구 계성학교(중학과정)의 광고를 듣고
그곳으로 가서 1906~1907년, 1년 정도 수학
하였다. 다시 김해로 돌아와 1908년 3월에
공립보통학교를 제1회로 졸업하였다.[4)]

그는 이런 사정을 다음과 같이 회고하였
다.

연희전문학교 강사 시절의 이윤재(1933)

나는 소학으로부터 중학에 들어가지를 않고 中學을 거쳐 小學을 들어갔다.
내가 대구 계성중학교를 들어 갈 때에 四書三經을 벌써 독파한 제법 한문 大家인척
할 때였다. 그러나 그 학교는 본래 기독교 경영이므로 성경을 중요한 과목으로
하는데, 나의 안목으로 보면 별로 배울 것이 없는 것 같았다. 新約全書와 算術
만을 배우는데 그칠 뿐이었다. 그러자 나의 고향인 김해에 새로 보통학교라는
것이 설립되어 그리로 전학을 하게 되었다. 그때 보통학교 과목으로는 한문은
書傳, 詩傳이며, 역사로는 泰西新史, 지지는 大韓新地誌 등을 가르쳤다. 그래서
융희 원년 내가 18세 되든 해에 나는 처음이자 마지막으로 학교 졸업이라는

---

4) 『皇城新聞』 1908년 1월 5일, 「金海拾珠」. 김해군 보통학교에서 연말 시험에서 4학급
   우등생으로 소개되어 있고, 『皇城新聞』 1908년 4월 2일, 「金校經試」에 제1회 졸업생
   명단으로 확인할 수 있다.

것을 하게 되었다.[5]

보통학교를 졸업한 이윤재는 김해 함영(涵英)학교 교사가 되었다. 또한 김해 지역의 농민들이 농업발달을 위해 만든 농무회에서 실업학교와[6] 농민야학교를 설립하자, 이윤재는 야학교에서 국문, 한문, 역사, 산술, 체조 등을 가르쳤다.[7] 1908년부터는 기독교계 인사들이 김해에 세운 사립합성학교의 교사로 활동하였다.[8] 이때부터 이윤재는 좋은 연설로 많은 사람들에게 감명을 주었다.[9]

일제 강점 후, 1911~1913년 이윤재는 마산의 창신학교에서 조선어와 역사를 담당하였다. 창신학교는 김원봉(후에 의열단 단장)의 고모부인 황상규가 설립한 사립학교로, 김원봉과 훗날 조선어학회장을 지내는 이극로 등이 수학

---

5) 이윤재, 「舊卒業生의 回顧談」, 『新民』 23, 1927, 25쪽(연세학풍사업단·김도형 편, 『한뫼 이윤재 글모음』, 선인, 2016, 81쪽. 이하 『글모음』. 또한 이윤재가 쓴 글 앞에는 저자 이름을 생략함). 이런 점은 자신이 쓴 흥사단 이력서에도 "1906~1907 계성중학교"로 되어 있다(박용규, 앞의 책, 2013, 19쪽).

6) 『皇城新聞』 1908년 6월 6일, 「實業設校」. "金海郡 府三面 居 李允宰氏의 來函을 據ㅎㄹ즉 本郡 府三面 居住ㅎㄴ 農夫 幾十名이 民産의 困難ㅎ을 慨歎ㅎ고 一農務會를 組織ㅎ고 農業發達이란 四字로 綱領을 삼아 旗竿에 高揭ㅎ고 該農夫들이 各村坊에 周行ㅎ면서 農務會에 趣旨로 家喩戶說ㅎ야 今已四五處 設立되고 諸會員이 實地上標準을 立ㅎ기 爲ㅎ야 實業學校를 建築ㅎㄴㄷ 該面 桃洞里 居 前主事 朴大根氏가 學校建築에 經費를 一切 自擔ㅎ야 方今 建築이오니 該氏의 華名을 擧部開役ㅎ으로 該地 人士가 無不稱頌ㅎ다더라."

7) 『皇城新聞』 1908년 8월 4일, 「農會敎育」.

8) 박용규, 앞의 책, 11쪽. 학교 이름에 '합성'이라고 한 것으로 보아, 기독교 장로교, 감리교 등의 교파가 연합(union)해서 세운 것으로 보인다. 1905년 서울에서도 장로교 계통의 경신학교와 감리교 계통의 배재학당이 합쳐 중등과정으로 합성중학교(Union Intermediate School)가 2년 정도 운영되었다(최재건, 『언더우드의 대학 설립』, 연세대학교 출판문화원, 2012, 79~81쪽).

9) 『皇城新聞』 1908년 5월 14일, 「涵校運動」. "金海郡 畓谷 涵英學校 任員 金琥楨氏의 來函을 據ㅎ 則 本校 春期運動을 陰曆 四月 八日에 設行ㅎ얏ㄴㄷ 生徒 五十三人과 任員 及 敎師 十八人이 該郡 武溪里에 到着ㅎ니 當地ㄴ 人烟이 湊集ㅎ고 家屋이 節比ㅎ지라 男女老少가 觀者如堵오 運動 畢에 敎師 李允宰氏와 生徒 金容昊氏가 一場 演說ㅎ매 父老有感泣者라.(…)" 라고 하였다. 그 지역의 교육 열기가 대단하였던 것으로 보인다.

하였다.10)

창신학교에 근무할 때, 이윤재는 주시경의 제자였던 김윤경을 만났다. 김윤경은 창신학교 부임 직전에 상동청년학원에서 주시경으로부터 한글 문법 등을 수학하였다.11) 김윤경은 그런 사정을

　　내가 환산을 처음 사귀게 된 것은, 마산에서 교편 생활을 하고 있을 때(4243~ 4250 : 단기)의 일이었다. 내가 주시경 선생의 "국어 문법"을 교수함을 보고, 동적인 그는 대단한 흥미로 이에 대하여 토의하게 되었다.12)

라고 하였다.

김윤경을 통해 주시경을 알게 된 이윤재는 주시경의 한글 연구와 민족 사상을 훗날 자신의 한글 연구와 한글운동의 길잡이로 삼았다. 이윤재는 항상 주시경의 학문을 강조하여, "사십여 년 전에 우리 한힌샘 스승이 바른 길을 열어" 주었다고 하면서, 이는 "우리 한글의 앞길을 위하여 크게 기뻐하는 바"라고 하였다.13) 그리하여 그는

---

10) 이윤재는 1914년 4월, 창신학교의 교가도 작사하였는데, 첫 구절을 "아시아 동천구 반도 성업다, 무궁화 금수강산, 오늘 문명 선구자는 우리학교 창신일세"로 하여 민족적 의미를 부여하였다. 수업 중에 이순신, 민영환, 정몽주 등도 가르쳤다(창신중.공업고등학교, 『창신 60년사』, 1969, 70~71쪽(『글모음』, 794쪽 ; 박용규, 앞의 책, 12쪽)]. 또 이윤재는 창신학교 재직 중에 지리산에 수행여행을 가면서 가는 길에도 인근 지역의 역사와 민족 인사, 이순신, 조식, 최치원, 황현, 원효, 의상 등에 대해 가르쳤다(「追憶의 地勝－智異山의 追想」, 『신여성』, 7-6, 1933, 111~112쪽(『글모음』, 774~775쪽)].
11) 후에 유명한 한글학자가 된 최현배, 김두봉 등도 이 학교에서 주시경의 지도를 받았다.
12) 김윤경, 「환산 이윤재 언니를 그리워 함」, 『한결글모음(III) : 수상, 수필』, 한결 김윤경 선생 기념사업회, 1975, 378~379쪽. 창신학교 교사를 지낸 김윤경은 1917년에 연희전문학교 문과에 입학하였고, 졸업 후에는 배화여고 등에서 교사를 지내면서, 이윤재와 더불어 한글운동, 흥사단(수양동우회) 운동에 참여하였다가 옥고를 겪었다. 해방 직후에 연희전문학교, 연희대학교 교수가 되었다.
13) 「한글을 처음 내면서」, 『한글』 1, 1932, 3쪽(『글모음』, 528쪽).

> 선생이 가신 지 20여 년인 오늘에 이르러 한글 과학운동이 점점 더욱 늘어가며
> 통일의 完成이 가까이 오게 됨은 오로지 선생의 끼치신 恩澤임을 잊을 수 없으리니
> 선생의 勳業은 朝鮮語가 존재하는 때까지 영원히 빛날 것이다.[14]

라고 하여, 이윤재는 항상 한글 과학운동이 모두 주시경의 훈업이라고 칭송하
였다.


## 2) 신채호의 역사학 계승

이윤재는 1915년에서 17년까지 3년간 와세다 대학 문과에서 공부하였다.
1917년에 귀국하여 창신학교의 자매학교인 의신여학교(1913년 4월 개교)에서
교편을 잡았다. 이때 이윤재는 예수교 면려회장, 주일학교장 등을 역임하면서
기독교 신앙에 입각한 교육을 동시에 행하였다.

1918년에는 평북 영변의 숭덕학교에서 조선어와 역사를 가르쳤다. 이 학교
재직 중에 3·1운동이 일어났다. 이윤재는 1919년 3월 2일 조선독립선언서
40여 매를 등사, 반포한 일로 일본 경찰에 체포되었으며 보안법 및 출판법
위반으로 징역 1년 6개월에 처해져 평양감옥에서 옥고를 치렀다.[15] 그는
재판 과정에서도 "조선민족은 반만년의 역사를 이어온 당당한 독립국가이므
로 지금 타 민족의 지배를 받을 이유가 없다. 그러므로 독립운동은 신과
인간에 대한 죄가 될 수 없다"고 하면서, 1차 대전 후에 제기된 민족자결을
근거로, "조선민족이 독립을 획득하는 것은 강탈당한 물건을 되돌려 받는
것과 같으므로 죄가 되지 않으며, 독립선언서는 불온한 문서도 아니고, 그것을
반포한 것도 보안법에 위배되는 것도 아니다"라고 주장하였다.[16]

---

14) 「한글 運動의 先驅者 周時經先生」, 『三千里』 7-9, 1935, 343쪽(『글모음』, 654쪽).

15) 『每日申報』 1920년 6월 6일, 「恩赦 출옥된 李允宰」.

16) 「大正 8年 刑上 第500號」, 박용규, 앞의 책, 15~16쪽 재인용.

출옥 후 마산으로 돌아온 이윤재는 곧 1921년 6월, 중국 북경으로 유학 겸 망명하였다. 그는 북경에 도착하자 바로 신채호(申采浩)를 만났다. 이윤재는 『대한매일신보』, 『대한협회월보』, 『권업신문(勸業新聞)』, 『천고(天鼓)』 등에 쓴 글을 통해 신채호를 알고 있었다. 그 가운데 「을지문덕전」, 「천개소문전」, 「최도통전(崔都統傳)」 등과 같은 '역사' 저술을 통해 그의 학문적 성과와 명성을 잘 알고 있었다. 이윤재는 신채호를 만나자,

> 내가 이번에 여기에 오기는 다만 學術研究를 목적하는 것입니다. 동양문화를 연구하는 데는 中國이 가장 좋을 것이라 생각하였던 것입니다. 앞으로 선생께서 많이 지도하여 주시기를 바랍니다.[17]

라고 하였다. 그러자 신채호는 매우 기뻐하며

> 매우 좋소이다. 지금 조선 사람은 무엇을 연구하든지 서양이나 일본으로 가기들을 잘 하지마는 중국 땅에 오는 이는 별로 없는 모양입니다. 중국이 동양의 대부분은 차지하고 있으니, 동양문화를 연구하려면 중국을 떠날 수 없을 것이지요. 그리고 중국은 우리 조선의 史料를 探索할 것이 얼마나 많은지 이것이 다 우리가 할 일이 아닙니까?[18]

라고 하고, 이에 덧붙여 중국 소재의 조선 역사 사료가 "무지한 중국인의 손에 자꾸자꾸 없어져 가고" 있다고 하였다.

특히 신채호가 강조한 것은 고대사 분야였다. 즉,

> 우리 조선은 고대사에는 문헌이 너무도 缺乏하여 있는 사실을 가지고도 그

---

17) 「北京 時代의 丹齋」, 『조광』 2-4, 1936, 215쪽(『글모음』, 358쪽).
18) 위의 글, 215~216쪽(『글모음』, 358~359쪽).

眞假를 분변하지 못할 것도 퍽 많으니, 일례를 들면 단군의 발상지를 영변 묘향산이
니 백두산이니 하여 갈피를 정하지 어려운 처지입니다. 그러니 이제 선생의
말씀과 같이 내외 각지에 흩어져 있는 史蹟을 일일이 실지 답사하여 문헌의
부족을 깁고 錯誤를 바로 잡아야 하리니, 조선사 연구가들은 오늘로부터 이
광막한 역사의 처녀지를 개척함에서부터 출발하지 아니하면 안되겠습니다.

당시 신채호는 고대사에 관한 많은 원고를 저술하고 있었다. 신채호는
이윤재에게 5책으로 구성된 원고 뭉치를 보여 주었다. "첫째 권은 조선사통론
(朝鮮史通論), 둘째 권은 문화편, 셋째 권은 사상변천편, 넷째 권은 강역고(疆域
考), 다섯째 권은 인물고(人物考)"였다. 이 원고는 후에 단행본으로 출간된
『조선사연구초』의 일부였고, 국내 신문에도 부분적으로 소개되었다. 신채호는
이윤재에게 원고 수정 과정에서 '철자법(綴字法)'을 고쳐줄 것을 부탁하였다.

이윤재는 신채호의 권유대로 북경대학 사학과에 입학하였다. 여기에서
3년간 근대 역사학을 공부한 뒤 1924년 3월 졸업하였다. 북경에 체류하는
동안 이윤재는 신채호의 역사학, 곧 민족주의 역사학에 영향을 받은 역사학자
로 성장하였다.

## 3) 주체적 입장의 학문 자세

북경대학에서 수학하던 이윤재는 상해 임시정부에서 발간한 『독립신문』에
「국치가(國恥歌)」라는 시를 발표하였다.[19] 또한 그는 당시 중국에서 활발하게

---

19) 『독립신문』 1922년 8월 29일(『글모음』, 795쪽). "(1) 빛나고 영광스런 반만년 역사
/ 문명을 자랑하던 先進國으로 / 슬프다 千萬 夢外 오늘 이 地境 / 아! 이 부끄럼을
못내 참으리. (2)신성한 한배 자손 이천만 동포 / 하늘이 빼아 내신 민족이더니
/ 원수의 칼날 밑에 魚肉됨이어 / 아! 이 부끄럼을 못내 참으리. (3) 華麗한 금수강산
삼천리 땅은 / 선조의 피와 땀이 적신 흙덩이 / 원수의 말발굽에 밟힌단 말가 /
아! 이 부끄럼을 못내 참으리. (4) 崔瑩과 武烈王의 날랜 군사와 / 鄭地와 忠武公의
쓰던 무기를 / 언제나 快히 한번 시험해 볼까 / 아! 이 부끄럼을 못내 참으리. (5)

일어나던 5.4운동과 그 이후의 신문화운동, 정치 운동 등을 경험하였는데, 그는 이를 체계적으로 정리하여 국내의 잡지에 소개해 주었다. 「북경대학을 중심으로 한 학계와 정계와의 충돌」, 「최근 중국의 부인운동」, 「경한철(京漢鐵) 종업원 총동맹 파공(罷工)의 전말」, 「민중 혁명화하는 중국의 학생운동」 등이 었다.[20] 그는 이를 단순하게 소개하는 것에 그치지 않고, 조선민족이 배울 점을 항상 명시하였다. 특히 중국의 학생운동을 소개하면서, 모든 피압박민족과 피압박계급의 연합전선을 통한 애국운동을 강조하였다.

> 그들의 주장은 일체 민중을 결합하야, 민주 혁명의 기치 하에서 聯合戰線을 결성하야 국가에 亂源이 되는 軍閥을 타도하고, 進하야 일체 피압박의 각민족 각계급을 연합하야 민족생존과 국가독립과 세계평화와 인류해방에 魔障이 되는 國際帝國主義를 타도하자는 것이다.[21]

그리하여 이윤재는 주시경의 한글 연구와 신채호의 역사학을 접하면서 민족주의 학자로 성장하였다. 그의 민족주의는 학문 연구뿐 아니라 민족운동의 바탕이 되었다. 이윤재는 우리 민족을 주체로 한 학문적 자세를 가지게 되면서, 종래 조선 사회에서 문제가 되었던 중국 중심의 학문 자세를 비판하고, 동시에 무분별하게 서양문명에 경도되는 것을 경계하였다.

---

어잣나 역사 위에 더럽힌 때와 / 어잣나 자손만대 끼쳐줄 욕을 / 우리의 흘린 피로 이를 씻고자 / 아! 이 부끄럼을 못내 참으리."

20) 이윤재의 소개 글들은 당시 중국 사정을 아주 정확하게 파악한 것으로 평가되고 있다. 閔斗基, 「자료소개 : 李允宰(1888~1943)의 現代中國(1922~1923) 現場 報告 5種」, 『서울대 동양사학과 논집』 11, 1987.

21) 「民衆革命化하는 中國의 學生運動」, 『東明』 2-23, 1923, 7쪽(『글모음』, 715쪽). 학생연합회가 중국 전국 각지대표를 소집하여 제출한 결의안 10여 건과 호남대표가 제출한 의안도 소개하였는데, 호남대표의 의안 가운데도 '국제적 단결'을 강조하면서 "일본의 제국주의가 중국과 조선에 적이 됨은 물론이오 일본의 국민에게도 적이 된다. 我等은 일체 피압박민족을 聯合하야 국제제국주의에 향하여 宣戰할지니, 그럼으로 아등은 피압박민족의 연립전선을 高呼結合할지어다!"라고 적었다.

이윤재는 조선 역사와 문화를 연구하기 위해 중국에 유학하였지만, 국가 민족의 자주 독립 차원에서 중국에 대해 비판적이었다. 8세 때 학교 선생님으로부터 청일전쟁에 대한 설명을 들었는데, 청국이 패하여 조선이 신속(臣屬)에서 벗어나 '독립', 곧 '천자국(天子國)'이 되었다는 말을 듣고 너무 기뻐서 "절로 남모르게 어깨춤이 나고 혈맥이 뛰놀" 정도였다고 기억하였는데, 이윤재는 이를 후에도 가장 통쾌했던 기억이라고 하였다.[22]

그러면서 중국 문화를 비판적으로 알아야 한다는 점을 강조하고, 중국 의뢰를 비판하였다. 가령 당시 중국의 신문화운동의 '문자혁명'을 소개하면서 중국에서도 폐지하는 한자를 여전히 숭상하고 있는 우리의 태도를 비판하였다.[23] 또 당시 북경대학 교수 호적(胡適)의 「건설적 문학혁명론」을 번역 및 소개하면서, 이 문학 혁명으로 "2천년 미몽(迷夢)을 깨뜨리고 정예(精銳)한 보무(步武)로 모두 그 혁명의 깃발 아래 몰려들었다"고 하면서 "진부구패(陳腐舊敗)의 사문학(死文學)을 숭상하는 우리 조선 사람에게 가장 심각한 자극을 줄" 것으로 생각하였다.[24] 물론 우리 문화를 연구하기 위해서는 우리와 사상적으로 '융통(融通)'이 많이 된 중국 문명(곧 중국학)을 연구해야 하지만, 중국 문명은 우리 문화를 알기 위한 '보조물'에 불과하다고 보았다. 오히려 그는 "우리나라 학자란 기천 기백년래로 오로지 한학(漢學)에 열중하여 한토(漢土)의 문물이라면 덮어 놓고 그대로 섭취하여 거기에 막대한 중독까지 받아오면서도 그 나라의 사회 사조를 익히 아는 자가 극히 드물었다"라고 하여, 중국에 중독된 한학자를 비판하였다.[25]

한편 이윤재는 주체적 입장에서 중국 문화를 수용하는 자세뿐 아니라 서양의 신사조를 받아들일 때의 자세도 강조하였다.

---

22) 「나의 가장 痛快하던 일―天眞의 痛快」, 『東光』 16, 1927, 44쪽(『글모음』, 58쪽).

23) 「中國에 새 文字(上)」, 『東明』 10, 1922, 5쪽(『글모음』, 699쪽).

24) 「胡適氏의 建設的 文學革命論」, 『東明』 2-16, 1923, 10쪽(『글모음』, 711쪽).

25) 「中國劇發達小史(상)」, 『朝鮮文壇』 3-2, 1926, 45쪽(『글모음』, 730쪽).

미국의 데모크라씨가 아무리 좋다 하여도 우리가 그대로 옮기어다 쓰기 어려울
것이오, 러시아의 공산주의가 비록 부럽다 하여도 우리가 마구 가져다 행하지
못할 것이다. 이는 그 처지, 그 경우가 우리하고 그네들하고 서로 같지 아니한
소이다. 현대 우리 사회에서는 자기의 처지와 환경을 살피지 아니하고 툭하면
껑충 뛰어 남들이 하는 그것만 羨望하고 있는 자가 얼마나 많은지. (…) 외래사상이
비록 좋은 것이로되 적당한 시기와 완전한 계획이 없이 남들이 한다고 그냥 盲從的으
로만 하면 도리어 우리 사회에 이익점을 주지 못할 것이라 함을 말함이라.26)

곧 민주주의나 공산주의의 본래 뜻은 좋지만, 우리의 처지와 환경을 살피지
않고 맹목적으로 수용하면 안 되고, 우리 사회에 이익이 되는가를 살펴야
한다는 것이었다.

이런 점에서 이윤재는 1930년대 초반 민족문화운동이 활발하게 전개되고
있던 점에 대해 큰 기대를 가지고 있었다. 그는 당시의 민족문화운동이 "조선을
알자"는 점에서 매우 '감격'스러운 일이라고 하면서

철학을 말할 때에는 孔孟程朱, 史學을 말할 때에는 通鑑史略, 兵學을 말할 때에는
六韜三略, 문학을 말할 때에는 漢唐宋 詩文, 그리고 유명한 산이면 의례히 泰山,
강이면 黃河水 (…) 이 따위들은 다 腐儒輩들의 因襲의 버릇이니, 차라리 無怪타
하더라도, 요새 소위 開化人이니 외래사조에 젖은 이들까지도 서양 崇拜熱이
너무나 심하여 全然 自我沒覺이었다. 그러더니 지금 와서는 「조선을 알자」하는
새싹이 트기 시작한다.27)

라고 하여, 중국만을 숭상하는 '부유배'나 서양만을 숭배하는 '개화인'을 모두

26) 「우리의 주장-우리의 설자리」, 『東光』 5, 1926, 4쪽(『글모음』, 681쪽).
27) 「最近朝鮮社會에서 感激된 일-'조선을 알자!'는 사회의 부르짖임을 듣고」, 『東方評論』
    2, 1932, 13쪽(『글모음』, 693쪽).

비판하고, 조선의 실정을 파악하는 사회적 열기에 찬동하였던 것이다.

　이런 학문적 태도는 주체적 입장에서 동서양의 학문을 결합하고자 했던 '변법개혁론'의 학문적 전통 위에서 나온 것이었다. 또한 민족교육과 민족문화를 연구하면서 이를 서양의 사상과 학문과 결합하려고 애썼던 정인보와 연희전문학교의 '동서고근 사상의 화충(和衷)'과 입장을 같이 하는 것이었다.[28] 이런 점에서 기독교와 민족주의에 철저한 이윤재가 연전에 출강한 것은 자연스러운 일이었다.


## 2. 흥사단 운동과 실력양성론


　이윤재는 북경대학에서 공부하던 중, 1922년 흥사단에 가입하였다. 흥사단은 1913년 5월에 안창호가 미국의 샌프란시스코에서 조직한 단체로, "무실(務實), 역행(力行), 충의(忠義), 용감(勇敢)" 등의 4대 정신을 이념으로 철저한 인격 수양과 실력양성을 통하여 독립을 준비하였다. 안창호는 1919년 상해에서 임시정부가 조직되자 내무총장 등으로 활동하면서, 상해에 흥사단 원동위원회를 조직하였으며(1920), 또한 흥사단의 국내조직으로 이광수를 통하여 수양동맹회를 만들었다(1922). 이윤재는 안창호의 입단 문답을 통과하고 1922년 6월 6일 입단식을 거쳐 예비단우가 되었다.[29] 이후 이윤재의 민족운동은 모두 흥사단, 수양동맹회(후에 수양동우회)를 통하여 이루어졌다.

　북경대학을 졸업한 이윤재는 1924년 9월에 귀국하여 정주 오산학교 교사가 되었다. 서북지역은 기독교운동, 특히 흥사단의 인적 기반이 탄탄한 곳이었다. 그는 이곳에서 흥사단의 국내 조직인 수양동맹회에 가입하였다.

　1926년 4월, 서울 협성학교로 자리를 옮긴 이윤재는 수양동맹회와 동우회가

---

28) 이 책 제2부 참조.
29) 박용구, 앞의 책, 20쪽.

합쳐진 수양동우회(1926년 1월)의 기관지인 『동광』에 홍사단의 운동론, 특히 수양운동을 정리하여 발표하였다. 그는 『동광』에 여러 차례 「우리 주장」이라는 제목 아래 수양운동과 홍사단의 강령을 소개하였다. 알려져 있듯이, 홍사단은 기본적으로 '민족성 개조'를 통하여 민족 문제를 해결하고자 하였고, 그 출발은 바로 인격 수양이었다. 이윤재는 우리 나라 사람들이 평소 '수양'을 우스운 것으로 알고 있지만, 진실한 도덕과 인격 수양을 골자로 하는 수양운동이야말로 당시 일제하에서 조선 문제를 해결할 수 있는 길이라고 믿었다.

> 우리 조선 사람은 특별히 다른 나라 사람보다 다르다 함을 깨달아야 할 것이다. 우리는 남 달리 진실한 그 도덕이 있어야 하겠고, 튼튼한 그 신체도 가지어야 하겠고, 탁월한 그 지식도 갖추어야 하겠다. 이러한 수양의 힘으로라야 기울어진 우리 사회를 바로 잡으며 이산하여 있는 우리 민족을 인도할 자가 그 가운데로서 나올 것이다.[30]

이윤재는 수양운동의 핵심을 "자조(自助)와 호조(互助)"라고 하고,[31] 이는 곧 홍사단에서 말하는 '건전 인격'과 '공고 단결(신성 단결)'이라고 하였다. 그는 당시의 '사업' 실패는 '① 일하는 그 사람의 인격이 건전하지 못함이요, ② 둘째는 일하는 그 덩이의 단결이 공고하지 못함에 있다'고 보고, "건전 인격, 공고 단결"이 없이는 새로운 조선을 바랄 수 없다고 하였다.[32] 그가 제시한 "건전 인격, 공고 단결"은 곧 홍사단의 강령이었다. 이윤재의 방안은 다음과 같이 정리할 수 있다.

– 「건전 인격, 공고 단결」. 이것을 새 조선 건설의 표어로 하자. 비상한 일을

30) 「주장－수양이 우습은(可笑) 것이냐」, 『東光』 6, 1926, 5쪽(『글모음』, 682쪽).
31) 「주장－자조와 호조」, 『東光』 5, 1926, 5쪽(『글모음』, 682쪽).
32) 「우리 주장－우리의 수양운동」, 『東光』 10, 1927, 6~7쪽(『글모음』, 689~690쪽).

도산과 이윤재. 왼쪽부터 선우훈, 이윤재, 유억겸, 안창호, 임효정, 신윤국(1935, 독립기념관 소장)

할 인격, 그 일을 이룰 원동력이 되는 공고한 단체, 이것을 우리는 언제든지 부르짖는다.

– 「건전 인격」운동의 내용 : ① 명예나 지위나 허영을 따라 헤매지 말고 무슨 일에 임하거나 실속을 찾아 분투 노력하는 습관을 비상한 결심을 갖고 지금부터 기르자. ② 공담공론 그치고 "해보자"하는 정신을 수양하자. ③ 내가 큰일을 위하여 어떤 단체에 내 몸을 허락하였는가, 죽도록 지키는 정성을 기르자. ④ 백절불굴하는 확고한 기개와 정신. 간단히 말하자면 무실, 역행, 신의, 용기. 이 네 가지 정신은 오늘날 우리 조선 청년의 필수한 우리 민족 전도 대업에 상관된 비상한 수양이다.

– 덕, 체, 지 三育 : ① 무실, 역행, 신의, 용기의 정신으로 덕성을 기르자, ② 신체를 강장히 하자, ③ 지식을 닦자.

이와 아울러 이윤재는 우리 민족이 버려야 할 것도 제기하였다. 곧 "우리 조선민족이 하루라도 고치지 아니하면 안 될 것"으로 ① 헛된 말과 거짓 행동[허언위행(虛言僞行)], ② 헛된 생각과 헛된 논의[공상공론(空想空論)], ③ 교활하게 속이고 이랬다저랬다 하는 것[교사반복(狡詐反覆)], ④ 무서워하고 나약하여 피하고 굴복하는 것[겁나퇴굴(怯懦退屈)] 등의 네 가지를 거론하기도 하였다.33) 이 모두 건전한 인격 수양을 통해서 해결해야 할 것이었다.

이윤재의 수양운동은 안창호와 흥사단의 운동론에 충실한 것이었다. 수양 동우회 활동에 열심이었던 이윤재는 1937년에 동우회 사건으로 구속되었다.


## 3. 민족주의 학술운동과 역사서술

1920년대 후반에서 1930년대는 문화운동의 일환으로 민족문화운동이 활발하게 추진되던 시기였다. 특히 신간회 해소 이후 1930년대 전반에서 중일전쟁에 이르는 시기에는 동아일보, 조선일보가 중심이 되어 다양한 부분에서 민족문화운동이 전개되었다. 단군과 이순신 등의 위인 선양 사업, 사적지 보존운동, 한글 보급과 조선어사전 편찬사업 등이 그것이었다.34) 이 운동에는 많은 연전 교수들이 참여하였는데, 연전에 강의를 나오던 이윤재도 민족문화운동에 동참하여 활발한 학술운동을 전개하였다. 특히 이윤재는 1935년 7월, 백남운, 문일평, 이인, 손진태, 정인보, 안재홍 등과 다산서거100주년기념행사 발기인으로 참여하였으며, 안재홍, 황의돈 등과 함께 기념강연을 행하였다.35) 또한 여타의 연전 교수들과 함께 1934년에 조직된 진단학회에도 가담하였다.

---

33) 「우리 주장―무겁을 버리자」, 『東光』 8, 1926, 6쪽(『글모음』, 685쪽).

34) 이 책 제2부 참조.

35) 『每日申報』 1935년 7월 18일, 「정다산선생기념강연」 중앙기독교청년회관에서. 이윤재는 「역사상으로 본 우리의 발명」이라는 제목으로 강연하였다.

## 1) 단군 이념의 계승과 민족문화의 우수성

### (1) 단군의 홍익인간 이념 계승

이윤재의 역사학은 신채호의 영향 속에서 형성되었다. 신채호는 역사를 '민족의 성쇠 과정을 서술한 것'이라고 하였고, 민족사의 핵심인 단군을 중심으로 체계를 세웠다. 특히 만주지역을 우리 역사의 중심지로 파악하고, 고조선-부여-고구려-발해로 이어지는 역사 계승관계를 수립하였다.[36] 이윤재는 북경에서 처음 신채호를 만난 시절부터 그의 국사 서술, 특히 고대사 서술에 큰 관심을 가졌다.

이윤재는 우리 민족이 '한배'의 후손임을 강조하였다.

千枝萬葉이로되 그 근본은 오직 한 덩걸에서 남이요, 大海長江이로되 그 시초는 다만 한 源泉에서 발함이로다 (…) 한 한배의 血系로 이룬 百子千孫이 이같이 繁榮하다 하여 어찌 그 한배를 잊을 수 있을 것이냐.[37]

이윤재는 '환웅천왕'의 후손을 '환족'이라고 하여 백두산을 근거로 우리의 역사가 전개되었다고 하였다. 그는 "백두산은 환웅천왕(桓雄天王)이 신시(神市)를 열고 단군이 조선을 세운 성산(聖山)", 혹은 "환족(桓族) 2천만을 수호하여 주는 성악(聖岳)이며 영산(靈山)"이라고 하였던 것이다.

그는 백두산을 우리 역사의 근거지로 삼으면서 백두산에서 나온 금나라, 후금(청나라)도 우리 민족의 지파(支派)라고 하였다.

---

36) 김도형, 「大韓帝國期 變法論의 전개와 歷史敍述」, 『東方學志』 110, 2000.
37) 「우리 주장-불망기본(不忘其本). 개천절을 당하여」, 『東光』 7, 1926, 8쪽(『글모음』, 683쪽).

원시의 조선역사가 이것이 搖籃을 지은 것으로나 (…) 동방에 강대국으로 부여국, 고구려국, 발해국 등 제왕조의 발상지가 다 이 산에 있었으며, 우리 겨레의 支派인 金, 淸의 왕조도 또한 이 산이 발상지가 된 것이다.[38]

따라서 백두산에서 나라를 시작한 단군은 천지를 주재하고 우리 민족의 나라를 만든 분으로, 여기에서 비롯된 민족의 역사와 문화의 이념은 곧 단군의 '홍익인간'이었다.

太初 鴻濛의 世에 단군왕검께서 인간을 弘益 하시려고 太伯山 靈場에 내리시어, 建邦設都하고 神敎를 베풀어 民物을 理化하셨으니, 이 곧 천지의 大主宰시오, 국가의 建造者시며, 일체 생명의 원천이오, 모든 문화의 출발입니다.[39]

우리 聖祖가 『弘益人間』의 大願을 드대시어 하그나 많은 땅이건마는 이 震域에 자리를 잡으시고 굳은 터를 이룩하심이로다. 山河를 奠開하시매 黑水 白山 사이 기름진 토양이 다 나의 宅田이요 民人을 化育하시매 南强北頑들의 다른 족속까지 다 와서 臣服하였다. 그 恩光이 寰宇에 비치고, 그 德化가 永劫에 미치도다. (…) 聖祖가 이러케 大弘誓를 펴시던 날, 곧 우리에게 새 삶을 열어 주시던 날, 우리 진실로 그 感慕의 極히 平昔에 비할 바 아니다.[40]

따라서 홍익인간의 대서원(大誓願)으로 시작한 우리의 문화도 매우 뛰어난 것으로 보았다. 이윤재는 우리나라는 오래된 문명국이며, 홍익인간으로 시작된 단군의 문명은 세계 6대 문명의 하나로 규정하였다.

우리가 오늘날 길쌈하여 입으며 농사하여 먹으며 집을 지어 살고, 기타 일용에

---

38) 「白頭聖山史話」, 『新東亞』 4-7, 1934, 4쪽(『글모음』, 783쪽).
39) 「大倧敎와 朝鮮人」, 『三千里』 8-4, 1936, 140쪽(『글모음』, 371쪽).
40) 「開天日의 追感」, 『東光』 7, 1926, 106쪽(『글모음』, 57쪽).

편리한 온갖 기구들은 모두 우리 선조의 땀과 피를 적시어 가며 노력하여 발명하신 공로가 아닌가. 또 우리는 이렇게 높은 도덕이 있어 인종으로 우등 지위에 이르렀음도 다 우리 선철의 고심 정력으로 교화를 베푸심이 아닌가. (…) 우리는 문명한 민족이라, 결코 예전의 문명을 돌아보지 아니할 수 없을 것이다. 동시에 우리 겨레의 근본체인 우리 한배를 길이 생각하지 아니할 수 없을 것이다.[41]

문화론 우리가 세계 六大 문명 개창자의 하나. 무강으론 훌륭하게도 弓大人의 이름을 가지었다. 大人·善人·君子·不死란 것도 오직 우리에게만 있게 됨을 자랑한다. 이 어찌 그이의 弘益人間의 願禱하심에서 된 것이 아닌가. / 政教의 거룩함이며 禮義의 밝음이 文物의 빛남이며, 제도의 갖춤이며, 산업의 열림이며, 학술의 나아감이며, 무릇 인간 천백 가지의 어느 것 하나라도 다 그이의 在世理化하신 크신 힘을 입지 아니함이 없었음이다.[42]


이윤재는 단군으로 시작된 우리 민족 문명이 시대를 이어 내려오면서 '제천(祭天)'의 전통으로 이어지고 있다고 보았다. 곧 "부여의 영고(迎鼓)와 예(濊)의 무천(舞天)과 마한(馬韓)의 천군(天君)과 고구려의 동맹(東盟)과 백제의 효천(效天)과 신라의 도신제(塗神祭)와 고려의 팔관(八關)" 등으로, 이름은 다르지만 모두 '국민적 제천(祭天)'이라고 하였던 것이다. 그러나 근대에 이르러서는 천왕제(天王祭), 태백제(太白祭), 용왕(龍王)굿, 당산제(堂山祭) 등에서 보이듯이 국가에서 거행하던 전국민적 제례가 점차 한 부락이나 가정 단위로 변하게 되었다고 안타까워하였다. 그런 과정에서 팔관(八關)처럼 불교에, 화랑처럼 도교에, 풍월주(風月主)·부군(府君) 등의 이름처럼 유학(儒學)에 동화되었다고 하였다. 이윤재는 당시 여러 사람이 신봉하던 대종교(大倧敎)도 이런 맥락에서 이해하였다.[43]

---

41) 「우리 주장－불망기본(不忘其本). 개천절을 당하여」, 『東光』 7, 1926, 8쪽(『글모음』, 683쪽).
42) 「우리 주장－심은후덕(深恩厚德)」, 『東光』 7, 1926, 8쪽(『글모음』, 683쪽).

단군을 강조하고 단군 정신을 이어가야 한다는 이윤재의 염원은 자신의 호를 "환산(桓山)" "한뫼"라고 한 것에서 잘 드러났다. 환인, 환웅의 후예라는 것이었다.

## (2) 민족문화의 우수성과 그 쇠퇴

이윤재는 우리 민족과 문화가 단군의 홍익인간, 재세이화(在世理化)에서 비롯되었고, 또 그 이후의 역사 속에서 항상 단군의 이념을 계승하고 있었다고 보았다. 이에 우리의 문화가 매우 우수하다는 점을 항상 강조하였다. 그리고 우리 역사 강역도 조선뿐 아니라 만주에 걸쳐, 북쪽은 흑룡강, 서쪽은 요하 지역까지 이르렀다고 보았다.[44]

이윤재는 여러 차례 우리의 역사 속에서 뛰어난 문화와 발명품이 많다는 점을 거론하였다. 그가 역사 속의 독창적인 발명품을 강조한 것은 그의 문명관 과도 관련이 있었다. 그는 당시의 근대문명을 "과학의 문명"으로 파악하였는 데, 이는 곧 '물질의 문명, 공예의 문명'이었다. 이윤재는 '문명'을 기구나 기계의 발전과정으로 파악하였던 것이다.[45] 서양 기술문명의 우수성을 인정 한 논의였다.

이에 이윤재는 우리의 역사 속에 과학, 공예의 독창성을 보이는 다양한 발명품을 열거하였다. 가령, 왕산악[弦琴], 구친천[천보노], 정천익[소거, 繅車], 세종[한글 등], 이장손[비격천천뢰], 정평구[비차] 등을 그 증거로 들었다.[46] 또 다른 글에서는 대궁[포노, 천보노], 현금과 가야금, 만파식적과 옥적, 활자, 도자기, 소거, 간의대, 측우기, 인지의(引地儀), 훈민정음, 거북선, 사조구,

---

43) 「大倧敎와 朝鮮人」, 『三千里』 8-4, 1936(『글모음』, 331~333쪽).

44) 「문답 조선역사」, 『新家庭』, 1934, 19쪽(『글모음』, 270쪽).

45) 「내 자랑과 내 보배—독창과 발명(1)」, 『東亞日報』 1934년 12월 13일(석간, 『글모음』, 284쪽).

46) 「朝鮮民族의 恩人과 儀範」, 『新生』, 1931(『글모음』, 186~187쪽).

해구선과 윤선, 비차, 화차, 비격진천뢰, 사상(四象) 의술 등 26종을 거론하였다.[47] 이런 발명품은 "우리의 독창력과 발명재(發明才)가 얼마나 컸는지" 보여주며, "조선의 보배요 세계의 자랑"이자,[48] "인류 문화에 공헌"이라고 하였다.[49] 특히 세계에서 가장 먼저 활자를 만든 것은 우리 민족의 독창력, 발명력을 보이는 것이라 강조하였다.[50]

아울러 이윤재는 만주 지역을 매우 중시하였다. 이윤재는 만주가 단군 이래 우리의 역사적 고토라는 점을 강조하였다. 그는 만주 문제를 『동아일보』에 장기간 연재하면서 만주와 우리 민족과의 관련성을 역사적으로 검토하였다.[51] 고종조의 만주와 우리의 국경문제로부터 시작하여, 시간을 거슬러 올라가면서 백두산정계비, 효종대왕의 만주 회복, 임경업, 병자호란과 정묘호란, 광해군 시절의 관계 등을 다루었다.

그럼에도 불구하고 이윤재는 점차 우리 민족이 쇠퇴하고, 결국 나라가 망하게 되었다는 점도 지적하지 않을 수 없었다. 이윤재는 개천절을 맞은 감상 속에 한 때는 '천지를 뒤집을 정도'로 매우 강대했던 민족이 외세의 침략 앞에 정신을 차리지 못해 약화되었다고 한탄하였다.

아아, 반만년이란 기나긴 세월 동안 놀기야 잘도 놀았다. 별별 경험을 많이도 겪었다. 한창 시절에는 우리 한 번 으악 소리칠 때 天地가 뒤집듯 덜석 덜석

---

47) 「내 자랑과 내 보배-독창과 발명」, 『東亞日報』 1934년 12월 13일~12월 29일(『글모음』, 284~296쪽).

48) 「내 자랑과 내 보배-독창과 발명(13, 완)」, 『東亞日報』 1934년 12월 29일(『글모음』, 296쪽).

49) 「내 자랑과 내 보배-독창과 발명(1)」, 『東亞日報』 1934년 12월 13일(『글모음』, 284쪽).

50) 「내가 자랑하고 십흔 朝鮮 것-現代文明의 産母, 活字의 發明은 朝鮮이 首位」, 『別乾坤』 12·13, 1928(『글모음』, 66~68쪽). 이윤재는 우리가 활자 발명에서 보인 독창력, 발명력을 그대로 발휘하였다면 당시 서양의 물질 문명을 압두(壓頭)하기에도 부족하지 않았을 것이라 주장하였다.

51) 『東亞日報』 1932년 1월 1일, 「만주이야기-넷날과 오늘」(『글모음』, 217쪽). 4월 19일까지 31회 연재. 아마도 만주사변이 이런 연재를 시작한 계기가 되었을 것이다.

하였고, 한 번 침묵하면은 온 누리가 괴교하여 다 죽는 듯 하였다. (…) 남 못하는 것을 나 혼자 하여도 보았다. 그러더니 웬걸 漢이 오고, 唐이 오고, 契丹이 오고, 蒙이 오고, 淸이 오고, 무엇이 오고 해서, 이리 닥치고 저리 닥쳐서 살림이 아주 들판이 났다. 그러거든 정신이나 좀 차렸으면? 아하 저마다 자기 잘 낫다는 것, 서로 물고 찢는 것 빼앗기고도 아까운 줄 모르는 것, 설음당코도 넝실넝실 하는 것, 내 것이라면 어찌도 그리 밉고 남의 것이라면 물고 빨고 싶은 것, 이러구러 하는 사이에 祖先의 世業은 알뜰하게도 탕진하고 말았다.[52]

이윤재는 나라가 일제에 의해 망하게 된 원인을 '사대주의'에서 찾았다. 그리고 이 사대주의는 단군의 이념을 이어가지 못하고,[53] 우리의 '문명'이 외래 문화에 빠져버렸기 때문이었다.

上古에 있어서는 이 倧道로써 國體가 정하고 民風이 일어, 진실로 朝鮮 我의 훌륭한 사상 기조가 확립하여 문명의 꽃이 찬란하였습니다. 그러더니 중세에 이르러 턱없이 외래문화에 浸溺하여 자기 沒覺의 사상을 馴致하게 되었습니다. 이로써 倧門이 닫히어 祖神의 제사가 끊겼으며, 經籍이 災厄을 당하여 聖祖의 遺蹟이 煙滅 되었습니다. 이러구러 우리 겨레는 그 갸륵한 본성을 상실하고 奴隸性 만 誘致되어 결국 배외사상으로 事大主義에 이르고 支離滅裂로 骨肉相殘에 이르러 그 慘毒한 情狀을 어찌 필설로 다하오리까.[54]

52) 「開天日의 追感」, 『東光』 7, 1926, 106쪽(『글모음』, 57쪽).
53) "우리 오늘 와서 聖祖의 끼치신 뜻을 한 가지도 받들지 못하였다. 그 무거운 맹서를 아주 저버리고 말았다. 이렇듯 우리는 너무도 不孝요 不順이다. 우르러선 聖祖께 막대한 죄요 구부러선 자손에게 무상의 욕이다. '不肖子孫 辱及祖先'이란 말이 실상 오늘의 우리를 두고 한 말이다."[「開天日의 追感」, 『東光』 7, 1926, 106쪽(『글모음』, 57쪽)].
54) 「大倧敎와 朝鮮人」, 『三千里』 8-4, 1936, 141쪽(『글모음』, 332쪽).

이와 더불어 이윤재는 국제적인 안목의 부족을 망국의 원인으로 꼽았다.
국제적 안목, 곧 '국제안(國際眼)'이 없어지고 쇄국주의를 고수하면서 서양
문물 수용을 거부한 것이었다. 그는 신미양요(辛未洋擾)를 설명하면서, 조선
군인의 용맹하지 못했던 것도 있었지만 그보다는 조선 정부가 국제적인 안목이
없었음을 비판하였다.

> 이 洋擾로 말하면 숨어 잇는 조선을 불러일으켜서 세계에다가 내세우려는
> 절호한 기회거늘, 조선은 한갓 事大主義의 정신에 鳩醉하여 이에 응치 아니한
> 것이다. 천년 禮義之邦이니 무엇이니 찾고 앉잤는 洪淳穆, 金炳學 같은 이는 말할
> 것도 없거니와 대개혁 수완을 가진 大院君으로도 이렇게 國際眼이 어두워 쇄국주의
> 를 國是로 삼아 마침내 이렇게도 조선민족으로 하여금 세계의 낙오자의 지위에
> 떨어뜨린 것이야말로 痛惜함을 말지 아니한다.[55]

동시에 이윤재는 갑신정변을 사대주의를 극복하기 위해 노력한 개혁운동으
로 높이 평가하고, 그 중요성에 대해 서술하였다. 갑신정변이 일어난 지
50년이 되던 때인 1934년 12월 4일을 맞아 이윤재는 이를 "개혁 운동의 제일성(第
一聲)"이라고 칭하며, 갑신정변을 추진한 김옥균 등을 '독립당'으로, 이에 반대
한 사람들을 '사대당'으로 규정하였다. 그는 갑신정변의 실패로 조선은 사대당
의 천하가 되면서 개혁과 개화의 싹이 꺾어지게 되었다고 보았다.[56]

따라서 이윤재는 조선의 광복을 위해서는 자연스럽게 역사상으로 굳어진
사대주의를 극복해야 한다고 생각하게 되었다. 사대주의를 극복하기 위해서는
단군의 이념을 계승하고 다시 이어가는 것이라고 하였다. 단군의 계승은 우리
민족만을 위한 '국수적'인 자세가 아니라 사람으로서 자기의 조상을 받드는

---

55) 「辛未革命과 辛未洋亂」, 『東光』 18, 1931, 45쪽(『글모음』, 181쪽).

56) 「改革運動의 第一聲－甲申政變을 돌아보며」, 『朝鮮中央日報』 1934년 12월 4일~12월
    12일(『글모음』, 277~283쪽).

'보본(報本)의 성(誠)'이고, 또 역사상으로는 뿌리가 깊은 '국민제천회(國民祭天會)'로 이어온 '실재 사실'이라고 하였다.[57]

이와 같이 이윤재는 단군의 홍익인간에서 비롯된 우리의 문화는 정신적으로 이를 계승하고, 또 과학문명을 발전시키면서 아주 뛰어난 것으로 보았다. 그러나 후대에 이르러 사대주의에 흐르고 국제적인 안목이 없어지면서 마침내 식민지로 쇠망하였다고 분석하였다. 따라서 그는 조국의 광복을 위해서는 무엇보다도 단군의 이념을 계승해야 한다고 주장하였다.

## 2) 민족주의 역사학과 인물 서술

### (1) 한글운동과 세종대왕

일제하 많은 민족주의 학자들은 '민족 정신'의 중요성을 자각하고, 그 정신이 깃들어 있는 역사와 종교, 그리고 말과 글 등을 중시하였다. 이윤재는 일찍부터 주시경의 민족주의적 한글 연구를 접했고, 1920년대 중반부터 본격적으로 한글 교육과 더불어 조선어 사전 편찬작업을 주도하였다. 그는 1927년 8월, "조선 사람에게는 조선말 사전 한 권도 없음"을 통탄하면서 조선어연구회에 가입하고 사전 편찬사업에 참여하였다.

조선어연구회는 1921년에 조직되었다. 주시경으로부터 배운 장지영, 권덕규, 이병기, 김윤경 등이 '조선어의 정확한 법리(法理)를 연구'하면서 우리말과 글을 보급하기 만든 것이었다. 조선어연구회는 1927년 2월에 기관지 『한글』을 발간하고 조선어 사전 편찬사업을 추진하였다. 사전 편찬사업은 계명구락부(啓明俱樂部)를 중심으로 최남선, 정인보, 임규(林圭), 변영로(卞榮魯), 양건식(梁

---

57) 「大倧敎와 朝鮮人」, 『三千里』 8-4, 1936, 141쪽(『글모음』, 332쪽). 1928년에 연전의 최현배를 비롯한 대종교를 중시하는 인사들이 "조선 얼굴의 거울, 조선 마음의 거름"을 표방한 『한빛』을 창간하였다. 이윤재도 이 잡지 창간에 주도적으로 참여하였다.

建植), 한징(韓澄), 그리고 이윤재 등이 시작하였다. 그러나 몇 달이 못가
한 사람씩 떨어져 나가고 1929년 중엽에는 거의 중지된 상태였다. 이때 이윤재
는 상해에서 사전 편찬작업을 행하던 국어학자 김두봉(金枓奉)과 연락하고,
또 상해를 직접 방문하여 2주간 머물면서 조선어 사전 편찬에 관해 많은
의견을 나누었다.58)

　1929년 10월에는 각계 인사 108명이 조선어사전편찬위원회를 조직하였다.
조선어연구회는 1931년 1월 조선어학회로 발전하였다. 이윤재는 상임감사로,
정인승·이중화·한징 등과 함께 사전 편찬 전임위원으로 선발되었다. 이 시기
이윤재는 동덕여고보와 경신학교, 그리고 연희전문학교에서 조선어와 역사를
가르쳤다.

　조선어학회는 1931년부터 1934년까지 4년간 매년 여름방학 때에 전국적으
로 한글강습회를 개최하였다. 한글보급운동은 『동아일보』가 추진하던 부르주
아민족주의 운동의 일부분이었다. 이 강습회에 이윤재는 항상 강사로 참여하
였다.

　조선어 사전편찬, 한글보급운동을 전개하면서 이윤재는 1927년 10월, 3회에
걸쳐 『동아일보』에 「세종과 훈민정음」, 1928년 5월 『별건곤』에 「세종 성대의
문화」 등을 발표하였다. 그리고 1930년에는 동아일보에 「대성인(大聖人) 세종
대왕(世宗大王)」을 연재하였다(3월 17일~9월 27일). 이 연재는 세종이 돌아간
8주갑 '국기일(國忌日)'에 맞추어 시작되었다(3월 16일, 음력 2월 17일). 그는
"오로지 조선을 위하여 끼치신 크신 성덕이 하늘에 사무치듯 높으시와, 안으로
문화를 크게 발달하시며, 밖으로 무공을 널리 떨치신 허다한 치적은 실로
많고 역대 제왕에게 보기 드문 바이며, 여러 가지 창의(創意)와 발명이 많은
가운데 한글(훈민정음)의 창제하심은 우리나라에 둘도 없는 큰 보배일뿐더러
세계에 자랑할 큰 업적이시다"라고 칭송하였다.

---

58) 「在外名士訪問記－한글大家 金枓奉氏 訪問記」, 『別乾坤』 24, 1929(『글모음』, 389~393쪽).

## (2) 역사인물 연구

이윤재의 역사 연구는 주로 일반인을 대상으로 역사적 인물을 소개하는 일에 집중되었다. 앞에서 살펴본 세종이 가장 대표적이었고, 그 외 원효, 설총(이두), 의천(대장경), 최충, 안유, 이규보, 정경선(태조 의학대가), 이황, 허준, 이익, 김정호, 주시경, 유희, 박지원(『도강록』) 등이었다. 그가 집필하여 소개한 인물의 유형은 대체로 다음의 3가지였다.

첫째, 이윤재는 민족의 위기를 극복한 사람을 강조하였다. 민족적 영웅을 전기 형태로 저술한 것은 여타 민족주의 역사학자들의 공통적인 현상이었다. 이윤재가 가장 중시했던 사람은 이순신이었다. 민족주의 계열에서는 이순신의 활동과 정신에 대해서 특히 강조하였는데, 이런 흐름은 한말의 신채호로부터 박은식, 문일평 등으로 이어졌다. 1930년대에 들면서 동아일보에서도 위인 찬양사업으로 이순신을 중점적으로 부각하였으며, 이광수의 소설을 연재하기도 하였다. 또한 아산 현충사, 통영 제승당과 충렬사 등 이순신유적 보존사업이 전국적으로 일어났다. 연전 인사로는 유억겸, 정인보 등이 이 사업에 참여하였다.[59]

이윤재는 『동아일보』에 「대성인 세종대왕」을 발표한 후, 바로 이어서 10월 부터 11월까지 25회에 걸쳐 「성웅 이순신」을 연재하고, 나라와 민족을 위한 이순신의 희생정신을 칭송하였다. 이후 그는 연재분을 묶어 『성웅 이순신』이 라는 책으로 간행하였다. 이 책의 서문은 연전에 근무하던 '학문 동지' 정인보가 써 주었다.[60]

---

59) 이지원, 『한국근대 문화사상사 연구』, 혜안, 2007, 317~323쪽.

60) 정인보는 "이 소책자는 畏友 이윤재 선생의 撰述한 公(이순신)의 行事 대략이니 山海에 誓盟한 그 마음으로 좇아 나타난 功烈의 위대함을 이에서 歎慕할 수 있다"라고 하면서도, 정인보는 공렬을 만들어 낸 "그 마음을 溯求하여야 한다. 그 마음을 그 마음을"이라고 하여, 이순신의 "山海에 서맹하던 그 마음이 거룩"한 것을 강조하였다(『舊園鄭寅普全集 (2)』, 「聖雄 李舜臣 序文」(1931), 연세대학교 출판부, 1983, 371쪽).

그 외 이윤재는 민족이 위기에 처했을 때 활동한 사람 가운데 강감찬, 권율,[61] 민영환[62] 등을 강조하였다. 모두 외세(거란족, 일본)의 침략 앞에서 민족을 위해 싸우거나 목숨을 버린 사람이었다.

둘째, 이윤재는 역사적으로 잘 알려지지 않은 인물에 대해서도 많은 관심을 가졌다. 그는 이름은 알려지지 않았지만, 민족 차원에서 중요한 사람을 발굴하여 소개하였다.

> 우리가 매양 역사인물을 들매, 그 인격의 숭고보다 爵位의 顯達을, 勳功의 奇偉보다 위세의 赫烈을 더욱 注重할 뿐이오, 몸이 草莽에 묻혀 있어 민족을 위하여 사회를 위하여 그의 일생을 희생적 事功으로 마친 幾多의 豪俊이란 그의 한 일이 인멸되고 이름조차 전함이 없이 되고 만 것이 어찌 아깝지 아니하랴. 우리가 그러한 인물의 전기에서 얼마라도 남아 있는 일화를 들추어내어 그의 片를 隻事의 하나라도 알아보는 것이 어느 점에서 우리 역사의 正體를 구함에 결핍이 없을 것이라 한다.[63]

이윤재가 그 예로 든 사람은 숙종 때 일본 어민들을 물리치고 울릉도와 독도를 사수한 안용복(安龍福)이었다. 이윤재는 "당시 조야를 물론하고 외교에 당할만한 명류 정치가도 많기야 했겠지마는 그들의 하는 일이란 다만 사리(私利)를 쟁(爭)하며 강권(强權)을 도(圖)하기에만 몰두하고 국토가 줄어가는지 늘어가는지 이러한 문제 같은 것이야 생각이라도 하여 볼 여가가 없었다. 그러나 미관말직(微官末職)의 이름도 없는 일개 천부(賤夫)로 수륙 만리에 동서 분치(奔馳)하여 죽음을 내기하고 오로지 국사에 진췌(盡瘁)한 자는 오직

---

61) 「강감찬의 귀주대첩과 權慄의 행주대첩」, 『新東亞』 3-3, 1932(『글모음』, 210~211쪽).
62) 「忠義의 人, 閔忠正公」, 『新東亞』 1-1, 1931(『글모음』, 194~196쪽).
63) 「쾌걸 安龍福, 울릉도를 중심으로 한 2백 년 전의 조선 외교문제」, 『東光』 1, 1926, 6쪽(『글모음』, 41쪽).

안용복 그 사람"이라고 하였던 것이다.[64] 그 외 이윤재는 이괄의 난 때 참모 정충신(鄭忠信)의 부하였던 '여걸 부랑(夫娘)',[65] 한말 친일파를 혼낸 우용택(禹龍澤), 임진왜란 진주성 전투 때의 김천일 아내, 신라 화랑 원술랑,[66] 신라 진평왕 때의 평민 설씨[67] 등을 소개하였다. 대부분 이름이 많이 나지 않았지만 나라를 위한 활동이 뛰어난 사람들이었다.

셋째, 이윤재는 역사상의 혁명가에 주목하였다. 그 가운데 가장 관심을 가졌던 사람은 홍경래였다. 마침 1931년 신미년이 되자 이윤재는 이를 통하여 역사상에서 신미년에 일어난 일들을 소개하였는데, 이때 '홍경래의 난'을 "신미혁명"이라고 하였다. 이윤재는 홍경래가 혁명을 일으킨 이유를

> 이씨 조선 5백년간 소위 나라의 꼬락서니란 어떠하였나. 임진의 국난과 병자의 國辱같은 치명적 傷痛을 받았건마는 오히려 文恬 武嬉로써 昇平을 자랑하며 세계 역사에 유례가 없는 士禍와 당론이 3백년간 대참극을 연출하였으며, 또 조정에서 用人함이 극히 편벽되어 서북 인사를 천대하기가 막심하여 '문관은 지평, 장령에 불과[文不過持平掌令]하고 무관은 수문부장에 불과[武不過守門副將]'라는 지경까지 이르렀으며, 더욱이 근자에 이르러는 외척이 弄權하고 賄賂가 公行하여 국정이 문란하며 또 連年 歉凶이 荐至하매 민정이 嗷嗷하여 돌아갈 바를 알지 못하였다. 이때 이를 한번 掃淸할 일개 의기 남아가 없단 말이냐. 三尺釖을 짚고 일어나 조정의 奸黨을 제거하고 도탄에 든 백성을 건지리라는 자유 평등 주의를 절규하고 소매를 떨치고 문을 나선 이가 洪景來였다.[68]

---

64) 위의 글, 6~7쪽(『글모음』, 41~42쪽).
65) 「女傑夫娘, 李适亂中 鄭忠信 幕佐의 唯一人」, 『東光』 4, 1926(『글모음』, 49~56쪽). 이윤재는 특히 부랑을 "왕고 우리 력사상에 武勇이 赫赫한 大帝國으로 이름이 높던 夫餘系의 후손"이라고 하였다. 앞서 본 단군 이래의 무강한 민족사에 대한 인식을 엿볼 수 있다.
66) 「김원술의 회한」, 『청년』 8-6, 1928(『글모음』, 803~818쪽).
67) 「栗里 薛氏(一)」, 『新生』 2-10, 1929 ; 「栗里 薛氏(二)」, 『新生』 2-12, 1929(『글모음』, 819~826쪽).

라고 하여, 서북지방에 대한 차별과 외척의 농간, 국정 문란 등으로 썩은 정부를 무너뜨리고 이를 일소하겠다는 일념 하에 일어선 '의기 남아'가 홍경래라고 하였다.[69]


* * *


이윤재는 철저한 민족주의자였다. 그의 민족주의 원천은 한글과 단군, 곧 우리 말과 역사였고, 그 학문은 주시경과 신채호에게서 비롯된 것이었다.

이윤재는 우리 역사를 단군을 중심으로 체계화하고, 단군의 홍익인간 이념이 전개되는 과정을 우리 역사의 큰 정신적 줄기로 삼았다. 그런데 시간이 지나면서 이 이념이 약화되고 유교와 사대주의, 당쟁으로 흐르면서 나라가 점차 쇠약해졌고, 조선 말기에는 쇄국으로 국제적 안목이 부족하여 나라가 망한 것으로 보았다. 물론 그런 과정에서도 서양의 과학 문명에 못지않은 우리의 발명품을 찾아 민족의 독창력을 드러내고자 하였으며, 우리 민족의 위기를 구해낸 이순신, 강감찬, 권율 등의 활동, 그리고 '자유평등'의 기치를 내건 홍경래의 혁명 등을 강조하였다. 이윤재의 역사관은 당시 신채호 이래의 민족주의 역사학과 같은 방향과 논리로 이루어졌던 것이다.

이윤재의 한글운동도 민족주의적 역사관 위에서 추진되었다. 한글의 우수성을 널리 자랑하면서, 한글을 만든 세종의 위업을 정리하였다. 또 한글보급운동에 참여하였으며, 한글의 체계화를 위해 사전편찬에 몰두하였다.

한글학자이면서 역사학자였던 이윤재는 여러 학교에서 강의하였다. 배재고보를 거쳐 연전을 다녔던 홍이섭은 고보시절부터 이윤재의 가르침을 받았

---

68)「辛未革命과 辛未洋亂(一)」,『東光』17, 1931, 57쪽(『글모음』, 176쪽).
69) 대중을 상대한 역사 서술은 문일평도 마찬가지였다. 문일평도 신채호의 역사학을 계승하여 역사 속의 반역아, 혁명가를 부각하였다. 이런 점에 대해서는 金容燮,「韓國近代歷史學의 發達(1)」,『文學과 知性』4, 1971[『韓國의 歷史認識(하)』, 1974] ; 김용섭,『역사의 오솔길을 가면서』, 지식산업사, 2011, 650~652쪽.

다. 홍이섭은 이윤재를 "한복 차림에 아무 꾸밈새 없는 진실한 교사, 어디에 형언키 어려운 정의(情誼)를 간직한 순박한 선생님"으로 기억하였고, 한글 맞춤법을 가르치면서 남는 시간에는 세종, 단종과 세조에 얽힌 얘기 등의 역사도 강의하였다고 하였다.[70] 이윤재가 연희전문에도 출강하였으므로, 그때도 그 가르침은 계속되었을 것이다. 연전에 강의하면서도 이윤재는 학생 들에게 큰 감화를 주었다.[71]

연전에 출강할 때 이윤재는 철저한 민족주의자의 모습을 보였다. 이윤재는 일본인이 경영하는 전차 삯을 주기 싫었기 때문에 언제나 걸어 다니는 '도보주의(徒步主義)'라고 지칭되었다.[72] 시내에서 연전으로 출근할 때도 단 5전의 전차 요금을 '왜놈'에게 주기 싫어서 걸어 다녔는데, 그것도 광화문에 있는 조선총독부 건물이 보기 싫어 종로에서 안국동, 서대문으로 가는 짧은 길을 택하지 않고, 종로-남대문-봉래동-아현고개를 넘어 다녔다.[73]

연전에서 강의하던 이윤재는 연전의 학풍을 드러내는 많은 연구와 활동을

---

70) 홍이섭, 「스승 이윤재 : 재학 시절에 뵈었던 환산 선생 회고」, 『나라사랑』 13, 1973, 88~89쪽.

71) 漢陽學人, 「新進學者 總評(一), 延禧專門學校 敎授層」, 『三千里』 10, 1930. "조선역사를 강의하는 분으로 李允宰 강사가 있다. 작년[1929]부터 시무하기 시작하였는데 원래 씨(氏)는 사회적으로 많이 알려진 분으로 현재 동아일보에 관계를 맺고 중후한 인격이 학생들에게 감화를 일으키는 바가 많다. 그러나 교수 시간에 그의 강의를 필기하자면 꽤 갑갑증을 느끼게 한다."

72) 多言生, 「秘中秘話, 百人百話集」, 『別乾坤』 69, 1934. 이 글에서는 또한 "겨울에도 외투 안 입기로 유명한 이윤재씨는 그 대신 남다른 토수를 끼고 다니는데 시간이 바쁜 탓으로 부주의하야 그러한지 토수 짝을 가끔 바꾸어 끼고 학교에 가서 교수하다가 학생들에게 발견이 되면 '而'字 웃음을 자발한다"라고 하였다.

73) 박용규, 앞의 책, 28쪽. 이윤재가 일본을 싫어하는 일화는 또 있다. 즉 자신의 집안을 도와준 어느 유지의 아들 결혼식이 일본인들이 모여 사는 혼마치(本町, 지금 충무로)에 있는 호텔에서 있었다. 이윤재는 '왜놈의 거리'에는 결코 가지 않았는데, 그렇다고 결혼식에 인사를 하지 않을 수도 없었다. 그래서 그는 진고개로 들어가는 길목에서 결혼식이 끝날 때까지 두서너 시간을 서서 기다려 축하의 말을 전하였다고 한다. 또 자신이 다니던 안국동 안동교회 앞에 '사꾸라' 심은 것을 목사에게 항의하고는 다른 교회로 옮긴 적도 있었다. 일본인들이 창경궁을 놀이터인 창경원으로 만들고 역시 '사꾸라'를 심자, 창경궁에 발도 들여 놓지 않았다(박용규, 앞의 책, 28쪽, 32~33쪽).

행하였다. 정인보와 더불어 역사과목을 담당하였다. 당시 우리 역사나 문화를 직접 가르칠 수 없었던 사정이었지만, 동양사라는 과목을 강의하면서 조선사를 가르쳤다. 이윤재는 특히 정인보와 학문적으로 아주 가까웠다. 정인보는 이윤재가 발간한 저서(이순신)의 서문을 써 주었고, 이윤재는 정인보가 주도하던 조선학운동에 적극적으로 참여하였다.[74] 또한 이윤재는 많은 연전 교수들과 함께 안창호의 흥사단 운동, 수양동우회 운동에 참여하여, 수양운동 곧 건전 인격, 공고 단결 등을 항상 주장하였다.

　이와 같이 이윤재의 민족주의 사상과 민족적 학문의 뿌리는 주시경, 신채호였고, 민족운동은 안창호의 흥사단 운동의 인격수양론과 준비론에 근거하고 있었다. 그런데 중국에서 활동하던 신채호는 민중혁명론에 의거하여 안창호의 실력양성운동을 매우 격렬하게 비판하였다. 이윤재가 신채호의 민족주의 역사학을 계승하면서도 수양동우회의 수양운동에 적극적으로 참여하였던 것은 기독교와 안창호의 영향이 강했기 때문이었고, 또 다른 면에서는 민족사학이 정세의 변동과 국내 활동이라는 조건 속에서 그 인식의 폭이 변화되고 있었기 때문이었다. 마찬가지로 정인보는 박은식, 신채호의 역사학을 계승하면서도 동아일보를 중심으로 한 국내 부르주아 계열과 폭넓은 학문적 교류관계를 유지하였다.

　일제하, 이윤재는 세 번의 옥고를 치렀다. 처음에는 3·1운동에 참여한 죄목으로, 두 번째는 안창호와 흥사단 관계자들이 조직했던 수양동우회(이름은 후에 동우회로 바뀜) 사건(1937년 6월)으로 인한 것이었다. 이 사건으로 이윤재는 1년 6개월 동안 서대문형무소에 갇혀 갖은 고초를 당했다. 안창호의 순국 이후, 1938년 3월에 이 사건 연루자는 대부분 석방되었는데, 출옥 후

---

74) 하지만 이윤재는 학문 활동이나 민족운동에서 정인보와 다른 길을 걷기도 하였다. 이윤재는 이병도가 주도한 진단학회(震檀學會) 발기인으로 참여하였다. 물론 그는 진단학회에서 거의 활동을 하지 않았지만, 진단학회가 정인보, 안재홍의 조선학운동 노선과 대비되는 학회였다는 점이 주목된다. 또한 기독교 신앙 속에서 행한 흥사단 운동의 운동론에 정인보는 그렇게 찬동하지 않은 것으로 보인다.

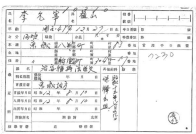

서대문형무소 이윤재 신분카드(1937)(국사편찬위원회 소장)

이윤재는 한글사전 편찬사업에 열심히 참여하였다가 조선어학회 사건에 연루
되었다. 1942년 10월 많은 조선어학회 회원들이 함남 홍원경찰서에 체포되었
는데, 특히 이윤재는 이미 민족운동의 전력이 있었으므로 일제의 가혹한
고문을 받았다. 결국 1943년 12월 8일 새벽, 함흥 감옥에서 55세의 나이로
옥사, 순국하였다.75)

---

75) 해방 후, 정부는 건국훈장 독립장을 추서하였고(1962), 묘소는 우여곡절 끝에 국립현
    충원 애국지사 묘역에 이장되었다(2014).

# 정진석의 학술운동과 실학 연구

정진석(鄭鎭石, 1912~1968)은 1960년대 초, 북한에서 조선철학사를 연구하고, 이를 체계화한 사람으로 알려져 있다. 그는 연희전문학교 문과를 거쳐 메이지(明治)대학 법과, 교토(京都)제대 대학원(동양철학 전공)에서 공부하였고, 해방 후에는 『자유신문』의 편집인 겸 주필로 줄곧 언론계에서 활동하였다. 신문기자로 활동하면서 민주적 자주통일 정부의 건설에 노력하였고, 이에 따른 신문화건설에 이바지하였다. 1948년 4월, 정진석은 단독선거를 반대하며 열린 남북연석회담에 신문기자단의 일원으로 북한으로 갔다가 그곳에서 정착하여 돌아오지 않았다. 북에서는 송도정치경제대학 학장, 과학원 철학연구소 소장, 김일성대학 교수 등을 역임하면서 주로 조선시대의 철학사 정리에 기여하였다. 특히 정진석은 조선 후기의 실학과 이를 계승한 김옥균의 철학 사상을 연구하였다.

한국의 현대사에서 이념적으로 분단이 노골화되기 시작한 때는 해방 공간이었다. 전민족적 차원에서 자주적인 민주국가를 건설하기 위한 운동이 일어났으며, 새로운 국가 건설을 위해서는 반제반봉건 민주주의혁명을 거칠 필요가 있었다. 이러한 운동은 정치경제적으로도 그러했지만, 문화적으로도 제기되어 신문화건설, 민족문화 건설이 논의되었다. 새로운 문화건설 운동에서는 유교와 같은 봉건적 사상과 윤리를 청산하는 동시에 생활 속에 파고든 일본식 문화를 청산하고, 일제 강점 아래에서는 도저히 경험할 수 없었던 민주주의 국가·사회 체제를 구축하고자 하였다. 그러나 그 운동은 좌우의 이념에 따라 대체로 대립적으로 전개되었다.

 해방 공간 속에서 연희전문학교 출신들도 학술계와 문화계에서 중요한 역할을 담당하였다. 그들은 연희전문학교에서 정립한 '동서 화충(和衷)'의 학풍을 계승하여 해방 후의 새로운 국가건설 운동 속에서 정치운동이나 신문화, 학술운동을 주도하였다. 무엇보다 일제 강점 하에서 경성제대가 주도했던 고등교육 체제와 식민지 학문을 극복하고 새로운 교육, 학문 체계를 세울 필요가 있었다. 연희 출신들은 일본 식민체제가 주도하던 학문계의 빈자리를 민족주의적 입장에서 메우고 학문의 재건에 힘을 기울였다. 백남운이 주도하는 조선학술원과 민족문화연구소에 윤일선, 김봉집, 김일출, 정진석 등이 참여하였으며, 홍이섭, 민영규, 홍순혁 등은 '역사학회'를 창립하여 역사학 재건을 주도하였다. 유억겸, 백낙준, 이춘호 등은 교육계 재건을 위해 애썼다.[1]

 그러나 남북에 각각 정부가 수립되고 이어서 일어난 6·25전쟁으로 영토 분단과 더불어 이념과 학문도 분단되어 갔다. 이념적 분단의 원류가 된 것은 1920년대 이후 민족운동 속에서 제기된 좌우 대립이었지만, 해방 공간에서의 미소 분할 점령이라는 현실 아래 이런 대립이 재생산되어 나온 것이었다. 이런 과정에서 연세의 학문도 분단되었다. 남에 남은 사람들은 연희의 전통 아래 남한의 학문을, 북으로 간 사람들은 북한의 학문 재건에 기여하였다. 여기서 검토하고자 하는 정진석도 이런 학문의 분단 속에서 북쪽을 택한 사람이었다.

 정진석에 대한 연구는 거의 없는 편이다. 정진석이 주도한 『조선철학사(상)』 에 대한 남한 학계의 비판 연구는 있지만, 학문 활동, 사회 활동 등에 대해서는

---

1) 이 책 제2부 「연전 학풍의 정립과 발전」 참조.

거의 알려져 있지 않다. 다만 북에서 나온 아주 짧은 '전기' 속에서[2] 그 활동을
알 수 있는 정도이다.[3]


## 1. 연희전문학교 시절의 문학청년


정진석은 1912년 10월 25일, 변호사 정준모(鄭浚謨, ?~1940)의 장남으로
서울에서 태어났다.[4] 정준모는 1909년 10월에 장례원(掌禮院) 주사로 있다가
제1회 사법시험에 합격하여[5] 재령구 재판소 판사가 되었다.[6] 강점 후, 조선총
독부 아래에서도 청주, 밀양 등지에서 판사를 지냈다. 그러다가 1913년 11월에
공주지법 검사국에 변호사로 등록하여[7] 이후 줄곧 서울에서 변호사로 활동하
였다.

정진석은 수하동(水下洞)보통학교와 경성제2공립고보를 거쳐 1931년 4월
연희전문학교 문과에 입학하였다. 일제하 연희전문은 "민족주의자의 소굴"이
었다.[8] 특히 1930년 초반, 민족운동 진영은 큰 변동기를 겪고 있을 때였는데,

---

2) 임정혁 편저(김향미 옮김), 『현대 조선의 과학자들』, 교육과학사, 2003에 정진석의
   수기 「내 인생의 기록」이 있으며, 조국통일민주주의전선 중앙위원회, 『태양의 품에
   안기여 빛 내인 삶(17)-정진석 편』, 2005에 그의 일대기가 정리되어 있다.

3) 이 글을 작성하는 데는 국사편찬위원회의 김광운 선생, 연세대학교 사학과의 도현철
   교수와 박사생 이준희, 노상균 등이 여러 자료를 구해주었다.

4) 연세대학교 박물관에 보관 중인 「학적부」상의 본적은 황금정 1정목(丁目)(현 을지로
   1가) 45번지, 주소는 당주동 132번지였고, 후에 내수동 164번지로 이사한 것으로
   보인다. 현재의 지번 상으로 서로 50m 정도 거리이다.

5) 1909년 6월 26일에 공고된 제1회 사법시험은 10월 13일부터 16일까지, 형법, 형사소송
   법, 민법, 민사소송법, 상법, 행정법, 국제법 등의 7개 과목으로, 광화문의 이전
   법관양성소에서 시행되었다(해당 년도의 『관보』에 여러 차례 「광고」로 나옴).

6) 『承政院日記』순종 3년(1909) 9월 10일(음) ;『皇城新聞』1909년 10월 22일, 「사법시험입
   격」.

7) 『每日申報』(이하 『每日』) 1914년 2월 11일, 「청주발신」.

8) 백낙준은 당시를 회고하면서 "연희전문학교는 민족주의자들의 소굴"이라고 하면서

신간회 해소 이후의 부르주아 진
영에서는 민족문화를 정립하는
방향으로 운동을 추진하게 되었
다. 이러한 운동의 전환과 방향
모색 속에서 연희전문학교 교수
진은 매우 중요한 역할을 담당하
였다. 조선학의 본질을 조선 후
기의 실학에서 구하고 민족문화
운동을 주도하던 정인보, 민족
의 정신이 한글에 있다고 하고
한글보급운동을 주도하던 최현
배, 그리고 사적유물론에 입각
하여 보편적 발전의 역사로 조선
경제사를 정리한 백남운, 그리

정진석(연희전문학교 졸업앨범, 1935)

고 민족주의적 역사학과 한글 강의를 하던 이윤재 등이 그러하였다. 연희전문
에서는 이런 사회문화적 변동 속에서 학교의 교육방침을 "동서고근(東西古近)
사상의 화충(和衷)"으로 정립하였다.[9]

정진석은 연희전문의 강한 민족주의, 그리고 사회주의도 허용된 자유로운
학문적 분위기에서 수학하였다. 재학 당시 정진석의 성적은 우수하여 상위권
을 유지하였고 3학년 때는 학교에서 지급하는 장학금을 받기도 하였다.[10]
그러나 4학년에는 중하위로 떨어졌다. 그는 재학 중에 문과에서 중점적으로
개설한 영문학 관련 과목을 많이 수강하였으며, 이에 못지않게 조선 문학,

도 "그 중에는 백남운과 같이 유물주의사상에 젖어 있던 사람이 없던 것은 아니었다"라
고 하였다(『백낙준전집(9)』, 「民族敎育 參與 첫 10年」(1968), 16쪽).
9) 이 책 제2부 「1920~30년대 민족문화운동과 연희전문학교」 참조.
10) 『中央日報』 1933년 4월 13일, 「연희전문학교 장학금」.

한문학, 조선어, 동양사, 그리고 사회학, 심리학, 경제학 등도 수강하였다. 이런 과목들은 정인보, 최현배, 이윤재, 백낙준, 하경덕 등이 담당하였다. 정진석이 문학과 조선 후기의 실학에 관심을 가졌던 것도 이런 교육의 영향이 있었을 것이다.

정진석은 연희전문 1학년 시절부터 문학에 주력하였다. 그는 문과 문우회의 위원장으로 활동하면서 문학 활동으로 이름을 날렸다. 또한 재학 중에 그는 문학론, 시, 단편 등을 발표하였다.

정진석이 몸담았던 문우회(文友會)는 문과생 상호간 친목을 도모하고 학술연구를 조장하기 위한 조직으로, 문과 교수와 문과 학생을 회원으로 하고 그 안에 사교부, 변론부, 연극부, 문예부, 연구부를 두었다. 정진석이 재학 중이던 1932년에 문우회는 잡지 『문우(文友)』를 발간하였는데, 앞서 언급한 연희전문의 민족적, 대중적 입장을 그대로 보였다. 곧 "대중이 요구하는 문예운동이란 그들의 생활 상태와 그들의 감정과 그들의 의식을 여지없이 그려내고 그들의 운동방침을 제시하는 데 있을 것"이라고 하였다. 문우회는 조선의 민중을 위한 문학을 지향하며 우리의 사회 실상을 살펴야 한다고 주장하였던 것이다.[11]

정진석은 입학하자마자 「조선 문단의 위기」라는 논설을 작성하여, 이를 그해 말 연희전문학교의 교지 『연희』에 발표하였다.[12] 이듬해 2학년이 되던 1932년 3월에는 『문학(文學)』이라는 동인지를 창간하였다.[13] 이 동인지는 "흥미 본위의 영리적 저급 취미를 떠나 좀 더 생명 있는 문학을 산출하려는데 그 의도"가 있다고 천명하였다. 동인지에 참여한 사람은 김천규(金天圭), 원유각

---

11) 연희전문문우회 문예부, 『文友』 1, 1932, 1쪽.
12) 鄭鎭石, 「朝鮮文壇의 危機」, 『延禧』 8, 1931(이하 정진석의 글인 경우 저자명을 생략함). 정진석은 이 글의 말미에 논문의 탈고를 1931년 6월 5일로 적었다. 곧 입학하자마자 탈고한 것이었다. 시점으로 본다면 정진석의 이런 구상과 집필은 연전 입학 전으로 추정할 수는 있다. 그는 고보를 졸업하고 1년을 쉬다가 연전에 진학하였는데, 저간의 사정은 알 수 없다.
13) 『東亞日報』(이하 『東亞』) 1932년 3월 8일 ; 3월 24일, 「문학 창간호」.

(元裕珏), 승응순(昇應順), 김호규(金昊奎), 강영주(姜螢周), 양기철(梁基哲), 홍두표(洪斗杓), 장현직(張鉉稷) 등으로 이들은 대부분이 정진석의 연전 입학 동기생(문과 및 상과)이었다.[14] 정진석은 편집 겸 발행인이었다. 창간호에는 장현직과 정진석의 평론, 원유각·양기철·장현직·홍두표의 시, 김호규·승응순·김천규의 소설 등이 수록되었다.[15]

1933년에 창간된 『문학(文學)타임스』(발행인 이무영) 창간호에는 「조선학생 문학운동에 대하야」라는 글이 게재되었다.[16] 이 잡지는 그 뒤 활동을 하지 못하다가 10월에 제호를 『조선문학(朝鮮文學)』으로 바꾸고 신년 특집호를 준비하였다.[17] 정진석은 여기에 「외투(外套)」라는 소설을 발표하였다.[18]

또한 아동문학가 윤석중의 동시집(童詩集) 「일허버린 당기」(잃어버린 댕기) 출판기념회의 발기인으로 참여하였다. 발기인은 정진석 외, 이광수(李光洙), 윤백남(尹白南), 주요한(朱耀翰), 이은상(李殷相), 박팔양(朴八陽), 정인섭(鄭寅燮), 이태준(李泰俊), 현제명(玄濟明), 홍난파(洪蘭坡), 독고선(獨孤璇), 신명균(申明均), 최봉칙(崔鳳則), 승응순(昇應順) 등이었다.[19] 이광수, 윤백남, 주요한 등은 당시 조선 문단의 중진들이었고, 더욱이 정인섭, 현제명은 재학 중이던 연희전문의 문과 교수(문학 및 음악)였다. 정진석의 동년배는 연전 문과 입학동기였던 승응순(일명 金陵人, 1910~?, 후에 극작가, 대중가요 작사가)뿐이었다. 문단에서도 정진석의 능력을 인정해주고 있었던 것으로 보인다.[20]

---

14) 당시의 입학생 명단은 『每日』 1931년 4월 5일, 「延禧專門學校 入學試驗合格者」.

15) 정진석은 창간호에 「現朝鮮 詩壇의 고찰」을, 2호에는 「朝鮮文學과 女流作家－眞伊의 時調를 紹介함」 등을 발표하였다.

16) 『東亞』 1933년 2월 8일, 「新刊紹介」. 그런데 이 잡지 창간호의 원고가 대부분 검열에 걸려 5월 발간을 목표로 임시호를 준비하였다고 한다(『東亞』 1933년 5월 3일, 「문학타임즈 원고불허」).

17) 『東亞』 1933년 9월 29일, 「잡지계」 ; 1933년 12월 27일, 「신간소개」.

18) 『朝鮮文學』 2권 1호, 1933년 12월 25일, 21~30쪽.

19) 『每日』 1933년 5월 18일, 「兒童文學의 天才兒 尹石重 君의 童詩集 「일허버린 당기」 出版記念會 五月卄日 午後六時 太西館에서」.

20) 어떤 연유인지는 알 수 없지만, 대련의 일본 경찰 감옥에서 순국한 李會榮의 조문을

정진석은 이와 같이 교내외의 문단에서 활동하면서 몇 편의 평론과 소설 등을 발표하였다. 특히 평론 속에서 정진석은 순수 문학을 지향하면서도 예술, 문학이 가지는 '사회적' 측면을 강조하였다.

정진석은 쓴 글의 제목 그대로, 당시의 조선 문단이 위기를 맞고 있다고 판단하였다. 대공황 이후에 순수한 문예 발표기관도 축소되고, 신문의 문예란 도 축소되는 등의 불리한 사회적 여건 때문이었다. 정진석은 예술이 가지는 예술성 보다는 사회성에 주목하였다. 그는 "예술은 인류의 정신적 소산, 사회와 민중의 반영"이며, "예술은 계급과 시대와 민족을 초월하여 존재할 수 없는 것"이라고 표현하였다. 이런 생각에 따라

> (문학은) 인생이 요구할 정신의 고양과 생명의 동력을 급여하여 좀 더 좋은 생활로의 引火가 될 것을 잊어서는 안된다. (…) 사회가 요구치 않는 문학과 일반 민중의 생명과 정신이 煽動이 되지 못하는 문학은 아무리 이론의 확립 구성이 잇다 할지라도 문예로서의 의의를 갖지 못하는 似而非 문학이다.

라고 하여, 사회에서 요구하는, 민중을 위한 문학을 지향하였던 것이다.

정진석은 이런 문학의식에서 당시 조선의 문학 가운데 시단(詩壇)의 조류를 분석하였다. 그는 시단의 조류를 네 가지로 구별하여, ① 일종의 고전적 시조(時調), ② 저렴(低廉)한 애상(哀想)의 표현, ③ 신기(新奇)를 구하는 현대인 의 섬세한 감각을 기초로 하는 신기교적(新技巧的) 일파, ④ 시대를 관류하는 사조 위에 사상의 기(旗) 폭을 날리며 진행하는 사회 여러 가지 사상파 등으로 분류하고, 오직 시조(時調)만이 기형적으로 번성하고 있다고 비판하였다. 따라서 ①~③의 조류보다는 ④의 '사회사상파'의 문학이 더 활발해져야 한다고

---

위해 長湍역으로 나간 명단 중에도 그의 이름이 보인다. 신석우, 정인보, 윤복영, 서정희 등의 중견 인사들의 말미에 이름이 끼여 있다(『東亞』1931년 11월 27일, 「소식」).

주장하였다. 그는 "사회사상만이 인간 사상의 전부가 아니므로 그들에서 진의(眞意)의 시(詩)가 발생하리라고는 믿지 않지만 힘과 빛과 생명의 문학을 기다리는 차원에서는 '사회사상파'의 의무가 중대"하다고 하였다.[21]

하지만 정진석은 문학, 예술의 사회성을 강조하면서 프롤레타리아 계열에 대해서도 찬성하지 않았다. 그는 당시 조선의 시단을 분석하면서, 시의 내용에는 사회사상뿐 아니라 예민한 감각 세계나 꿈을 쫓는 공상도 표현되지만, "시(詩)는 사회적 산물"이므로 시가 사회에 미치는 효과를 고려하는 차원에서 파악해야 한다고 하였다. 정진석은 당시 조선의 시단을 크게 '의고적(擬古的)' 형태인 시조, 사회사상파의 주류인 프롤레타리아 시, 그리고 기타 기교주의적 예술파 시 등으로 구분하고, 이들이 행하는 잘못을 모두 비판하였다. 특히 프롤레타리아 계열의 시는 "사상 만이 앞서서 본질을 망각하는 일이 많고" 관념적인 과오를 범하고 있다고 하였다. 이론에 구속되어 본질을 망각하면 시(詩)가 성립되지도 않고, 효과가 있을 것 같은 사회적 반응도 "권태와 무력을 가져오게 되는 것"이라고 하였다.[22]

이와 아울러 정진석은 진정한 조선 문학은 '조선어로 민중의 생활 감정을 전해야 한다'고 생각하였다. 그는 조선의 문학은 '일반 민중의 생활 감정을 전하는 것'으로 규정하고, 이런 점에서 정당한 의미의 조선 문학은 정음(正音) 반포 이후에 가능하다고 보았다. 지배계급, 식자계급이 사대주의적 윤리와 위선에 의해, 그것도 한자로 표현된 것은 조선인의 생활과 감정을 전할 수 없다고 보았던 것이다. 이런 점에서 그는 기생 등의 여류작가의 시조를 강조하고, 황진이의 작품을 분석하였다. 물론 '예술의 시대성과 사회성이 항상 전변(轉變)'하기 때문에 황진이의 시조가 현대인의 심금을 울리지 못하는 점이 많지만,

---

21) 정진석은 시조만 기형적으로 번성한 원인으로 ① 무능력한 작가가 쉽게 할 수 있는 定形律, ② 시조 작가라는 이름의 선배적 자존심, 허영심, ③ 맹목적 崇古 관념 등을 들었다. 고전이 가지는 민족적 성격 보다는 이를 주도하던 집단의 성격과 옛것에 대한 존중 등을 지적하였던 것이다(「朝鮮文壇의 危機」,『延禧』8, 1931. 52쪽).
22) 「現朝鮮 詩壇의 고찰」,『文學』1, 1932년 3월.

조선어로 평민의 감정을 섬세하고 예민하게 표현한 것에 주목하였다.[23]

이런 활동으로 정진석은 문단에서 좋은 평가를 받았다. 그런데 4학년 시절에는 별다른 활동이 없었다. 1934년도의 문단 회고 기사에서는 "정진석(鄭鎭石), 최고악(崔孤岳) 등 수씨(數氏) 또한 될 듯 하더니 소식이 묘연(杳然)하다"고 평가하였다.[24]

정진석은 1935년에 연희전문학교를 졸업하였다. 당시 『東亞』에서는 전문학교를 졸업하는 남녀 학생들을 모아 간친회를 개최하곤 했는데, 그해 2월의 간친회에는 정진석이 초빙되었다. 기사에는 정진석을 "안경 쓰고, 체격은 마르고, 말은 명랑"한 것으로 묘사하였다. 정진석은 졸업감상담을 아래와 같이 말하였다.

지식계급은 지금 불안 중에서 헤매고 있습니다. 지식군은 혹은 종교로 들어가고 또는 그렇지 않으면 퇴폐의 길로 가고 있습니다. 또한 현대의 불안은 자연 그리로 들어가게 만들고 있습니다. (⋯) 내리는 폭포에도 거슬러 올라가는 물고기가 있는 것처럼 우리는 우리의 현실을 치밀고 나가는 사람을 사랑해야겠습니다. 때로는 이러한 태도가 우리에게 새로운 문제를 제공하고 있으니깐요(후략).

라고 하여 현실의 불안감 속에서도 젊은 지식인답게 이를 '치밀고 나가는' 사람이 되어야 한다고 주장한 것이다.

정진석이 졸업하자 연전 학생들도 그에 대한 감상을 남겼다. 연전 학생기독교청년회에서 발간하는 『시온(詩蘊)』 3호에는 졸업생 '10걸'의 인물 만담(漫談)을 실었다.

수년간 문우회 總首領으로 老顔에 많은 풍상을 겪은 자최가 보인다. 가르스름한

23) 「朝鮮文學과 女流作家-眞伊의 時調를 紹介함」, 『文學』 2, 1932년 5월.
24) 『東亞』 1934년 12월 28일, 「금년의 문단을 회고함(중)」.

얼굴에 온화한 웃음 빛이 떠나지 않고 안경 너머로 玉顔에 박힌 가느러지게
놓인 눈이 창틈으로 새여 드는 아침 햇빛이나 그믐밤 별빛 같이 玲瓏 혹은 화기롭게
보이니, 군의 성격도 可知로다. 일즉 문단에 진출하여 한때는 아기자기한 단편과
아리따운 시로 독자의 心琴을 울리는 바가 많더니 요새는 何故오니꼬? 졸업
후는 어디? 상급학교란 풍설이 떠도니 漫談者 그렇게 되어지이다 하고 빌며
큰 뜻의 이룸이 있기를 바라노라.[25]


연희전문학교를 졸업한 정진석은 이듬해 1936년, 일본 메이지(明治) 대학
법과로 유학하였고, 1938년 봄에 졸업하였다.[26] 그리고는 교토(京都) 제국대학
대학원으로 진학하여 동양철학을 전공하였다. 연희전문 시절부터 사회주의
문학의 길을 걸었던 정진석은 문학공부를 더 하기 위해 일본으로 유학하였으
나, 부친의 영향으로 대학에서 법과를 공부한 것으로 짐작된다. 그러나 다시
대학원으로 진학하면서 철학의 길을 택했다. 대학원에서 중국철학사를 전공
하였고 "중국 및 조선의 가족주의 사상의 발달"을 주제로 졸업논문을 작성하였
다. 문학, 철학, 법학 등 다양한 학문을 공부한 덕에 해방 후 정진석은 신문기자
로 활약하면서 학술운동, 신문화 운동을 전개할 수 있었고, 월북 후 북한에서는
조선철학사를 연구하게 되었다. 대학원 재학 시절에 조선의 철학사, 철학교과
서가 없다는 사실을 깨달은 정진석은 대학원 시절 조선철학사 서술을 위한
준비를 하였다.[27]

---

25)『詩蘊』3, 연희전문학교 학생기독교청년회, 1935, 109쪽. 정진석이 문우회의 위원장
    역할을 할 때, 산하 연구부장이 한 학년 아래 문과생 薛貞植이었다. 설정식에 대해서는
    윤혜준,「해방전후사 속의 두 연세 영문학자, 설정식과 최재서」,『해방 후 연세학풍의
    전개와 신학문 개척』, 연세학풍사업단·김도형 외, 혜안, 2015 ; 정명교,「설정식 시에
    나타난 민족의 형상-조국 건설의 과제 앞에 선 한 해방기 지식인의 특별한 선택과
    그 시적 투영」,『東方學志』174, 2016 등 참고.
26)『每日』1938년 3월 9일,「七千五百의 英俊 大學, 專門에서 修業 錦夜還鄕하는 七百十七人
    今春卒業生大觀」.
27)『태양의 품에 안기여 빛 내인 삶(17)』, 2005, 65쪽.

## 2. 해방 후 자주독립국가 건설을 위한 학술·문화운동

교토제대에서 수학한 후 정진석이 언제 서울에 귀국했는지 알 수 없다. 북한에서 나온 그의 일대기에 의하면 해방 후에 들어온 것으로 짐작할 수 있다.[28] 그는 귀국하자마자『자유신문』창간에 참여하여 편집인 겸 주필이 되었다.[29] 1946년 4월에는 모교인 연희전문학교(1946년 8월 이후 연희대학교)에서 잠시 교편을 잡았다.[30] 해방 공간에서 정진석은 줄곧 신문기자로, "금일 우리가 기대하는 당면적 혁신의 추진은 부르주아 민주주의 혁명"이라는[31] 목표 아래 여러 활동을 전개하였다.[32]

### 1) 자주통일국가를 위한 활동

해방 정국에서 정진석의 주된 직업은 신문기자였다. 그는 1945년 10월 5일에 창간된『자유신문』의 발행인·편집인 겸 주필이었다. 『자유신문』은

---

28) 위의 책, 7쪽.

29) 이 신문은 일제하『每日申報』편집국장을 지낸 鄭寅翼이 창간하였고, 초대 사장은 河敬德이었다. 정진석이 어떤 연유로 이 신문에 관여했는지는 알 수 없지만, 다만 사장이었던 하경덕이 연희전문학교 문과 교수를 지냈으므로, 이런 사제의 인연이 작용하지 않았을까 짐작해 본다.

30) 이때 정진석은 정식 수업으로는 조선철학사를, 학생들의 연구 서클에서는 마르크스 철학을 가르쳤는데, 학생들이 집으로 찾아올 정도로 돈독하였다. 스스로도 '기쁨과 보람'의 시간이었다고 하였다(「내 인생의 기록」, 앞의 책, 171쪽). 그런데 당시 학교를 다녔던 학생(김동길)의 회고에 따르면, 정진석은 朴殷植의『韓國痛史』를 강의하였다고 한다(연세대학교 영어영문학과 동창회, 『우리들의 60년』, 월인, 265쪽). 정진석은 미군의 비행을 신문에 게재하였다가 체포되었는데, 이로 인해 학교를 떠났다(『태양의 품에 안기여 빛 내인 삶(17)』, 50~51쪽에서도 당시의 생활에 대해 '긍지' 높던 때라고 하고 마르크스주의 때문에 학교를 떠났다고 하였다).

31) 「朝鮮インテリゲンチャ論」, 『民主朝鮮』 2-15, 朝鮮文化社, 1947, 9쪽. 『民主朝鮮』은 해방 후 재일동포 지식인들이 만든 잡지이다.

32) 몇몇 인명사전에는 정진석이 1945년 11월에 '김일성장군 지지동맹'에 참여하고 1946 년에 남조선노동당에 입당한 것으로 적고 있다.

"조선 민족 통일정권 수립을 위한 민중 여론의 공기(公器)"가 되기를 목표로
하였다.[33] 당시의 이념 대립 아래에서 『자유신문』은 중도적 입장을 취하였고,
신탁통치 문제를 둘러싸고 좌우대립이 심화되면서 점차 진보적 민주주의,
사회주의적 성격이 강화되었다.[34]

『자유신문』이 창간된 직후, 1945년 10월 23~24일에 '전조선기자대회'가
열렸다. 일제하에서도 그러했듯이 해방 후에도 신문사는 행동하는 지식인이
모여 있었다. 기자대회에는 전국 24개사, 전현임 기자 250명이 참석했다.
이종모(李鍾模, 조선통신사)의 사회로 진행된 대회에서 양재하(梁在廈, 新朝鮮報
社)의 개회사, 김진기(金鎭基, 해방통신사)의 경과보고가 있었다. 의장이 조선
신문기자회 결성을 선언하여 조선신문기자회를 만들었고, 정진석(자유신문
사)은 강령 규약을 발표하였으며, 김정도(金正道, 朝鮮人民報)의 선언문 낭독이
있었다.[35]

선언문에서 기자들은 '씩씩한 건국'을 위해 무엇보다도 일제 잔재의 청산이
필요하다고 주장하였다. 조선 사정에 대한 일제의 기만적 선전이 여전히
남아있기 때문에 연합국이 조선 정세를 정확하게 판단할 수 없다는 것이었다.
이에 기자들은

> 우리들 붓을 든 자, 진실로 우리의 국가건설에 대한 제 장애물을 정당히 비판하
> 여 대중 앞에 그 정체를 밝힘으로써 민족 진로에 등화가 될 것을 그 사명으로
> 한다. / 단순한 春秋의 필법 만으로서는 우리는 만족치 않는다. 때는 바야흐로
> 우리에게 필봉의 무장을 요구한다. (…) / 민중이 갈망하는 바는 우리의 힘 있고

---

33) 『自由新聞』 1945년 10월 5일, 「創刊辭」.
34) 『自由新聞』은 1946년 10월 27일, 申翼熙가 사장으로 취임하면서 우익지로 변모했다고
    한다. 하지만 정진석은 계속 주필, 논설위원으로 활동하였으며, 자유신문사를 자본금
    1천만원의 주식회사로 조직하기 위한 발기인으로도 참여하였다(『自由新聞』 1947년
    4월 20일, 「朝鮮 言論界에 巨步, 自由新聞의 大飛躍」).
35) 『自由新聞』 1945년 10월 25일, 「전조선신문기자대회 개최, 조선신문기자회 결성」.

바르고 용감한 필봉일 뿐이다. / 우리는 이러한 대중적 요망에 저버림이 없도록
진력한다.[36]

라고 하면서, 이를 위한 기자들의 단결을 주장하였다. 이에 따라 "① 우리는
민족의 완전독립을 기한다, ② 우리는 언론 자주의 확보를 기한다"라는 강령을
채택하였다.

　행사에는 인민공화국 중앙인민위원회 허헌, 조선공산당 김삼룡, 그리고
이승만, 여운형, 미군정 장관 아놀드 소장 등 좌우를 망라한 정치계의 유력한
인사들이 참여했다. 이승만의 연설은 서울방송을 통해 전국에 생중계되기도
했다.[37]

　이듬해 4월 25일 두 번째 '전국신문기자대회'가 서울 명동천주교회 강당에서
열렸다. 준비위원장은 이종모였고, 정진석은 7명의 기초위원 중 한 사람으로
참여하였다.[38] 이 대회에서는 남한에 있던 31개 신문사 대표들이 모여 "우호친
선과 신의를 중상(重傷)하는 반동신문 폐간"을 군정 당국에 요구하기로 결의하
였다. 또 민주언론의 확립, 민주과도정권 수립 촉진, 국민생활 안정, 조선신문
기자회 확대 강화, 기자의 질적 향상 강화 등 당면 긴급 문제를 토의하였다.
이들은 진보적 민주주의를 표방하면서 미소공동위원회가 민주주의로 통일된
임시정부를 빨리 수립하기를 요망한다고 밝혔다. 그리하여 "민족의 정기를

---

36) 위와 같음.
37) 당시 축사를 한 사람을 보면 기자대회의 성격, 영향 등을 알 수 있다. 축사한 사람은
　　군정장관 아놀드 소장(代 뿌스대령), 뉴욕타임즈기자 찐스톤, 인민공화국중앙인민위
　　원회 許憲, 조선공산당 金三龍, 이승만, 建國同盟 呂運亨(代 呂運弘), 朝鮮學術院 尹行重,
　　朝鮮文化建設中央協會 李源朝 등이었다. 더욱이 이승만의 연설은 서울방송국을 통하여
　　전 조선에 중계되었다. 이승만은 장소가 YMCA라는 점에서 월남 李商在를 회상하고,
　　자신의 신문 발행 경험(배재학당의 협성회보, 매일신문)을 거론하였다. 또 현재는
　　언론 자유를 누리고 있으니, 신문의 자유를 공명정대하게 활용하여 사회의 진보
　　발달에 공헌해 주기를 바란다고 하였다. 좌우 진영의 인사들이 모두 참여하였던
　　것이다.
38) 『서울신문』 1946년 4월 17일, 「제2회 전국신문기자대회 개최 예정」.

고양시키고 창의를 고무하면서 조국 건설을 위한 3천만의 선두에 서서 나아갈 것"이라는 내용의 선언서를 채택하였다.[39]

해방 공간에서 정진석은 민주주의 자주독립국가를 지향하였다. 사회주의 계열에서는 민주주의 정부의 건설이 미소공동위원회의 성사 여부에 달려 있다고 보았기 때문에 삼상회의의 총체적 지지 및 미소공동위원회 참여와 지지로 의지를 표출하였다. 이를 위해 그들은 '보수적, 반동적'인 부르주아세력을 상대로 싸웠다.

정진석도 '부르주아 민주주의 혁명'을 지향하면서 '그 과업의 완수는 모스크바 삼상회의를 총체적으로 지지함으로써 급속하게 임시정부를 수립'하는 것이라고 하였다.[40] 정진석은 1947년 8월, 조선과학동맹에서 주최한 해방 2주년 기념 학술강연에서도 미소공위를 촉진하기 위하여 「민족문화 건설을 위한 투쟁」이라는 제목으로 강연에 참여하였으며,[41] 이를 이어 「해방 2년 회고와 전망」이라는 글에서도 이런 입장을 견지하였다.

조선 민족의 자주 독립을 실할 수 있는 유일 정확한 첩경이 미소공동위원회 성공에 있는 것이오, 이 회의를 추진시키고 협력하는 것은 민족 발전의 역사적 요청인 것은 물론이다.[42]

정진석은 미소공위가 난관에 봉착한 것은 이를 방해하려는 세력, 곧 "친일파 민족반역자 팟쇼분자들"의 끊임없는 음모에 그 원인이 있다고 보았다. 이들 반역자들은 미소공위에 의해 남북통일과 민주주의 임시정부가 수립되면 자신들이 저지른 매국적 죄악으로 처단되거나 자신들의 많은 재산을 환수될 것으로

---

39) 『中央新聞』 1946년 4월 27일, 「진정한 민주언론을 수립」.
40) 「朝鮮インテリゲンチャ論」, 『民主朝鮮』 2-15, 1947, 9쪽.
41) 『中央新聞』 1947년 8월 12일, 「文化」.
42) 「解放 二年 回顧와 展望」, 『獨立新報』 1947년 8월 17일.

두려워하여 "그들의 권력이 영구히 유지될 수 있는 남조선 단독의 독재정부를 수립"하려고 한다고 폭로하였다. 그리하여 민주주의 민족전선에 집결된 민주 세력이 지금까지 해왔던 것과 같이 "진용을 정비하여 단결의 위력을 중외에 표명"하여 공위의 성공적 결과를 전취하고, 나아가 "조선의 남북을 통일한 민주주의 건설"을 실현해야 한다고 하였다.[43)

정진석은 자주독립 국가를 만들기 위한 지식층(인텔리겐챠)의 역할을 진보적 재일동포 지식인과도 공유하였다. 무산계급의 성장이 미약했던 3·1운동 이전의 민주주의 운동 단계에서는 소부르주아계급이나 자본가 계급이 일정한 역할을 했지만, 그들 가운데 일부의 지식층은 해방후에 점차 반(半)봉건 및 일본 제국주의 세력과 결탁하는 반동성을 다시 드러내고 있다고 하였다. 따라서 노동자, 농민의 능동적 혁명 추진이 부족하고, 또한 인텔리층의 정치적 이념이 빈곤한 상태를 극복하기 위해서 인텔리층의 정치 이념, 혁명성을 재건하여 이를 제시하는 것이 그 임무라고 하였다.[44)

3·1운동을 보는 시각에서도 정진석은 민주주의 국가 건설에 대한 염원을 드러내었다.[45) 먼저 그는 3·1운동을 "일본제국주의의 식민지적 착취와 압박을 반대하고 일어난 조선 인민의 부르주아 민주주의 혁명의 성질을 띤 민족해방투쟁"으로 규정하였다. 3·1운동이 전국적으로 전개된 반제국주의 민족해방투쟁 이었지만 '진정한 민주주의 혁명운동'으로 발전하지 못하고 자연발생적 대중 투쟁으로 그치고 말았다고 평가하면서, 이러한 한계는 일제하의 사회경제 상태에서 비롯된 것이라 하였다. 즉 일제의 억압으로 자본주의 발전이 제약되면서 자본계급이 성숙되지 못하고 노동계급도 미약하였으며, 이로 인해 부르주아 민주주의 혁명운동을 이끌 핵심 세력이 성장하지 못했기 때문이라는 것이었다. 또한 부르주아 지도자들이 농민문제를 해결하기 위한 토지혁명을

---

43) 위와 같음.
44) 「朝鮮インテリゲンチャ論」, 『民主朝鮮』 2-15, 1947.
45) 「三一運動의 政治的 意義(上·下)」, 『獨立新報』 1948년 3월 3~4일.

내세우지 못하고, 혁명적 이론이나 전술도 가지지 못했다고 보았다. 하지만 3·1운동은 이후 민족해방운동에 커다란 영향을 끼쳐 반제·반봉건적 민주주의 운동이 전개될 수 있었으며, 나아가 진보적 분자와 사회주의자가 연합하여 반제투쟁의 통일전선의 방향으로 나아갈 수 있었다고 평가하였다.

그리하여 정진석은 당시의 반제반봉건 투쟁 역시 3·1운동 정신을 계승해야 한다고 주장하였다. 당시 미소공동위원회가 답보 상태(무기 휴회)에 빠지고 남북분단, 단정이 노골화되고 있던 상황에서 그는 소련이 제안한 양군 동시 철퇴와 조선인에 의한 자주적 정부 수립 방안에 찬성하였다. 또한 그는 북한에 서의 헌법 발표와 인민군 창설이 통일민주공화국 건설 기반이 될 것이라는 점에 동의하였다. 그는 이에 대하여 "이제야 3·1운동의 정치적 교훈을 살려 양군 철퇴에 의한 자주독립을 위하여 지혜롭고 용기 있는 구국 투쟁에 전진하고 있는 것을 볼 때, 더욱 분기하지 않을 수 없다"고 주장하였다.

## 2) 신문화 건설을 위한 학술운동

### (1) 학술·문화단체 운동

해방 후, 새로운 민주주의적 자주국가를 건설하기 위한 방안의 일환으로 신문화건설을 지향하는 학술운동이 치열하게 전개되었다.[46] 해방 직후 이 운동에 즉각적으로 착수한 사람은 연희전문 교수를 지냈던 백남운이었다.[47] 그는 해방 이튿날인 8월 16일 조선학술원 설립 준비위원회를 만들고, 그날 밤에 설립 총회를 열어 조선학술원을 세웠다. 해방후 지식인들은 백남운을 중심으로 좌익, 우익, 중도계를 망라한 학술계의 좌우합작을 통하여 신국가건

---

46) 이에 대해서는 한상도, 「해방정국기 민족문화 재건 논의의 내용과 성격」, 『史學研究』 89, 2008.
47) 방기중, 『한국근현대사상사연구』, 역사비평사, 1993, 제3장 참조.

설에 요구되는 학술 사업을 행하고자 하였다.[48] 조선학술원은 "과학의 제부문 (諸部門)에 걸쳐서 진리를 탐구하며 기술을 연마하야 자유 조선의 신문화 건설을 위한 연총(淵叢)이 되며, 나아가서 국가의 요청에 대한 학술 동원(動員) 의 중축(中軸)이 되기를 목적으로 함"이라고 하였다.[49] 정치, 경제, 사회, 문화 등 사회의 모든 부문에 필요한 학문을 과학적으로 토의하여 마련한다는 것이었다.

문단에 이미 이름을 날리던 정진석은 해방이 되자 바로 여러 문화 학술단체 에서 식민지 문화를 청산하고 새로운 민주국가를 위한 민족문화 건설 및 학술계 재건을 위한 운동에 주도적으로 참여하였다. 정진석이 처음으로 이름 을 올린 학술단체는 역사학회였다. 1945년 12월 25일 만들어진 이 학회는 "여러 분야의 역사를 학문적으로 연구하여 새로운 사학(史學)을 세우는 것"을 목표로 하였다. 참여했던 소장 학자 35명(1949년 현재)은 주로 연희전문학교와 비(非)경성제대 출신으로, 이 가운데 연희전문 출신인 홍이섭을 중심으로 김일출, 민영규 등이 주도하였다.[50]

해방 초기의 문화, 학술운동은 대체로 좌우익 연합의 형태로 전개되었다. 1946년 2월, 민주주의민족전선(민전)이 결성되었다. 민전이나 산하 위원회에 는 좌익 세력을 중심으로 중도적인 개인이나 단체도 참가하였다. 정진석은 305명으로 구성된 중앙위원의 일원이 되었으며, "교육 및 문화대책연구회" 위원(총 56명)으로 지명되었다.[51] 곧 바로 좌익계 문화운동 단체들은 조선문화

---

48) 김용섭, 『남북 학술원과 과학원의 발달』, 지식산업사, 2005, 40~41쪽.

49) 朝鮮學術院, 『學術』, 「휘보」, 227쪽.

50) 歷史學會 편, 『歷史學硏究』 1, 1949, 329쪽. 정진석이 월북한 이후에 나온 잡지이지만, 그의 이름이 회원 명단에 그대로 실려 있다. 당시 역사학계의 동향에 대해서는 方基中, 「解放後 國家建設問題와 歷史學」, 『韓國史認識과 歷史理論』(김용섭정년기념논총 1), 지식산업사, 1997.

51) 『自由新聞』 1946년 2월 17일, 「民線의 확대 강화 등 각항 제안을 결의」 ; 『서울신문』 1946년 2월 26일, 「민전, 교육 및 문화대책연구회위원과 경제대책위원회위원 선정」 ; 『自由新聞』 1946년 2월 26일, 「斯界의 권위를 총망라, 民戰의 교육, 경제대책위원」.

단체총연맹(문련)을 결성하였다.[52]

민전을 중심으로 문화계 인사들이 결집하자 우익 진영이 중심이 된 조직도 출범하였다. 민전 출범 한 달 후 3월에 조직된 전조선문필가협회(全朝鮮文筆家協會)가 그것이었다. 전조선문필가협회는 "인권이 존중되고 자유가 옹호되고 계급이 타파되고 빈부가 없는, 가장 진정하고 가장 민주적인 국가관, 세계관을 밝혀 민족국가 관념 위에서 조국을 재건함에 있어 진정한 민주주의 문화 건설에 이바지"할 것을 목표로 하였다. 회장 정인보(鄭寅普), 부회장 박종화(朴鍾和), 설의식(薛義植), 이병도(李丙燾) 등이었다. 강령은 "① 진정한 민주주의 국가건설에 공헌하자, ② 민족자결과 국제공약에 준거하여 즉시 완전자주독립을 촉성하자, ③ 세계문화와 인류평화의 이념을 구명(究明)하여 이 일환으로 조선문화를 발전시키자, ④ 인류의 복지와 국제평화를 빙자하여 세계 제패를 꾀하는 비인도적 경향을 배격하자" 등이었다. 즉 새로운 문화를 건설하여 민주주의, 자주독립을 지향함과 동시에 세계 문화와 인류 평화에도 기여하자는 것이었다. 그런데 전조선문필가협회는 정인보 등의 우익 경향의 사람들이 주도하였지만 상당수의 중도, 좌익계 인사도 망라하였다. 적극적인 참여 여부는 알 수 없지만, 이때 정진석도 추천회원으로 조선문필가협회에 이름을 올렸다.[53]

정진석은 백남운이 주도하던 민족문화연구소에도 참여하였다. 백남운은

---

52) 『自由新聞』 1946년 2월 21일, 「全國文化團體 전부 망라」. 24일 결성대회에 참여한 단체는 학술원, 과학자동맹, 진단학회, 사회과학연구소, 산업노동조사소, 과학기술연맹, 산업의학연구소, 문학가동맹, 공업기술연맹 생물학회, 연극동맹, 음악동맹, 음악가협회, 영화동맹, 미술협회, 미술가동맹, 가극동맹, 국악원, 어학회 국어문화보급회, 의사회, 교육자협회, 과학여성회, 신문기자회였다. 좌익 계열 단체를 중심으로 우익 학술단체도 참여하였다. 조선문화단체총연맹이 결성되자 해방 이후 문화재건운동을 선구적으로 이끌던 조선문화건설중앙협의회, 조선프롤레타리아예술동맹은 문련 결성대회 석상에서 과도적 사명을 다하였다고 해체를 선언하였다(『中央新聞』 1946년 2월 25일, 「찬연한 민족문화 계승」).

53) 『東亞』 1946년 3월 9일, 「全朝鮮文筆家協會 결성」; 1946년 3월 11일, 「전조선문필가협회」; 1946년 3월 14일.

급변하는 정세 속에서 정계에 진출하였다. 좌익, 우익이 치열하게 대립하고 있던 사정 아래 백남운은 좌우합작을 통한 통일된 독립국가를 지향하였다. 1946년 2월, 백남운은 조선신민당 경성특별위원회 위원장에 취임하였다. 4월 1일부터 서울신문에 「조선민족의 진로」를 연재하여 '연합성 민주주의론'을 주장하고, 이를 이 위원회의 활동 지침으로 삼았다. 이어서 백남운은 5월에 조선학술원의 자매기관으로 민족문화연구소를 설립하여, 경성특별위원회의 외곽조직 역할을 담당하게 하였다. 정진석은 민족문화연구소의 소원(所員)으로 학술운동에 참여하였다. 이러한 결정에는 백남운이 정진석의 연희전문 재학시절 교수였다는 관계도 작용했을 것이다.

　민족문화연구소는 "조선민족문화를 비판적으로 연구하여 민주(民主) 문화의 건설에 노력"하고, 또 "국제문화의 진수(眞髓)를 조사 연구"하여 조선사회문화의 발전에 이바지한다는 것을 목표로 하였다. 이를 위한 사업으로는 ① 조선민족 및 국제문화의 연구 조사, ② 기관지 『민족문화(民族文化)』발간, ③ 외국학회와 논문 교환, ④ 학술서적의 번역출판 등을 구상하였다. 소장은 백남운이었고, 소원으로는 윤행중(尹行重), 신남철(申南澈), 이청원(李淸源), 이북만(李北滿), 김사량(金史良), 왕명찬(王明燦), 허윤구(許允九), 그리고 정진석 등이었다.54) 민족문화연구소에는 조선학술원에서 백남운의 측근으로 활동했던 인사를 중심으로 청년 사회주의자가 가세하였으며, 진보적 자유주의자, 중도좌파 계열까지 망라하였다. 백남운은 이 연구소 활동을 통하여 진보적 중간층을 결집하여 신민당(경성특별위원회)의 대중적 기반을 확보하고, 민족통일전선을 위한 이론을 확립함과 동시에 선전활동 등을 행하였다.

　민족문화연구소는 학술 논문집 『민족문화』를 3집까지 간행하였다. 동시에 일반인을 대상으로 '고급 인문과학 강좌'를 개설하였다. 강좌는 1946년 9월부터 이듬해 10월까지 모두 6차례 진행되었다. 수강자의 자격을 중등학교 졸업이

---

54) 『서울신문』 1946년 5월 7일, 「민족문화연구소 창립」.

상의 학력자로 한정하였음에도 150명 안팎의 수강생이 모여 강좌는 2개월간
진행되었다. 백남운은 자신의 정치노선으로 제기한 '연합성 민주주의론'에
대한 논란이 일어나자 이에 대한 반론으로「조선민족문제 재론」을 민족문화
연구소에서 간행하였다. 정진석은『민족문화』2집(1946년 10월)에「조선문
학론」이라는 글을 썼으며, 인문과학강좌의 제2기(1946년 12월 9일~1947년
2월 8일)에 참여하여 '동양철학'을 강의하였다.

하지만 정진석은 곧 민족문화연구소와 결별하였다. 좌익계 3정당의 합당을
둘러싼 혼란과 백남운의 정치적 입장 때문이었다. 당시 좌익 성향의 학술계에
는 위의 조선학술원과 민족문화연구소(신민당)를 비롯하여, 조선공산당의
외곽조직이었던 조선과학자동맹(위원장 박극채), 그리고 인민당(여운형)과
관련이 있는 신문화연구소(김일출), 마르크스주의 원전 번역에 성과를 내고
있던 사회과학연구소 등의 단체가 있었다. 정진석은 조선과학자동맹에도
관여하였다.

1946년 중반 이후 정치계의 큰 변동에 따라 학술운동계도 더불어 재편되어
갔다. 7월에 민주주의민족전선에서 '좌우합작 5원칙'이 통과되고 북한에서
북조선공산당, 조선신민당이 합당하여 북조선노동당을 결성하기로 함에 따
라, 남한의 3대 좌익정당도 이를 지지하면서 합당 문제가 논의되기 시작하였
다. 그러나 합당 문제는 논란만 가중시켜 남조선노동당과 사회노동당이라는
양당 분립이 일어났다. 이런 혼란 속에서 학술계에서는 '합동' 논의가 일어났다.
사회노동당을 추진하던 백남운이 자신의 주장에서 후퇴하자 민족문화연구소
내부에서도 비로소 이런 논의가 제기되었다. 조선과학자동맹에서도 조직을
개편하고 사회노동당 진영에 대한 비판을 강화하였다. 이 일환으로 조선과학
자동맹은 하부 조직을 정비하였고, 이에 서울시 지부를 조직하였다. 정진석은
1946년 12월에 서울지부장으로 선임되었다.[55]

55)『獨立新報』1947년 1월 5일,「科學者同盟, 서울支部結成」. 위원장 鄭鎭石, 부위원장
姜志元, 金鎭億, 사회과학부위원 高在國, 洪淳昌, 자연과학부위원 黃朱鳳, 鄭淳澤, 기술과

좌익 계열의 학자들은 여기에서 한 걸음 더 나가 분립된 역량을 총결집하기 위한 '통일적인 신 조직체' 결성을 추진하였다. 이리하여 1947년 2월 25일에 조선과학자대회를 열고 새로운 통합체인 '조선과학동맹'을 창설하였다.

과학자대회는 정진석의 사회로 진행되었다. 그 동안 진보적 과학자들이 반동세력에 대응하면서 많은 연구와 계몽에 공헌하였다고 하면서도, '민주건국 도상'에서 분산된 역량을 총집결하는 전국적인 하나의 큰 조직체가 필요하며 따라서 조선과학동맹으로 새 출발할 것을 결의하였다. 신남철이 「현대 정세와 과학자의 임무」라는 경과를 보고하고, 이어서 과학자동맹, 사회과학연구소, 조선경제연구소 등 세 단체가 대 조직체로 발전하기 위해 발전적으로 해소한다는 내용의 선언을 발표하였다.[56] 임원 선출에서 정진석은 윤행중(민족문화연구소), 김양하(학술원), 강정택(사회과학연구소), 이병남(과학자동맹) 등과 함께 임시 집행부로 선출되었으며, 규약 통과 후에 부위원장이 되었다. 위원장은 윤행중이었고, 부위원장은 정진석을 비롯한 김양하, 강정택, 신남철 등이었다.[57] 이들 대부분은 백남운이 주도하던 조선학술원, 민족문화연구소에 관여했던 사람들이었다. 이들은 '개인 자격'으로 새로운 조직에 가담하였다.[58]

---

학부위원 崔成世, 徐道源 등이었다.

56) 『民報』 1947년 2월 26일, 「科學 力量을 集結, 昨日, 科學者大會 盛況」 ; 『獨立新報』 1947년 2월 27일, 「朝鮮科學者同盟을 創設, 科學者大會서 三團體解消코」. 『獨立新報』에서도 "종래의 사회과학연구소 조선경제연구소, 과학자동맹을 발전적으로 해소하고 조선과학자동맹을 창립할 것을 결의"했다고 보도하였다. 그런데 『自由新聞』 1947년 2월 26일, 「전국 과학자 대동단결, 3단체를 통합 朝鮮科學同盟 발족」에서는 "학술원, 사회과학연구소, 과학자동맹 세 단체의 통합을 위시하여 전국의 자연과학, 사회과학자가 전부를 망라한 과학자의 대동단결이 이루어졌다"고 보도하여, '조선학술원'을 거명하고 있다.

57) 신문보도에 따라 약간씩 다르며, 신남철이 임시집행부에 들어있기도 하다. 『自由新聞』 1947년 2월 26일, 「전국 과학자 대동단결, 3단체를 통합 朝鮮科學同盟 발족」에서는 정진석을 서기장이라고 적었다.

58) 백남운은 정계를 은퇴하고 학술원과 민족문화연구소를 중심으로 문화운동에 주력하였다. 윤행중, 신남철 등의 핵심 세력이 조선과학동맹으로 옮겨가자 민족문화연구소에는 중도 내지 온건한 마르크스주의자가 남았고, 일부의 민족적 성향을 띤 소장학자

조선과학동맹의 부위원장으로 선출된 정진석은 「조선과학도의 임무」라는 글을 통하여 과학동맹의 역할을 천명하였다. 그는 당시 가장 절실한 문제로 "민족 전체의 과학적 역량의 심화와 동시에 보급화"를 꼽았다. 그는 먼저 일제가 식민지 교육을 통해 '과학의 보편화를 억압'하고, 식민지 착취를 위한 기형적인 과학교육만을 실시하여 전 민족이 "과학적인 색맹" 상태가 되었다고 지적하면서, 동시에 조선의 민족 혼란도 '과학적 무지'에서 온 것이라고 판단하였다. 그는 해방을 가져다 준 연합국의 승리는 과학(자연과학 및 사회과학)의 승리라고 설명하였고 조선의 낙후성을 극복하기 위해서는 과학 역량의 강화가 필요하다고 하였다. 이에 과학자 상호 간의 밀접한 단결이 있어야 하고, 과학 계몽 활동을 위한 핵심 단체가 필요하다고 하였다. 과학적 계몽 활동을 통해 생활 속에 남아 있는 정감록 같은 미신적 후진성을 극복하고, 동시에 변혁을 거부하는 반동적 과학가의 허위를 폭로하면서 진정한 조선 인민의 발전을 위한 진보적 민주주의 과학자의 주장을 펴자고 강조하였다.[59]

1946년 후반 이후 정계의 변화 속에서 정진석은 진보적 좌익 계열 문화운동의 중심인물로 활동하였다. 1947년 1월 30일, 수도경찰청장 장택상이 「극장에 관한 고시」에서 "극장에서 정치사상성을 띤 연극을 하지 말라"고 포고하였다. 그러자 문화단체총연맹을 중심으로 「문화옹호남조선문화예술가 총궐기대회」가 소집되었다. 이들은 "문화의 적은 민족의 적이다"라는 슬로건 아래, '국대안(國大案)'을 비롯하여 예술, 교육, 과학, 언론 등 민족문화 전반에 걸쳐 자유로운 활동을 억압하는 법령 조치를 반대하고, 압박 받는 남조선 문화를 옹호하자고 하였다. 김기림은 개회사에서 "조선 민족문화 예술의 새로운 발전을 억압하는 모든 문화 반동, 특히 국대안과 극장예술을 말살하는 1월 30일 「고시」를 총궐기로 투쟁을 하자"고 주장하였다. 정진석은 궐기대회

---

들도 동참하였다(방기중, 앞의 책, 286쪽). 이후에 잡지 『民族文化』 3호를 간행하고, 인문과학강좌도 1947년 10월에 이르기까지 모두 3차례 개최하였다.

59) 「朝鮮 科學徒의 任務(上·下)」, 『自由新聞』 1947년 3월 3~4일.

준비위원, 언론분과 위원장으로 선임되어 활약하였으며, 13일의 궐기대회에
서는 임시의장단으로 선임되었다. 대회에서 정진석은 「언론 탄압을 중지하라」
라는 제목으로 보고하였다.[60] 2월 15일에는 궐기대회를 대표하여 정진석,
윤행중 등이 장택상을 방문하여 「고시」 취소를 요구하였고, 장택상은 고시가
예술 활동을 간섭하는 것이 아님을 말하면서도 거리에 붙인 고시를 철거하겠다
고 답하였다.[61]

정진석은 문화단체총연맹을 통하여 다양한 활동을 전개하였다. 1947년
1월, '문련'은 문화의 대중화를 목표로 여러 사회과학 단체들—社硏[사회과학연
구소], 科同[과학자동맹], 敎協[교육자협회], 科技[과학기술연맹] 등—의 후원으
로 문화 강연회를 개최하였는데, 정진석은 윤행중 등과 함께 연사로 초빙되었
다. 정진석은 자신의 주전공인 동양철학 가운데서도 종법(宗法) 사상에 대해
강연하였다.[62]

문련은 조미문화협회(朝美文化協會), 음악건설동맹, 문학가동맹 등과 공동
으로 171주년 미국독립기념일을 축하하는 행사인 「미국독립기념일 축하의

60) 『大韓獨立新聞』 1947년 2월 5일, 「張總長 紋告의 波紋」 ; 『獨立新報』 1947년 2월 11일,
「文化藝術家總蹶起大會, 오는 十三日 侍天敎 大講堂에서」 ; 『自由新聞』 1947년 2월 14일,
「문화를 옹호하자, 예술가 총궐기대회」 ; 『獨立新報』 1947년 2월 14일, 「民族文化擁護의
烽火, 文化藝術各界人士의 蹶起大會, 놈들에게 쌔았겼든 藝術을 찾자」 ; 『獨立新報』 1947년
2월 15일, 「文化藝術家의 獅子吼, 文化의 敵은 民族의 敵이다」. 그런데 이때 우익 문인
단체인 「전국문화단체총연합회 결성대회」도 12일에 열렸다. 발기단체는 조선미술협
회, 전조선문필가협회, 극예술연구회, 조선영화극작가협회, 조선청년문학가협회 등
이었고, 초청 및 참가단체는 조선공예총협회 외 28개 단체였다. 민주주의 문화
건설, 민족문화 창조 등의 구호는 동일하였다(『自由新聞』 1947년 2월 12일, 「문화인
총동원, 좌우 양 단체에서 대회 개최」).
61) 『獨立新報』 1947년 2월 16일, 「張廳長談, 文化藝術 拘束은 않이다, 文化藝術에 干涉할
意思毫無」 ; 『自由新聞』 1947년 2월 16일, 「市街에 붙인 고시 떼고, 예술 활동에 간섭
않는다, 문화인 항의에 張총감 언명」.
62) 『獨立新報』 1947년 1월 23일, 「大講演會 今卄三日開催」. 참가 연사와 제목은 윤행중(미
정), 朴俊泳(민주주의 발달사), 정진석(宗法思想에 대하여), 김영진(조선 사학계의
회고와 전망), 李炳南(조선 의학의 수준), 尹澄宇(국공 관계에 대하여), 金漢周(토지개혁
안), 金彰漢(제2차 대전 후의 국제 전망), 韓仁錫(이론 물리학의 최근의 동향) 등이었다.

음악과 시의 밤」도 개최하였다. 정진석은 이 행사에서도 강연자로 참여하였다.[63] 또 춘천 공연 중에 테러가 발생하여 중앙 문련에서 춘천으로 조사원을 파견할 때에는 정진석 등 5인이 서울에서 미군정청에 항의 방문하기도 하였다. 이들은 "민주주의의 등대가 되는 언론기관과 인민의 열광적 환호와 지지를 받는 문화 예술을 파괴하는 야만적 테러를 즉시 해체시키고 그 수괴를 단연 처단하라"는 항의서를 제출하였다.[64]

학술운동을 문화운동 차원에서 실천했던 재미있는 일화도 있다. 조선연극동맹 서울지부에서 주최한 "자립극 경연대회"가 열리자 과학자동맹 서울시지부가 참여를 결정한 일이었다. 이 경연대회에서는 각 직장의 노동자와 젊은 연극 애호가들이 스스로 연극을 만들어 무대에 올려 생생한 생활을 연극으로 볼 수 있게 하였다. 이때 과학자동맹 서울시 지부가 정진석 이하 허하백(許河伯) 여사, 윤행중, 전석담 등 37명의 과학계 중진들이 함께한 「프랑카-드」 1막을 가지고 참가하였던 것이다. 당시 신문에서도 이들의 활동을 두고 '자립극 경연대회에 하나의 이채'를 띠었다고 평가하였다.[65]

## (2) 사회주의 문학론

정진석은 신문화건설을 추구하면서 몇 편의 문학론, 예술론에 관한 글도 썼다. 그는 순수문학, 반동문학이 가지는 반민주주의적 성격을 비판하고, 문학과 예술에 사회성, 계급성이 있어야 함을 주장하였다. 정진석이 구상한 문학, 예술은 민주주의 국가, 자주독립 국가 건설을 위한 것이었다.

정진석은 『홍길동전』을 분석하는 글을 통해서도 이런 주장을 견지하였

---

63) 『경향신문』 1947년 7월 9일, 「미독립기념일 축하 음악과 시의 밤 개최」.

64) 『獨立新報』 1947년 7월 22일, 「테로 首魁處斷을 文聯에서 抗議」.

65) 『獨立新報』 1947년 7월 31일, 「科學界重鎭들, 自立劇競演에 參加」 ; 『朝鮮中央日報』 1947년 8월 2일, 「科學者도 出演, 盛況이루는 自立劇大會」.

다.[66] 그는 "인간의 의식은 그 존재에 의하여 결정된다는 유물사관의 기본 명제는 '이조' 시대의 소설 연구에서도 보인다"고 하고, 또 "문학작품은 개인의 산물인 동시에 사회의 산물"이라는 차원에서 『홍길동전』을 분석하였다. 이에 따라 그는 『홍길동전』의 배경이 된 조선의 사회경제 구조에 대해 길게 설명하였다. 당시 조선학술원, 민족문화연구소를 지도하던 백남운과 모리타니(森谷克己)의 연구를 인용하여 조선 사회를 '아세아적 정체성을 사적 모반(母盤)으로 한 봉건적 단계'로 보고, 유교 문화와 유교적 관료주의화, 토지 겸병, 토호 발달, 전장(田莊) 설립, 토호의 침학 등의 특징을 열거하였다.[67] 이에 따라 『홍길동전』에는 열화와 같은 반항의 정신, 사회 질서의 모순과 빈부의 불공평에 대한 끝없는 투쟁 양상 등이 나타나게 되었다고 하였다.

특히 정진석은 『홍길동전』을 자신이 대학원에서 공부했던 동양(조선)의 종법사상에 근거한 가족제도의 모순을 통하여 분석하였다. 그는 유교사상의 중심점을 '도덕적 계급제도'라고 하였다. 곧 도덕적 계급제도는 유덕자(有德者)의 지배를 말하는 것으로, "대인(大人) 즉 학덕이 우수한 자는 지배자가 되는 것이오, 소인 즉 학덕이 부족한 자는 피지배자가 되는 것"으로 분석하였다. 이에 따라 종법사상은 "엄격한 가부장적 가족제도와 적장자 상속 제도를 확립하여 주(周)의 봉건제도의 권력 복종의 관계를 가족 도덕에 유지하려는 유가의 의도에서 나온 것"이라고 하였다. 이런 관점에서 본다면 서자(庶子)인 홍길동이 당시의 가족제도, 종법사상에 대하여 가진 '충천(衝天)의 분노'는 당연한 것이며, 이를 통해 양반사회를 비판하고 있다고 보았다. 하지만 정진석

---

66) 「朝鮮文學論－洪吉童傳에 나타난 反抗과 諦念」, 『民族文化論文集』 2, 1946. 정진석은 이 글을 미완으로 남겼다. 아마도 더 이상 민족문화연구소에 관여하지 않았기 때문인 것으로 보인다.

67) 정진석은 다른 글에서도 "특수한 생산양식을 지닌 아시아 제 사회는 후진, 정체적"이라고 하였고, 이는 유럽보다 '후진'이었다고 하였다(「朝鮮インテリゲンチャ論」, 『民主朝鮮』 2-15, 1947, 5쪽). 그러나 이런 인식은 백남운의 연구를 인용하고 있음에도 불구하고 백남운과는 다른 것이었다. 이는 오히려 백남운과 학문적으로 대립했던 조선과학자동맹 쪽의 李北滿 등과 같은 입장이었다.

은『홍길동전』에 왕권을 역성혁명에 의해 새롭게 하겠다는 유교적 천명관은 나타나지만 피압박 계급의 해방을 위한 역사의 주동력이나 자주적 정치운동을 시사하지 못했다는 점을 한계로 지적하였다.

정진석은 또한 당시 문단의 글쓰기에 한문 전고(典故)가 잔존하여 남용되고 있다고 비판하였다. 그는 이런 현상을 보수적 특권계급의 전유물이라고 비판하고 신문화건설에서 극복해야 할 점으로 보았다. 정진석은 한문 고전의 남용을 특권 계급의 권위적, 보수적 사상운동의 사술(詐術)이라고 규정하였다. 그 예로 든 것이 당시 군정청 하에서 만든 교육이념이었던 '홍익인간'과 대동주의(大同主義) 등이었다. 이는 중세적인 왕도사상 혹은 일제가 지배 이데올로기로 강조하던 '팔굉일우(八紘一宇)'와 같은 논리라고 비난하였다.[68] 정진석은 당시가 민중의 손에 의해 모든 것이 변하고 있던 시대이므로 문학도 민의를 표현해야 하고, 그렇게 하려면 평이하고 정확한 민중의 문장이 필요하다고 하고, 국수주의적인 특수 문자인 한자는 폐지해야 한다고 주장하였다.[69]

문학, 예술의 정치성, 사상성을 강조한 글은 정진석이 월북(1948년 4월)한 후 잡지『개벽』에 게재되었다. 이때에도 정진석은 문학이나 예술은 "정치성, 사상성 또는 세계관을 떠나서는 성립할 수 없다"는 사회주의적 문학 예술론을 견지하였다. 순수문학에서 정치성 내지 사상성을 부정하는데, 이를 비호하는 것은 민주주의를 반대하고 반민족성을 엄폐하는 것이라고 폭로하였다. 그리하여 그는 "예술가는 의식적, 무의식으로 일정한 계급의 이해를 표현"해야 하고, "예술가의 분명한 계급적 이해와 계급투쟁의 자각을 위하여 확호(確乎)한 유물변증법적 세계관의 파악이 요구되는 것"이라고 주장하였다.[70]

한편, 정진석은 민주국가 건설에서 필요한 '학문의 자유'도 주장하였다.

---

68) '홍익인간'을 교육이념으로 제안한 사람은 공교롭게도 연전 시절의 은사였던 백낙준이었다. 홍익인간 교육이념에 대해서는 백남운도 '八紘一宇'라고 비판하였다.
69) 「典故의 남용」,『自由新聞』1948년 2월 2일.
70) 「藝術과 世界觀」,『開闢』80(제10권 제5호), 1948년 12월.

당시 '국대안' 문제를 위시하여 권력이나 보수 반동세력이 대학을 장악하고 있던 현실을 비판하였던 것이다. 정진석은 당시 국대안 반대운동 등에서 일어난 학생들의 맹휴는 '학문의 자유'를 지키기 위한 것이라고 보았다. 특히 대학에서 교수들의 학문 연구는 물론 가르치는(교수) 자유가 확보되어야 진리 탐구가 가능하다고 하면서, 학문의 가치도 정치성의 진보적 가치 여하에 달려 있다고 하였다. 교수들이 갖는 '교수의 자유'는 대학 자유의 제1 항목이며, 교수가 생각한 바를 자유롭게 연구, 저술하는 것에서 '진퇴'에 위협을 느끼지 않아야 한다고 하였다. 또한 학생들이 요구하는 학습의 자유도 중요하다고 지적하였다. 학습의 자유를 보장하기 위해서는 대학 강단에서 행해지는 비민주주의적 폭언, 일제 잔재 교육 등과 같은 반동적인 악영향에서 청년들을 구해야 한다고 주장하였다. 그는 당시의 학생들이 온갖 경제적인 어려움 속에서도 "건국 이념에 불타는 열의로서 진정한 민주주의 교육을 열망"하고 있음을 언급하고, 특히 학원에서는 일제의 잔재를 조속하게 숙청해야 하며 양심적 교육자의 성의 있는 교수를 행하여 "새로운 참된 민주주의적 분위기"를 만들어야 학생들이 결사적으로 요구하는 학습의 자유에 일치되는 것이라고 주장하였다.71)

### 3) 남북연석회담 참여 및 북한 잔류

조선신문기자회는 1947년 6월에 조직을 개편하였는데, 이때에도 정진석은 이상호(노력인민), 양재하(한성일보), 문동표(조선일보), 김기림(공립통신) 등과 함께 공동의장단으로 선임되었다. 기자회는 이때 미소공위 참가를 결정하였다.72)

---

71) 「大學自由問題(上.下)」, 『民報』 1947년 2월 23일 ; 25일.
72) 『獨立新報』 1947년 6월 22일, 「新聞記者會機構改革, 中央擴委서 共委參加決定」 ; 『경향신문』 1947년 6월 22일, 「조선신문기자회 공위 참가 결정」.

그러나 현실은 미소공위가 유명무실화되고, 남북분단으로 치달았다. 기자 정진석의 남한에서의 마지막 활동은 1948년 4월, 평양에서 열린 남북연석회담에 남조선신문기자단을 이끌고 참여한 것이었다. 잘 알다시피, 남북협상은 5·10 단독선거를 반대한 김구, 김규식이 평양으로 가서 김일성, 김두봉 등과 통일 정부를 세우기 위해 회담을 개최한 것이었다. 그해 2월, 민족자주연맹(위원장 김규식)은 김구에게 남북요인회담을 제안하고, 협의 후에 이를 북쪽의 김일성, 김두봉에게 통고하여 회담을 협의하였다. 3월 11일에 김구, 김규식, 조소앙, 김창숙, 조완구, 홍명희, 조성환 등 7인이 '남북협상으로 민족자결을 달성하자'는 성명을 발표하였고, 3월 25일에는 북쪽에서도 전조선 정당사회단체 대표자 연석회의를 4월 14일부터 개최하자고 하였다. 김일성, 김두봉 이하 9개 정당·단체 대표자(북로당 김일성·김두봉, 민주당 최용건, 청우당 김달현, 직업동맹 최경덕, 농민동맹 강달현, 민주여성동맹 박정애, 민애청 박옥진, 민주기독교연맹 박상군, 불교연맹 김승격 등 10명)의 연서로 남한의 김구, 김규식, 조소앙, 김붕준, 백남운, 홍명희, 김일청, 이극노, 박헌영, 허헌, 유영준, 허성택, 김원봉, 김을수, 김창준 등을 초청하였다.

회담이 성사되어가자 4월 14일에는 남북협상을 지지하는 108명의 성명이 있었다. 정진석도 이에 동참하였다. "조국은 지금 독립의 길이냐, 예속의 길이냐 또는 통일의 길이냐 하는 분수령상의 결정에 서 있다"고 하고, "재건될 우리의 민주국가는 민주적 자주독립, 남북이 통합된 전일체의 자주 독립"이어야 한다고 하면서 이 길은 오직 남북협상과 남북통일의 과제 해결을 위한 정치적 합작에 있다고 주장하였다.[73] 실제 남북협상이 착수되자 정진석은 남조선신문기자단을 이끌고 회담도 취재하면서, 4월 27일~30일 '남북조선제

---

73) 『세계일보』 1948년 4월 19일. 참여자는 좌우익을 망라한 지식인들이었다. 이순탁, 이극로, 설의식, 이병기, 손진태, 유진호, 배성룡, 정구영, 윤행중, 김일출, 송석하, 조동필, 홍기문, 정인승, 이관구, 김기림, 김양하, 최문환, 고승제, 장기원, 최호진, 김봉집, 김계숙, 안기영, 정지용, 차미리사, 박태원 등의 이름이 보인다.

정당사회단체지도자협의회'(남북요인회담)에 남조선신문기자단의 대표로
참여하였다. 30일에 공동성명을 발표하였는데, 16개 정당, 40개의 사회단체가
서명하였다.74) 남조선신문기자단의 대표였던 정진석은 이 회담이 끝난 후에
남쪽으로 돌아오지 않고, 평양에 잔류하였다.75)

## 3. 북한 역사학의 정립과 실학사상 연구

1948년 4월, 남북연석회담 후에 북에 남게 된 정진석은 곧 바로 김일성종합대
학교의 철학 교수, 연구원 원장이 되었다. 그 이후 줄곧 북한의 학문 재건,
특히 조선시대 철학사 연구에 주력하였다. 1950년 6·25전쟁 때 서울에서 숙명여
대 학장, 『해방일보』 논설위원장을 지내기도 하였다. 휴전 후에는 개성에
설치된 송도(松都)정치경제대학 학장직을 수행하였다(1953~1961). 1961년 8월
에 과학원 철학연구소장이 되었고(1961~1964), 1962년에 교수, 1964년에 후보원
사 칭호를 받았다. 1965~1968년에 김일성종합대학 철학연구소 소장으로 활동하
였다. 『조선철학사(상)』(정진석, 정성철, 김창원 공저, 1961년 10월, 과학원
철학연구소)을 저술하였으며,76) 정약용, 김옥균, 서경덕 등의 철학사상을 연구
하였다.

<hr>

74) 연석회의에 참여한 기자들과 김일성이 4월 29일에 만나는 광경은 다음의 책에 묘사되
   어 있다. 정리근, 『력사적인 4월 남북련석회의』, 과학백과사전종합출판사, 1988,
   214~219쪽 ; 『태양의 품에 안기여 빛 내인 삶(17)』, 30~38쪽.
75) 남북으로 갈린 정진석의 가족에 대한 기사는 「기억나는 것은 아버지의 '안경'뿐」,
   『민족 21』 27, 2003.
76) 과학원 철학연구소, 『조선철학사(상)』, 과학원출판사, 1960(남한에서 나온 『조선철학
   사연구』, 광주, 1988은 제2판이며, 이하 이 책을 인용함). 그런데 편자에 대해서는
   일어본 번역본(宋技學 역, 弘文堂, 1962)에는 '과학원 철학연구소'로, 위의 『조선철학사
   연구』에는 '과학원 력사연구소'로 소개하고 있다.

## 1) 통일 대비를 위한 교육사업 : '신해방지구' 개성의 송도정치경제대학

6·25전쟁 후 북한에서 정진석이 맡은 중요한 첫 과업은 개성에서 개교한 송도정치경제대학 학장이었다. 휴전 후에 북한 당국이 개성에 이 대학을 세운 것은 개성이 본래 남한 관할이었다가 휴전 후에 북한 영토가 된 이른바 '신해방지구'였기 때문이었다. 북한의 입장에서는 이 지역 주민을 새로운 '인민'으로 편성해야 할 필요가 있었다.[77] 또한 '휴전' 상태에서 개성을 통일을 위한 지역으로도 활용하여야 하였다. 이런 점에서 개성에 대학을 세워 주로 남한 출신 학생으로 대학을 운영하는 것은 바로 앞으로 다가올 조국 통일에 대비하기 위한 것이었다. 김일성이 이 대학의 이름을 짓고, 여러 차례 방문하여 '이 대학은 앞으로 조국이 통일되면 남반부에 나가 사업할 당 간부를 양성하는 당학교이고 대학의 사명을 명철하게 밝혀 줄 것'이라고 '교시'하였다.[78]

대학교육의 경험을 지닌 남한 출신 정진석이 송도정치경제대학을 운영하는 것은 매우 적절한 것이었다. 정진석은 '교육에서 주체를 철저히 세워 조국통일과 남조선 혁명에 이바지할 수 있는 혁명가들을 양성하기 위한 사업에 주되는 힘'을 기울었다. 1957년 8월, 제1회 졸업식이 거행되었고, 김일성도 졸업식에 참석하였다. 김일성은 다음과 같이 치사를 하였다.

신해방지구인 이곳 개성에 창설 (…) 송도정치경제대학은 다른 대학과는 다른

77) 이준희, 「한국전쟁 前後 '신해방지구' 개성의 농촌사회 변화」, 연세대학교 사학과 석사학위논문, 2015, 31~32쪽.
78) 『태양의 품에 안기여 빛 내인 삶(17)』, 43~47쪽. 북한 당국은 6·25전쟁 후에 통일 방안과 관련하여 남한 출신들을 여러 형태로 활용하였다. 정진석을 비롯한 많은 남한 출신 교수, 과학자들을 모아 회의를 하기도 하였다. 이 회의에 참석한 사람은 다음과 같았다. 정진석 부교수(전 서울 연희대학교 교수), 최삼열 원사(전 금강전기회사 고문), 김일성대학 교수 도상록(전 민전 교육문화부장), 과학원 화학연구소장 려경구(전 서울대 교수), 김일성대학 부교수 최익한(민전 중앙위원회 기획부장), 김일성대학 신남철 부교수(전 서울대 교수) 등이 참여하였다(『로동신문』 1955년 5월 23일, 「남반부 출신 교수, 교원, 과학자 회의 진행」).

중요한 사명을 띠고 있습니다. 대학의 사명은 지난날 남조선에서 인민항쟁 또는 지하운동에 참가하였으며 특히 조국해방전쟁 시기에는 인민 군대에 복무하면서 적들과 영용하게 싸운 많은 남조선 출신 동무들을 재교양하여 그들을 공화국의 중요한 민족 간부로 양성하는데 있으며, 또한 앞으로 조국이 통일된 후에 남반부에서 당 및 국가건설의 여러 분야의 사업을 조직 지도할 중요한 간부를 육성하는데 있습니다. 그렇기 때문에 당과 정부는 대학에 큰 기대를 걸고 있습니다.[79]

그리고 김일성은 이 대학의 교수교양 사업도 '교시'하였다. 즉 ① 지난날 남조선노동운동과 당 사업 경험을 연구하고 결함 분석, ② 학습을 실생활과 결부시켜 조직할 데에 대한 문제, ③ 우리 당의 투쟁사와 형제당들의 투쟁 경험을 연구, ④ 국가 및 경제 건설 분야에서의 경험들과 사회주의 경리의 운영 방법들도 배울 것, ⑤ 학생들의 당성을 훈련하여 확고한 혁명적 세계관을 세울 것 등이었다.[80]

정진석은 송도정치경제대학 학장직을 수행하면서도 조선철학사 연구를 계속하였다. 교토제대 철학과 대학원 시절 정진석은 "우리 것이라고 할 만한 철학교과서, 철학사가 없다는 것"을 아쉬워하고, 중국철학사를 전공하면서 조선철학사 집필을 위한 자료 작업도 진행하였다.[81] 그리하여 송도정치경제대학 학장으로 있을 때 『조선철학사(상)』 간행을 주도하였다(1960년 8월). 이어 이듬해(1961) 8월에 과학원 철학연구소가 만들어지면서 소장으로 임명되었다.

79) 『태양의 품에 안기여 빛 내인 삶(17)』, 61쪽.
80) 위의 책, 62쪽.
81) 위의 책, 65~75쪽.

## 2) 실학과 정약용 연구

### (1) 역사학에서의 '주체' 확립과 조선철학사

북한의 역사학은 정치 변동에 따라 몇 차례 큰 변화를 겪었다. 해방 직후 북한에서도 마르크스-레닌주의 역사론에 따라 일제에 의해 왜곡된 역사학을 재건하기 시작하였다. 6·25전쟁 후, 전후복구사업을 진행하면서 부르주아혁명을 완결하였으며, 이를 추진하는 데 필요한 사상교양을 위해 역사학을 동원하였다.

그런데 이 과정에서 매우 중요한 정치적 변동이 일어났다. 곧 6·25전쟁 후에 전개된 정치적 숙청이었다. 전후 복구 방안을 비롯한 정치, 국방, 경제 건설의 방안을 둘러싸고 여러 정파의 다툼이 일어났다. 김일성은 박헌영 등의 남로당 계열을 먼저 제거하고, 이어서 소련, 중국에 기댄 정치세력도 숙청하였다. 이들을 제거하는 구실은 '주체', '자주', '자립' 등이었다. 그 가운데서도 1955년 12월 28일, 당선전선동원대회에서 김일성이 한 「사상사업에서 교조주의와 형식주의를 퇴치하고 주체를 확립할 데 대하여」라는 연설은[82] 모든 혁명사업의 지침이 되었다. 곧 "우리는 지금 다른 나라의 혁명을 하는 것이 아닌 바로 조선혁명을 하고 있는 것입니다. 조선혁명이야말로 우리 당 사상사업의 주체입니다."라고 강조하였다. 이런 원칙에 따라 역사 연구도 혁명을 위해 필요하였다. 김일성은 "조선혁명을 하기 위해서는 조선 역사를 알아야 하며, 조선의 지리, 풍속을 알아야 합니다"라고 하였던 것이다.

김일성의 교시는 역사연구의 지침이 되었다. 노동당의 당역사연구소가 설치되고, 역사학계에서도 ① 일본 어용학자들이 주장한 외인론 극복, ② 부르주아 사상의 형성과 운동의 발전, ③ 민족해방운동에서의 김일성의 역할

---

82) 서대숙 편, 『북한문헌연구(Ⅲ)』, 경남대 극동문제연구소, 2004.

등을 집중적으로 연구하였다. 이는 주체의 이념 아래 사회주의 건설이 본격화
되는 1958년 이후에 더 활발하였다. 이해 3월, 김일성은 조선노동당 중앙위원
회 총회에서 우리나라 부르주아 혁명의 가능성을 거론하고, 김옥균을 부르주
아혁명가로 보았다. 일반적으로 김옥균을 친일파로 규정하고 있지만 김옥균
은 동양에서 처음으로 자본주의적 발전을 이룬 일본을 이용하여 우리나라를
개명시키려고 하였다고 하면서 이를 함께 토론해 보자는 지시였다. 이를
계기로 1959년에는 "부르조아 민족운동에 대한 과학 토론회"를 행하여 갑신정
변에 대해 집중 토론을 행하였다. 전석담이 기조 발표하였고 '갑신정변은
사회발전의 합법칙성에 즉응한 애국적 진보적인 부르조아 개혁운동'으로
결론을 내렸다. 이런 결론의 결과물로『조선근대혁명운동사』(1961)를 간행하
였다. 그 이후 역사 서술에서의 민족주체성을 더욱 강조하고, 또한 역사발전의
합법칙성에 의한 자본주의 맹아 문제를 집중 분석하였다. 이런 변화를 반영한
김옥균, 갑신정변, 개화파에 대한 연구들이 진전되어 마침내 1964년에 사회과
학원 역사연구소에서『김옥균』을 간행하였다.[83]

　　정진석 등의『조선철학사(상)』(초판 1960, 재판 1961)도 이런 정치, 학계의
움직임 속에서 나온 것이었다. 서문에는 책의 간행 목적으로 다음과 같이
제시하였다.

　　　　오늘 우리 철학사를 과학적으로 정리하는 사업은 조선 철학도들 앞에 제기된
　　　시급한 과업의 하나이다. 이는 우리 선조들이 남긴 우수한 철학 유산을 계승
　　　발전시킴에 있어서 중요한 의의를 가질 뿐만 아니라 우리들에게 아직도 남아있는
　　　낡은 사상 잔재와의 투쟁을 위하여서도 지극히 필요한 것이다. / 그러나 조선철학
　　　사에 대한 연구는 아직 그 시초에 불과하며 많은 부분이 미개척지로 남아 있다.

---

83) 주진오,「북한에서의 '갑신정변' 연구의 성과와 문제점-『김옥균』을 중심으로」,『김옥
　　　균』, 역사비평사, 1990 ; 하원호,「부르주아민족운동의 발생, 발전」, 안병욱·도진순
　　　편,『북한의 한국사인식(2)』, 한길사, 1990.

본 저서는 현재까지 우리나라의 철학 사상을 체계적으로 서술한 저서가 없는 조건 하에서 근로자들의 조선철학사에 대한 학습을 방조하기 위하여 집필한 것이다.[84]

요컨대, ① 우수한 철학 유산의 계승 발전, ② 낡은 사상 잔재와의 투쟁, ③ 근로자들의 학습 교재 등을 목표로 한 것이었다. 대중의 애국심을 위한 학문이어야 한다는 학문 연구의 기본과 더불어 '조선의 혁명을 위한 조선의 역사 문화를 연구'한다는 '주체'가 관철되고 있었던 것이다.

이듬해 1961년 10월, 제2판(재판)을 다시 과학원출판사에서 간행하였다. 저자들은 "책을 대할 때 마다 그 부족한 과학성과 빈약한 내용"에도 불구하고 "시급한 대중의 수요"에 따라 재판을 찍는다고 했지만, 실제로는 그해 9월에 조선노동당 제4차대회에서 김일성이 '조선로동당중앙위원회사업 총화보고'를 통해 "우리 당과 인민은 사회의 혁명적 개조와 경제문화 건설에서 이미 많은 귀중한 경험들을 축적하였습니다. 사회과학분야에서는 이러한 경험들은 이론적으로 개괄하고 당의 노선과 정책을 맑스-레닌주의적으로 심오하게 해설 선전하여야 하며, 당의 혁명전통과 민족문화의 유산들을 전면적으로 연구하여야 합니다"라고 교시하였던 것을 반영한 것이었다. 이에 따라 『조선철학사』 연구자들도 "전체 사회과학자들과 함께 민족문화 유산의 연구를 위한 새로운 과업 수행을 위하여 천리마의 기세로 달려 나갈 결의에 충만"되어 있다고 천명하였던 것이다.[85] 당시 학문연구를 통한 대중의 사상 교육이 바로 천리마 운동의 일환이라는 점이 강조된 것이었다.

『조선철학사(상)』은 대중 학습을 위해, 철저하게 '맑스-레닌주의'에 입각하

---

84) 『조선철학사(상)』「제1판 서문」.

85) 위의 책, 「제2판 서문」. 그런데 『조선철학사(상)』 재판을 선전하는 광고에는 1판에 비해 한 개 절이 첨가되었다고 하였다. 동시에 광고에는 "철학 학습, 특히 우리나라의 철학 유산에 대한 근로자들의 증대되는 학습 열의와 그들의 요구에 의하여" 제2판을 간행하였다고 하였다(『근로자』 1962년 12월호, 「서적 안내」).

여 저술되었다. 이 책을 소개하는 「광고」에 이 책의 의도와 내용이 압축적으로
정리되어 있다.

> 이 책에는 고조선 및 삼국 시기에 있어서 종교와 관념론을 반대하는 유물론
> 철학의 투쟁으로부터 시작하여 통일 신라, 고려 시기의 유물론과 관념론의 투쟁이
> 밝혀져 있다. / 또한 책은 매 력사적 단계에 따르는 선진적 철학 사상과 관념론
> 제 종류들을 반대하는 철학 조류들, 조선 봉건 제도 붕괴기와 자본주의 발생기의
> 철학을 보여 주고 있다. / 이와 같이 이 책은 고조선 시기로부터 우리나라에
> 맑스-레닌주의 철학이 전파되기 전 시기까지에 유물론 사상이 어떻게 발생하였으
> 며 그것이 관념론 제 조류들과의 투쟁에서 어떻게 발전하여 왔는가를 체계적으로
> 서술하였다. / 이렇듯 이 책은 조선에서 철학 사상의 발전을 맑스-레닌주의
> 방법론에 서서 리론적으로 체계화한 것으로서 조선 철학사를 연구하려는 광범한
> 근로자들의 학습에 많은 방조를 줄 것이다.[86]

이 소개에서 알 수 있듯이 『조선철학사(상)』은 '맑스-레닌주의' 철학이 수용되
기 이전의 조선(한국)의 철학 사조를 사회경제 상태의 변화 과정에 따라 서술하면
서, 유교나 불교 속에서 발전되던 관념론 철학과 이를 반대한 선진적인 철학이었
던 유물론과의 대립으로 파악하였다.[87] 요컨대 조선 철학은 관념론 철학을
비판하면서 발전했던 유물론 철학을 중요한 축으로 두고 정리하였다.

정진석 등은 유물론 철학은 고조선 시기부터 그 흔적을 찾아 볼 수 있고,
삼국시기에는 음양오행 사상과 도교 등으로 제기되었다고 하였다. 최치원이

---

86) 『근로자』 1962년 12월호, 「서적 안내」.
87) 이런 점에서 남한의 철학계에서는 "북한의 저자는 철학적 구명에 있어 한결같이
강변과 왜곡 해석, 객관적 관념론의 주장을 거의 모두 유물론자로서 거짓말 논증"하였
다고 비판하였다(李楠永, 「북한의 조선철학사 서술의 특징과 문제점」, 『철학연구』
23-1, 1988). 『조선철학사(상)』에 대한 비판은 같은 논문집의 성태용, 「조선철학사의
사실성(史實性) 문제」 ; 이준모, 「조선철학사에 적용된 유물사관」 등 참조.

거론한 풍류사상은 유물론적 측면이 풍부하고 국가에 대한 충의와 부모에 대한 효성, 인간에 대한 선행을 주장하고 있다고 하였다. 이러한 유물론 철학은 애국주의로 인민을 고무한 우리나라의 독특한 진보적 사상체제였다고 규정하였다. 고려시기에도 도교철학이 발전하였고, 유물론 철학자로는 이규보를 언급하였다. 15~16세기에도 객관적 관념론 조류를 반대한 유물론자로 김시습, 서경덕, 이구 등을 들었다. 그 이후에 비로소 관념론을 비판하는 선진적 실학사상가들의 투쟁이 제기되었다고 보았다. 그리고 실학사상은 이후 개항 이후 부르주아 계몽사상의 한 형태인 개화사상에도 영향을 끼쳤다고 하였다.

아울러 『조선철학사(상)』에서 정리한 우리나라 철학에서의 유물론의 발전은 김일성 (주체)철학을 위해 필요한 것으로 보았다. 즉 '맑스-레닌주의' 수용 이전의 철학은 결국 "맑스-레닌주의 철학을 창조적 발전인 조선로동당과 김일성에 의해 이룩된 철학사상을 연구 실천하는데 도움이 됨으로써 자기의 사명을 다한 것"이라는 궁극적인 의미도 첨부하였다.[88]

## (2) 실학사상과 정약용 철학의 특징

정진석은 『조선철학사(상)』의 대표자였지만, 어느 부분을 집필했는지는 알 수 없다. 다만 정진석이 이후에 쓴 글들이 주로 조선 후기의 실학과 관련된 글이 많았던 것으로 보아 그 부분을 집필한 것으로 보인다.[89] 정진석이 실학사상에 관심을 기울인 것은 어쩌면 1930년 전반기 연희전문 재학 중에 연전의

---

88) 『조선철학사(상)』, 318쪽.
89) 정진석은 「실학파의 선진적 철학 사상(상, 중, 하)」, 『로동신문』 1962년 5월 24일, 26일, 30일 ; 「다산 정약용의 철학사상」, 『정다산』, 과학원 철학연구소, 1962 ; 「정다산의 실학 사상」, 『근로자』 1962년 12호 ; 「서경덕」, 『천리마』 66, 1964년 3월 등을 썼다. 북한학계의 실학, 정약용 연구 및 정진석의 활동에 대해서는 이광린, 「북한학계에서의 정다산 연구」, 『동아연구』 28, 1994 참조.

정인보가 주도하던 조선학운동에서의 실학 연구에 영향을 받은 것으로 보인다. 해방 이후 새로운 학문을 정립해가면서 남북한 모두 실학 연구를 심화하였는데, 북한에서는 최익한이 1935년 『동아일보』에 연재되었던 것을 다시 단행본으로 출간하여 그런 분위기를 고조시켰다.[90]

당시 북한의 역사연구 성과와 지향 속에서 정진석 등이 『조선철학사』에서 제기한 실학사상의 내용 및 특징은 다음과 같이 정리할 수 있다.[91]

첫째, 실학사상은 17세기 1640년대 이후 진행된 상품화폐 경제 발전을 반영한 사회역사적 조건 속에서 발생하고 발전하였다. 이때 농업 생산력 회복, 관부(관장) 수공업의 쇠퇴와 민간수공업의 발전, 1천개 이상의 시장, 대외무역의 증가, 상품유통의 증가에 상응한 금속화폐의 주조 및 유통, 그리고 이에 수반된 봉건착취자의 치부욕 증가와 같은 상품화폐 경제의 발전으로 인하여 봉건 자연경제 지반이 분해되고 농민의 계급분화가 촉진되었다는 것이다. 이런 사회경제적 변화 속에서 진보적 양반 출신의 선진적 지식 분자들이 고루하고 보수적인 주자학을 반대한 선진적 사상조류가 실학사상이라는 것이다.

둘째, 실학사상은 과학적 지식에 근거하여 발전된 유물론을 내포하고 있었다. 실학자들은 중국에 빈번하게 왕래하거나 표착(漂着)인들을 통하여 유럽의 자연과학과 기술, 지리 등을 새롭게 인식하게 되었고, 이에 따라 선진적 학자들의 세계관도 바뀌어 갔다. 사회와 사물의 변화가 물질의 변화로 파악되었다. 또한 중국이 세계의 중심이라는 사대주의 사상과 관념론인 성리학이 만능이라는 생각이 동요되고, 종래의 주자학이 인민생활 개선에 아무런 도움을 줄 수 없음을 폭로하였다.

---

90) 최익한, 『실학파와 정다산』, 국립출판사, 평양, 1955. 최익한의 실학연구에 대해서는 宋讚燮, 「일제.해방초기 崔益翰의 실학 연구」, 『韓國史學史硏究』, 조동걸정년기념논총, 1997 참조. 남한에서도 천관우, 홍이섭 등의 실학연구가 활발하였다. 홍이섭의 실학연구에 대해서는 이 책 제3부 「홍이섭의 역사학」 참조.

91) 『조선철학사(상)』, 169~172쪽.

셋째, 실학사상은 실사구시(實事求是)의 구호 하에 현실생활과 결부된 학문이며, 봉건사회의 위기와 모순을 반영한 반봉건적인 개혁안이었다. 실학은 우리나라의 정치·경제·문화·군사 등 구체적 현실을 예리하게 분석 비판하고 사회적 모순을 조정하고 인민생활을 향상시키며 조국의 부강 발전을 지향하는 애국주의 사상이며, 구체적이고 선진적·이상적인 개혁안이었다.

넷째, 실학사상은 시대적으로 새로운 부르주아적 관계의 발전이 미숙성하고, 주장한 선진 학자들이 양반 출신이라는 계급적 제한성으로 인하여 근대적 사상으로까지 발전하지는 못하였다. 주자학의 스콜라적 성격을 반대하고 유학을 실천적 입장에서 해석하였으나 유학의 테두리를 완전히 벗어나지는 못하였으며, 유물론을 주장하면서도 여전히 관념론적 요소도 내포하고 있었다. 또한 인민들의 지향과 요구를 반영하여 투쟁하였으나 실천적으로 인민들의 혁명 투쟁에 합류하지는 못하였다.

다섯째, 실학사상은 사회경제의 변화와 사상의 진전에 따라 3단계로 구분하였다. 즉 ① 실학의 선구 : 17세기 중엽 이후의 경제발전을 배경으로, 이수광, 한백겸, 김육, 유형원에 의해 토대 형성, ② 실학의 개화 발전 : 17세기 말엽의 생산력 발전과 더불어 18세기에 독자의 학문체계 완성, 이익, 홍대용, 박지원, 박제가 등, ③ 실학의 집대성 : 18세기 후반~19세기 초, 정약용에 의해 집대성 등으로 구분하였다. 그리고 실학사상은 후에 조선조 말기의 부르주아 계몽사상, 그 한 조류인 개화사상의 사상적 원천이 되었다고 하였다.

정진석은 특히 정약용의 사상을 강조하였다. 정약용이 봉건제도를 비판하고 농민의 입장을 대변한 사상으로, 민주주의, 사회계약설 혹은 농민적 공상적 사회주의 등의 성격도 지니고 있다고 평가하였다.

정 약용은 덕과 예를 정치의 기본으로 인정하였는바 이것은 그의 선진적 민주주의 사상과 연관되어 있다. (…) 통치자의 발생 과정에 대한 정 약용의 견해는 일종의 사회계약설이다. (…) 정 약용은 상에서 하로의 전제정치에 대한

항의와, 하에서 상으로의 민주주의적 정치에 대해서 찬의를 표명했는 바, 여기에
는 그의 민주주의적 사상이 확실히 나타나고 있다. (…) 정 약용은 민권 옹호,
인민 평등 민주주의적 협의에 기반을 둔 봉건적 군주제를 꿈꾸었다. (…) 여전제에
대한 그의 견해에는 극히 선진적인 농민적 공상적 사회주의 사상이 포함되여
있다. (…) 그는 봉건사회를 완전히 부정하고 새로운 역사적 방향을 제시할
수는 없었다. 그러나 토지겸병을 반대하고 무위도식을 근절하고 일하는 자에게만
보수를 주라고 주장한 것은 양반지주의 착취와 봉건적 착취제도를 반대하는
농민의 이익을 대변한 선진적인 사상이다.[92]

정진석은 『조선철학사(상)』 연구를 바탕으로 실학파의 철학사상을 간략하
게 정리하여 『로동신문』에 세 차례에 걸쳐 연재하였다.[93] 이 글에서 언급한
각 실학자의 특징을 발췌하면 다음과 같다.

① 유형원 : 세계의 근원을 물질적 기로 보았으며, 리는 물질 발전의 법칙성으로
   인정하였다. (…) 사물의 발전 법칙이 구체적인 사물을 떠나서 존재할 수 없으며
   사물을 통해서만 나타난다는 유물론적 견해이며, 철학에는 또한 풍부한 변증법
   적 요소가 있는 바 (…) 유 형원은 세계에 대한 유물론적 견해를 전개함과
   동시에 조국의 융성 발전에 대한 불타는 염원과 인민에 대한 열렬한 사랑으로써
   당시의 사회적 모순을 폭로 비판하고 토지 문제, 노비 문제 등을 비롯한 각종
   선진적 사회 개혁안을 제기하였다.

② 이익 : 천문, 지리, 력사, 제도, 풍속, 군사, 문학 등 광범한 학문에 밝은 학자로서
   유 형원의 실학사상을 계승 발전시켰다. (…) 그는 종래까지 하늘은 둥글고
   땅은 모가 났다던 ≪천원 지방설≫을 반대하고 지구는 둥글며 돌아간다고 하였
   다. (…) 진보적 자연 과학 사상은 낡은 관념론적인 사상을 반대하고 새로운

---

92) 『조선철학사(상)』, 222~227쪽에서 발췌.
93) 『로동신문』 1962년 5월 24일, 26일, 30일, 「실학파의 선진적 철학 사상(상, 중, 하)」.

선진적 세계관을 형성하는 기초로 되었다. (…) 조선의 탁월한 유물론자 서경덕(서화담, 1489~1546)의 사상을 계승하여 물질적 기 불멸의 사상을 전개하였다. (…) 진보적 사회 정치적 견해를 가지고 (…) 토지 문제를 비롯한 허다한 사회 개혁안을 내놓았다.

③ 홍대용 : 탁월한 자연 과학자이며 유물론 철학자이다. (…) 당시로서는 가장 선진적인 과학 사상이었으며, 유물론적 세계관과 진보적 사회 정치적 견해의 기초로 되었다. (…) 그는 인식과정에서 감성적 단계와 이성적 단계의 변증법적 통일을 어느 정도 이해하고 있었다. (…) 부패한 리조 봉건 제도를 분석 비판하고 선진적 사회 개혁 사상을 내놓았다. 당시 지배 계급의 사대주의를 배격하고 나라의 자주성, 국방의 강화를 적극 주장하였으며 성곽의 구조, 병기의 제작 등에 대한 탁월한 견해를 내놓았다.

④ 박지원 : 탁월한 유물론적 철학자이며 문학가이다. 그는 천문, 력사, 지리, 경제, 문학, 군사, 음악 등 각 분야에 정통한 백과전서적 학자였으며 방대한 저작과 우수한 문학작품을 썼다. (…) 주자학자들을 배격하고 유물론적 자연관과 선진적 사회 정치적 견해들을 전개하였다. (…) 철학적 견해에는 변증법적 요소도 풍부하다. (…) 우리 나라의 우수한 전통을 계승하고 그것을 토대로 하여 새 것을 창조해야 한다고 주장하였다. (…) 조국에 대한 열렬한 사랑과 인민의 이익으로부터 출발하여 진보적인 전체 개혁 사상과 농업 발전을 위한 일련의 개혁안들을 내놓았으며 봉건적 신분 제도의 철폐, 외국과의 통상 및 선진 과학 기술의 섭취를 적극 주장하였다.

⑤ 정약용 : 실학사상을 집대성화한 탁월한 유물론 철학자이며 선진적 사상가이다. (…) 풍부한 자연 과학 지식과 기술에 대한 깊고 올바른 이해는 그의 선진적 세계관 형성의 기초로 되었다. (…) 철학적 견해에서 중요한 것은 그의 철학에 내포하고 있는 변증법적 요소이다. (…) 인식론에서 심오한 유물론적 견해를 내놓았다. (…) 그는 착취 받는 농민의 립장에서 당시의 봉건 제도를 비판하였으며, 전제 군주 제도를 반대하였다. (…) 선행 실학 사상가들의 전제 개혁 사상을

계승 발전시켜 ≪려전제≫라는 독창적이며 이상적인 토지 개혁 사상을 제기하였
다. (…) 전제 개혁 사상은 (…) 공상적이었으나 봉건적 착취 제도를 반대하는
농민의 이익을 대변한 선진적인 사상이었다. (…) 정 약용의 모든 저서를 관통하
고 있는 것은 그의 애국주의 사상이다. (…) 선행한 실학자들의 사회 개혁
사상을 높은 단계에까지 제고시켜 조선 철학 발전에 큰 기여를 하였다.

　정진석은『조선철학사(상)』에 이어 '정약용 탄생 200주년 기념 논문집'으로
편찬한『정다산』(과학원 철학연구소 편, 1962)에「다산 정약용의 철학사상」이
라는 논문을 썼다. 이 책은 "정다산의 빛나는 생애와 선진 사상과 학문적
업적을 정당하게 구명"하여 "전체 인민의 심장 속에서 민족적 긍지와 애국주의
적 정열을 더욱 북돋아주며 민족문화유산의 계승 발전을 위한 과학 연구
사업에 일층 박차를 가하는 하나의 계기"로 삼고자 한 것이었다.94) 정진석은
앞서『조선철학사(상)』에서 거론했던 틀 안에서 정약용의 철학사상과 사회
정치적 견해를 정리하였다. 대체로 정약용 철학의 특징을 유물론, 변증법적
요소, 인식론에서의 자주권능(自主權能), 그리고 정치사회론에서는 사회계약
설, 민주주의적 정치사상, 사회발전에서의 생산력의 역할, 기술의 발전과
생산력, 애국주의 사상과 자주사상 등으로 정리하였다. 이런 연구들을 바탕으
로 대중을 위해「정 다산의 실학 사상」(『근로자』1962년 12호)을 발표하였다.
　실학사상과 정약용에 관한 정진석의 연구는 전후 복구 과정과 부르주아
사회의 완성, 그리고 사회주의 체제로 나아가던 북한 사회의 정치 경제 사정을
반영하였다. 북한의 '혁명'을 주체적으로 완수하기 위한 학문의 주체성이

---

94)　'기념논문집'에 집필한 사람은 김석형(력사학 박사),「다산 정약용의 생애와 활동」; 정
　　진석(교수),「다산 정약용의 철학사상」; 김광진(과학원 후보 원사),「다산 정약용의
　　사회, 경제사상」; 리룡대(부교수, 문학학사),「다산 정약용의 자연과학 사상」; 신구
　　현(부교수, 문학박사),「다산 정약용의 창작과 문학적 견해」; 박시형(과학원 원사),
　　「다산 정약용의 력사관」; 정학모,「다산 정약용의 력사관」; 박형성(교육학 석사),
　　「다산 정약용의 교육사상」등이었다. 본고에서는 남한에서 간행된 책(1989,『정다산
　　연구』, 한마당)을 참조하였다.

관철된 결과였다. 그리고 실학과 정약용 연구는 앞서 간행된 최익한의 연구를 전폭적으로 수용하면서, 최익한 당시에 규명하지 못한 조선 후기의 사회경제 적 발전을 반영한 진보적인 실학사상으로 정립하였다.

## 3) 갑신정변과 김옥균의 철학사상

앞서 본 바와 같이 김일성이 1955년 12월, 사상 사업에서의 주체를 강조하고, 1958년에 부르주아 혁명과 김옥균의 재평가를 요구하고, 이를 이어 부르주아 민족운동에 대한 토론회가 진행된 결과 1964년에 사회과학원 역사연구소에서 『김옥균』을 편찬하였다.95) 따라서 이 책에서는 역사 서술에서의 민족주체성, 역사발전의 합법칙성에 의한 자본주의 맹아 문제, 그리고 부르주아 개혁사상 의 발생과 근대 계몽사상의 발전, 부르주아 개혁운동 등을 담고 있었다. 『김옥균』의 목표는 이 책의 「서문」에 김옥균과 갑신정변을 평가한 대목에서 잘 드러난다.

> 김옥균은 우리나라 근세의 여명기에 조국의 자주독립과 사회적 진보를 위하여
> 투쟁한 탁월한 애국적 정치활동가이며, 사상가였다. 그는 낙후하고 부패한 봉건제
> 도를 반대하며 외래 자본주의 침략으로부터 나라의 자주권을 수호하기 위한
> 투쟁에 자기의 전 생애를 바친 고결한 애국자였다. 그에 의하여 지도된 갑신정변은
> 우리나라에서의 첫 부르주아개혁 시도로서 조선 근세역사에서 빛나는 자리를
> 차지한다.96)

---

95) 집필자 및 제목은 김석형, 「김옥균의 생애와 활동」 ; 홍희유·허종호, 「19세기 초·중엽 의 경제 형편」 ; 오길보, 「개화파의 형성과 그의 초기 활동」 ; 이국순, 「임오군인폭동 이후의 개화파 활동」 ; 이나영, 「갑신정변」 ; 임광철, 「망명시기의 김옥균」 ; 정진석, 「김옥균의 철학 및 사회정치사상」 ; 김영숙, 「개화파 정강에 대하여」 ; 이상호, 「한성 순보와 개화사상」 ; 김사억, 「갑신일록에 대하여」 ; 김희일, 「갑신정변의 역사적 지위」 등이다. 각각 논문의 논지와 주장에 대해서는 주진오, 앞의 글, 역사비평사, 1990, 467~471쪽.

라고 하여, 김옥균을 부르주아개혁을 지도한 애국적 정치가, 사상가로 규정하
였다. 이렇게 규정할 수 있게 된 것은 "그간 우리나라 역사연구에서 주체를
철저히 확립하며 온갖 반동적 반맑스-레닌주의적 사상 조류를 반대하는 비타
협적 투쟁을 통하여" 역사학계가 김일성의 교시 이후 얻은 일정한 연구 성과였
던 것이다.

정진석은 『김옥균』에 「김옥균의 철학 및 사회정치사상」이라는 글을 발표하
였다. 이 글의 논지는 책의 취지에서 벗어나지 않는 것이었다. 정진석은
개화사상의 의미를 다음과 같이 서술하였다.

> 개화사상은 1860~1880년대 우리나라 사회경제 발전과정에서 새로 자라나는
> 자본주의적 요소의 반영이며 사상적으로 부르조아 계몽사상의 한 개 조류로
> 되는 것이다. 그 주요 내용으로 되는 것은 부패하고 허물어져 가는 봉건주의를
> 반대하고 정치, 경제, 문화의 모든 면에서 나라의 자본주의적 발전을 도모하자는
> 것이다. (…) 개화사상 발생에서 그가 계승한 직접적, 사상적 원천은 17세기
> 후반기부터 19세기 전반기에 걸쳐 발생 발전한 우리나라 봉건사회 말기의 선진적
> 학자들에 의하여 제창된 실학사상이다.[97]

실학사상을 계승한 개화사상이 개항 후에 발전된 사회경제 속에 보인
자본주의적 요소를 반영한 부르주아 계몽사상의 한 조류이므로, 개화사상의
대표적 인물인 김옥균은 "철학적으로는 형이상학적 유물론적 세계관과 경험
론적 인식론에 입각하였으며, 정치적으로는 민주주의적 중앙집권제를 지향하
였으며, 경제적으로는 산업과 상업을 주요시하였다"라고 평가하였다.[98]

정진석은 김옥균이 유물론적 인식을 가졌다고 분석하였다. 김옥균은 "실용

---

96) 『김옥균』, 「서문」(역사비평사, 서울, 1990, 재간행본).
97) 위의 책, 217쪽.
98) 위의 책, 222쪽.

을 떠난 공허한 이론을 경시하였으며 스콜라적 철학적 논의를 배척"하였고, 자연과학을 중요하게 인식하여 세계관에서 유물론적 입장을 보였다. 김옥균은 일체 미신을 반대하고, 초자연적 능력의 존재를 부인하여 무신론과 유물론적 요소를 현저하게 발휘하였다고 보았다.

하지만 정진석은 김옥균의 유물론을 아직은 미숙하고 불철저한 것으로 보았다. 이런 점은 김옥균이 미숙한 자연과학 지식을 가졌고, 또한 김옥균이 봉건세력과 혁명적으로 대결하지 못하는 연약한 부르주아지의 이익을 반영한 까닭이라고 하였다. 김옥균은 이론적으로 무신론자이었음에도 불구하고 그의 무신론은 현실생활과 타협적이어서 인민의 교화를 위해 종교를 시인하고 있다고 하였다. 이에 김옥균은 유교적 봉건 윤리를 극복하고자 하면서도 이를 부르주아 민주주의적 도덕으로 대치하게 되었고, 불교를 신앙하고 동시에 서양의 기독교를 긍정적으로 인정하게 되면서 그의 유물론은 약화되고 불철저하게 되었다는 것이었다. 정진석은 김옥균의 철학적 입장이 "풍부한 유물론적 요소와 경험론적 요소를 내포하고 있음에도 불구하고 전투적인 유물론에 도달할 수 없었다"고 표현하였다.

하지만 김옥균의 유물론이 미숙하지만 정진석은 김옥균의 철학이 나름 역사적 진보성을 지니고 있다고 평가하였다.

> 유물론적 인식론적 기초가 낡은 유교의 전통과 권위, 봉건적 종교적 교조를 뒤집어 엎고 봉건사회에 대한 변혁적 세계관의 무기를 발생 발전하는 부르조아 개혁운동에 제공한 데 있다. 여기에 바로 김옥균의 철학사상이 내포하는 거대한 역사적 전보성이 있다.[99]

다음으로 정진석은 김옥균의 사회정치적 견해가 가진 진보성도 언급하였

---

99) 위의 책, 225쪽.

다. 먼저 김옥균이 "사회발전의 물질적 기초를 무엇보다도 기술발전에서 본 것"은 진보적인 것으로 특히 주목해야 한다고 하였다. 당시 자본주의의 침략 아래에서 새로운 자본주의 발전의 길에 들어서려면 전적으로 선진자본주의제국이 도달한 수준으로 근대문명의 성과를 급속하게 이룩해야 하고, 그 요인으로 근대자본주의적 기술을 강조하고 이를 인민에게 계명하려고 한 점은 김옥균의 커다란 공적이라고 평가하였다. 정진석은 김옥균의 이런 견해를 '사회발전에 대한 일종의 유물론적 견해'를 보인 것으로 보았다. 하지만 김옥균이 사회 발전에서 생산기술의 중요성을 인식하면서도 사회발전의 근원으로서의 생산방식에 대한 이해는 없었다고 그 한계를 지적하였다.

또한 정진석은 김옥균이 계급사회의 모순을 알고 있었다고 지적하였다. 김옥균은 사회 발전의 역사를 양반, 귀족의 역사로만 보지 않고, "인민이 역사의 담당자"라는 것을 어느 정도 인정하였으며, 인민의 생활 조건을 형성하는 경제사정이 역사발전에 미치는 중요한 의의도 알았다고 하였다. 따라서 김옥균은 역사 발전에서 지배계급의 착취가 중대한 장애가 된다는 점을 인식하여 당시 계급사회의 모순을 어느 정도 폭로하고, 인민의 정치적 투쟁을 호소한 것은 중요한 의의가 있다고 보았다. 하지만 정진석은 김옥균이 '계급투쟁이 역사발전의 추동력'임을 정확하게 보지는 못했다고 분석하였다.

정진석은 김옥균의 사회정치적 견해를 전반적으로 평가하여, "그의 사회정치적 견해는 관념론적이고 역사적 유물론에 도달할 수는 없었다"라고 하였다. 하지만 이러한 제약성에도 불구하고 김옥균의 사회정치적 견해가 가지는 실천적 의의에 대해서는 높게 평가하였다. 정진석은 "그의 견해가 봉건적 낙후성과 몽매를 지양하고, 부강하고 자주적인 근대 국가건설을 위한 부르주아 개혁상의 사회 정치적 이론적 기초를 제공하였으며, 개화파들의 실천 활동의 방향과 방도를 제시하여 준 데 있다"고 하여, 실천적 의의와 역사적 진보성이 있다고 보았다.

무엇보다도 정진석은 김옥균의 사상에서 가장 빛나는 것을 '애국주의 사상'

이라고 지적하였다. 정진석은 그 애국주의를 "나라의 진보와 인민의 이익에 대한 절실한 염원과 결부되었으며, 조국의 강토에 대한 열렬한 사랑과 아울러 당시 우리나라의 낙후한 사회제도에 대한 자각과 결부된 것"이라고 하였다.[100] 이러한 애국주의 사상으로 김옥균은 당시 조국의 위기를 타개하기 위해 청국, 일본도 믿지 않았으며, 갑신정변에서는 "조국의 자본주의적 발전을 위하여 일시 일본을 이용"하였다고 하였다. 김옥균이 일본의 여야 정객들과 교제를 가졌다 하여 그로 하여금 "친일파라고 비난하는 것은 사실과 어긋나는 것"이라고 주장하였던 것이다.[101]

물론 정진석은 김옥균의 애국주의가 가지는 시대적, 계급적 한계성을 지적하는 것도 잊지 않았다. 즉 "그의 애국주의는 부르조아적인 것이었고, 참으로 전일한 인민적인 것으로 될 수는 없었다"고 하고, 이는 "그의 부르조아적 애국주의가 가진 불가피한 제한성"이라고 하였다.[102]

그럼에도 불구하고 정진석은 김옥균의 애국주의 사상이 가지는 진보성을 다음과 같이 서술하였다.

그것은 그의 사상이 외래자본주의 침략으로 인하여 조성된 민족적 위기를 자각하고 자본제 생산에 기초한 자주적 민족국가를 건설할 데 대한 선진적 사회세력의 지향을 반영한 애국주의였으며, 따라서 그것이 당시의 사회발전을 촉진시키려는 선진적 사회세력의 전반적 요구와 유기적으로 결합된 새로운 애국주의였고, 부르조아 개혁은 애국적 반침략적 방향으로 추동한 사상적 무기로 복무하였다는 데 있다. 여기에 바로 김옥균의 애국주의사상이 가지는 역사적 진보성이 있다.[103]

100) 위의 책, 228쪽.
101) 위의 책, 229쪽.
102) 위의 책, 229쪽.
103) 위의 책, 229~230쪽.

그리하여 정진석은 김옥균의 사상이 역사적 제한성이 있지만 '(그의) 선진적 철학과 진보적 사회정치적 견해'이며, 김옥균을 우리나라 '초기 부르주아의 사상적 대표자'라고 평가하였다. 아울러 김옥균의 사상은 이후 부르주아 민주운동에도 큰 영향을 주었다고 그 역사적 의미를 지적하였다.

* * *

1930년대 초반 연희전문학교는 민족문화와 서양문화를 '화충(和衷)'한다는 학풍을 정립하고 이를 교육방침으로 세웠다. 정진석은 이런 학풍 속에서 수학하면서 문학청년으로 필명을 날렸다. 그는 문과 문우회의 위원장을 지내면서 교내외 여러 잡지에 제법 많은 논문과 시, 단편 등을 발표하였다. 문학 논문을 통해서 볼 때, 그는 민중을 위한 문학을 지향하고 있었다. 문학 공부를 하고자 했던 그는 일본 유학 중에는 법학을 거쳐 대학원에서는 동양철학을 전공하였다. 동양의 유교사상과 가부장제도가 가진 봉건적 성격을 밝히고, 이를 비판, 극복하고자 했던 점에서 문학에서 지향했던 사상, 예술의 사회성, 계급성을 그대로 견지하였다. 이런 연구 속에서 그는 훗날 조선철학사를 정리하겠다는 사명감도 가지게 되었다.

해방 후, 모교인 연희전문학교(연희대학교)에서 잠시 교편을 잡았지만, 정진석은 줄곧 『자유신문』의 주필, 기자로 활동하였다. 그는 해방 후의 새로운 자주적이고 통일된 민주주의 국가 건설을 지향하였다. 이를 위해 그는 좌익 계열의 여러 학술단체에 참가하였다. 연전 교수 출신 백남운의 신문화연구소와 조선과학동맹에서 활동하였으며, '진보적 과학자'들을 합하여 조직된 조선과학동맹의 부위원장으로 활동하였다. 식민교육을 통해 왜곡된 '과학' 교육을 복원하고 또 '반동적' 우익 계열의 학술 활동을 반대하는 논리를 정립하였다. 이런 학술운동을 통하여 정진석은 신문화를 건설하고, 현실적으로는 미소공동위원회의 민주정부 수립을 지지하였다.

그러나 정세는 점차 단독정부 건립으로 흘렀고, 한국문제는 유엔으로 이관되었으며, 마침내 5·10 총선거가 추진되었다. 이를 반대한 다양한 활동이 전개되는 가운데, 그 일환으로 김구, 김규식의 남북연석회담이 추진되었다. 정진석이 이끄는 남조선기자단도 이를 지지하는 성명을 내고, 남북연석회담 취재 차 북한으로 갔다. 정진석은 남조선기자를 대표하여 '남북조선제정당사회단체지도자협의회'에도 참석하였다. 그 회담이 끝난 후에 정진석은 남쪽으로 귀환하지 않았다.

북한에 정착한 정진석은 북한의 학술계 진흥에 기여하였다. 전공이었던 동양철학을 기반으로 김일성종합대학과 과학원 철학연구소 등에서 교수와 연구를 행하였다. 6·25전쟁 후에는 '신해방지구' 개성에서 남한 출신 학생들을 교육하여 통일 사업에 활용할 목적으로 세운 송도정치경제대학의 학장직을 오랫동안 수행하였다. 전후 복구과정에서도 북한 정권이 매우 신경 썼던 부문이었다. 학장직을 끝낸 후 과학원 철학연구소 소장으로 활동하였다.

정진석이 주도한 『조선철학사(상)』은 당시 북한의 정세 변화의 결과물이었다. 6·25전쟁 복구 과정에서 노출된 정치노선상의 대립을 정리하면서, 김일성은 조선혁명을 위한 학문 연구의 원칙을 천명하였다. 곧 "사상 사업에서 교조주의와 형식주의를 퇴치하고 주체를 확립해야 한다"는 것이었다. 정진석은 이런 흐름 속에서 조선 철학의 주체적 발전을 규명하였다. 그는 조선 철학의 역사를 관념론에 반대한 유물론의 발전과정으로 정리하였다. '맑스-레닌주의' 도입 이전에 우리 역사 속에서 이룬 유물론의 주체적 발전이 실학사상으로 총결집되고, 이것이 다시 계몽사상(그 한 조류인 개화사상)을 거쳐 김일성에 의해 결집된다고 정리하였다.

정진석이 가장 공을 들여 정리했던 것은 실학사상이었다. 북한의 역사학계에서 추진한 주체적인 역사학 정립의 일환이었다. 실학사상은 17세기 중엽부터 미흡하지만 자본주의적 생산관계가 나타나고 있었다는 사회경제적 조건 속에서 형성되었으며, 봉건적인 주자학을 비판하고, 봉건적인 정치사회 질서

통일전선탑 앞면(위)과 뒷면 아래쪽(아래)

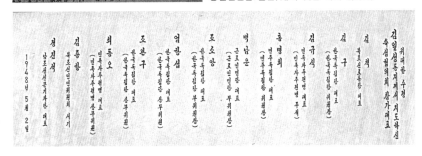

를 개혁하고자 한 것이었다. 물론 실학사상은 당시 사회 경제 발전의 수준에서 오는 시대적 제약성과 선진적 양반계급의 사상이라는 계급적 제약성은 있었지만, 정약용의 단계에서는 사회계약설, 민주주의 사상으로 발전하였다고 정리하였다. 이를 바탕으로 정진석은 김옥균의 철학사상도 연구하여, 선진적 실학사상을 계승하여 봉건주의를 반대하고 주체적으로 개화를 추진한 애국주의 계몽사상가로 정의하였다. 이런 논의는 당시 북한 역사학계의 갑신정변, 부르주아 사상 연구의 동향과 보조를 같이하여 철학사를 정리한 것이었다.

이러한 정진석의 견해는 그의 사후, 주체사상이 형성되어 가면서 일정하게

비판을 받게 되었다. 곧 "실학자들도 올바
르게 평가하여야 한다"는 김일성의 '교시'
에 따라 실학사상을 너무 과대평가했다
는 점을 비판하고, 실학파의 사회계급적
제한성을 더 정확하게 인식해야 한다고
하였다.104)

정진석은 1968년, 김일성종합대학 철
학연구소장으로 재직할 때 사망하였다.
그리고 북한 사회의 변화에 따라 정진석
의 실학연구가 너무 과대평가되었다는
점에서 비판되기도 하였다. 정진석은 현
재 애국열사릉(1986년 조성)에 안장되어
있다. 1990년에 '조국통일상'을 받았고,

평양 애국열사릉의 정진석 묘

남북회담을 기념하는 쑥섬 유원지의 '통일전선탑'(1991년 조성)에 '남조선기자
단 대표'로 그 이름이 새겨져 있다.

---

104) 정성철,『실학파의 철학사상과 사회정치적 견해』, 사회과학출판사, 1974(한마당,
1989, 서울판) 정성철은 정진석과 함께『조선철학사(상)』를 집필한 사람이다. 그는
자신의 책이 "실학파 인물평가와 관련된 교시를 철저히 관철하기 위한 첫 시도"라고
자임하였는데, 그는 "실학파가 그 당시 봉건사회에서 일정한 진보적인 역할을 했다고
볼 수 있는 것이지 오늘에 와서까지도 무슨 큰 의의가 있는 것처럼 볼 수는 없다"고
하고, '진보적 양반계급'인 실학자들이 지닌 "사회계급적 제한성과 당시 생산력과
과학 발전 수분의 제한성을 면할 수 없었다"고 하면서 '실학파의 세계관은 주자학적
테두리를 벗어나지 못하고, 유물론적이 못되고 관념론적이었고, 사회정치적 견해도
봉건제도와 양반 신분제도를 영구히 보존하려는 근본 입장'이라고 평가하였다(위의
책,「머리말」). 그 10년 후에 최봉익,『조선철학사개요』(사회과학출판사, 1986, 서울판
은 한마당, 1989)가 출판되었는데, 그 부제가 "주체사상에 의한『조선철학사』(1962)의
지양"이었다. 저자는 머리말에서 "주체사상은 조선철학사연구의 유일하게 정확한
사상리론적 및 방법론적 지침"이라고 하고, "조선철학사는 조선 인민의 자주적인
지향과 요구를 반영한 유물론과 변증법 사상이 관념론과 형이상학을 반대하는 투쟁의
역사로 총화할 수 있었다"고 하였다.

# 홍이섭의 역사학 : 민족주체성 확립과 후진성 극복

1945년 해방 후, 새로운 민주주의 국가 수립이 천명되면서 신문화 건설과
학문 재건이 과제로 대두되었다. 이 운동은 이념의 좌우에 따라 다양하였다.
일제의 잔재를 청산하고 민족의 주체성을 확립하는 문제는 이념 여하에 상관없
이 제기되었지만, 정치노선은 이념과 계급적 입장에 따라 심각하게 대립하기
도 하였다. 이런 상황은 6·25전쟁을 거치면서 더욱 노골화, 심화되었다.
홍이섭(洪以燮, 1914~1974)은 한국근현대사의 격변기 속에서 시종일관 민족
주의에 입각했던 민족주의 역사학자였다.[1] 그는 박은식, 신채호, 정인보로
이어지는 민족사학의 흐름 위에서 한국사학을 체계화하였고, 해방 후에는
민족주의 바탕 위에서 서구의 근대학문과 민주주의론을 결합하여, 분단체제
하에서 우리가 추구해야 할 민주화와 통일, 후진성의 극복과 '근대화' 등에

---

[1] 홍이섭의 역사 연구에 대해서는 金容燮, 「韓國近代歷史學의 發達(1)」, 『文學과 知性』
4, 1971(『韓國의 歷史認識(하)』, 1974) ; 『나라사랑』 18, 1975 ; 원유한 엮음, 『홍이섭의
삶과 역사학』, 혜안, 1995 등으로 정리되었다. 연세대학교 국학연구원, 『東方學志』
130, 2005, 특집(김도형, 「홍이섭의 현실인식과 역사연구」 ; 문중양, 「홍이섭의 과학사
연구를 넘어서」 ; 정호훈, 「洪以燮의 實學 硏究」 ; 김성보, 「洪以燮의 한국근현대사 인
식」) ; 연세사학연구회, 『學林』 36, 2015 특집(구만옥, 「홍이섭의 '조선과학사' 연구」 ;
오영교, 「홍이섭의 생애와 역사학 연구」 ; 이지원, 「홍이섭의 근현대사상사·정신사
연구」) 등 참조.

대해 역사학적 비판과 분석을 제기하였다. 그의 이런 학문 여정의 바탕과 출발은 연희전문 시절이었다.

일제 강점기 연희전문학교는 민족문화 연구의 본산지였고, '동서고근 사상의 화충(和衷)'이라는 교육 방침을 천명하고 이를 학풍으로 정립하였다.[2] 홍이섭은 연희전문학교에서 민족문화운동을 이끌던 정인보, 최현배, 백낙준, 백남운, 이윤재 등으로부터 '국학(國學)'을 배웠고, 또한 원한경 등 선교사로부터 서양의 학문, 자연과학을 접하였다. 연전에서의 수학은 홍이섭이 일생 추구한 민족주의 학문의 기반이 되었던 것이다.

잘 알다시피, 민족주의 역사학은 국외의 박은식, 신채호의 역사학 속에서 형성되었지만, 민족사학 또한 시대의 변화에 따라 그 속성이 조금씩 풍부해지고, 변화되어 갔다. 1930년대만 하여도 정인보는 신채호의 역사학을 전면적으로 계승하면서 정신사적 차원에서 '조선의 얼'을 강조하였으며, 또한 당시의 현실 문제를 해결하기 위한 방안의 하나로 국고운동(國故運動), 곧 조선학(朝鮮學)운동을 주도하였다. 이에 비해 같은 민족주의 역사학 계열의 손진태(孫晉泰)와 이인영(李仁榮)은 새로운 신민족주의론(新民族主義論)을 주창하고, 이에 의거하여 역사학을 연구하였다. 이들의 민족적 역사학은 모두 연전과의 관련 속에서 이루어졌다. 그런데 이들은 6·25를 거치면서 대개 '납북(拉北) 되었고,[3] 홍이섭만이 남쪽에 남게 되었다. 홍이섭은 민족사학을 계승하고, 또한 분단 상태를 극복하고 통일을 지향하는 역사학을 세워야 하는 난제를 혼자서 짊어지게 되었다. 그리고 이 학문의 계승과 재건은 곧 연세의 학문이 되었다.

여기에서는 홍이섭의 역사학을 시대 변화에 따라 해방 전후 『조선과학사』를 저술하고 해방 직후 새로운 역사학 수립을 위해 활동하던 시기, 다음으로

2) 김도형, 「연희전문의 학풍과 민족문화운동」, 『일제하 연세학풍과 민족교육』(연세학풍연구총서 1), 혜안, 2015 ; 이 책 제2부 참조.
3) 이인영은 1950년 납북 당시, 서울대학교 교수 겸 연희대학교 교수였다. 이들에 대해서는 이 책 제3부 보론 참조.

1950년대 조선 후기 실학 연구를 통하여 민족주의 역사학을 세워가던 시기, 그리고 4·19와 5·16 이후 '근대화'와 후진성 극복을 위한 역사학을 정립하던 시기 등으로 나누어 보고자 한다.

## 1. 민족주의 형성 : 배재고보와 연희전문학교

홍이섭(연전 졸업앨범, 1938)

홍이섭은 어린 시절부터 줄곧 기독교적 분위기에서 지냈다. 그의 아버지 홍병선(洪秉璇)은 감리교회 목사로, 1920년에 YMCA에서 간사가 된 이후 줄곧 기독교 농촌사업에 종사하였다. 그는 일제하 식민지 농업문제를 해결하기 위한 방안으로 덴마크식 조합운동을 주장하였다. 홍이섭은 자연스럽게 기독교계 학교인 배재고보(1928 입학)와 연희전문(1934 입학)에서 수학하였다. 이 시기는 부르주아적 민족문화운동이 강하게 일어나던 때였다. 특히 신간회운동 이후, 부르주아 운동계열에서 그 활로를 찾은 것이 한글 보급, 위인 선양, 조선학 등으로 이어진 신문화운동이었다. 이 운동은 다양한 사람들이 가담하여 추진되었지만, 정인보, 백낙준, 최현배, 유억겸, 이윤재 등 연전의 교수, 강사들이 중요한 역할을 담당하고 있었다. 그 핵심은 민족주의, 민족문화였다.

홍이섭은 배재고보 시절부터 민족주의를 익힐 수 있었다. 문일평으로부터 동양사와 한국사를 배웠고, 강사로 나오던 이윤재로부터는 조선어문법과 한국사를 배웠다. 홍이섭은 이를 이렇게 회고하였다.

선생(문일평)이 당시 어린 학생들에게 '한국 연구'의 고충을 얘기하며, 책값이 비싸서 손을 댈 수 없다고도 하였다(교실에서 들은 기억이 있다). 또 선생이 일본문으로 된 동양사 교재 같은 것을 학생들에게 읽어 줄 때는 그대로 우리말로 고쳐서 읽었었다. 그리고 늘 미소를 띤 부드러운 안색으로 퍽 순하고 쉽게 얘기를 하였다. 이러한 인품이 후일 조선일보 지상을 장식하는 평이한 문장으로 한국사의 지식을 널리 전하게 되었던 바 그렇게 될 연유는 이미 앞서 마련되었던 것이 아닌가 한다. (…)『조선일보』지상에 선생님의 글이 실릴 적마다 즐거이 모두 오려두었다.[4]

선생님(이윤재)의 모습은 村夫子 그대로의 모습이었다. 한복 차림에 아무 꾸밈새 없는 진실한 교사, 어디에 형언키 어려운 情誼를 간직한 순박한 선생님의 모습 (…) 한글 맞춤법 공부 시간에 공부할 것을 다 마치고 남은 시간에 朝鮮史에 대한 얘기를 하시었다. 달리 준비하신 것도 아니었다 (…) 모지게 어느 구석에 역점을 두고 얘기하시는 것도 아니었다. 순하게 말씀하시는 데 끌려갔다. 세종대왕, 단종과 세조에 얽힌 얘기를 (…)[5]


홍이섭이 본격적으로 민족주의 학문을 수학한 것은 연희전문 시절이었다. 당시 연희전문은 서양의 근대학문을 수용하고, 이를 바탕으로 우리나라의 근대학문을 형성하던 본산지였다. 연희전문은 교육방침을 '기독교주의 하에 동서고근 사상의 화충(和衷)'으로 학문을 연구한다고 천명하여, 서양의 근대학문과 더불어 민족(동양, 조선)의 오랜 사상과 역사를 두루 가르쳤다. 정규 대학 과정을 거치지 않은 정인보가 교수로 초빙되고, 국어학을 연구하는 많은 교수들을 연전에 모여들었다. 역사학과 한글에 힘을 쏟던 이윤재도 강의를 나왔다. 심지어 사회주의 사상을 지닌 민족주의자도 교수로 채용되었

---

4) 『洪以燮全集(8)』,「湖岩 文一平」(1962), 연세대학교 출판부, 2003, 213쪽, 221쪽(이하 홍이섭의 글인 경우, 저자명을 생략하고, 이 장의『홍이섭전집』은『전집』으로 표기함).
5) 「스승 이윤재 : 재학 시절에 뵈었던 환산 선생 회고」,『나라사랑』13, 1973, 88~89쪽.

다. 서양의 근대학문도 여러 계통이 있었고, 사회주의 이념에 투철한 사람도 있었지만, 연전에서는 이 모든 경향과 학문이 '화충'되어 두루 교수되었다.[6] 홍이섭은 연전 재학 시절 이러한 다양한 계통의 학문을 배울 수 있었던 것이다.

홍이섭에게 특히 영향을 끼친 사람은 정인보, 최현배, 백낙준, 이윤재, 그리고 백남운이었다. 백낙준은 서양사와 교회사를, 정인보는 문학 강의 속에서 조선의 역사를, 최현배는 교육학과 한글 속에 담긴 민족정신을 가르쳤다. 상과 교수 백남운은 유물사관에 입각한 역사를 연구하고 있었다. 그 외 강사였던 이윤재가 조선사를, 손진태는 동양사와 민속학을 가르쳤다. 이들은 1930년대 국학, 곧 조선학(朝鮮學)을 이끌던 사람들이었다. 홍이섭은 이런 학문적 분위기 속에서 기독교를 바탕으로, 그 위에 민족주의를 배우고 또한 사회경제사에 대한 이해를 더할 수 있었다.

그 가운데 신채호의 민족사학을 계승한 정인보의 역사학이 가장 큰 영향을 끼쳤다. 홍이섭은 일제가 한국학의 중심이었던 연희전문을 '쑥밭'으로 만들던 당시에 이루어진 정인보의 가르침과 역할을 다음과 같이 회고하였다.

> (정인보가) 몇 편의 글을 끼쳐 주신 것은 지금 생각만 해도 다행한 일이었다. 한문학 시간에 四書, 『사기』 열전, 연암의 글을 강해하시고, 『두시언해』도 강해해 주셨고, 조선 문학으로 『靑丘永言』을, 또 『조선문학원류』 강의를 받기도 했다. 그 사이사이에 얘기하신 한국 古史의 辨正論 단편이라든지 양명학에 대한 짧은 論辨은 議席의 한 구석을 색달리 채워주신 것이 아닌가 한다. 제대로 펼 수 있는 의석이었으면 선생님께서는 바깥의 지면에 발표하신 그것을 정채 있게 젊은 학도들에게 전하셨을 것이 아닌가 생각한다.[7]

---

6) 이에 대해서는 이 책 제2부 참조.
7) 『전집(8)』, 「위당 정인보 선생과 국학연구」(1965), 202~203쪽.

이에 덧붙여 홍이섭은 당시 연전에 철학 강의가 있었으면 양명학을 강술하였을 것이고, 한국유학사, 양명학사를 강술하였다면 최명길, 정제두 등이 논의되었을 것으로 이를 안타까워 하였다.

이와 같이 홍이섭은 연전의 학풍 속에서 한국의 역사와 문화의 중요성을 깨닫고, 이를 민족주의적 입장에서 접근하되, 다시 내면에서는 정치·경제·사회·사상 등을 유기적, 구조적으로 종합하는 방법론을 동시에 구사할 수 있었다. 홍이섭은 때로는 민족주의적 경향을 강하게 드러내기도 하였고, 때로는 서구 학문의 영향을 강조하기도 하였다. 그리고 초창기 역사인식의 내면에는 유물사관적인 경향이 보이기도 하였다.

## 2. 해방 전후의 역사연구와 『朝鮮科學史』

### 1) 한국문화사로서의 『朝鮮科學史』

연희전문을 졸업하고 영창학교에서 영어를 가르치고 있던 홍이섭은 연전 동창이었던 최영해의 주선으로 1942년 6월부터 『조광(朝光)』에 「조선과학사」를 연재하였다. 일제 말기의 암담한 분위기에서 "무엇인가 돌파구를 찾아야 했던 답답한 심정이 앞서, 준비도 덜 된 상태에서 무작정 시작부터 했던 것"이었다.[8] 집필 당시의 심정을 훗날 홍이섭은 "1940년대의 일제의 군국주의적 파쇼화 정책하에서 '조선 문화'에 있어 무엇을 활자로 전해 볼 것이냐는 데에 제시한 답답한 답안지"라고 술회하였다.[9] 「조선과학사」는 고려시대까지 10회 연재되다가 중단되었다(1943년 3월). 그후 홍이섭은 연재된 내용을 보충하고, 조선시대를 새로 정리하여 1944년 7월에 일본에서 『조선과학사』(일어판, 三省堂出版社)를

---

8) 최영해, 「홍이섭과 나 – 반세기를 이어온 우애」, 『나라사랑』 18, 1975.

9) 『全集(1)』, 「『朝鮮科學史』事緣數齣」(1966), 379쪽.

출판하였다.10)

이 책은 '과학사'라는 이름으로 서술되었지만, 실은 한국의 문화사, 나아가서
는 통사로 체계화된 것이었다. 홍이섭이 주로 분석했던 것은 과학과 과학기술
의 진화 과정이었으나, 그는 과학과 기술의 변천과 발달을 현실의 사회,
경제와 관련시켜 종합적, 전체적으로 취급하고, 나아가 정치 형태, 이념 형태와
의 상호 관계까지 결합하여 서술하였다.11) 즉 사회구성사(社會構成史) 차원에
서 과학사를 정리하고, 이를 통하여 사회 전체의 구조, 심지어 사상사의
영역으로 확장시켜 서술하였던 것이다.

홍이섭이 과학 문명의 발전 과정을 통하여 우리 민족의 정치, 사회경제
발전, 그리고 문화사까지 체계화하려던 구상은 그가 수학한 많은 학문을
통합한 결과였다. 앞서 본 바와 같이 정인보의 민족주의 역사학, 그리고
백남운의 사회경제사학은 물론이거니와, 과학 문명에 관심을 가지게 된 것은
무엇보다도 연희전문이 서양 과학을 수용하고 교육하던 본산지였던 점에서였
다. 알렌, 에비슨에 의한 의학, 그리고 수물과에서 행해지던 수학, 물리학,
천문학 등이 큰 영향을 주었다. 홍이섭이 연전 재학 중에 교장 원한경의
조선 선박에 대한 책(『한국의 배와 선박(Korean Boats and Ships)』, 1934)도
출간되었으며, 연전 교수를 지내면서 한국천문학을 구미학계에 소개한 루퍼스
의 『한국천문학(Korean Astronomy)』(1936)이 연전 문과 영문출판물 3호로
출간되었다.12) 후술할 바와 같이, 홍이섭은 조선의 '봉건과학'이 지양되는
한 축을 바로 이 선교사의 자연과학으로 거론하였던 것이다.

또한 홍이섭은 배재고보와 연전에서 강의를 했던 이윤재의 영향도 받았을
것으로 보인다. 이윤재는 우리 민족의 독창성과 우수성을 보이는 과학, 발명품

10) 전시 중이라 교정도 보지 못한 "불만족"스러운 것이었다. 이 책을 조선어학회 사건으로
   함흥 감옥에 있던 스승 최현배에게 보냈다가 교정도 보지 않고 출간했다고 '구지람'을
   들었다. 이런 저간의 사정은 최영해, 앞의 글(1975)에 자세하다.
11) 『朝鮮科學史』(일어판), 三省堂出版社, 1944, 6쪽.
12) 손영종·구만옥·김도형 역주, 『루퍼스의 한국천문학』, 선인, 2017.

을 발굴하여 이를 서술하였다. 이윤재는 "오늘날의 문명은 과학의 문명, 다시 말하면 물질의 문명이요 공예의 문명"이라고 규정하고, 우리 역사 속에서 독창적으로 발명된 과학, 공예품을 신문에 연재하였다. 이런 발명품은 '조선의 보배이며 세계의 자랑'이라고 하였고, 조선 문명이 인류 문화에 공헌한 것이라고 하였다.13)

이런 영향 하에서 저술된 『조선과학사』에서 홍이섭이 가장 유의했던 점은 한국의 과학사가 가지는 세계사적 의미를 검토하는 것이었다. 즉 과학사나 한국사가 단순한 특수사가 아니라 세계사, 인류사의 일환으로 전개되었다는 점을 명백하게 하고자 함이었다. 즉 "인류사는 과학 발달의 역사"이고, 또 "인류 전체의 행복의 증진은 과학의 자연과의 투쟁"에 있다는 입장에서 이를 정리하였던 것이다. 한국사를 세계사적 차원에서 보아야 한다는 점은 당시 많은 역사학자가 시도한 바였다. 이런 경우, 때로는 "정체반동(停滯反動)을 가져" 오기도 했지만, 홍이섭은 그 방법론이나 결과가 "진보적이건 반동적이건, 그 여하를 묻지 않고" 단지 "정치사가 지니는 개별적인 특수사관이 아니고, 새로운 일반사로서의 보편사, 즉 세계사의 현 단계는 확실히 내일의 인류 전체의 문제로서, 과학사의 임무"라는 점을 중시하였던 것이다.14)

세계사적 차원에서 '과학과 기술'을 중심으로 과학사를 분석하면서 홍이섭은 과학, 기술이 사회경제의 변천, 즉 생산력의 수준과 그 변화와 밀접하게 관련이 있다고 파악하게 되었다.

인간은 도구를 만드는 동물이라고 한다면, 그 도구는 자연을 소재로 하는 이상, 그 제작은 자연법칙에 따르지 않으면 안된다. 이것이 경험적으로 발견되어 자연과학의 기초가 되었기 때문에, 우리 과학사의 서술에서도 자연에 대한 해석=자연과학사와, 그 법칙을 부여한 도구의 제작=기술사의 부문을 조화시켜 비로소

---

13) 이에 대해서는 이 책의 「이윤재의 민족운동과 역사연구」 참조.
14) 『朝鮮科學史』(일어판), 3쪽.

정당한 과학사의 전모가 갖추어질 것이다.[15]

　홍이섭은 생산력의 기초가 되는 자연에 대한 인식과 도구의 발전을 통하여 과학사에 접근하였다. 이런 점에서 그의 분석 방법은 다분히 유물론적으로 흐르고 있었다.

　세계사적 차원에서 보편성을 찾으려던 홍이섭의 인식은 시대구분에 그대로 나타났다. 그는 민족사학의 분위기에서 민족 단위의 역사를 구상하면서도, 후에 "그때까지의 통념적인 시대구분에 추종하지 않을 수 없었고"라고 회고한 바와 같이,[16] 백남운으로 대표되던 사회경제사학의 시대구분론을 수용하였다. 과학사가 사회사의 변천에 따라 진전되어 온 생활사의 근저(根底)이므로, 일반적인 "생활사=과학·기술의 역사"라는 점에서, 사회사의 시대구분을 대응시켰던 것이다.[17] 그리하여 홍이섭은 ① 원시조선의 과학과 기술 → ② 고대사회(삼국시대)의 과학과 기술 → ③ 고려봉건사회의 과학과 기술 → ④ 이조봉건사회의 과학과 기술 → ⑤ 서구과학의 수용과 이조 봉건과학의 지양(止揚)으로 구분하였다.

　『조선과학사』를 통해 홍이섭이 파악한 한국사의 특징은 크게 두 가지였다. 먼저, 한국사는 원시사회 이래 계기적인 역사 발전과정을 따라 진전되다가

---

15) 위의 책, 4쪽.

16) 『전집(1)』, 「『朝鮮科學史』 事緣數齣齒」(1966), 379쪽. 그는 시대구분 문제를 후에 '난관'이었다고 회상하고, 앞에서 지적한 바와 같이 조선과학사가 '조선 문화를 기술한 답답한 답안지'였기 때문에, 부득이 연역적인 방법을 행하였고, 통념적인 시대구분에 추종하여 이미 설정된 일반적인 구분의 틀에다 단편적인 자료를 補塡하여 구조화하였다고 하였다. 그러나 1966년 당시 회고 중에는 "이것이 타당한지 부당한지는 후일에 따지기로 한 것이며, 지금까지 改訂하지 못한 대로 있는 이상 적어도 자신에게는 문제거리가 되는 것이다"라고 하여 만족하지 못하고 있다.

17) 『朝鮮科學史』(일어판), 三省堂出版社, 1944, 4~6쪽. 백남운은 '① 원시씨족공동체의 態樣−② 삼국의 정립시대에 있어서의 노예경제−③ 삼국시대 말기 경으로부터 최근세에 이르기까지의 아시아적 봉건사회의 특질−④ 아시아적 봉건국가의 붕괴과정과 자본주의의 맹아 형태−⑤ 외래자본주의 발전의 과정과 국제적 관계'로 구분하였다.

조선조 세종을 중요한 전환점으로 '침체'된다는 점이었다. 세종 이전에는
노예제에서 봉건제로 발전하면서 비록 고려, 조선의 과학이 봉건적, 계급적
제한성, 즉 '궁정적(宮廷的)'인 성격이 있었지만, 이런 제약에도 불구하고 세종
시기에 과학기술 역사상 가장 높은 수준을 보였다는 것이다. 그렇다고 세종
때에 궁정성(宮廷性)을 극복하고 시민성을 확보한 것이 아니었기 때문에 그
이후에도 봉건적 제한성이 더욱 강화되었다고 보았다. 이는 민족정신의 변천
을 중요한 관점으로 보는 민족사학적 입장과 계급적 성격을 강조하는 사회경제
사학과 결합된 것이었다.[18]

　둘째, 조선봉건사회의 '궁정 과학'은 결국 서구문명의 수용으로 '지양'된다는
것이었다. 물론 영정조 시기에는 청조 문화의 수입으로 실사구시학파(實事求是
學派)의 실증적 학풍이 발휘되기도 하였지만,[19] 서구 과학 수용을 거부하는
강고한 주자학의 비(非)실용주의와 당쟁으로 나타난 정치 분위기 속에서
그 지양은 좌절되었으며, 또한 근대기에 자체 '개혁'이 전개되기도 하였지만,
이것도 구미 열강의 세력 부식 등으로 실패하였다고 분석하였다.[20] 그리하여
그는 봉건사회는 서구근대과학의 수용으로 지양되었다고 보았으며, "통감부

18) 발전하던 민족국가가 다시 쇠퇴하게 되었다고 파악한 것은 신채호 이래의 민족사학의
　　일반적인 경향이었다. 물론 그 전환점은 논자에 따라 다르다. 그리고 민족의 형성,
　　발전과 사회경제사적 관점을 결합한 이들로는 안재홍, 손진태 등도 있었다(이 책의
　　보론 「동산학파의 신민족주의 역사학」 참조).
19) 홍이섭은 이때의 과학 수준을 세종 때 재편성된 '宮廷科學'이 재정비된 것으로 보았다.
　　이런 점에서 본다면, 홍이섭은 한국사의 변화, 발전을 ① 세종 때까지 계기적(원시-노
　　예제-봉건제)으로 발전하다가, ② 그 이후에는 봉건성으로 침체되었으며, ③ 다시
　　영정조기에 잠시 발전하다가 ④ 이후 당쟁, 서학에 대한 탄압 등 주자학적인 폐단으로
　　다시 쇠퇴하여 결국 식민지화하였고, ⑤ 식민지 하에서 봉건성이 '止揚'된 것으로
　　파악하였다. 후술할 바와 같이, 해방 후 ⑤에 대한 생각은 폐기되었으나, 그 이전의
　　한국사의 변화에 대해서는 크게 변하지 않았다.
20) 홍이섭은 천주교와 서양 선박을 엄금하여 '진보적 과학사상을 거부'했던 '우물 안
　　개구리' 같은 후진된 사회를 지적하였고, 또 갑오개혁 이후 서구의 기술자를 초빙하고
　　전신, 전차, 철도, 연탄제조 등에서 근대적 시설을 설치한 것 등이 있었으나, 결국
　　구미 열강의 이권 경쟁, 세력 부식 등으로 조선은 식민지화를 피할 수 없었다고
　　보았다[『朝鮮科學史』(일어판), 435~439쪽].

의 설치, 선교사의 교육 및 의료사업이 이조 말기에 있어서 신과학(新科學) 수입의 2개의 획기적 사건"이라고 지적하였다.[21]

홍이섭이 서양 선교사의 활동과 더불어 일본의 통감부 설치를 거론한 것은 일제하 사회적 분위기에서 어쩔 수 없는 사정이었다. 보호국이 되고 통감부가 설치된 이후 근대적 제 시설이 통감부의 지도 아래 시행되었고(우편 통신 사무, 철도 관리, 권업모범장, 농사시험장, 의료 위생 제도와 기구 설치, 공업전습소 등), 결국 1910년의 한국병합으로 "고전 과학", 즉 일체의 '봉건과학' 이 지양되었다고 하였다.

이와 같이 홍이섭의 『조선과학사』는 그가 연희전문에서 배웠던 여러 계열의 학문을 결합하여 이루어진 것이었다. 정인보의 민족사학이 기본적으로 견지 되면서, 백남운의 사회경제사학, 그리고 연희전문의 기독교 선교사의 학문적 성과들이 망라되어 종합되었다. 그는 세계사적 차원의 역사 발전을 염두에 두면서도, 과학사를 사회전반의 문제로 확대하여 한국사를 체계화하였다. 조선조 세종 이전에 계기적으로 발전한 조선의 봉건과학은 그 이후 한계성이 두드러졌고, 서양의 근대과학을 수용하여 봉건사회를 지양하려던 일체의 노력(가령 실학파, 유길준 등)이 실패하면서 결국 서양 선교사와 일제 통감부에 의해 서양 과학이 본격적으로 수용되면서 비로소 지양되었다고 보았다. 이러 한 한국사 인식의 틀은 해방 이후 그가 이루어간 실학과 서구문명 연구, 민족주의 연구 등의 폭을 결정하였다. 물론 일제하에서 부득이 서술했을 것으로 보이는 '식민지 하의 근대화'는 폐기되었다.

---

21) 『朝鮮科學史』(일어판), 444쪽. 홍이섭은 선교사가 조선을 대상으로 행한 자연과학적 성과를 '조선과학사의 개척자'로서 현대과학을 이식한 것으로 평가하고, 특히 알렌(H. N. Allen)에 의한 현대 의학 시료와 의학교육, 세브란스 병원, 에비슨(O. R. Avison)의 활동 등을 거론하였으며, 또 선교사의 과학 교육이 비록 선교를 목적으로 한 것으로 미흡하였지만, 농학에서는 평양의 숭실전문 농과, 수학 및 자연과학에서는 연희전문 의 수물과(이과)가 대표할 만 하다고 하였다(446~449쪽). 그리고 앞부분의 화보 가운데 특별히 서양 의학 수입의 선각자 알렌, 세브란스 교장을 지낸 에비슨, 광혜원의 사진을 넣었다(4쪽).

## 2) 해방 후 새로운 역사학 재정립을 위한 활동과 『조선과학사』한글판

해방 이후 한국사학계는 새로운 민족국가 건설이라는 과제를 학문적으로 수립해야 하였다. 역사학 분야에서 일제하에 발전했던 민족사학, 실증사학, 사회경제사학 모두가 그 과제를 안고 있었다. 역사학자는 각각의 입장에서 '새로운 역사학의 수립'을 표방하였다. 좌우의 대립이 심화하는 가운데 각자의 노선이 분명해졌고, 그런 가운데 이를 통합하려는 시도도 나타났다. 논자에 따라서는 이를 직접 현실 속에서 실천하기도 하였다.

해방이 되자 먼저 활동을 시작한 사람은 백남운의 조선학술원과 이병도의 진단학회였다. 전자는 사회주의 계열이 중심이 되었고, 후자는 부르주아 계열이 모였는데, 이 두 조직은 상당 부분 좌우합작의 형태를 띠고 있었다. 그런데 손진태 등의 '동산학파(東山學派)'는 해방 전 진단학회를 주도하던 이병도 계열의 친일 문제를 비판하면서 신민족주의사학을 표방하였다. 이 흐름에는 주로 일제하 정규 대학을 거쳐 서울대학을 중심으로 모인 학자들이었다.[22]

이런 가운데 홍이섭은 1945년 12월 25일 '역사학회' 창립을 주도하였다. 홍이섭이 참여한 역사학회는 위에서 본 인사들과는 입장을 달리하였다. 역사학회는 "여러 분야의 역사를 학문적으로 연구하여 새로운 사학을 세우는 것"을 목적으로 창립되었다. 1949년 현재, 20~30대의 소장 학자 35명이 참여하였는데, 이들은 주로 홍이섭, 조의설(趙義卨), 민영규(閔泳珪) 등 연전 출신과 비경성제대 출신이었고, 여기에 서울대 1회 출신(全海宗, 高柄翊, 韓㳓劤 등. 이런 사람은 일제 말기에 이미 대학을 다녀 역사학 수학 경험이 있었음)도 있었다. 이 학회의 중심 인물은 이상백(李相佰), 이여성(李如星), 김일출(金一出)이었고, 특히 초대간사 홍이섭을 비롯하여, 민영규, 염은현(廉殷鉉), 김일출, 정진석은 연전 출신이었다. 이들은 학회의 잡지『歷史學硏究』창간호를 내었다

---

22) 해방 후 역사학계의 동향에 대해서는 方基中,「解放後 國家建設問題와 歷史學」,『韓國史 認識과 歷史理論』(김용섭교수정년기념한국사학논총 1), 지식산업사, 1997 참조.

歷 史 學 研 究

第 一 輯

歷 史 學 會 編

正　　音　　社

『역사학연구』 제1집(1949) 표지

(1949).

또한 홍이섭은 역사 연구를 위한 자료 출간에도 관심을 가졌다. 1946년 4월, 최현배의 정음사에서 간행한 『조선실록(朝鮮實錄)』의 간행위원(홍이섭, 崔暎海, 韓吉洙, 李泰永)으로 활동하였다.

새로운 역사학 수립을 위해 홍이섭은 먼저 일본어로 간행했던 『朝鮮科學史』를 한글로 간행하는 일에 몰두하여, 1946년 9월, 정음사에서 이를 간행하였다. 한글판을 간행하면서 홍이섭은 전체적인 논지는 유지하면서 해방이라는 시대적 분위기 아래 몇 군데를 수정하였다. 일제하에서 전면에 내세울 수 없었던 민족 문제, 즉 민족을 역사의 주체로 세웠다. 이에 일제의 침략과 관련된 부분을 삭제하거나 표현을 고쳤다. 조선 봉건과학의 지양을 서술하면서 서양의 근대과학 수용과 더불어 강조했던 일제(통감부)에 의한 과학기술 수용 부분은 전면 삭제하였다.

다음으로 조선 역사, 조선 문화가 가지는 세계사적 의의, 세계사의 일원이라는 점을 분명하게 하였다. 서구 근대과학 수용의 의미를 더욱 강조하여, 한글판에서는 서양 선교사에 의한 서양과학 저술의 번역, 개인들의 자연과학 저작 등을 자세하게 소개하면서, 이는 한국정부의 신교육 과정에서의 과학서 편찬과 더불어 "조선이 현대적인 서구과학을 수입하는 계기를 지은 것"이라고 덧붙여 서술하였다.23) 이 점은 단순한 학문적 차원을 넘어서 새로운 역사교육

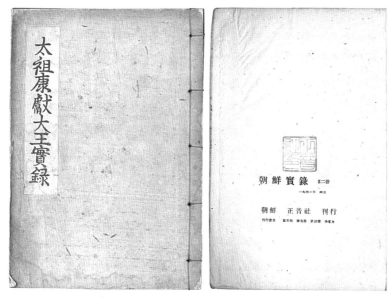

『조선실록』(정음사, 1946) 태조편 표지 및 판권

정립, 나아가 민족국가 건설이라는 문제의식을 보여주는 것이었다. 홍이섭은 "누구나 조선 문화를 세계문화권의 일원으로서 발전 지양시킴에서, 장래 명일(明日)의 빛나는 조선의 민족문화 건설을 의도하는 조선의 학도들은 금하지 못할 심정"을 지적하면서, 손진태의 저서에서 민족문화의 세계성=일반성을 지시(指示)한 점을 높이 평가하였다.[24] 이때 홍이섭이 『세계사와 대조한 조선사도해표(朝鮮史圖解表)』를 비롯하여 한국과 서양의 교섭, 서양인의 한국 인식, 한러 관계 등의 대외관계사에 관한 글을 발표하고, 『이웃나라 역사』라는 세계사 교과서를 집필하게 된 것도 이와 무관하지 않을 것이다.

한편, 해방 이후의 분위기를 반영하여 역사 서술에서 '민중'을 더욱 강조하였다. 『조선과학사』 한글판에서는 '민중'을 과학사 발전의 한 축으로 분명하게

---

23) 『朝鮮科學史』(한글판), 정음사, 1946, 274쪽[『全集(1)』, 302쪽].

24) 『全集(10)』, 「朝鮮民族文化硏究 小考－孫晉泰敎授의 近刊 2種을 中心으로」(1948, 『학풍』 1-1), 232쪽.

제기하였다. 일어판에서는 간혹 '시민성'이라는 말로 표현하였는데, 한글판에
서는 '시민성'과 더불어 '민중'을 강조하였던 것이다. 세계사적 차원에서 조선과
학사는 사회적 발전의 변천과정을 구명하는 것이라고 하면서

> 그러나 과학사에 있어서도 단순한 사실의 병렬적인 진열만으로는 그 구체적
> 현실성을 상실케 되므로 과학의 발전과 변천에 機軸이 되는 민중의 생활과 사회구
> 성의 발전과정을 주시하여야 한다.[25]

특히 조선과학이 가지는 봉건적인 계급성과 궁정성이라는 한계는 바로
민중과의 관련 속에서 그러하였다고 보았던 것이다.[26] 해방 이후 연이어
간행되던 많은 역사관련 서적도 "1, 2인의 학자가 연구실에서만 뒤적거릴
것이 아니라, 일반에게 그런 기회를 주어 공동으로 검토할 바"라고 하고,
이를 통해야 식민지성을 극복할 수 있다고 지적한 것도 동일한 맥락이었다.[27]
홍이섭은 1947년 정인보가 학장으로 있던 국학대학(國學大學)의 교수를
거쳐, 1949년에 고려대학 교수로 재직하였다. 그런 사이 홍이섭은 해방 직후의
한국사의 과제를 민족사의 자주성 확립, 세계사의 일반성 관철, 그리고 역사
주체로서의 민중 등으로 제시하였다. 특히 민족을 본위로 하는 인식은 1950년
대의 실증적인 연구를 통해 확인되어 갔다.

---

25) 『朝鮮科學史』(한글판), 9쪽(『全集(1)』, 5쪽).
26) 이런 점에서 문중양, 앞의 글, 2005에서는 홍이섭이 과학기술의 발달을 민중의 험난한
    자연환경과의 고단한 삶의 투쟁에서 얻어진 것으로 파악하였다고 지적하였다.
27) 『全集(10)』, 「朝鮮民族文化硏究 小考-孫晉泰敎授의 近刊 2種을 中心으로」(1948), 231쪽.

## 3. 민족사관 계승과 실학 연구

### 1) 1950년대의 현실인식과 학문 활동

6·25전쟁으로 남북의 분단은 이념적으로도 확고해졌다. 전쟁 이후 이승만 정권은 분단 구조 하에서 반공이데올로기를 내세우면서 억압적 정치를 행하였다. 이에 한국 역사학은 민족주의 하에 식민지 잔재를 극복하고, 분단과 민주주의를 해결해야 하는 과제를 안게 되었다. 그러나 이승만 정권 하에서 이는 쉽지 않았다. 당시는 '민족'을 거론하는 것 자체가 '용공(容共)'의 수준으로 이해되던 사회였다. 이승만의 정치구조가 기본적으로 친일세력을 근간으로 구성·운영되었고, 또한 이런 구조가 분단체제와 결합되어 있었기 때문이었다.

6·25전쟁 중에 많은 민족주의 역사학자들은 '자의반 타의반'으로 북쪽으로 갔다. 정인보, 안재홍, 손진태, 이인영 등이 그러하였다. 민족사학의 학맥을 견지했던 학자 가운데는 유일하게 홍이섭만이 남쪽에 남게 되었다. 어려운 조건 하에서 홍이섭은 민족사학을 계승하기 위해 노력하였다. 그리고 그는 다른 역사학자와 달리 현실 문제에 대해서도 민족적 입장에서 의견을 표시하였다.

6·25전쟁 중에 홍이섭은 해군전사편찬실 편수관으로 근무하였다(1951년 7월). 홍이섭이 『한국해양사』를 공저로 저술한 것도 이런 연유였다. 사학과를 나온 사람들은 전쟁 중에 대개 국방부전사편찬실이나 해군전사편찬실에 근무하고 있었는데, 이들 소장 학자들(이들은 대부분 해방 후 서울대 출신들)은 "국내 역사학의 새로운 건설을 목적"으로 1952년 3월 피난지 부산에서 새로운 역사학 단체로 '역사학회'를 만들었다. 이 학회는 진단학회가 주도하던 학풍을 극복하기 위한 일종의 반발로 조직되었는데,[28] 학문적으로나 연령상으로

---

28) 홍이섭이 1945년에 조직했던 '역사학회'와는 이름만 같고 전혀 다른 단체였다. 이 학회는 제2차 회의에서는 앞 세대인 이병도, 김상기, 백낙준, 조의설 등을 고문으로 선정하여 일정하게 타협하였다.

대표자였던 홍이섭이 회장으로 추대되었다(1957년 1월까지 회장 역임). 이즈음 1953년 4월, 홍이섭은 피난지 부산에서 연희대학교 사학과 교수가 되었다.

홍이섭은 당시 가장 민감한 문제였던 6·25전쟁과 남북 문제도 민족주의적 입장에서 평가하였다. 전쟁이 끝날 무렵 그는

> 미국과 소련이 국경을 접한 듯이 '38선'을 사이에 두고 대립될 때, 북에서의 불평은 남을 동경하고, 남에서의 불평은 북행을 원하였고, 또 남북 교류라는 공식적인 왕래는 이런 혼란을 조장시키었을 뿐이었다. 남과 북에서의 각각 정부 수립은 각기 헌법이 지시하는 이념에 의하여, 宣傳戰으로 각기 통일을 기도하였으나, 양대 세력의 조종에 긴밀한 관계를 가진 정부로서는 외세에 의해 무력으로 통일을 기할 방도 밖에 다른 방법을 강구할 수 없었던 것이다. 여기에 기선을 制하여 남침을 단행한 것이 북한공산군의 공격, 남하였다.[29]

라고 하였다. 그의 6·25전쟁에 대한 평가는 당시의 극단적 반공주의적인 현실에서 볼 때 가히 파격적이었다. 그는 남북 정부의 대립과 이를 둘러싼 외세에 주목하고, 남북이 각각 외세를 이용한 무력 통일을 꾀하고 있었으며, 단지 북한이 먼저 남침한 것이라고 하여 남북한 정부를 각각 비판하였던 것이다.[30]

연희대학 교수가 된 이후 홍이섭은 무엇보다도 일제하 연전에서 발전되었던 조선학, 곧 실학 연구의 전통을 계속하고자 하였다. 이를 통해 그는 민족주의 사학의 재수립을 시작하였던 것이다.

---

29) 『全集(6)』, 「6·25事變의 史的 考察」(1953), 498~499쪽.
30) 홍이섭은 그 후에도 6·25전쟁을 '강대세력의 前衛'가 되어 외세를 끌어들임으로써 민족 상쟁의 전란이 국제적인 규모로 확대된 것으로 보았다[『全集(6)』, 「한국동란의 민족사적 검토」(1963), 510쪽].

## 2) 민족주체성과 실학 연구

해방과 6·25전쟁을 겪으면서 홍이섭은 이념보다는 민족을 중시하고 민족사학을 재정립하기 위해 노력하였다. 이 시기 그가 집중했던 분야는 근대 한국의 대외교섭사, 정신사적 입장에서의 3·1운동, 그리고 실학 연구였다. 홍이섭은 이런 일단의 고민들을 연희, 연세인이 주도하던 『사상계』에 표출하기도 하였다.[31]

민족주체성, 민족사학 수립을 위한 홍이섭의 체계적인 역사 연구의 첫 작업은 스승 정인보가 '조선학'으로 추진했던 실학과 다산 정약용에 관한 것이었다. 1954년에 『여유당전서』를 입수하면서 본격적으로 시작하게 되었다. 그리하여 1959년에 『정약용의 정치경제사상 연구』를 출간하였다.[32]

홍이섭의 실학에 대한 관심은 1930년대부터 시작되었다. 그는 연전 시절, 다산 서거 99주년, 100주년을 즈음한 정인보의 조선학운동을 곁에서 목도하였다. 당시 홍이섭은 신문이나 잡지에 발표된 다산(茶山) 관련 기사를 스크랩하거나 관련 잡지를 모았다. 특히 최익한(崔益翰)이 『동아일보』에 연재한 「여유당전서(與猶堂全書) 독후감」을 잊을 수 없었다고 회상할 정도로 관심을 가졌다.[33]

홍이섭은 실학을 『조선과학사』에 부분적으로 정리하였다. 그는 실학을

---

31) 김성보, 「1950년대 사상계와 연희, 연세인」, 『해방 후 연세학풍의 전개와 신학문 개척』, 혜안, 2015.

32) 민족주체적 입장에서 한국사를 정리하는 것은 당시 남북한의 공통된 흐름이었다. 특히 실학이 그러하였다(이런 점에 대해서 정종현, 「'茶山'의 초상과 남북한의 '實學' 전유」, 『서강인문논총』 42, 2015). 북한에서는 최익한이 1955년에 일제시기 연재했던 글들을 모으고 보완하여 『실학파와 정다산』(과학원출판사)을 출간하였고, 이를 이어 1960년에 정진석 외 3인이 『조선철학사(상)』을 간행하여 실학사상의 진보성과 선진성을 매우 적극적으로 천명하였다. 정진석은 홍이섭보다 2년 먼저 연희전문학교 문과를 다녔다. 두 사람 모두 연전 시절에 가졌던 실학에 대한 관심이 남북분단의 두 체제 속에서 표출된 것으로 보인다. 정진석에 대해서는 김도형, 「정진석의 학술운동과 실학 연구」(이 책에 수록) 참조.

33) 『全集(9)』, 「學術面에서 본 東亞의 業績」(1970), 100~101쪽.

실사구시학(實事求是學), 실증학(實證學)이라고 하였다.[34] 즉 공리(空理)로 흐른 주자학 때문에 정쟁이 일어난 조선 후기의 현실 속에서 사회정책과 경제시설을 급무라고 인식하여 일어난 '경세(經世)의 학풍'이라고 하고, 유형원(柳馨遠)에서 시작되어 이익(李瀷)으로 계승되었으며, 그 이후에 다시 역사학파(安鼎福, 李肯翊, 韓致奫), 지리학파(李重煥, 鄭尙驥, 金正浩), 언어학파(申景濬, 鄭東愈, 柳僖), 사회정책적 경제학파(丁若鏞), 북학파(洪大容, 朴趾源, 朴齊家) 등으로 분화 발전되었다고 보았다. 하지만 그는 실학자가 공론적=유교적 관념론자와 투쟁하여 현실을 타파하지는 못했던 점도 지적하였다. 실학파가 시민적 기반을 갖지 못했고, 붕괴되어 가는 봉건정치 제도에 묵종하여 학문을 현실 도피나 자기 위안 차원에서 행했기 때문이라는 것이었다. 또한 실학자들이 서구 과학사상을 섭취하여 가졌던 '맹아적 신과학사상'도 정부의 천주교 탄압으로 무너지게 되었다고 지적하였다. 실학에 대한 이런 분석 틀은 1950년대의 실학 연구에서도 그대로 견지되었다.

이때, 홍이섭은 실학이 지닌 민족주체성을 강조하였다. 그는 "실학파의 학자들이 자기들의 학문 체계에 한국의 역사적 현실을 논의의 초점에 둔데서 민족적 주체성을 뚜렷이 포착하게 한 것"으로 보았으며, 특히 실학의 방법과 정신이 "조선의 현실사회를 대상으로 실증적이며 비판적"이었던 특이성이 있고, 이는 곧 "중국적인 사상과 문화의 전통 속에서 우리들의 선인(先人)들이 몇 번이고 몸부림치며 뛰쳐나오려고 애"쓴 것이라고 하였다.[35] 하지만 홍이섭은 실학과 이를 집대성한 정약용의 학문이 봉건제를 탈피한 것으로는 보지 않았다. 정약용의 학문이 유교주의적 민본사상과 카톨릭적 사랑(愛)의

---

34) 일어판에서는 事實求是學派를 제목으로 하였다가 한글판에서는 實證學派로 하였다. 하지만 이 세 가지 명칭은 혼용될 수 있다고 하였다. 일어판에서 사용한 용어는 배재고보 시절의 스승이었던 문일평이 정의한 것에서 비롯되었음을 밝히고 있다(396쪽). 이런 점은 한글판에서도 언급하였다.

35) 『全集(4)』, 「오늘의 韓國 社會思想」(1963), 24~25쪽 ; 『全集(2)』 「實學史上의 位置와 思想─燕巖 朴趾源 先生 百五十周忌를 맞아」(1955), 468쪽.

사상이 가미되어 "퍽 근대적 색채가 농후"하였지만, 오히려

> 정약용은 18세기 후반기의 정쟁 속에서 유교주의 정치이념 – 현실적이며
> 실천적이었던 주자학의 이념적인 세계를 재현하고자 노력했던 관료적 학자이었
> 으나 청을 경유하여 전래된 서구적인 사상체로서의 카토릭사상 기독교정신과
> 서구의 중세철학 – 카토릭 신학에서 영향을 받았으나, 문자 상으로 일체 은폐하기
> 에 노력하였음에서 더욱 유교적인 것을 전면에 강조하였었다.

라고 하여, 무너져 가고 있던 조선 봉건사회를 유지하려던 학문으로 보았다. 요컨대 정약용은 현실을 비판적으로 분석하여 '이존국법(以尊國法)'과 '이중민생(以重民生)'의 대책을 마련하여 국가기구, 중앙행정기구를 재편성하고, 일반 백성의 권리를 옹호하려던 사상을 가졌지만, 이는 유교적인 차원에서 "좀 더 살기 좋은 사회로 지향"한 것이었다.[36]

홍이섭이 정약용 연구에서 오히려 더 강조하고자 했던 것은 실학파의 학문이 당시의 혼란했던 '현실 사회'를 해결하기 위해 제기한 '현실적인 방안'이었던 점이었다. 그는 "이상의 문제에도 불구하고 정약용의 생각은 누구보다 한국 현실에 접근하고 파고들었던" 점을 강조하였다.[37] 그가 실학파를 "현실학파(現實學派)"라고 부른 것도 이런 연유였다.[38]

한편 홍이섭은 실학 연구와 관련된 서구문명의 수용에 관한 연구도 진척시켰다. 그는 조선의 봉건성이 서구문명, 서구의 과학 기술에 의해 해체될 것으로 보았고, 실학의 '근대적 측면'도 이런 점에 있다고 하였다. 이즈음 홍이섭은 기독교사, 성경의 보급(한글 성경)과 한국 문화 관련, 구미인의

---

36) 『全集(2)』, 『丁若鏞의 政治經濟思想 硏究』, 「결론」, 280쪽.
37) 위의 책, 281쪽. 곧 '실학의 현실성과 비판적 정신'을 강조하였다. 이는 「다산학의 현실성」, 「현실을 직시한 학자」, 「실사구시의 실천자」 등에 정리하였다(『全集(2)』, 실학편).
38) 『全集(6)』, 「韓國文化의 構造」(1958), 133쪽.

한국사 연구와 한국 인식, 서학(천주교) 사상과 박해 사건 등에 관한 글을 발표하였다. 이런 점에서 이벽(李檗) 등을 거론하면서 실학에 끼친 서학의 영향을 강조하였다. 정약용의 학문도 유형원, 이익 학문과 더불어 서학이 영향을 끼쳤다고 강조하면서, 정약용은 서학을 20대의 청년기에 두미(斗尾)에서 이벽으로부터 얻어 알게 되었다고 하고, "오늘에 와서 그가 교도이든지 아니었든지 간에 그의 학에 있어 서학적인 것이 포섭되었던 것은 사실"이라고 하였다.[39]

이와 같이 홍이섭의 실학과 정약용 사상 연구는 당시 조선 후기의 사회경제에 대한 연구가 진전되지 않았던 점으로 인하여 실학이 가지는 중세체제 개혁성과 근대지향성을 적극적으로 규명하지 못하고, 오히려 실학이 봉건체제의 위기라는 현실을 직시하고, 이를 안정시키려는 현실적인 방안으로 제기된 학문이라는 점을 더 강조하였다. 이런 점이 바로 실학이 가진 현실성이고 비판성이라고 하였던 것이다.


## 4. 민족자주사관 확립과 한국근현대사 연구

### 1) 후진성 극복을 위한 역사 연구

1960년대 한국사학계에서는 식민사학에 의해 왜곡된 한국사를 '내적발전론'의 입장에서 새롭게 정립하고, 분단체제와 억압적인 반공이데올로기를 비판하면서 민족사학, 사회경제사학을 새로운 차원에서 계승하자는 논의가 제기되어 나왔다. 그 계기가 된 것은 4·19였다. 민족과 민족주의에 대한 인식이 고양되고, 이승만 정권 아래에서 왜곡되었던 민족문제를 복원하고 주체적인 민족사관을

---

39) 『全集(2)』, 「實事求是의 實踐者 丁若鏞」(1958), 316쪽.

확립하는 일이 거듭 강조되었다. 이러한 움직임의 선두에 홍이섭이 있었다.

홍이섭은 해방 이후 줄곧 '민족 우선'의 원칙을 지켰다. 4·19 '혁명'에 대해서 그는 "한국현대사의 성격을 바꾸는 전환점"이라고 평가하였는데, 이승만 집권기의 문제점, 가령 집권층의 식민지적 성격, 미국 원조를 둘러싼 부패와 협잡 등을 열거하면서, 이를 통틀어 반민족적(反民族的)이라고 하였다. "이승만 박사의 비혁명적 세력−친일적이며 일제하에 있어 반민족적이었던 분자의 결탁은 곧 부패 정치의 출발이며, 그 자체가 반민족적인 것"이라고 하였던 것이다. 이런 차원에서 그는 4·19를 '근 백년 한국사에서 제기되어온 일련의 권력에 항쟁한 운동, 특히 일제하 3·1운동, 광주학생사건 등의 정신을 이은 것'으로 평가하였다.[40] 곧 한국근대민족운동의 과정으로 보았던 것이다.

4·19를 계기로 한국사회를 새롭게 하자는 다양한 주장들이 터져 나왔다. 그 가운데 가장 핵심적인 문제는 경제발전과 '근대화'였다. 이것은 민주당 정부에서 제기된 이후, 5·16로 집권한 박정희의 '혁명' 명분이 되었다. 이런 점은 많은 지식인, 역사학자에게도 영향을 미쳤다. 홍이섭도 당시 한국사회의 '후진성'을 지적하고, 이를 극복하기 위한 방안들을 열정적으로 제기하였다.

홍이섭은 한국사회 후진성의 원인을 역사적으로 다음과 같이 분석하였다.

> 비극적인 근대화 과정을 밟아 온 '근대 한국'은 즉 식민지로 반세기의 길을 걸어오게 됨에서 크게 두 가지의 일을 감행하지 못하였다. 하나는 구래의 봉건적인 제 조건을 불식하기 위한 개혁 내지 혁명을 경험 못한 것이고, 또 하나는 자기 손으로 근대적인 개혁을 이룩하여서 우리 사회를 근대화−자본주의 사회로 발전시키지 못한 데서, 한국이 오늘 지니고 있는 후진성은 아직 봉건적이며 또 식민지적인 성격에서 벗어나지 못하고 있다는 것이다.[41]

---

40) 『全集(6)』, 「4월 혁명의 역사적 고찰−4·26은 한국의 역사적 전환점」(1960), 524~530쪽.
41) 『全集(6)』, 「近代 韓國의 文明史的 位置」(1958), 128~129쪽.

요컨대 그는 후진성의 본질은 '봉건성'과 '식민지성'에 있다고 하였다. 그는 각종 사회경제적 통계를 이용하여 일제하, 해방 이후의 상태를 분석하였다.

후진성이 역사적 구조에서 나온 것이라면, 그 극복 방안도 당연히 역사적으로 접근해야 할 것이었다. 그는 당시의 후진성이 단순하게 경제 발전만을 달성한다고 해서 이루어질 것으로 보지 않았다. 민주당 정부에 의해 '근대화'가 제기되어 나오자, 이것이 공업화만 추구하고 사회 전체의 구조적인 개혁을 지향하지 않음을 비판하였다. 근대화란 단지 선진국 생활양식의 모방이 아니며, "경제생활, 정치지도, 교육, 전통문화의 이해, 민족의식 등 여러 면에 있어서의 개인생활의 자립, 사회적인 융합, 국제적으로의 민족적 자립과 자기의 체통을 살리며 국제적인 협화(協和)에 이바지할 수 있는 상태"로 이해하였다. 특히 후진성의 극복은 정신적인 차원, 특히 전통사상과 서구사상을 조화시켜 한국사회를 전진시키는 '사조의 생성'이 필요하다고 보았던 것이다.[42]

홍이섭은 근대화, 경제적 발전을 위한 '민족적인 결속'도 주장하였다. 국민들이 분파적인 형태를 극복하고, "한국사회의 구조를 근대적인 방향으로 정립화할 직접 당사자는 우리들 자신 밖에는 없는 것"이라는 점을 자각하고 민족적인 통합과 결속을 하자는 것이었다.[43] 또 그는 민주주의의 진전을 위해서도 민족주의가 필요하다고 하였다. 그는 "남이 갖다 준 원칙"으로 보면 민족주의와 민주주의가 대립하는 것처럼 보이고, 또 "서구—미주에서 형성된 민주주의 원리만"으로는 우리 한국 민족의 과제를 해결할 수 없다고 지적하였다. 따라서 그는 민족의 향상 발전이 개개인의 발전도 도모하게 될 것이므로 민족주체성을 확립하는 것이 중요하다고 보았다. 곧 "경시된 '민족'에의 의식을 다시 휘어잡을 때 민주주의의 기반이 마련될 것"이라고 하였던 것이다.[44] 5·16 이후

---

42) 『全集(6)』, 「近代化와 革命의 世紀」(1965), 557쪽 ; 『全集(6)』, 「近代化의 懷疑」(1960), 152쪽 ; 『全集(4)』, 「近代化의 課題」(1964), 307쪽.

43) 『全集(4)』, 「韓國의 後進的 社會構造」(1964), 317~318쪽.

군사정권을 평가하는 기준도 '민족'이었다. 그는 군사정권이 초기에 내세운 '민족', '주체의식'이 제대로 실천되지 못하고 있다고 비판하였다.[45]

1960년대 한국사회와 사학계를 주도하던 논리는 민족과 민족주체성이었다. 식민사학에서 정체된 사회로 지목했던 조선 후기의 사회경제 변화 속에서 '자본주의 맹아'를 규명하고, 이와 관련되어 실학 연구도 활성화되었으며, 자생적 근대화에 대한 논의들이 연구되었다. 학계도 이에 새로운 한국사연구를 위한 '한국사연구회'를 만들었다(1967). 이 학회는 "한국사를 과학적으로 연구하고 이를 발전시킴으로써 한국사의 올바른 체계를 세우고, 아울러 한국사로 하여금 세계사의 일환으로서 그 정당한 위치를 차지하게끔 한다는 일이 한국사학도의 임무"라고 천명하였다.

1961년 1월부터 이듬해 6월까지 교내 문제로 잠시 숙명여대 대학원장을 역임하였다가 다시 연세대학교로 돌아온 홍이섭은 한국사회의 후진성 극복과 민족주체성 확립을 위해 정열적으로 근현대사를 연구하였다. 그는 한국사연구회 창립에 관여하여 초대 부회장이 되었고, 1970년에는 외솔회를 창립하여 초대 이사장이 되었다. 또한 근현대시기 민족운동 등에 기여했던 사람들을 집중적으로 분석하는 『나라사랑』을 계간지로 간행하면서 민족정신의 함양에 기여하였다.

## 2) 근현대사 연구와 민족사관

1960년대 홍이섭의 한국사 연구는 근현대의 민족주의와 민족운동에 집중되

---

44) 『全集(7)』, 「民主主義와 民族主義」(1963), 181~183쪽. 그는 서구식 민주주의만을 추종하는 것을 事大思想이라고 비판하였다. 역사적으로 중국 중심주의에 기반을 둔 유교주의적 사대, 일제하의 식민지적 사대, 그리고 해방 후 아메리카적인 문화로의 경사 등을 비판하고, 이를 한국사회의 후진성의 한 단면이라고 하였다[『全集(4)』, 「事大思想에서 오는 열등감」(1962), 183쪽].

45) 『全集(6)』, 「5·16의 歷史的 評價」(1966), 563쪽.

었다. 한국근대사 개설을 집필하고, 식민지배의 성격, 독립운동사 정리에 열중하였으며, 한편으로는 신채호, 정인보로 이어지는 민족사학의 전통을 정립하고자 하였다. 당시의 현실적 과제로 인식했던 '한국사회의 후진성'은 정신적으로는 '역사의식의 결여' 때문이므로,[46] 그의 한국사 연구는 이러한 후진성을 극복하는 방안이기도 하였던 것이다.

홍이섭은 한국근현대사의 특징을 '봉건성'과 '식민성'에서 찾았다. 이에 1910년 이전에 대한 홍이섭의 연구는 조선 사회가 스스로 봉건사회를 극복하지 못한 점을 해명하는 작업이었다. 그는 기본적으로 조선 후기 이래를 유교주의에 의해 '침체'되고 봉건적 성격이 강하게 유지된 사회로 보았으며, 개항 이후에 전개된 역사는 '근대화'를 이루지 못한 실패의 역사였고, 결국 이로 인해 식민지화된 것으로 보았다. 이런 점은 현실학파(실학파)의 개혁론 연구에서도 이미 지적한 바였다. 또 갑신정변이라는 정치적 쿠데타에 의한 개혁운동은 '서구적 데모크라시의 세련(洗練)이 부족'하고, 또 외세에 의존하여 실패하였고, 갑오개혁 등은 민중의 문명개화운동의 뒷받침이 없었고, 재정적인 힘=자본의 결핍으로 달성되지 못했다고 지적하였다.[47]

특히 그는 고종시기의 중요성에 주목하였다. 그때에 '근대화'가 달성되었다면 식민지를 면할 수 있었을 것이라는 전제 아래, 홍이섭은 약 10여 년을 자발적 '근대화'를 밝히기 위해 연구하였다. 그러나 그는 이를 밝히는 데는 '실패'하였다고 고백하였다. 그는 당시를 다음과 같이 파악하였다.

정치적으로는 내부에서 지배 권력의 갈등·협잡과 수탈이 있었고, 문화적으로는 개화·근대화라고 했지만 그러한 것이 당시 우리 상황에서 어떻게 받아들여졌는가는 문제이다. 경제적으로는 외래 자본주의의 침략으로 종래의 우리경제는

46) 『全集(7)』, 「韓國의 後進性과 歷史意識의 缺如」(1964), 142~150쪽.
47) 『全集(6)』, 「近代 韓國의 文明史的 位置」(1958), 129쪽 ; 『全集(6)』, 「韓國文化의 構造」(1958), 139쪽.

완전히 파괴되었던 것이다.[48)

물론 1894년 이후, 대한제국기에 지배기구, 재정, 교통 등의 '근대화'가 추진되었지만, 이것은 '선진 일본'이 자기들의 지배를 용이하게 하고 합리적으로 수탈하기 위해 한국에 근대적인 것을 강요한 것으로 평가하였다.[49)

다음으로 홍이섭은 일제 식민지배의 구조와 그 식민지성을 규명하였다. 한말까지 스스로 극복하지 못했던 봉건성이 식민지배 하에서 온존되는 구조적 특성을 밝히기 위한 것이었다. 그 이유의 하나는 일본이 "이 사회를 실질적으로 근대화할 필요성을 가지지도 않았고, 근대화하였다는 일본 자체가 다분히 봉건성을 지니고 있었음"에 있었고, 또 일제의 식민지배 정책이 우리의 근대화를 촉진시킨 것이 아니라 우리 민족을 수탈한 것이었기 때문이라고 보았다.[50)

이런 분석 위에서 홍이섭은 당시의 봉건성, 식민성을 극복하기 위한 민족주의 운동에 주목하고 그 속에서 민족정신을 규명하였다. 한국근대사의 전개 속에서 근대화가 좌절되고 식민지배로 전락한 점에 대한 반성과 더불어 일제의 '봉건적' 식민지배에 저항하던 민족운동, 민족의식을 확고하게 계승하는 일이었다. 19세기 후반의 농민운동을 긍정적으로 보면서 이런 항쟁의 전통이 의병, 3·1운동, 6·10만세, 광주학생운동을 거쳐 4·19혁명으로 이어지는 것으로

---

48) 『全集(6)』, 「高宗時代의 朝鮮社會」(1975), 158~159쪽. 아울러 홍이섭은 당시 학문 연구의 수준에 따라 조선 후기 사회를 '정체 상태'로 생각하였다고 보인다. 그는 "흔히 당시의 우리 사회를 발달되지 못한 정체 상태의 것으로 보고 있다"고 하고, 이 정체성론은 일본 학자들이 식민지배의 필연성을 강조하기 위해, 또한 일부 마르크시스트들이 한국사를 과학적으로 연구한다고 하면서 나온 견해라고 하였다(「高宗時代의 朝鮮社會」, 168~169쪽). 그런데 1970년에 출간된 『The History of Korea－근대편』(『한국근대사』, 1975)에서는 1960년대 한국사학계의 구체적 연구들에 의거하여 19세기 전반기의 사회 실태를 정치문란, 조세문란과 더불어 "수공업의 발달, 상업자본의 증대 발전, 또 농업에 있어 일부 自營的 부농층의 생성" 등을 지적하였는데, 이에 대한 학문적 확신이 있었던 것은 아닌 것 같다.
49) 『全集(4)』, 「韓國 現實의 封建性」(1965), 320쪽.
50) 『全集(6)』, 「近代 韓國의 文明史的 位置」(1958), 129쪽 ;『全集(6)』, 「일제(=식민지)시대의 역사적 성격」(1970), 303~316쪽.

인식하였다. 특히 독립협회의 '민권, 국권 운동'이 비록 좌절되었지만, 그 이후의 민족운동에 근대적인 정신을 전해 준, "한국의 근대적 독립정신의 발아"라고 평가하였다.[51]

홍이섭은 근현대사 속에 흐르는 민족의식, 민족정신을 찾아내고 이를 바탕으로 민족자주사관을 확립하여야 한다고 주장하였다.

> 오늘의 한국 사회가 민족자주사관을 욕구하는 근본정신은 어디에 놓여 있는가? 더 말할 것 없이 민족적 분열과 오늘의 후진적인 조건을 극복하는데 있어 먼저 민족적으로 자기의 생각을 세우려면, 오늘의 난관을 극복하는 위대한 진보만이 요구되는 것이다. 이 진보란 민족 전체의 단결에서만 이룩할 수 있는 것이어서 어떠한 외래적인 사상을 국제적인 정신에서 추구 실천하는 데 있는 것도 아니요 강대 사회의 정책에 따라서만 되는 것도 아니다. 오늘 우리들은 안온(安穩)히 있을 것이 아니라 민족적 발전에 필요한 대상(代價)을 치루어야만 한국사회의 민족적 발전의 틀을 마련할 것이요, (…) 이제까지의 그릇된 사관을 배격하는 데는 오직 혁명적인 비판 정신만이 긴한 것이다. 이것은 민족활로를 뚫기 위한 지상의 방법이다. 이러한 데서만 한국 민족사관이 발붙일 고장을 찾을 수 있을 것이다.[52]

일제하에 발전되었던 민족의식, 민족사관을 계승하여 당시의 후진성 문제를 극복하고자 했던 홍이섭은 이를 자신의 역사론으로 정립하였다. 그는 일제시대에 나타난 문헌실증주의사학, 유물사관의 문제점을 지적하고, 정인보의 역사학을 높게 평가하였다. 즉 민족의식을 확립하고 민족주체성을 세워 온 민족사학, 특히 신채호, 정인보의 민족사학을 계승하자고 강조하였다. 이는 자신의 학문적 입장과 그 맥을 표명한 것이기도 하였다. 이런 점에서 그의 역사론은 매우 정신주의적 경향으로 흐르고 있었던 것이다.

51) 『全集(6)』, 『한국근대사』(1975), 34쪽.
52) 『全集(7)』, 「民族史觀의 確立」(1966), 11쪽.

그런데 홍이섭의 민족 우선의 원칙은 박정희 정권에서 제기하던 '민족주체성'의 한계점을 놓칠 수 있는 위험성도 동시에 가지고 있었다. 많은 역사학자들이 식민사학 극복과 민족의 자주성, 주체성을 강조하였지만, 그 논리가 점차 왜곡되어 국수주의적으로 흐르는 점을 방기하였고, 때로는 근대화 지상주의에 빠지게 되었다. 홍이섭의 주체적 민족사관은 물론 박정희 정권에서 제기한 논리와 근본적으로 그 출발점이 달랐지만, '한국적', '주체적' 논리의 유행 속에서 그 차별성이 드러나기는 매우 어려웠다.

* * *

홍이섭은 해방 직전 『조선과학사』를 저술하는 시기부터 1970년대 초반에 이르기까지 줄곧 민족정신, 민족주의, 민족사학을 자신의 학문적 지향으로 삼고 있었다. 그리고 이런 경향은 시간이 지나면서 점차 강화되었고, 구체적인 역사연구도 이에 따라 변하였다. 그의 연구는 과학사를 둘러싼 연구에서 실학연구, 그리고 근대사와 일제 식민지 연구로 확산되었다. 또한 그는 자신의 현실적 입장을 '사론'의 형식으로 부지런히 발표하였다. 자신이 처해있던 현실의 민족적 과제를 자신의 학문 영역으로 끌어들였던 것이다. 이것은 조선 후기의 실학을 '현실학'으로서 가치를 높게 평가한 학문적 입장과, 신채호, 정인보의 민족사학을 계승해야 한다는 사명의식과도 연결되는 것이었다.

홍이섭은 해방 이후, 특히 1960년대 한국사회의 과제를 '후진성 극복'으로 인식하였다. 그는 이 후진성을 역사적인 산물로 보았다. 세종 이후의 한국사회가 매우 지체되어 자주적, 주체적으로 근대화를 달성하지 못한 봉건성과, 이 봉건성을 온존시킨 식민지배에서 비롯된 식민지성이었다. 봉건성은 물론이거니와 당시의 후진성도 서구의 근대사상이나 제도를 수용해야 해결할 수 있다고 생각했고, 1960년대에 풍미하던 근대화, 공업화도 그 일환이라고 판단하였다. 하지만 그는 사회 전반 구조의 변화, 특히 정신적인 차원에서 민족 의식이 확립되지 않으면 후진성을 극복하기 어렵다고 보았다. 그리하여 그는 일제하 민족의 해방을 위해 싸운 민족운동의 정신을 계승해야 한다고 주장하였고, 동시에 역사뿐 아니라 사회의 모든 문제를 민족 우선으로 접근해야 한다는 민족주체성과 민족사관의 확립을 강조하였다. 민족을 본위로 하는 역사관이 확립되지 않으면 후진성은 극복될 수 없다는 판단에서 그리하였던 것이다. 당시 민족 문제에서 가장 난제였던 통일 문제나 민주화 문제도 모두 이런 차원에서 접근하였다.

마침 5·16 후 박정희 정권에서 근대화와 민족주체성을 강조하였고, 이를 자신의 정권 기반을 공고히 하기 위한 명분으로도 활용하였다. 홍이섭을 비롯하여 많은 역사학자들이 주장하던 민족주체성 확립과 외형적으로 동일하였다. 즉 많은 논자들이 국가, 민족 우선의 왜곡된 국수주의로 흐르고 있었던 것이다. 이런 점을 극복하려면 근본적으로 민족 내부의 모순, 요컨대 민중의 성장을 민족주의, 민주주의와 결합하여 파악하고, 역사적으로도 내부의 계급적 모순을 중시하여야 하였다. 일찍이 홍이섭은 『조선과학사』에서 시민성과 민중을 거론하였지만, 1960년대에는 이런 점이 명확하게 제시되지는 않았다. 남북분단과 권위주의 정치체제라는 당시의 현실적 조건, 그리고 역사학계의 연구 수준에서 볼 때 부득이한 측면도 있지만, 이는 동시에 민족사학이 가졌던 한계이기도 할 것이다.

# 동산학파(東山學派)의 신민족주의 역사학

1930년말 일제의 대륙침략, 태평양전쟁이 일어나자 민족주의 내부에서는 새로운 활로를 모색하게 되었다. 이런 차원에서 제기된 것이 '신민족주의론(新民族主義論)'이었다. 이 계열에는 정치, 문학 등의 인물도 있었지만, 역사학이 가장 중심이 되었다. 이를 주도하던 사람이 손진태(孫晉泰, 1900~?)와 이인영 (李仁榮, 1911~?)이었다. 손진태는 1933~1939년에 연희전문의 강사를 지내면 서, 연전의 역사학(동양사, 조선사)을 정착, 발전시키는 데 참여하였으며, 그가 보성전문으로 자리를 옮긴 후에는 이인영이 그 자리를 이어받아 후학을 양성하였다. 이들의 학문은 해방 직후의 서울대학, 연희대학을 중심으로 이어졌다. 손보기(孫寶基, 1922~2010) 교수는 연전시절부터 이들의 학문을 익혔다. 이들은 변화하는 정세속에서 신민족주의 역사학을 정립하였다. 우리 는 이들을 '동산학파'로 부르기로 한다.

## 1. 손진태의 역사학과 민속학

손진태는 1900년 12월 28일 경남 동래 하단에서 출생하였다. 그의 호 남창(南

滄)은 낙동강 하구에 있던 자신의 마을 이름이었다. 손진태는 집안이 어려워 학창 시절 대부분을 고학으로 지냈다. 5세 되던 해에 해일(海溢)이 일어나 집이 유실되고 그의 모친도 사망하자 그는 거의 고아처럼 여러 곳을 전전하면서 생활하였다. 1909년 소학교에 입학하였다가 1912년에 상경하여 중동학교를 다녔다. 중학 시절에 주시경(周時經)에게 배우면서 역사에 관심을 가졌다. 중학 2학년에 "대담하게도 한국사 편저를 기도한 적이 있다"고 할 정도였다. 그 후 1920년에 도쿄로 유학하여 와세다(早稻田) 제1고등학원에서 공부한 후, 1924년 4월에 와세다대학 사학과에 들어가서 본격적으로 역사를 공부하였다.

1927년에 대학을 졸업하고, 1930년부터 귀국하기 전까지 동양문고에 재직하였다. 그 사이 몇 차례(1923, 1926, 1932) 민속(民俗) 채집을 위해 일시 귀국하여 전국을 조사·답사하였다. 그리고 1933년에 귀국하여 이듬해부터 연희전문학교의 강사로 임용되어 동양사를 강의하였다. 1934년 9월에는 안암동으로 옮긴 보성전문학교 도서관 사서로 근무하면서 문명사를 강의하였다. 1937년에 보전 도서관이 완공되자 문명사를 강의하는 전임이 되어 도서관장이 되었다. 연전의 강사 자리는 이인영에게 물려주었다.

## 1) 민속학 분야의 개척

역사학에 대한 손진태의 관심은 대학을 다니면서 민속학으로 기울었다. 지도교수였던 니시무라(西村眞次)의 영향이기도 하였고, 또한 역사를 자유롭게 연구할 수 없었던 일제하 상황에서 민속 연구는 역사 연구를 위한 또 다른 방법이었던 것이다.

그는 수차례 국내를 여행하면서 민속 관련 자료를 채집하였고, 1925년경부터 그 결과를 여러 논문과 저술로 간행하였다. 『신민(新民)』에 실은 「토속연구여행기」, 「포천 송우리 장승답사기」, 「조선상고문화의 연구」 등이 그것이었다.

그리고는 채집된 자료를 바탕으로 『조선고가요집』(1929, 일문), 『조선신가유편(朝鮮神歌遺編)』(1930, 한일대역), 『조선민담집(朝鮮民譚集)』(1930, 일문) 등을 간행하였다. 이와 더불어 1932년에는 정인섭, 송석하 등과 조선민속학회를 조직하고, 『조선민속』 간행에 중심적으로 참여하였다. 1934년에는 이병도, 조윤제 등과 함께 진단학회의 창설에도 참여하였다.

손진태의 민속 연구는 우리 민족에 대한 애정에서 출발하고 있었다. 그는 어느 선진국가, 문화인이라도 미개시대의 유풍으로 민속을 지니고 있으며, "따라서 우리는 그러한 풍속을 결코 만풍시(蠻風視)하지 아니하며, 그러한 토속(土俗)을 가진 민족을 경멸시(輕蔑視)하지 아니한다. 뿐만 아니라 차라리 우리는 그러한 토속을 통하여 그 민족에게 일종의 말할 수 없는 애상(愛想)과 존경(尊敬)을 가지게 되는 것"이라고 하였던 것이다.(「토속연구여행기」) 이런 점에서는 그는 미개시대의 유풍(遺風)을 자랑할 것은 아니더라도, 조금도 부끄러워할 것도 아니라고 보았다.

손진태가 주로 연구대상으로 삼았던 '토속'은 온돌, 분묘로서의 고인돌, 혼인 풍습, 원시 신앙(서낭당, 솟대, 장승, 무당) 등과 구비 문학으로 전승된 각종 설화 등이었다.


## 2) 해방 전후 신민족주의론의 정립

민속학을 주로 연구하던 손진태는 귀국 후 차츰 역사학 연구에 몰두하였다. 그의 역사 연구에 대한 구상은 연전과 보전의 강사 시절에 체계화되었다. 그는 동양사, 문명사를 강의하면서 갖게 된 새로운 문제의식을 이인영, 조윤제 등과 돈암동 자택 등에서 논의하고, 이를 연전 출신 손보기 등 후학들에게 지도하였다. 그가 새로운 역사학 논리로, 그리고 나아가서 새로운 국가 건설의 이념으로 제기했던 것이 바로 신민족주의론이었다.

그가 신민족주의론을 구상했던 시기는 태평양전쟁이 발발하던 때였다.

내가 신민족주의 조선사의 저술을 기도한 것은 소위 태평양전쟁이 발발하던 때부터이었다. 同學 數友로 더불어 때때로 밀회하여 이에 대한 이론을 토의하고 체계를 구상하였다.[『朝鮮民族史槪論(上)』「自序」, 1948]

이 이념의 정립에는 특히 안재홍의 영향이 매우 컸다. 안재홍은 민족운동의 이념으로 지주, 자본가 등의 부르주아지와 프롤레타리아트의 대립을 지양하여 서로 공생하며 초계급적 통합민족국가를 건설하고, 대외적으로도 민족적인 배타성을 버리고 국제 협력을 추구할 것을 주장하였다.

손진태는 신민족주의론을 학문 연구를 통하여 해명해갔다. 특히 해방이 되면서 새로운 민족국가 건설을 위한 이념의 정립이 필요하였고, 그는 이에 '민족'의 균등한 발전을 지향하는 새로운 민족주의, 곧 '민주주의적 민족주의'인 신민족주의를 주장하였던 것이다.

그는 먼저 당시까지의 민족주의의 문제점을 지적하였다. 근대 이전 귀족정 치기는 물론, 자본주의 사회에도 민족사상, 민족주의가 있었지만, 이는 민족이 라는 미명 하에 지배계급의 권력, 부력을 획득하기 위한 '가면적, 무마적'인 것이라고 평가하였다. 그리하여 그는

진정한 민족주의는 민족 전체의 균등한 행복을 위하는 것이 아니면 안 될 것이다. 민족 전체가 정치적으로 경제적으로 사회적으로 문화적으로 균등한 의무와 권리와 지위와 생활의 행복을 가질 수 있을 때에 비로소 완전한 民族國家의 이상이 실현될 것이요, 민족의 親和와 단결이 비로소 완성될 것이다. 假裝的인 민족주의 하에서 민족의 친화 단결이 불가능한 것은 과거의 역사와 및 금일의 현실이 명백하게 이것을 증명하고 있다. 민족의 단압이 없이 민족의 완전한 자주독립은 있을 수 없고, 따라서 민족문화의 세계적 발전 기여도 있을 수 없는 일이다. 그리고 민족의 단합은 오직 진정한 신민족주의에서만 얻을 수 있을 것이다.(『朝鮮民族史槪論(上)』 자서)

라고 하여, 민족주의는 민족 전체의 균등한 행복을 위한 것이어야 하고, 자주독립적인 민족국가 건설은 물론, 세계문화의 발전에도 기여해야 한다고 보았던 것이다. '민족'을 최우선으로 하고, 민족을 단합하여 당시 좌우익이 대립하고 있던 현실을 극복해야 한다는 것이 신민족주의가 지향하던 바였다.

손진태는 민족의 균등한 권리와 행복을 위해서는 이전에 우리 사회를 지배했던 계급적인 착취, 곧 귀족이 지배하던 시기를 비판하였다. 즉 "귀족 지배기의 역사는 내부적으로 계급 알력 또는 계급투쟁의 연속이요, 대외적으로는 민족투쟁의 반복이었다"고 규정하였다. 그리하여 그는 왕실중심적, 귀족 중심적인 역사관을 비판하고, 이 구각을 파탈(破脫)해야 한다고 강조하였다. 이런 점에서 그는 백남운의 학문적 업적을 높이 평가하였다. "용감하게 이 구각을 깨뜨린 선구자는 오직 백남운씨 한 사람"이라고 하고, 그의『조선사회경제사』,『조선봉건사회경제사』에 대해 경의를 표하기도 하였다.(『조선민족사개론』,「緖說」)

그러나 그는 백남운 등이 주장하던 사회주의적 입장의 계급 타파와는 생각을 같이 하지 않았다. 그는 계급 보다는 민족을 발견하고, 이에 더 가치를 두었다. 이런 차원에서 "나의 견지로 보면 씨(백남운)는 우리 자신의 일부만을 발견하였고 우리 자신 전체를 발견하지는 못했다. 씨는 피지배계급을 발견하기에 너무나 열중한 나머지 민족의 발견에 극히 소홀하였다"고 비판하였다.(「서설」)

그리하여 손진태는 당시 세계가 모든 민족의 자유 독립과 공동 번영을 지향하고 움직이고 있다고 보고, 자본주의 강국의 '자본주의적 착취'에도, 동시에 계급투쟁만을 일삼는 것에도 찬성하지 않았다.

지금 우리는 자본주의적 지배를 꿈꿀 때도 아니요, 계급투쟁만을 일삼을 때도 아니다. 계급투쟁은 민족의 내부 분명을 초래할 것이며, 민족의 내쟁(內爭)은 필연적으로 민족의 약화에 따르는 외민족으로부터의 수모를 초래할 것이다.

계급투쟁의 길은 우리가 반드시 취해야 할 필요는 없고, 민족 균등이 실현되는 날 그것은 자연 해소되는 문제다. 계급의 생명은 짧고 민족의 생명은 긴 것을 인식할 때 우리는 우리 민족사의 나아갈 길이 오직 신민족족주의에 있을 것을 스스로 알게 될 것이다. 진정한 민족의 번영은 민족 내부의 반목과 투쟁에 있지 않고 민족의 전체적 친화와 단결에 있는 것이다.(『조선민족사개론』「자서」)

　당시의 민족 문제를 해결하기 위해 제기한 것이 신민족주의였고, 그 이론은 요컨대, 안으로는 계급투쟁을 극복하고 민족의 친화, 단결을 도모하여 자주독립적 국가를 만들고, 대외적으로는 세계 민족에 대해서도 개방적으로 나아가야 한다는 것이었다. 즉 "신민족주의는 국제적으로는 모든 민족의 평등과 친화와 자주독립을 요청한다. 그리고 국내적으로는 모든 국민의 정치적, 경제적, 교육적 균등과 그로 인한 약소민족의 단결과 발전을 요청한다. 그러므로 신민족주의는 국제적으로 전쟁을 부인함과 마찬가지로 국내의 계급투쟁을 거부한다"(「국사교육 건설에 대한 구상」)라고 단적으로 표현하였던 것이다.

　이런 신민족주의론에 의거한 손진태의 학문 연구는 해방 후에 본격화되었다. 해방 이후 그들에게 주어진 과제는 새로운 국사학의 정립과 이를 통한 민족국가의 건설이었다. 그는 해방 후에 보성전문에서 경성대학 사학과 교수로 자리를 옮겼다. 그리고 1946년 서울대학교가 창설되자 문리과대학 사학과 교수가 되었다. 그는 이인영을 중심으로 모인 젊은 연구자들을 적극적으로 지도하고 후원하였다. 이후 그는 정부가 수립되자 문교부 편수국장(1948년 11월~1949년 4월 차관 겸임. 이 편수국장 자리는 손진태의 납북 후, 미군정의 편수국장을 지냈던 최현배가 1951년 9월~1954년 3월 기간 동안 역임하였음)과 서울대 사범대학장(1949년 2월~1949년 9월), 문리대학장(1950년 5월~1950년 9월)을 지냈다.

## 3) 신민족주의적 입장의 역사학

손진태는 신민족주의적 이념 하에 해방 전부터 해왔던 민속학을 새롭게 정리하는 동시에 본격적으로 역사학을 연구하였다.

먼저, 해방 전에 힘을 기울였던 민속학 분야를 정리하여『조선민족설화의 연구』(1947),『조선민족문화의 연구』(1948)로 간행하였다. 그는 '민속'을 민족문화의 핵심으로 보아 '민속학은 민족문화를 연구하는 과학'이라고 하였다. 이때의 민족은 "지배계급을 포괄하는 광의의 말이 아니오, 민족의 대다수를 구성하는 농민과 상공어민(商工漁民) 및 노예 등 피지배계급을 의미하는 것"이라고 하였다. 그가 말한 민족문화는 곧 귀족문화에 대한 일반 민중의 문화를 말하는 것이었다. 그는 민중의 문화가 저급한 것이지만 '집단적, 평등적, 민족적'인 것이고, 또한 "일반 민족층의 직접 생활에서만 취사선택되고 성장, 발달되는 예술로, 민족의 성격과 사상 감정을 가장 순직하게 표현하고 있는 것"이라고 하였다. 이에 비해 지배계급의 문화는 문자로 기록된 문화로서, 그 기능은 귀족적이지만 그 고급문화도 저급한 민중의 문화에서 진전된 것이므로, 귀족문화가 민중문화와 완전히 상반된 것은 아니고, 궁극적으로 넓은 의미의 민족문화의 한 부분이 된다고 보았던 것이다.

다음, 그의 신민족주의적 역사연구는『조선민족사개론』(1948)으로 집약되었다. 그는 이 책에서 신민족주의론을 체계적으로 정리하고, 동시에 새로운 관점을 제기하였다. 특히 종래의 우리 역사가 '왕실중심적', '귀족계급적'으로 서술되었던 점을 비판하고 '우리 자신' 전체, 곧 '민족의 발견'을 위한 차원에서 정리해야 한다고 하였다. 그리고 이를 통하여 역사 속에서 "민족의 참된 행복의 길을 발견하고, 겸하여 인류사회의 발전 향상과 평화를 재래(齎來)할 수 있는 이론과 방법을 터득(攄得)하는 것"을 가장 높은 목표로 삼았던 것이다.

이런 목표 하에 그는 ① 민족의 입장에서 우리 민족이 경험한 민족투쟁, 계급투쟁, 정치, 문화 등을 비판, ② 삼국 이래의 귀족정치, 귀족문화의 본질,

③ 귀족정치에 대한 계급투쟁의 과정, ④ 귀족문화도 피지배계급 문화를 토대로 성장된 것이므로, 양자를 포괄한 민족문화, ⑤ 대외적인 민족투쟁과 민족 친선 등을 중심으로 서술하였다. 이 책은 비록 고대사회까지 서술되었지만, 당시까지 거론되던 역사학의 성과를 수렴하면서 이를 다시 민족의 성장과정과 결합하여 정리한 것이었다. 이런 점은 그의 시대 구분에서 잘 드러난다.

> **원시시대사** : 신석기시대, 씨족공동사회시대, 민족태동기
> **고대사(상)** : 부족국가시대, 민족형성의 시초기
> **고대사(중)** : 삼국 내쟁(內爭) 시대, 귀족국가 확립기, 민족통일의 추진기
> **고대사(하)** : 신라통일시대, 귀족국가적 융성기, 민족결정기

그는 이를 통해 왕실 중심적, 귀족 중심적 정치 형태(귀족국가)가 만들어지고, 또한 이것이 극복되는 과정을 서술하면서, 동시에 이 변화를 민족의 형성 및 발전, 쇠퇴의 과정으로 그렸던 것이다. 귀족국가였던 각 왕조에서 귀족들의 호사한 생활과 민중의 빈궁한 생활을 대조적으로 서술하고, 민중의 투쟁에 의해 귀족국가가 망하게 되는 점을 강조하였다. 또한 지배계급의 탐욕으로 민족 내부가 분열되고 외침을 초래하여 민족의 불행이 일어났다는 점도 동시에 부각시켰다.

그 외에도 학생들의 교재로 『국사대요』(1949), 『우리 민족이 걸어온 길』(1948) 등을 저술하였다. 『국사대요』는 앞의 『조선민족사개론』이 고대사 서술에 그쳤기 때문에 소략하나마 통사 형태로 완성한 개설서였다. 앞의 책에서 제기했던 시대구분을 그대로 따르면서 고려시대(중고사), 이씨조선시대(근세사), 현대사까지 서술하였다. 특히 이 책에서는 대외 침략에 대한 민족의 저항, 민족문화의 발전, 민중의 저항 운동을 중점적으로 서술하였다.

한편, 손진태는 해방후 새로운 국가 건설을 위해서 무엇보다도 국사교육의 정립을 강조하였다. 그는 국사교육의 원칙에 대해서도 "민주주의 방향"을

주장하였다. 특히 "우리는 소련적 민주주의나 영미적 민주주의를 모두 원치 않는다"고 하면서 신민족주의를 주장하였다. 미·영·소는 모두 강자로 세계 지배를 꿈꾸는 자들로 보았는데, 소련식은 계급투쟁 때문에 민족을 약화시키며, 영미식은 거대한 자본주의 속에 빠져 약소한 민족이 더욱 약하게 될 수 있다고 우려하였다. 결국 "우리는 저들의 장점을 취하고 단점을 버리고 조선민족에게 적절하고 유리한 민주주의 이념을 창조하여야 할 것"이라고 하고, 이것이 바로 신민족주의라고 하였다.(「국사교육 건설에 대한 구상」)

신민족주의에 입각한 학계·관계에서의 활동은 남북분단의 상황 속에서 결실을 맺지 못했다. 손진태는 6·25 와중에 북으로 납치되었다. 신민족주의론을 정치적으로 지향하던 안재홍, 그리고 학문적 동지였던 이인영도 피납되었다. 이로써 신민족주의의 정치적·학문적 맥은 끊어지고 말았다. 그의 민족주의적 입장의 민속학, 역사학 연구는 납북 후 한참 시간이 흐른 다음, 식민사학을 비판하는 과정에서 재조명 되었고, 역사민속학이라는 차원으로 계승되었다. 손진태의 저술은 이런 요구 속에서 『손진태선생전집』(전6권, 태학사)으로 정리되었고, 그의 학문에 대한 많은 연구들이 쏟아져 나왔다. 최근에는 그의 유고, 유품이 고려대에 기증되어 정리된 바 있다.

## 2. 이인영의 역사학과 서지학

학산 이인영(鶴山 李仁榮, 1911~?)은 1930, 40년대 한국 민족사학을 대표하던 학자 중 한 사람이었다. 그는 1940년 4월부터 2년간 연희전문 문과의 강사로 동양사를 강의하면서 연전과 인연을 맺었고, 해방 후에는 연희전문 부교수(1946년 12월~1948년 9월)를 지냈으며, 다시 1949년 4월에 연희대학 교수 겸 서울대학 문리과대학 부교수로 재임하였다. 재임 중이던 1950년 7월 6일 서울에서 북으로 납치되었다.

## 1) 신민족주의 역사학 형성

이인영은 평양의 이름난 갑부였던 이춘섭의 장남으로 태어났다. 19세(1929)에 휘문고보를 졸업하고 다시 일본에서 마쓰모토(松本) 고등학교를 마친 후 귀국, 경성제대 법문학부 사학과에 입학하여 1937년 3월에 졸업하였다. 졸업 후 경성제대 조선사연구실 촉탁을 지냈으며(1937년 4월~1939년 3월), 그 후 1년 간 보성전문 도서관에서 남창 손진태 연구실 옆 연구실을 이용하며 학문 연구에 정진하였다. 손진태와 이인영은 줄곧 같은 역사인식을 공유하고 또 활동을 같이 하여 '동산학파'로 불리어졌다. 이때 이인영은 연희전문 강사를 지내면서 동시에 보성전문에서도 강의하였다.

이인영의 역사학은 민족주의에서 출발하였다. 경성제대에서 수학한 그가 민족주의적 학문관을 갖게 된 것은 손진태의 영향이었다. 와세다 대학에서 사학과 사회학을 전공하고 민속학을 연구하던 손진태는 대학 졸업 후 민족사학의 본산지였던 연희전문 문과에서 교편을 잡았고, 다시 중일전쟁 이후에는 보성전문의 초대 도서관장으로 자리를 옮겼다. 손진태는 민족적 학풍이 풍미하던 연전, 보전에서 민족사학의 학풍을 새로운 차원으로 확립하였다. 특히 그는 민세 안재홍의 역사학과 신민족주의론에 관심을 가지고 이를 그의 역사론으로 정립하였다. 이인영도 이런 손진태와의 학문적 교류 속에서 신민족주의적 역사학의 발전에 기여하였다.

신민족주의 역사학은 해방 전후의 시대상황 속에서 제기된 것이었다. 그들은 단재 신채호의 민족사학을 중시하였지만, 당시 거론되던 민족주의로는 문제를 해결할 수 없다는 인식을 가지고 있었다. 그들은 전통사회에 있어서의 민족주의는 민족 내부에 계급적 차별을 내포하고 있으며, 또 자본주의 사회에 있어서는 자본가의 권익을 옹호하는 것이므로, 이는 쇄국적, 배타적, 독선적이라고 보았다. 이런 민족주의는 민족이 세계 속에서 호흡하게 되는 새로운 국제사회에서는 존속·유지될 수 없는 것이었다. 또한 국내적으로도 민족

전체의 공동 이익이 추구되어야 하는 시대에서도 그대로 유지될 수 없는 것이라 생각하였다. 손진태의 새로운 민족주의, 곧 신민족주의는 세계 제 민족에 대해서는 개방적, 세계적이며, 국내의 제 사회계층에 대해서는 정치, 경제, 사회, 문화에 있어서 평등적, 친화적인 것을 전제로 해야 한다고 하였다. 그는 이것을 "민족주의적 민족주의"라고 하였다. 손진태는 이런 방향의 새로운 민족주의를 태평양전쟁이 발발하던 때부터 구상하기 시작하였고, 그 과정에서 이인영, 조윤제 등과 동산학파를 이루게 되었던 것이다.

이인영은 손진태가 연전에서 보전으로 자리를 옮길 무렵, 손진태의 주선으로 연전에서 강의를 하게 되었다. 이인영의 학문, 교수 활동은 언제나 손진태의 뒤를 잇거나 아니면 그의 영향이나 주선으로 이루어졌다. 이인영도 신민족주의론에 입각하여 "우리 민족의 현실은 무엇보다도 민족적 자유와 평등에 가장 큰 관심을 갖고 있다"고 하였고(『韓國滿洲關係史의 硏究』「跋」), 이를 역사학 속에서는 세계사와 한국사, 즉 보편성과 개별성의 조화의 문제로 제기하였다. 그리하여 그는 "우리는 민족적 세계관, 세계사적 국사관을 확립함으로써 진정한 민족문화와 세계문화와의 관계를 파악"해야 한다고 강조하였다(『國史要論』 자서). 민족적 세계관, 세계사적 국사관은 바로 신민족주의 역사학의 표현이었던 것이다. 이런 점에서 손진태는 이인영의 저서 『한국만주관계사의 연구』 서문에서 이인영을 일컬어 "신민족주의 국사학계의 중진"이라고 단언하였던 것이다.

이인영은 이런 문제의식에서 해방 전후 새로운 역사학의 수립에 힘을 기울였다. 그는 민족정신을 근본으로 하지 않는 역사학은 참다운 역사학으로 인정하지 않았다. 그는 '사관(史觀)' 없는 사료의 나열, 목적 없는 문헌고증적인 역사학을 비판하고, 또한 공식사관에 입각한 역사학을 반대하였다. 그는 이것을

과거의 공적과 권위를 지금에도 保守하고자 하거나 과거 없는 미래의 이상을

맹신한다면 더불어 역사를 논의할 수 없을 것이다. 전자는 내심에 있어 術學을
주로 하기 때문에 때때로 사관 없는 史料의 나열이나 불필요한 정도의 복잡기괴한
사료고증이나 또는 백과사전적 박학을 과시하는 경향을 갖게 되며, 후자는 홀로
자기만이 가장 과학적 사관을 파악한 듯이 세계사의 필연성을 주장하여 미래를
예언하며 융통성 없는 공식에 사로잡혀 자기와 관점을 달리하면 그 누구를
막론하고 배격한다. 어떠한 주의든 간에 그것은 그 시대의 소산이라 하겠다.
현대는 전자의 보수성과 후자의 반역사성을 비판함으로써 진정한 역사의 수립을
고대하고 있다.(『韓國滿洲關係史의 研究』「跋」)

이와 같이 이인영은 새로운 시대의 새로운 역사를 추구하였다. 그가 생각한
참다운 역사학은 역사의식에서 투철하고, 인과관계를 분석하는 과학적, 실증
적인 역사서술이었다.

## 2) 대외관계의 중요성 제기

이인영은 민족사학의 계승 속에서 역사를 민족의 형성과 발전을 중심으로
정리하였다. 그는 이를 대외관계, 특히 만주와 관련된 역사로 정리하였다.
민족의 흥망성쇠는 내적으로는 계급적인 갈등이 중요 원인이 되지만, 대외적
으로는 다른 민족과의 갈등이 또한 그 원인이 된다는 인식에서 그러하였다.
이런 인식은 '아와 비아의 투쟁'을 기록한 것이 역사라는 신채호 이래 민족사학
에서 줄곧 계승된 것이었다. 이인영은 학부의 졸업논문으로 「조선 세조 때의
북방문제의 연구」를 제출하였다. 그는 당시 현실을 이루는 역사적 조류 가운데
하나를 북방 관련에서 찾았다. 즉 "우리는 조그마한 사회적 조류의 하나로서
조선 사람의 북방발전이라는 것을 지적할 수 있을 것이니, 이는 우리가 생활하
고 있는 반도의 지리적 조건에 연유하는 바이다"(『조선일보』 1939년 3월
18일, 「사료만 남아 잇는 朝鮮史-특히 북방개척에 置重하여」)라고 하였다.

그는 고려, 조선에 줄곧 이어진 북방개척, 일제하의 만주 이민 등이 조선역사의 한 조류가 되고 있음을 지적하였던 것이다.

이런 오랜 문제의식은 해방 이후 『한국만주관계사 연구』(1948년 편집, 1954년 출간)로 결실을 맺었다. 그는 이 책을 "과거를 청산하고 새로운 구상에서 새 출발의 준비"의 차원에서, 곧 새로운 역사를 요구하는 시대적 과제를 신민족주의적 입장에서 정리하였던 것이다. 이 책에는 일제시기에 이미 『진단학보』에 발표했던 「여진무역고(女眞貿易考)」(1937), 「폐사군문제관견(廢四郡問題管見)」(1941), 「世祖때의 北方移民政策」(1947) 등을 비롯하여 여러 편이 수록되었다. 특히 제7장의 「淸朝의 興起」는 1941년 연희전문 문과 시절의 강의안의 일부를 정리한 것이었다. 이 책의 「서」를 쓴 손진태는 "학산(鶴山)이 특히 만주사에 관심을 가진 것은, 학산이 고구려 고도 평양의 출신인 것과 신민족주의 국사학계의 중진인 것"에서 연유한다고 하면서, 동시에 만주는 고구려, 발해를 거치면서 우리와 혈연적, 문화적으로 우리와 같은 겨레의 지위에 있었고, 금나라를 세운 이후에도 그 왕실의 조상이 고려의 황해도 평산 출신이라는 점을 자랑하면서 고려에 대해 호의를 가졌던 점 등으로 금나라가 망한 13세기 초기까지는 우리와 같은 겨레의 범주에 속한다고 하였으며, 따라서 만주사를 연구하는 것은 우리 역사를 연구하는 것과 거의 같은 중요성을 지닌다고 하였다. 이인영은 이런 점에서 만주지역의 역사를 연구하였고, 나아가서는 우리 민족의 형성, 발전의 한 측면으로 이해하고 있었던 것이다. 이는 또한 정인보를 중심으로 형성된 연전의 학문적 관심이기도 하였다.

## 3) 해방 후 한국사학의 정립에 몰두

새로운 역사학을 지향하던 이인영은 『한국만주관계사의 연구』 발문에서 밝힌 바와 같이, 해방 후에 한국의 역사체계를 세우는 일에 몰두하였다. 즉 신민족주의론에 입각하여 한국사 전체를 서술하고, 이를 해방 이후 한국사

연구와 교육의 길잡이로 삼고자 한 것이었다. 이 작업은 두 책으로 결실을 맺었다.

먼저 하나는 『조선사개설』(경성대학 조선사연구회 편, 1946년 편찬, 1949년 발간)이었다. 해방된 시점에서 "우리 역사를 찾아보겠다는 욕망"은 높아졌으나 아직 이를 만족시킬만한 우리 역사 한권이 없음을 통탄하고(이인영의 「跋」), 먼저 중등학교 역사과 교원들이 활용할 수 있는 역사서부터 편찬하였다. 이를 위해 이인영은 경성대학(국립서울대학 설립 이전) 조선사연구실에 소속된 "진보적인 과학적 두뇌와 고도의 민족애의 정열과 자기들에게 부여된 민족적 사업에 대하여 가장 용감한 투지를 가진 젊은 학도들"(손진태의 「序」)인 이순복, 임건상, 김사억, 손보기, 한우근, 이명구 등을 조직하고 동원하였다. 특히 이 책은 종래의 왕조 중심의 구분법(삼국시대, 신라통일시대, 고려시대, 이조시대 등)이나 시기적 구분법(상고, 중세, 근세, 최근세 등)을 반대하고 사회구성의 발전단계에 의하여 시대를 구분하였다. 즉 원시씨족사회, 부족국가시대에 이어 신라, 고려, 조선의 봉건적 귀족국가시대로 규정하였다. 그는 일본인의 역사연구나 또 이에 영향을 받았던 최남선의 『조선역사』, 『고사통』과 같은 역사인식을 비판하고, 민족주의적 성향에 사회경제사학의 학풍까지 포괄하여 해방 후 새로운 역사학 체계 수립을 시도했던 것이다. 이 책이 교원용이었던 점에서 부록으로 조선사관련 중요 사료, 중요 저술, 근간 총서, 각 왕조의 계도(系圖) 등을 첨부하였다.

그 다음 작업으로 이인영은 대중적인 『국사요론(國史要論)』(1950)을 편찬하였다. 이 책은 특히 신민족주의적 역사인식에 따라 우리의 국사, 민족문화를 세계적 관점에서 서술한 것이었다. 민족의 성장, 민족문화는 세계사의 진전에 합치해야 한다는 것으로, 그는 우리 역사가 가지는 보편성에 주목하면서 동시에 그 특수성에도 유의하였다. 그리하여 그는 역사 서술에서 민족의 자주적 기상을 중요하게 서술하였다. 가령 고려 전기를 「사대냐 독립이냐」라는 장으로 정리하면서, 김부식의 『삼국사기』와 일연의 『삼국유사』를 각각

사대주의와 독립주의로 대비하였으며, 이런 경향이 당시까지 이어진다고
하였다. 이는 신채호 이래 민족사학자들이 서술하던 방식과 동일하였다.
그런 가운데서도 그는 세종에 의한 민족문화의 확립 등을 특히 강조하였다.
그리하여 이인영은 민족사의 서술을 통해 자유, 평등의 민족문화를 수립하고,
민족문화 확립에 의해서만 세계문화에 공헌하고자 하였다.

### 4) 서지학과 고활자 연구

이인영은 서지학과 고활자 등의 인쇄술 분야의 대가였다. 그가 고서적,
고판본에 관심을 가지고 이를 수집하고 연구에 나선 것은 대학을 졸업한
직후인 1937년부터였다. 그는 수집한 고서를 분석하여 모두 16편의 글을
발표하고, 또 수집한 희귀본 540종(경부 59종, 사부 128종, 자부 135종, 집부
218종)을 골라 해제를 붙여『청분실서목(淸芬室書目)』(1944년 탈고, 납북 후
보련각에서 간행)을 작성하였다. 그는 이를 바탕으로『조선서지학개론』의
저술을 계획하였다.

그리고 서지학적 연구는 이어서 고인쇄에 관한 연구로 이어졌다. 그는
일제 말기인 1944년 8월, 평양에서 임진왜란 이전 활자로 인쇄된 책장 26가지를
연대순으로 정리하여『朝鮮古活字拾葉』을 20여벌 출판하였다.(群書堂 서점 편)
그는 그 과정에서 많은 서적들이 이미 임진왜란 시기에 일본에 약탈된 것을
알게 되었고, 해방 직후 약탈당한 서적의 반환을 요구하는 글을 맥아더 사령부
에 보내기도 하였다. 서지학에 관한 관심은 해방 이후 여러 발표회(진단학회,
연희대 동방학연구소 등)에서 계속되었다. 그는 이런 고서지학, 고인쇄술
연구를 통하여 한국문화의 특징을 실증적으로 증명하고자 하였으며, 또한
인쇄술을 과학적으로 분류, 연구하였다.

## 5) 연희대학 교수로 있다가 납북

1946년 연희대학은 사학과를 설치하고 곧바로 이인영을 교수로 초빙하였다. 그의 신민족주의 역사학이 민족사학을 계승하고 있던 연희대학의 학풍과 일치하였기 때문이었을 것이다. 그 후 잠시 한국 정부의 수립 직후에 문교부 고등교육국장(1948년 9월~1949년 2월)을 지냈지만, 다시 1949년 4월에 연희대학교 교수(서울대 겸임)가 되었다. 이때 연희대학 총장 백낙준은 직전에 현재 국학연구원의 전신인 동방학연구소를 설립하였고(1948년 12월), 이어서 사학연구회를 만들었다. 사학연구회는 회장이 조의설 교수, 민영규·홍이섭 교수(평의원) 등이 참여하였고, 총장이었던 백낙준이 명예회장이었다. 이때 사학과에 재직하고 있던 이인영도 사학연구회의 평의원으로 참여하였다. 그는 동방학연구소의 제1회 연구발표회에서「우리나라 초기의 활자인쇄술」에 대해서 발표하였다.(1949월 10월 29일)

이인영은 6·25전쟁의 와중에 납북되었다. 연세사학연구회에서 발간한『學林』2호(1954)의 부록에는 이인영이 여전히 평의원으로 이름을 남기고 있다. 그리고 "사학연구회 기사"에는 다음과 같이 적고 있다.

△ 洪淳爀, 李仁榮 兩先生

8.15 以後 史學科 敎授로서 硏究와 學生指導에 精力을 아끼지 아니하든 兩先生은 不幸히도 6·25 動亂 時에 共産軍에 拉致되어 지금껏 이렇다할 寸致의 消息도 없다. (중략) 李先生은 1945年 前에 數多한 硏究 論文 發表도 있어서 內外 學者의 촉망의 的이 되며 硏究를 거듭하여 오든 中이었다. 會員 一同은 兩 先生의 安息을 바라며 무速한 時日에 다시금 敎壇에 서서 引導하여 주실 것을 굳게 믿어지고 바라는 바이다.

일제 말, 해방 후 연전과 연희대학에서 활동하던 이인영의 역사학은 '동산학파' 손진태와의 밀접한 연관 속에서 민족사학의 학풍을 계승, 발전시키는 데 크게 기여하였고, 해방 전후 연세의 국사학과도 밀접한 관련을 맺었다. 그 가운데 연전 시절과 경성대학(후에 서울대학) 국사연구실에서 지도를 받은 사람이 손보기였다. 오늘날 한국구석기학의 선구자, 대가로 평가되는 그는 일찍부터 이인영의 학문을 계승하여 한국의 고도서, 인쇄술과 고활자에 관심을 가지고, 이를 체계화하여 이 분야에서도 최고의 학자로 평가받고 있다. 또한 정인보에 의해 계승 발전되던 연세의 민족사학에 이인영의 신민족주의 역사학이 더해지고, 이를 바탕으로 다시 백남운의 역사학이 합류되면서 새로운 차원의 연세 국학으로 발전할 수 있었다.

## 제4부

연세 역사 풍경 몇 장면

# 제중원의 '이중적 지위'와 그 변화

　제중원은 1880년대 조선 정부의 양무개혁(洋務改革)사업의 산물이었다. 청국에 기댄 정부 개혁사업의 자세와 내용에 불만을 품은 개화파는 1884년 말에 갑신정변을 일으켜 이를 일소에 해결하고자 하였다. 개화파의 자객에 의해 자상(刺傷)을 입은 민영익(閔泳翊)을 마침 한국에 와 있던 미국의 의료선교사(공사관 의사) 알렌(Horace N. Allen, 1858~1932)이 치료하였다. 서양 의술의 외과적 우수성을 인정한 조선 정부는 알렌의 건의를 받아들여 제중원(濟衆院, 처음 이름은 廣惠院)을 세웠고, 그 운영을 알렌에게 맡겼다(1885년 4월).

　조선 정부가 서양식 병원을 세우고, 서양인 의사에게 병원을 맡긴 것은 1880년대 들어 추진되던 근대화 개혁사업의 일환이었다. 문호개방 이후 근대화의 길을 모색하던 조선 정부는 1880년대에 들면서 국제질서의 변화를 깨닫고 이에 대응하기 위해 새로운 기구로 '통리기무아문(統理機務衙門)'을 만들었으며, 아울러 서양의 기술 문명을 배우기 위해 중국, 일본, 미국에 시찰단을 파견하였다. 조선 정부에서 염두에 두었던 서양문명은 의료, 농상 등 '이용후생'할 수 있는 것이었고, 동시에 이를 위해 서양인에 의한 교육도 허용해 주었다.[1]

---

1) 김도형, 『근대한국의 문명전환과 개혁론 – 유교 비판과 변통』, 지식산업사, 2014.

기독교선교사는 내한(來韓) 초기부터 제중원이라는 정부 기관을 운영하면
서 기독교를 전교(傳敎)할 수 있는 터전을 마련할 수 있었다. 물론 조선 정부가
기독교를 공식적으로 허가해준 것은 아니지만, 의사나 교사의 신분으로 여러
활동을 할 수 있게 하였다. 선교사, 특히 미북장로회 소속의 선교사는 제중원을
터전으로 삼아 의료사업과 교육사업을 전개하였으며, 암묵적으로 기독교
전교도 시행하였다. 이런 제중원의 의료·교육사업이 오늘날 연세대학교의
출발점이 되었다는 것은 이미 이 책의 제1부에서 언급하였다.

그런데 최근에 제중원의 역사적 성격과 계승을 둘러싸고 약간의 논쟁이
일어났다.[2] 제중원이 세브란스병원을 거쳐 오늘날 연세대의 시작이 된다는
'상식'에 대해 다른 한쪽에서 제중원은 조선 정부의 '국립병원'이었으므로
서울대병원의 출발점이 된다는 주장이다. 제중원은 정부의 근대개혁사업의
일환으로 설치되었지만, 병원의 운영과 변천 과정이 미국 및 기독교 선교회와
도 깊은 연관이 있던 외교적 산물이었다. 이런 점에서 제중원 설치 초기에는
정부와 선교회 양자에 관련된 '이중적 지위'였고, 점차 선교회가 관할하는
병원으로 변화되었다.

---

2) 논쟁의 경과와 쟁점에 대해서는 이미 여인석·박형우, 「'뿌리 논쟁'의 경과」, 『연세의사
  학』 2-1(통권 4), 1998 ; 박형우, 「제2차 뿌리 논쟁의 경과」, 『연세의사학』 10-1(통권
  22), 2007 등에 쟁점과 관련 자료 등이 모두 정리되어 있다. 논쟁의 초기에 연세의료원
  에서 작성한 「우리나라 현대의학 및 현대의료기관의 시작 및 발전 과정 – 소위 뿌리
  논쟁에 관한 해설」(1984년 6월)에도 많은 자료를 동원하여 이를 정리, 비판하였다.
  최근에는 이를 다시 정리하여 여인석·신규환, 『제중원 뿌리논쟁』, 역사공간, 2015를
  편찬하였다.
    서울대병원은 법적으로 명백하게는 1946년 국립서울대학교 의과대학부속병원에서
  시작되었다. 요사이 서울대에서 새롭게 내세운 '개교원년'의 논리(『정통과 정체성 –
  서울대학교 개교원년, 왜 바로 세워야 하는가』, 2009)에 따르더라도 서울대병원,
  의과대학은 1899년의 광제원(廣濟院)에서 시작되었다. 이는 초창기 서울대병원에서
  주장하던 바였다(서울대학교 의과대학부속병원, 『연보』 1, 1964, 3쪽). 이런 점에
  대해서는 김도형, 「제중원의 '이중적 지위'와 그 변화」, 『제중원 130년과 근대의학』,
  역사공간, 2016 참조.

## 1. 정부병원 제중원의 지위

의료선교사 알렌의 서양식 병원 설립 건의에 따라 만들어진 제중원은 통리교섭통상사무아문의 부속기관이었다. 따라서 제중원의 운영과 관련된 대부분의 사안은 조선 정부와 주한미국공사관 사이의 외교적인 문제로 협의, 처리되었다. 초창기 제중원은 조선 정부의 '정부병원'이면서 동시에 선교회가 '관할'하는 병원이었다.

### 1) 제중원, 조선과 미국의 외교적 산물

조선 정부는 1880년대 들어 당시의 국제질서와 서양문명에 대한 인식이 변하게 되었다. 이에 국권 보존과 부국강병을 위해 부득이 서양문명을 받아들이기 시작하였다. 이런 개혁사업을 추진하는 기구로 통리기무아문(統理機務衙門)을 만들고 일본에 수신사와 시찰단을, 청국에 영선사를 파견하였으며, 서양과의 수교도 추진하였다. 정부의 원칙은 1882년 임오군란 이후 명확하게 천명되었는데, "(서양의) 기(器)는 이로우므로 진실로 이용후생(利用厚生)할 수 있으니 농상(農桑), 의약(醫藥), 무기, 배와 수레 같은 것을 제조하는데서 어찌 꺼려하며 하지 않겠는가. 그 교(敎)를 배척하고 기(器)를 본받는 것은 원래 병행하여도 사리에 어긋나지 않는다"라고 하였다.[3]

서양 기술의 수용에서 조선 정부는 미국에 큰 기대를 가졌다. 미국은 서양 열강 가운데 제일 먼저 조선과 수호조약을 맺었고(1882), 또 다른 나라보다 앞서 주한공사관을 설치하였다. 정부도 이에 대한 답례로 민영익(閔泳翊)을 정사(正使), 홍영식(洪英植)을 부사(副使)로 한 보빙사(報聘使)를 파견하였다(1883). 또한 외국어(영어) 교육을 위한 동문학(同文學, 혹은 通辯學校, 1883)을

---

설치하였으며, 보빙사의 건의와 주(駐)뉴욕 조선총영사 프레이즈(Everett Frazar, 厚禮節, 미국인)의 역할로 헐버트(H. B. Hulbert), 벙커(D. A. Bunker), 길모어(G. W. Gilmore) 등을 교사로 초빙하였다(1886).[4] 이보다 앞선 1884년 6월에는 서울을 탐사 차 방문한 일본주재 미감리회 선교사 매클레이(R. S. Maclay)에게 '병원과 학교 사업'도 허락하였다. 즉 기독교 선교는 안 되지만, 의사나 교사의 신분으로 해당 사업을 행하는 것은 허용한다는 것이었다.

통리기무아문은 임오군란 후에 잠시 폐지(1882년 7월)되었다가, 다시 외교와 내정을 각각 담당하는 통리교섭통상사무아문(외아문)과 통리군국사무아문(내아문)으로 분리되었다(1882년 12월 음).[5] 조선 정부의 근대개혁사업이 서양 기술을 수용하여 추진되면서 기존의 행정 조직이 아닌 새로운 기구와 조직이 필요하였고, 이를 위해 서양과 외교 통상을 관장하던 외아문이 그 일을 주로 담당하였다. 초창기의 신문 발간(박문국), 교사 초빙과 교육(동문학, 육영공원), 군사 교관 초빙(연무공원), 광업 및 목축 기술 도입(잠상국, 농무목축시험장) 화폐 제조(전환국), 우편사무(우정국), 그리고 의료사업(제중원) 등은 모두 외아문이 관장하였다.

갑신정변 후 민씨 세력은 기존의 내아문을 의정부에 합치고, 내무부라는 새로운 조직을 만들었다(1885년 6월). 그리고 외아문의 직제를 고쳐(1887년 4월 27일)[6] 외국 기술을 도입하더라도 그 업무가 내정(內政)에 관계되는

---

4) 동문학의 교사 초빙 문제는 1885년 5월(음)부터 추진되었는데, 조선 정부는 미국공사를 통하여 이를 미국 정부에 요청하였고, 미국 정부(문부성)가 3명을 선발하여 파견하였다. 조선 정부는 줄곧 이들을 "소학교 교사"라고 규정하였다(『舊韓國外交文書』, 『美案(1)』, #204, 「敎師雇聘에 關한 條件 問議」, 153~154쪽).

5) 외아문 산하에는 4司 1學(掌交司(교섭, 사신파견, 조약개정), 征攉司(해관, 변관), 富敎司(화폐, 광산, 상사, 목축), 郵程司(도로, 교통, 전보, 역전, 철로, 수륙교통), 同文學(인재양성, 학교)]이 있었고, 내아문 산하에는 7사(理用司, 軍務司, 監工司, 典選司, 農桑司, 掌內司, 農商司)를 두었다.

6) 총무사(본서 관제, 政務草記), 통상사(통상, 항해, 조약, 외국인 내지 채판, 해관, 변관), 교섭사(영사, 공사 파견), 번역사(공문번역, 통역), 기록사(교섭문권 기록), 회계사(본서 경비, 회계) 등 6司로 개편하였다.

은 내무부로 넘기고, 외아문에서는 외교통상과 관련된 업무만 관장하도록
하였다. 이에 육영공원, 연무공원, 광산, 목축, 상사 등의 업무가 모두 내무부로
이관되었다. 외아문의 부속기관으로 남은 것은 개항장의 대외 업무를 관장하
는 감리서, 서적 및 신문 발간을 담당하는 박문국(외국 사정을 소개하는
일이 중요 업무), 그리고 의료 기관인 제중원뿐이었다.

  많은 기구들이 내무무로 이관되는데 왜 제중원은 남게 되었을까? 이 점이
제중원이 정부의 기구이면서도 동시에 미국과의 외교적 산물이라는 독특한
성격을 지니고 있음을 보여주는 대목이다. 미국인 교사나 교관을 '초빙, 고용'하
여 운영하던 육영공원이나 연무공원과 다른 점이었다. 제중원은 정부의 기관
이면서도 조선 정부가 단독으로 운영하지 못하고, 외교 문서를 통해 그 업무가
처리되었으며, 제중원의 의사와 육영공원의 교사의 지위가 다르다는 것이었
다. 제중원의 의사는 육영공원 교사와 달리 조선 정부가 정식으로 초청 고빙한
사람이 아니었다. 의사 선정의 권한(추천)은 선교회에 있었다. 부정기적이지
만 의사들이 조선 정부로부터 수고료로 '신수비(薪水費)'를 받았다는 점도
이들이 육영공원 교사와 같이 조선 정부에 고빙된 사람들이 아니라는 점을
보여준다.[7] 제중원을 세울 때 만든 「규칙」에 조선 정부가 해야 할 일만 정하고,
의사에 대한 조항을 넣지 않은 것도 이런 특수한 위상 때문이었다.[8] 제중원
운영과 관련된 대부분의 업무는 모두 '외교' 사항이었던 것이다.

---

7) 育英公院 교사 초빙은 외교 절차에 의해서 이루어졌고, 여비, 임금, 사택, 부인여비,
   계약기간(2년) 등이 협의되고 명시되었다.
8) 「統理交涉通商事務衙門章程」(1882)에는 외아문에 독판(1인)을 두어 4사 및 동문학을
   총괄하고, 협판(4인)이 각 司를 나누어 領袖하도록 하였다. 동문학에는 별도로 책임자
   로 掌敎를 두고 이를 거느리도록領之)하면서, 동문학 교육 및 서적 간행, 신문발간(박문
   국) 등을 맡도록 하였다. 1885년에 제중원을 설치하였음에도 「장정」에는 이에 관한
   내용이 없다. 또한 제중원이 한참 운영될 때, 통리교섭통상사무아문은 조직을 바꾸고
   「속장정」(1887)을 마련하였는데, 이 안에도 제중원 관련 내용은 일체 없다.

## 2) 북장로회 선교회의 제중원 운영

제중원 업무는 외아문 당상(堂上)이 처리하였다.[9] 그러나 제중원은 외아문의 산하 부서인 4사 1학 어디에도 속하지 않았다. 외아문의 산하부서는 협판이 당상을 겸하였지만, 제중원의 경우는 명확하지 않다. 초창기에는 외아문 독판이었던 김윤식이 당상을 겸하고 있었을 것으로 추정된다.[10] 1886년 고종은 그동안 제중원의 일을 치하하면서 당상을 비롯하여 의생에 이르는 사람들에게 포상하면서,

> 督辦交涉通商事務 金允植에게 熟馬 1필을 賜給하고, 주사 成翊永 (…) 모두 陞六하고, (…) 學徒 李宜植은 주사로 陞差하라. 미국인 의사 알렌[安連 : Allen]과 헤론[蕙論 : Heron]은 모두 의술이 정미하고 뜻이 선하여 많은 백성들에게 치료를 베풀었으니 특별히 당상 품계를 주어 장려하는 뜻을 표하라.[11]

라고 하여, 독판 김윤식 외에는 당상이 될 수 있는 협판 등은 거론되지 않고, 실무위원만 언급되었다.

조선인 당상이 있었음에도 불구하고 제중원의 운영은 선교 의사의 책임하에 이루어졌다. 제중원 교사로 근무하던 언더우드는 선교본부에 보낸 편지에서 외아문의 독판=당상(Commissioner, 혹은 President)이 거의 병원에 오지 않았다고 하였다.

> 분명 이름정도는 알고 계실 외부대신 金允植은 선교사의 친구는 아니지만

---

9) 『承政院日記』 고종 22년(1885) 3월 26일.
10) 제중원의 당상은 명확하게 기록된 바가 없으나 가끔 나오는 기록에 의하면, 때로는 독판이, 때로는 협판이 당상을 겸하였던 것으로 보인다(김상태, 『제중원 이야기』, 웅진지식하우스, 2010, 125~131쪽).
11) 『承政院日記』 고종 23년(1886) 5월 13일.

제가 선교사의 한 명이라는 것은 알고 있습니다. 저는 병원에서 그를 한두 번 만났지만 그 후 헤론 의사가 설날에 인사를 드리러 가고 싶다고 말 했을 때까지 오랫동안 그를 보지 못했습니다.[12]

이를 통해서도 제중원의 운영이 전적으로 선교 의사의 몫이었다는 것을 알 수 있다.

한편, 서울에 파견된 기독교선교사들은 제중원이 '정부병원'이지만 그 성격에 관계없이 자신들이 병원을 책임지고 운영하고 있다고 자임하였다. 이런 의식은 처음 병원 설립을 청원한 알렌부터 시작되었다. 알렌은 그 병원이 '조선 정부 산하의 병원'이고, 또 '왕립병원'이지만, "자신이 기꺼이 맡아 무료로 종사하려 합니다(take charge of one under the care of the Government and not charge for my services)"라고 하였다.[13] 이는 병원의 의료 분야 책임자로 이를 관리, 운영한다는 것이었다.[14]

제중원 교사였던 언더우드의 여러 보고서 가운데도 제중원에 대한 선교회의 입장을 알 수 있는 사례가 여럿 있다. 그들은 제중원을 '왕립병원', '정부병원'이 라고 하면서도 제중원에 대한 선교사의 역할이 크고 많다는 점을 표현하였다. 이를 몇 개 제시하면 다음과 같다.

① 이 점과 더불어 서울 병원은 알렌 의사가 한국인들에게 베푼 일로 인하여 그에게 <u>주어진 것</u>입니다.(In addition to this, the hospital here was given to

---

12) 언더우드→ 엘린우드, 1886년 2월 13일, 서울(『언더우드자료집(I)』, 28쪽. 이하 『자료 집』).

13) 「귀하의 서울 정부병원 설립제의서」, 『알렌의사의 선교·외교편지』(김인수 옮김, 장로회 신학대학교 부설 한국교회사연구원, 2007, 43쪽). 이 제안서의 정확한 이름은 「Proposal for Founding an Hospital for the Government of His Majesty's the King of Corea in Seoul」 즉 「조선국왕전하의 서울 정부병원 설립 제의서」.

14) 알렌→ 엘린우드, 1886년 4월 12일(『알렌의사의 선교 외교편지』, 140쪽).

Dr. Allen on account of what he had done for the Koreans)15)

② 저는 기독교 사역이 금지된 의료 사업에 매여 있을 필요가 없다고 봅니다. (…) 곧 그들은 왕의 신임을 받는 왕의 주치의요 국록을 받는 고위 관리이며 <u>정부 병원을 책임진 의사로서</u>(physician in charge of the government hospital), 이를 유지하는 것이 마땅한 명예라고 생각합니다. 그러나 이것은 탈선입니다.16)

③ 제가 이해하기로는 마페트는 그(맥길)에게 <u>정부 병원의 진료소를 맡아 달라고</u> 부탁하려고 하며(asking him to take the dispensary of the government hospital) (…)17)

④ 저는 답변에서 정부 결정과 상관없이 우리 선교본부와 선교회 결정에 따라 헤론, 파워, 엘러즈, 호튼 의사 등을 파송(sending)해서 일했다는 근거와, 병원에 약품이 부족했을 때 선교회가 이를 공급해 왔다는 사실은 <u>현재 그 병원은 선교회 아래에 있음</u>을 보여준다고 말했습니다.(… certainly showed that now it was under the Mission.)18)

⑤ 한국 정부와 선교본부의 요청에 따라 저는 과거 5개월간 새 의사가 도착할 때까지 정부 병원을 <u>운영</u>했습니다.(At the request of the Korean Government and the Board of Missions, I have carried on the government hospital for the past five months, pending the arrival of a physician).19)

⑥ <u>이곳 장로교 선교회 관할 하에 정부 병원과 남녀 진료소와 의학교와 고아원이 있습니다.</u>(Under the care of the Presbyterian mission here there is the Government hospital, with its male and female departments, the Government medical school, the orphanage …)20)

---

15) 언더우드→ 엘린우드, 1885년 8월 31일[『자료집(I)』, 18쪽].

16) L. H. 언더우드→ 엘린우드, 1889년 11월 22일, 요코하마[『자료집(I)』, 193쪽].

17) L. H. 언더우드→ 엘린우드, 1890년 7월 30일, 서울[『자료집(I)』, 223쪽].

18) 언더우드→ 엘린우드, 1890년 8월 10일, 남한산[『자료집(I)』, 228쪽].

19) 언더우드, 기포드, 선교회 위원회→ 엘린우드, 1891년 1월 6일, 첨부된 알렌의 편지(알렌→ 장로교선교회, 1890년 12월 30일)[『자료집(I)』, 241쪽].

⑦ 정부 관할 하에 있는 제중원 의학당의 일부 비기독교인 학생들은 병원장에게 동료 학생 가운데 한 명이 기독교인이라고 불평하고 (…)(Some of the heathen youths at the Hospital school, which is under government control, complained to the president of the hospital that one of their companions was a Christian.[21]

⑧ 이 병원은 출발할 때 알렌 의사의 책임 하에 있었는데, 헤론 의사가 도착하면서 곧바로 그의 동료가 되어 동역했다. 알렌이 정부의 일을 맡아 [미국으로] 떠난 후 헤론이 단독으로 책임을 졌는데, 애통한 죽음을 맞이하는 순간까지 봉사했다.(This hospital at the start was under the charge of Dr. Allen, with whom on his arrival, Dr. Heron became associated, until the removal of the former to government service, left the latter in sole charge until the time of his lamented death.) (…) 병원이 개원한 지 약 1년이 지난 후, 정부의 승인을 받고 예과(予科) 의학교가 설립되었는데, 선교회의 모든 회원들이 그곳에서 도왔다.(About a year after the opening of the hospital, a preparatory medical school was instituted with the approval of the government, at which all of the members of the Mission assisted.)[22](밑줄은 인용자)

이 서한들에서 선교사들은 제중원에 대한 정부의 역할을 'under government control'이라고 표현하였고(⑦), 마찬가지로 선교사도 제중원을 'under the care/charge', 'take a charge' 등의 형태로 표현하였다. 선교사들은 제중원이 정부병원이라는 점을 부정하지 않았지만, 줄곧 이 병원이 선교회의 관할 아래에서 의사 파견, 약품 구입, 의학교 교육에 종사했다고 하였으며, 그

20) 언더우드→ 피어슨, 1887년 11월 27일, 서울[언더우드, 「한국에서 보낸 강력한 청원」, 『세계 선교 평론』(1888년 3월), 209~210쪽, 『자료집(I)』, 288쪽].
21) 언더우드 부인, 「한국에서 소심할 필요가 없다」, 『국내와 해외 교회』(1892년 8월), 144~145쪽[『자료집(I)』, 309쪽].
22) 언더우드→ 엘린우드, 1899년 7월 11일, 첨부 「미국 북장로교회 한국 선교회의 역사 개요」[『자료집(II)』, 81쪽].

의사가 제중원을 책임지고 운영했다고 표현하였다.

이런 점에서 그들은 제중원에서의 활동을 선교회 차원이나 개인 차원에서 선교본부에 줄곧 보고하였다. 정부에 고용된 의사라면 그렇게 자세하게 선교본부에 보고할 필요도 없었을 것이다. 알렌은 첫해 활동부터 연차보고서를 작성하였다.

## 2. 제중원에서 세브란스병원으로 : '전관판리(專管辦理)'와 '환취(還取)'

선교회의 입장에서 볼 때, 제중원이 정부병원이면서 동시에 선교회(의료선교사)의 책임 하에 운영되는 어중간한 '동거 관계'였다는 점은 처음부터 불만족스러웠다. 조선 정부의 선교 불인정 상황에서 제중원에서 활동하던 알렌, 헤론, 언더우드 사이에는 이 문제가 항상 논쟁거리였다. 선교회는 자신들이 전적으로 운영하는 병원 설립을 원하였다. 명실상부한 선교병원으로의 변화는 먼저 제중원의 독점적 운영으로, 그리고는 세브란스병원의 건립 및 정부와의 잔무 마무리의 순서로 진행되었다.[23]

### 1) 제중원 운영의 '전관(專管)'

1890년 7월, 헤론이 병으로 사망하자 제중원 담당 의사 선임과 관련하여 문제가 생겼다. 이때 알렌은 주한미국공사관의 서기관으로 임명되었는데,

---

23) 이런 변화는 논자들이 모두 인정하지만, 정부병원, 국립병원, 선교병원 등의 관계와 변화 시점 등에서는 차이가 있다. 이에 대해서는 Oak Sung-Deuk, 「A Genealogy of Chejungwon, the First Modern Hospital, 1885~1904」, 『동아시아 역사 속의 선교병원』, 역사공간, 2015 참조. 특히 그 계승변화 관계의 견해들에 대해서는 이 글의 382쪽에 도표로 정리되어 있다.

알렌은 제중원의 공백을 메우기 위해 자신이 다시 맡겠다고 나섰다. 그러자 선교회에서는 선교사와 외교관을 동시에 할 수 없으므로 알렌의 제중원 복귀를 반대하고, 임시방편으로 감리회 소속의 맥길 의사를 초빙하고자 하였다. 그러나 알렌은 선교사직을 사직하고 조선 정부의 동의 아래 제중원에 복귀하였다. 이에 선교회에서는 의료와 선교 사업의 병행을 위해서 미북장로회가 조선 정부의 동의를 얻어 제중원을 인수하여 선교병원으로 만들어야 한다는 의견이 제기되었다.

알렌이 미국공사관에 근무하면서 제중원 업무를 보자 자연히 제중원에 소홀해졌고, 점차 침체되어 갔다. 이러한 제중원이 다시 활기를 찾은 것은 1893년에 부임한 에비슨의 노력 때문이었다. 이즈음, 갑오개혁을 통해 제중원은 내부 소관으로 바뀌었다. 외교적 산물인 제중원의 지위가 변한 것이다. 그리고 바로 이때, 에비슨은 조선 정부에 제중원의 '전관관리(entire charge)'를 요구하였다. 이미 알려진 자료 등을 통해 이를 다시 정리하면

① 자신(에비슨)이 제중원의 사무를 전적으로 관할함. 필요한 약품비와 피고용인 (외국인 조수, 幇助人員)의 월급 등 각종 경비도 자신이 마련함.

② 조선 정부를 대표하는 몇 명의 주사를 파견하여 병원에 거주하되, 제중원의 정당한 운영에 대해서는 간섭하지 못함.

③ 제중원 부지 안에 자신들이 거주할 건물을 짓되, 제중원에 귀속됨.

④ 제중원 사무의 전관(專管)은 기한을 정할 수도 있고 혹은 무기한으로 하지만, 조선 정부는 어느 때든지 제중원을 환취할 수 있음. 단 조선 정부는 1년 전에 먼저 통보하고, 거주하는 건물의 건축비, 제중원 수리비 등을 에비슨 혹은 그 대리인에게 상환(償還)해야 함.

라는 것이었다. 미국공사관(총영사 John Sill)에서는 외교 문서로 에비슨의 의견을 전하면서, 덧붙여 ① 에비슨의 제안이 타당하며, ② 이 조건들이

수락되면 조선 정부의 비용 부담을 덜고, 비용을 들이지 않고 '1등 병원'을 가지게 되며, ③ 에비슨이 제중원 일을 보더라도 조선 정부의 지도[訓勸]를 받을 것이라고 하였다.[24]

미국공사관을 통한 에비슨의 요구는 당시 외무대신 김윤식에 의해 허락되었다. 김윤식은 제중원 문제는 에비슨이 요청한 대로 따르도록 한다고 하면서, ① 모든 사무는 에비슨이 전적으로 운영[專管辦理]하도록 하고, ② 제중원 빈터에 거주할 건물을 짓는 것도 반대하지 않으며, ③ 조선 정부가 언제라도 제중원 환취(還取)를 요구할 경우에는 건물의 건축비와 수리비를 지출한 액수만큼 에비슨에게 갚아 청산할 것이며, ④ 제중원이 에비슨의 전관(專管)으로 된다면 조선 정부 관원 및 차역인(差役人)을 다시 파견할 필요도 없고, ⑤ 에비슨이 일을 처리하는데 조선 정부의 훈권(訓勸)을 받지 않아 불만이 있을 경우에는 미국공사에게 공문을 보내 처리하는 것이 사리에 합당하다는 것이었다. 에비슨의 요구를 전적으로 수용하되, 더 나아가 조선 정부의 관원도 파견하지 않을 것이니, 제중원을 명실상부 전관(專管)하도록 한 것이었다.[25]

제중원이 여전히 정부의 기관임에도 그 운영이 전적으로 에비슨에게 허락된 것은 선교병원으로 나아가는 과정에서는 큰 진전이었다. 이런 변화를 두고 일부에서는 조선 정부가 선교회에 제중원을 '위탁 관리'했다는 분석도 있고,[26]

---

24) 『美案』 및 『통리교섭통상사무아문일기』 등에 수록된 자료[『延世醫史學』 2-1(통권 4호), 1998, 123~136쪽에 모두 수록되어 있음]에서 쓰인 용어에 유의하면서 정리하였다. 이러한 에비슨의 요구는 공식적인 외교 통로에 의해서 개진된 것인데, 에비슨이 그의 회고에 기록한 것과 약간 차이가 있다. 그는 "이 기관(제중원)은 국왕의 소유이므로 국왕과 나 사이에 연락원 한 사람 (…)", 혹은 "모든 재산은 선교회에 넘겨져야 하고, 선교회 경비로 병원에 적합한 구조로 개조 (…)" 등으로 회고하여(O. R. Avison, 『Memoirs of Life in Korea』, 박형우 편집, 청년의사, 116~117쪽), 제중원이 국왕 소유라는 점과 제중원의 재산 전부를 선교회에 넘겨야 한다는 것 등을 언급하고 있다.

25) 『美案』 및 『통리교섭통상사무아문일기』, 『延世醫史學』 2-1, 137~143쪽 참조.

26) 신용하, 「광혜원과 근대의료의 출발」, 『종두의양성소 규정 공포 100주년 기념 심포지움 자료집』, 서울대학교 의과대학, 1995(『延世醫史學』 2-1, 1998, 72~73쪽).

또 다른 연구에서는 '운영권'을 이관했다고 하면서 이관과 더불어 환수에 관한 단서조항을 달았다고 보았다.27) 또한 일각에서는 더 적극적으로 운영권의 이관으로 제중원이 명실상부한 '선교병원'이 되었다고 보기도 한다.28)

조선 정부는 여전히 제중원 부지와 건물의 소유권, 그리고 '훈권'할 수 있는 권한을 가지고 있었다. 하지만 조선 정부는 부지와 건물에 대해서 무상으로 사용하게 하였고, 또 이후에 '훈권'한 기록은 없다. 이러한 전후 사정을 고려할 때, 이를 '위탁 경영'이라고 말하는 것은 맞지 않다. 정부가 제중원 경영을 위탁했다고 한다면, 제중원이라는 '1등' 정부병원이 있는데 다시 광제원과 의학교를 만들 필요가 없었을 것이다. 조선 정부의 입장에서는 명목적인 권한 외에 일체의 제중원 운영권을 선교회에 넘긴 것이었다.

운영권의 이관으로 에비슨과 선교회가 제중원을 '전관(專管)'하게 되었다. 선교회는 제중원을 통해 의료사업은 물론, 기독교 전도사업도 자유롭게 행할 수 있었다. 그리하여 선교회나 선교사들은 제중원이 '선교병원'이 되었다고 생각하였고,29) 일반인도 그러하였다.30) 그러나 제중원은 아직 명실상부한 '선교병원'이 아니었다. 운영권을 선교회로 넘겨달라고 요구를 할 때도 여전히 정부의 '훈권'을 스스로 인정하였고, 소유권을 넘겨받지 못한 정부의 건물과 부지를 사용하고 있다는 점에서 제중원에 대한 정부의 '지분'이 여전히 남아 있었다. 이런 점에서 선교사들(가령 언더우드)은 제중원을 여전히 '정부병원'이라고 표현하였다.31) '전관' 후는 제중원이 초창기보다 선교회의 권한과 운영 책임이 더 증대된 선교 병원의 형태로 운영되었지만, 정부병원으로서의 모습도

---

27) 김상태, 앞의 책, 2010, 259쪽 ; 황상익,『근대 의료의 풍경』, 푸른역사, 2013, 431~440쪽.

28) 연세의료원 120년사 편찬위원회,『인술, 봉사, 그리고 개척과 도전의 120년』, 2005, 68~69쪽.

29) O. R. Avison,『Memoirs of Life in Korea』, 115쪽 ; 언더우드 부인,「한국 선교의 명암」,『국내와 해외 교회』, 1896년 8월[『자료집(Ⅱ)』, 284쪽].

30) 가령『독립신문』1897년 1월 21일자는 "미국 장노교회 병원" 혹은 "조선 서울 장로교회 제중원 병원"으로 보도하였다.

31) 언더우드→ 엘린우드, 1899년 7월 11일[『자료집(Ⅱ)』, 78쪽].

잔존하고 있어 제중원의 '이중적 지위'가 아직 소멸된 것은 아니었다.[32]

## 2) 새병원 제중원 건립과 '반환'

제중원을 운영하면서 에비슨은 명실상부한 선교병원의 건립을 추진하였다. 그리하여 세브란스의 기부로 남대문 밖에 새병원(세브란스기념병원)을 신축하여 이전하였다. 1902년 11월에 착공하여 1904년 9월에 완공하였다.

새병원의 건립은 재한 선교회의 입장에서는 선교사업의 일환이었다. 따라서 '현대식 병원' 건립 명목으로 세브란스의 기부금을 둘러싸고 선교사 사이에 논란이 일었다. 이런 점을 극복하고 병원 건축이 실질적으로 안착될 수 있었던 것에는 언더우드의 도움이 많았다. 캐나다 토론토 의과대학 교수였던 에비슨을 한국에 오게 한 것도 언더우드였다. 병원, 의학교를 재건하고 의료 선교사를 초빙하여 정상화하는 일은 에비슨의 일이었다면, 선교회, 미국 선교본부와의 관계를 정립시키면서 이를 지원한 사람은 언더우드였다.[33]

당시 평양지역 장로회 선교사를 중심으로 한 국내 선교사의 큰 비판이 일어났다. 그들은 당시 한국의 규모, 경제적, 사회적 수준, 한국선교부의 역량 등으로 큰 병원 건립이 시기상조라고 하였다. 의사가 두 명 있는 병원도 안 되고, 의과대학도 불가하다고 하였다. 병원이 너무 호화로우면 한국인들이 기독교가 자선단체인 것으로 잘못 인식할 수 있다고도 하였다. 평양 쪽에서는 1만 달러 가운데 5천 달러만 병원 건립에 사용하고 나머지 5천 달러는 전도사업에 사용할 수 있도록 요청하기도 하였다. 병원 건립을 둘러싼 서울과 평양 선교회 사이의 갈등은 기독교 선교 원칙을 둘러싼 오랜 갈등이었다.[34]

32) 옥성득은 연세대 의대의 주장을 약간 수정하여, "정부+(선교회)→ 선교회+정부"라고 표기하였다(Oak Sung-Deuk, 앞의 글, 2015, 382쪽).

33) 서정민, 『언더우드家 이야기』, 살림, 2005, 116~123쪽.

34) 문백란, 「세브란스병원 건립을 둘러싼 선교사들의 갈등과 선교정책 수정」, 『東方學志』 165, 2014.

이 문제를 해결하기 위해 서울지역 선교회를 대표하던 부임 원로 언더우드가 나서게 되었다. 언더우드는 선교본부에 편지를 보내 서울의 상황을 설명하고 에비슨의 입장을 옹호하면서, 의료선교의 중요성, 에비슨의 활동, 설비좋은 신축 병원의 필요성을 강조하였다.[35] 언더우드의 적극적인 협력 아래, 에비슨은 1899년에 의학교를 다시 정비, 발족시켰으며, 1904년 9월 신축된 새병원(세브란스기념병원)을 개원하였다.

선교회는 건립한 새병원을 세브란스기념병원이라고 칭하면서 구리개에서 제중원을 이전하였다. 병원은 '새로 짓는 제중원(세브란스기념병원)'이었다. 병원의 착공식 및 낙성식의 초청장에는

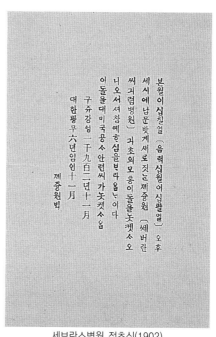

세브란스병원 정초식(1902)

[착공식] 본월 27일(음력 10월 27일) 오후 세시에 남문 밖에 새로 짓는 제중원[세브란스기념병원] 기초의 모퉁이 돌을 놓게사오니 오셔서 참예하심을 바라옵나이다. 이 돌은 대미국공사 안련씨가 놓겠습니다. 구주강생 1902년 11월, 대한광무 6년 임인 11월 제중원 백.

---

35) 언더우드는 세브란스병원의 건축 과정에서도 큰 역할을 하였다. 세브란스병원을 설계하고 건축을 책임진 고든은 자신의 활동 조건을 언더우드와 직접 교섭하였고, 언더우드는 북장로회 선교위원회에 건축가 고든의 초청을 요구하고, 연봉조정과 한국에서의 활동조건 등도 원만히 교섭하도록 노력하였다. 언더우드는 병원 건축에 필요한 자재의 수급과 재정 문제 등에도 관여하였다.

**[낙성식]** 세브란스병원(남대문 밖 새로 지은 제중원) 다 되었삽기로 금월 양력 동지달 십육일[1904. 11. 16] 오후 새로 네 시에 낙성연을 하겠사오니 오셔서 참례하시기를 바라나이다. / 새제중원－세브란스병원－남대문 밖－도동

라고 하였다. 병원이 완공되자 에비슨은 "세브란스병원이 한국왕립병원(Royal Korean Hospital, 제중원)의 직접적 계승자"라고 선언하였다.[36] 정부병원이었던 제중원이 새병원(세브란스병원)으로 개편되고, 선교회가 전적으로 관장하는 선교병원이 되었다.

1904년, 새병원이 완공되자 구리개 제중원의 반환(환수) 문제가 제기되었다. 기존의 건물과 대지는 정부의 소유이고, 선교회에서 무상으로 사용하고 있었으므로, 이를 반환한다는 논의였다. 1894년 운영 이관 시의 협의에 따라 건물 신축과 수리, 부지 확장 등에 대한 정산이 필요하였던 것이다.

제중원의 건물, 토지에 대한 정산은 일본공사관이 나섰다. 제중원 재산을 조선 정부가 환수하게 되면 일본은 이 건물을 한국외교 고문관 스티븐스의 집으로 사용할 계획이었다. 그리하여 1905년 3월, 일본공사와 미국공사, 선교회 사이에 30,289원 90전으로 '제중원 반환'이 합의되었다. 조선 정부는 자금 마련을 위한 후속 조치를 취하였고, 마침내 조선 정부와 미국선교회 사이에 『제중원 반환에 관한 약정서』를 체결하였다.[37] 약정서에서 합의된 것은 모든 건물, 토지에 관한 것뿐이었다.[38] 요컨대 1894년에 조선 정부는 선교회에게

---

36) O. R. Avison, "The Severance Hospital", The Korea Review, 4－11, 1904년 11월[『연·세전 교장 에비슨 자료집(I)』(문백란·김도형 편역), 선인, 2017, 97쪽].

37) 관련 자료는 『연세의사학』 2-1, 1998, 144~200쪽 참조.

38) 제중원의 '반환'에 관련해서 서울대병원에서는 '위탁 경영'했던 제중원의 '(일체) 환수'로 해석하고 있다. 제중원의 토지, 건물은 물론 병원(의료 업무)까지 환수하였고, 따라서 제중원은 '폐지'되었다고 보았다(서울대학교병원, 『서울大學校病院史』, 1993, 64~66쪽). 하지만 대한제국 정부가 환수한 제중원을 '폐지'했다는 것을 증명할 자료는 하나도 없다. 이에 비해 황상익은 이관되었던 운영권과 건물을 환수하면서 "국립병원 제중원은 역사 속으로 퇴장" 하였다고 하여, 세브란스와의 연관성을 부정하였다(황상익, 『근대의료의 풍경』, 푸른역사, 2013, 438쪽, 445쪽, 449~457쪽). 김상태는 이를

제중원 운영권을 이관하면서 병원의 대지, 건물을 무상으로 사용할 수 있게
하였고, 마침내 '토지 및 건물의 환수'(1905)로 그 이관 작업이 마무리 되었다는
것이다.

세브란스병원 설립 이후에도 한동안 제중원이라는 이름을 함께 사용하였
다. 특히 당시 정부는 물론 일반인(신문, 잡지 등)들은 모두 세브란스병원이
제중원이라는 점을 인정하였다. 심지어 대한제국 정부도 그러하였다. 가령
1906년 5월, 정부는 '제중원'(세브란스병원)에서 요청한 찬성금을 그동안의
공로를 인정하여 지급하였는데, 정부의 공식 결정에 '제중원'이라고 되어
있다.[39]

일제하에서도 제중원이 곧 세브란스병원으로 이어졌다는 인식에는 변화가
없었다. 가령 상해에서 민족운동을 위해 발간하던 상해임시정부의『독립신문』
에서도 그러하였다. 3·1운동 당시 많은 부상자들이 세브란스병원에서 치료를
받았다. 그리고 에비슨, 러들로 등은 일본 헌병이 병원의 부상자를 취조하기
위해 마구 잡아가는 악행을 막으려고 노력하였다. 에비슨은 이런 사정을
미국의 여론에 보고하였는데, 이런 사실이 상해임정의『독립신문』에도 보도되
었고(1919. 9. 6.), 박은식은『한국독립운동지혈사』에 이를 수록하였다. 이
책 가운데 상원의 한국사정보고서 제17장 목차는「魚丕信醫師以細富蘭斯病院之
患者(…)」이었으나, 본문에서는 이를 다시「濟衆院長魚丕信博士報告」라고 하였
다. 당시 상해임시정부에서도 세브란스병원과 제중원을 같은 병원으로 인식
하고 있었던 것이다.

이런 취지의 기록은 셀 수 없이 많지만, 또다른 하나의 예를 들면, 1923년
3월, 세브란스의전이 다시 의학전문학교로 인가(승격) 받은 것을 보도하는
신문에서는 세브란스병원의 사회적 공헌을 거론하면서, "제중원이라는 세

---

  '운영권 이관'과 '부지와 건물 환수'라는 관점으로 정리하고 있다(김상태, 앞의 책,
  2010, 270쪽).

 39) 관련 자료는『연세의사학』2-1, 1998, 201~208쪽.

글자는 조선 사람의 감사하는 대상"이 되었다고 하였다.[40] 또한 1936년에는 오긍선 교장의 생활을 소개하면서 "조선에 서양의술을 가지고 맨 처음 들어온 어비신(魚丕信) 박사가 현재 세브란스의 전신 제중원(濟衆院)을 만들어 가지고 개업하니 (…)"라고 하였다.[41]

역사의 계승은 역사의 주체가 이어지는데 있다. 세브란스병원은 제중원을 이은 것이고 또한 같은 병원이라는 인식은 실제적이었으며, 또한 공인된 것이었다.

* * *

제중원은 설립부터 운영이 거의 대부분 조선 정부와 선교회(이를 대리한 미국공사관) 사이의 외교적 관계 속에서 이루어졌다. 외아문에 부속된 특수한 기구였던 것이다. 제중원의 독특한 '이중적' 지위였던 것이다.

그리고 1894년 선교회(에비슨)에서 단독으로 제중원을 경영하면서 외형적으로 '선교병원'으로 운영되었지만 기본재산은 여전히 조선 정부의 소유였다. 따라서 새로운 제중원(세브란스병원)이 신축되자 조선 정부에 의해 '제중원 환수'가 일어났다. 이 환수는 제중원이 사용하던 건물과 대지 등에 국한된 것이었다. 제중원의 이름과 전통은 세브란스병원으로 이어졌다. 제중원은 선교병원의 대명사였고, 몇몇 지방에는 제중원이라는 이름으로 선교사가 운영하는 병원이 존재하였다. 그리고 세브란스병원 완공 이후에도 대한제국 정부는 물론 많은 일반인들이 모두 제중원이 세브란스병원이라고 일컫고 있었다. 일제도 물론이거니와 대한민국임시정부에서도 그러하였다.

제중원이 조선 정부가 설립한 '정부병원'이었다고 하더라도, 연세대학교 역사의 시발점으로 삼는 것에 하등의 지장이 없다.[42] 그동안 막연하게 거론했

---

40) 『每日申報』 1923년 3월 14일, 「隆昌에 赴하는 世富蘭시醫專」.
41) 『每日申報』 1936년 1월 7일, 「決勝戰압두고서 延禧專門다快勝」.

던 제중원의 '설립자', '원장', '합작병원' 등과 같은 용어의 사용은 다시 검토해야 할 것이다. 또한 무엇보다도 제중원이 가지는 독특한 역할을 더 규명할 필요가 있다. 제중원이 기독교 선교회가 관여하고 운영하던 의료 병원이면서 동시에 선교의 거점이었고, 교육의 터전이었음을 더 밝혀야 제중원의 독특한 위상이 드러날 것이다.

---

42) 이런 인식이 정착되기까지는 우여곡절이 많았다. 세브란스의 경우, 일제하에서는 창립년도를 1899년, 날짜를 5월 15일로 기념하였다(『三千里』 제12권 제4호, 「未來의 大學 總長의 大學 創設 雄圖」, 1940년 4월, 50~54쪽). 또 연전, 연희대학은 창립기념식을 4월 마지막 금요일로 기념하였다. 1957년 통합된 '연세'는 창립기념일을 '5월 둘째 토요일'로 하였다. 처음에는 '연세' 개교 1주년, 2주년 등으로 기념하다가 '창립 80주년'이 되는 1965년의 2~3년 전부터 1885년을 창립 기점으로 정하였다. 하지만 창립기념식은 5월 둘째 토요일을 고수하였다. 이에 본 필자는 제중원 130주년 기념학술회(2015년 4월 10일, 「제중원130주년기념 학술심포지움」)에서 연세 창립년도를 1885년으로 천명한다면 따라서 창립기념일도 제중원이 시작된 4월 10일을 기준으로 생각할 것을 제안하였다. 다행스럽게도 '통합' 60주년이 되는 2017년부터 창립기념식을 '4월 둘째 토요일'에 거행하게 되었다.

# 세전 교장 오긍선의 의료 계몽과 대학 지향

1880년대에 들어 조선 정부는 변화된 국제질서에 대처하기 위해 서양기술을 수용하는 방향으로 정부기구를 새로 만들고 개혁사업을 추진하였다.[1] 이런 차원에서 기독교 선교사의 전교(傳敎)는 허락하지 않으면서 이들의 '교육과 의료' 분야의 활동은 허락하였다. 개신교 선교사로 처음 내한한 사람은 1884년 9월에 온 알렌(Horace N. Allen, 1858~1932)이었다. 그는 그해 12월에 일어난 갑신정변에서 부상을 당해 사경을 헤매던 민영익(閔泳翊)을 치료해 주었다. 정부는 알렌의 건의를 받아 최초의 서양식 병원인 제중원(濟衆院, 처음에는 廣惠院)을 설립하였다. 이를 계기로 기독교 선교사업의 일환으로 전국적으로 활발하게 의료사업이 추진되었다.[2]

제중원은 조선의 정부병원이었지만, 알렌을 책임자로 하여 미북장로교 선교회가 운영하였다. 통리교섭통상사무아문의 산하 기구로, 그 운영은 항상 미국공사관 사이의 외교 문제로 처리되었다.[3] 선교사의 의료와 교육 사업은

---

1) 김도형, 『근대한국의 문명전환과 개혁론-유교비판과 변통』, 지식산업사, 2014.
2) 기독교 의료사업에 대해서는 이만열, 『한국기독교의료사』, 아카넷, 2003.
3) 김도형, 「제중원의 '이중적 지위'와 그 변화」, 『연세의사학』 18-1, 2015 ; 『제중원 130년과 근대의학』, 연세대학교 의학사연구소 엮음, 2016. 이 책 제4부의 관련 논문 참조.

모두 제중원을 터전으로 추진되었다. 알렌, 헤론으로 이어진 병원 운영은
물론이거니와 언더우드가 책임을 진 고아학당도 모두 제중원에서 비롯되었다.

조선 정부와 선교회 사이에서 '이중적 지위'를 가졌던 제중원은 두 차례의
조치에 따라 선교회가 전적으로 관할하는 선교병원이 되었다. 이를 추진하여
달성한 사람은 에비슨(O. R. Avison, 1860~1956)이었다. 에비슨은 제중원을
기독교 의료 선교병원의 중심기구로 만들기 위해 교파를 초월한 '연합(Union)'
병원으로 운영하였다. 에비슨은 한국에 주재한 각 교파의 선교의사를 세브란
스병원으로 모았다. 또한 '제중원'이라는 이름은 교파를 넘어 각 지역 단위의
선교병원 이름으로 사용되었다.[4]

본고에서 다루는 오긍선(吳兢善, 1878~1963)은 미국 남장로교 출신의 의료
선교사로 세브란스병원에 합류하여, 에비슨의 든든한 동역자로 세브란스의학
교와 병원의 발전에 중요한 역할을 담당하였다. 오긍선은 한국에 근대서양의
학과 병원 체계를 구축하고 한국인 의사 양성에 공을 들인 에비슨으로부터
그 과업을 물려받았다. 이런 점에서 세브란스의학전문학교는 에비슨이 '창업'
하였고, 오긍선은 이를 '수성(守城)'하였다고 할 수 있다. 오긍선은 에비슨이
가장 신뢰한 한국인 동역자였고 후계자였다.

세브란스연합의학교는 일제의 법령에 따라 1917년 5월 14일에 사립전문학
교로 인가를 받았다. 세브란스에 근무하던 외국인 의사들은 일본의 법령에
따라 의사면허를 받아야 했고, 또 전문학교 교수를 담당할 수 있는 합당한
자격을 갖추어야 했다. 미국 의사 자격을 가진 오긍선은 1914년 11월에 일본의
법령에 의한 의사 자격을 얻었고, 또 1916년에는 1년 동안 도쿄(東京)제대
의과대학 피부과에서 연구, 연수하였다.

오긍선은 일본 연수에서 알게 된 새로운 의학을 일반인에게 알리고 또
치료에 활용하는 동시에 새로운 의학을 바탕으로 의학 계몽활동을 전개하였

---

4) 선천, 재령, 광주, 대구 등지에 제중원이 설치, 운영되었다.

다. 일상적인 질병, 전염병은 물론이거니와 자신의 진료 경험을 바탕으로 화류병(花柳病, 성병) 계몽과 폐창(廢娼) 운동을 전개하였다. 이는 기독교 병원이었던 세브란스병원 피부과의 중요한 사회적 사업이기도 하였다.

또한 한국인으로 처음 세전의 교장이 된 오긍선은 연전과 세전의 통합을 통한 종합대학 설립 운동에 동의하고 이를 추진하였다. 이 과업은 에비슨의 구상을 이은 것으로, 에비슨이 이를 달성하지 못하고 본국으로 돌아간 이후에는 오긍선의 '숙제'가 되었다. 그는 줄곧 신촌 연전 옆으로 세전을 옮겨 두 학교를 합쳐야 한다는 계획을 가졌다.

오긍선의 전반적인 활동에 대해서는 이미 발간된 『해관 오긍선』에 자세하게 서술되어 있다.5) 특히, 오긍선의 고아원(경성보육원) 사업에 대해서는 이를 정리한 연구도 있다.6) 물론 『해관 오긍선』에서 언급하지 않은 일제 지배하의 경성부협의회 등의 사회활동, 그리고 일제 말기의 친일 활동도 있다. 여기에서는 주로 세브란스의전과 관련된 문제만을 다루고자 한다.

## 1. 세브란스 부임 전의 오긍선

오긍선은 1896년 10월, 배재학당에 입학하였다. 그는 배재학당 재학 시절 학생들의 조직이었던 협성회에서 활동하였으며, 1898년 1월, 제4차 임원 개편에서 서기로 선임되었다.7) 협성회 회원을 중심으로 한 배재학당 학생들이 초창기의 독립협회, 만민공동회에서 활동했으므로, 오긍선도 독립협회에 참여하였을 것이 확실하다. 독립협회는 독립문 건립을 달성한 후, 1897년 중반경부터 활동 방향을 계몽운동으로 바꾸고 토론회 등을 통하여 민권의식,

---

5) 해관오긍선선생기념사업회, 『海觀 吳兢善』, 연세대학교 출판부, 1977.

6) 한규무, 「경성보육원의 설립과 운영(1919~1945)」, 『鄕土서울』 79, 2011.

7) 『협성회회보』 1, 1898년 1월 1일, 「회중 잡보」.

자주독립의식 등의 근대의식을 고취하고자 하였는데, 이 시기에 배재학당에서 이미 시험되고 있던 토론회를 도입하여 계몽활동을 전개하였다.[8] 하지만 오긍선이 독립협회에서 어떤 활동을 했는지는 확인되지 않는다.

1898년 말, 독립협회가 주도한 만민공동회 운동은 대한제국 정부의 탄압을 받았다. 정부는 황권(皇權)에 대한 도전을 가장 경계하고 있었는데, 독립협회 운동 세력이 '공화제'를 구상하고 있다고 의심하여 이를 해산시켰던 것이다. 독립협회 운동을 주도하던 윤치호를 비롯한 많은 사람들이 기독교 선교사의 도움으로 검거를 피했다.[9] 오긍선도 선교사의 도움으로 피신생활을 하였다. 오긍선은 미국 침례교('엘라딩기념선교회') 선교사 스테드만(F. W. Steadman) 목사 집에 피신하였다가 그의 한글 선생을 하게 되었으며, 그를 따라 공주에서 지냈다(스테드만은 1896년 공주침례교회를 설립). 정부의 탄압이 중단되자 오긍선은 다시 상경하여 배재학당을 졸업하였다(1900). 배재학당 졸업 후에 다시 공주로 내려가 한글 선생을 계속하면서 선교 활동을 도왔다.[10]

1901년 4월, 스테드만은 선교지를 일본으로 옮겼다.[11] 오긍선은 스테드만의 소개로 잠시 불(William F. Bull, 1899년 군산 부임)의 조사(助事)가 되었다가,[12]

---

8) 신용하, 『獨立協會硏究』, 일조각, 1976, 261~273쪽, 참조.
9) 독립협회 회장 윤치호도 선교사 집에 은신하였다가 아버지 윤웅렬의 주선으로 덕원감리가 되어 서울 정계를 떠났다(신용하, 위의 책, 1976, 509~510쪽).
10) 『海觀 吳兢善』, 1977, 참조. 이때 오긍선은 차관을 하지 말라는 헌의서를 연명(趙鍾奎, 吳兢善, 李日榮, 周相鎬, 李台魯, 金淵根, 李應鍾)으로 제출하였다(1901년 5월). "지금 우리나라의 형세를 돌아보면, 해관(海關), 세납(稅納), 광업, 상업, 농업 어느 하나 확실히 성장하는 것이 없는데 이익을 얻는 방책에 몽매하면서 망령되이 외채를 구하여 국가를 위태롭게 한다면, 이는 수입과 지출을 헤아리지 않는 것입니다. 만약 외채를 사용하면 그 이자가 점차 불어날 텐데, 나라의 재정은 이전처럼 다 써버리고 그냥 그렇게 시일이 지나 부채 상환 기일이 되어도 청산할 방책이 전혀 없을 것인 바, 다만 토지로 빚을 갚을 수밖에 없을 것이니, 오늘날 외채를 논하는 자가 나중에는 나라를 팔아먹는 이가 될 것입니다"라고 하였다(中樞院 편, 『照會原本』 〈奎 17234〉 제1책, 광무 5년(1901) 5월 일. 어떤 경로로 이런 헌의에 참여했는지는 알 수 없다.
11) American Baptist Missionary Union, *Eight-Eighth Annual Report Presented at the Annual Meeting held at St. Paul, Minn. 1902*(Boston : Missionary Rooms, 1902), p.188.

다시 군산 야소교병원에 부임한 미국 남장로회 의료선교사 알렉산더(A. J. A. Alexander)의[13) 한글 선생도 겸하였다. 이때 호남지역은 남장로회가 관할하고 있었다. 1892년부터 한국선교를 시작한 남장로회는 충청도, 전라도를 선교지역으로 할당받았는데, 선교사업은 농민전쟁(동학농민전쟁, 1894)으로 잠시 중단되었다가 1895년에 재개되었다. 그해 봄에 드루(A. D. Drew, 유대모) 선교사는 군산에 진료소를 개설하였다. 드루는 선교사 전킨(W. M. Junkin, 전위렴)과 함께 선교사업을 행하였는데, 전킨은 구암교회와 군산남학교(群山男學校, 1902), 여학교(1903, 후에 멜볼딘여학교)를 세웠다. 그런데 드루는 1901년 과로로 인해 귀국하였고(귀국 후 병사), 약간의 공백 기간을 거쳐 1902년 12월에 알렉산더 선교사가 병원장으로 왔다.[14) 그러나 알렉산더도 부친 사망으로 귀국하게 되었다. 이때 오긍선은 알렉산더를 따라 1903년 초에 미국 유학길에 올랐다.[15)

오긍선은 알렉산더의 고향과 가까운 켄터키센추럴 대학(Central University of Kentucky)의 아카데미 과정을 마치고 1904년 봄에 루이빌 의과대학(Hospital College of Medicine, Louisville)에 입학하였다.[16) 그는 학비를 보조해

12) Anabel Major Nisbet, *Day in and day out in Korea : being some account of the mission work that has been carried on in Korea since 1892 by the Presbyterian Church in the United States*(Richmond, VA. : Presbyterian Committee of Publication, 1920), p.27, p.191.

13) 알렉산더(Alexander J. Aitcheson Alexander, 1875~1929)는 1901년 콜롬비아 의과대학을 졸업한 후 미국 남장로회 의료선교사로 군산에 부임하였다(1902년 12월). 그러나 도착 직후에 아버지의 서거 소식을 접하고 이듬해 초에 귀국하였다[*Reports of the Southern Presbyterian Mission in Korea* 1903, pp.50~51 ; Kentucky Historical Society, *Kentucky Ancestors* Vol. 45, No. 1(2009), pp.10~11].

14) 군산지역의 선교와 교육에 대해서는 송현강, 「한말·일제강점기 군산 영명학교·멜볼딘여학교의 설립과 발전」, 『歷史學硏究』 59, 湖南史學會, 2015(이 논문에서는 군산선교는 1896년으로 적고 있다). 의료선교에 대해서는 이만열, 앞의 책, 2003, 100~102쪽.

15) 『해관 오긍선』에서는 1902년 1월이라고 하였으나, 오긍선이 미국 도착 후 잡지에 기고한 편지(*The Missionary*, April 1903, p.181)에 의하면 "우리(알렉산더와 오긍선)는 2월 7일에 군산을 떠나 시카고 1월 8일에 도착하였다"라고 하였다. 편지의 날짜가 뒤바뀐 것인지, 어느 한쪽이 오식인지는 알 수 없지만, 1903년 1~2월에 떠난 것은 확실하다.

주던 남장로교 선교부로부터 신학 공부를 권유받았지만 의학을 전공하여
의료선교사의 길을 택하였다. 오긍선은 의과대학을 다니면서 루이빌 시립병
원에서 실습 과정을 거쳤고, 남장로회 소속 의료선교사로 1907년 8월에 귀국하
였다.17)

　　오긍선은 바로 군산으로 내려가 구암야소(龜岩耶蘇) 병원에서 근무하였다.
알렉산더 선교사의 귀국으로 문을 닫았던 구암야소 병원은 1904년 다니엘(T.
Daniel) 부부가 부임하면서 재개되었고, 1906년 알렉산더의 기부금으로 프랜
시스 브리지스 에킨스 기념병원(Francis Bridges Atkinson Memorial Hospital)
이 신축되었다.18) 남장로회 최초의 병원급 진료기관이었다. 하지만 오긍선은
11월에 목포로 내려갔다. 목포진료소를 운영하던 포사이드(W. H. Forsythe)가
안식년을 마치고 귀임할 때까지(1909년 3월) 오긍선은 그 진료소에서 근무하
였다. 그 후 1909년 5월 19일 군산으로 복귀하여 구암야소 병원을 지켰다.19)

　　구암야소 병원에서 오긍선은 가난한 사람들을 위하여 의료 활동을 행하여
칭송을 받았고, 또 세밑에는 가난한 사람들에게 쌀을 나누어주는 '자선'을 베풀었
다.20) 이와 아울러 오긍선은 군산남학교를 분리하여 안락(安樂)소학교를 구암교
회에서 운영하도록 하였다(1908). '안락'은 오긍선의 유학을 후원하고, 소학교
건축기금을 지원한 알렉산더의 이름을 딴 것이었다. 이를 이어 오긍선은 1909년
초에 중등과정을 영명(永明)중학교로 인가 받았다. 안락소학교는 4년제 초등과

---

16) *Catalogue of Central University of Kentucky 1902~1903 ; 1903~1904 ; 1904~1905 ;
　　1905~1906 ; 1906~1907.*

17) 『공립신보』 1907년 8월 23일, 「오씨 귀국」. "군산항 거 오긍션씨 동방의학교대학교서
　　졸업고 이달 八일에 환국하엿다더라."

18) 이만열, 앞의 책, 아카넷, 2003, 205~206쪽. 그 후 알렉산더 선교사는 1916년에
　　순천의 병원 건립에도 기부하여 알렉산더병원(安力山病院)을 지었다(이만열, 412쪽).

19) Southern Presbyterian Mission in Korea, *Station reports to the eighteenth annual meeting
　　of the Southern Presbyterian Mission in Korea*, July, 1909, pp.29~30, p.60. 당시 다니엘은
　　미국으로 안식년을 떠났다.

20) 『대한매일신보』 1910년 3월 4일, 「吳氏慈善」 ; 1910년 3월 16일, 「吳氏慈善」.

정, 영명중학교는 4년제 고등과와 2년제 특별과로 운영되었다.[21]

오긍선은 1910년 광주야소병원으로 자리를 옮겼다가, 1911년 9월에 다시 목포진료소로 옮겼다.[22] 그는 목포에서도 병원 운영과 더불어 교육사업을 겸하여 영흥중학교(존 와킨스 학교, John Watkins Academy) 교장(5대)으로 활동하였다.[23]

## 2. 세브란스의전 피부과 설치

오긍선은 1913년 5월, 남장로회 소속 의료선교사로 세브란스병원에 파견되었다.[24] 세브란스의학교와 병원은 설비와 규모로 당시 의료선교의 중추 기관

---

21) 송현강, 앞의 글, 2015 참조.
22) 『해관 오긍선』, 204쪽. 오긍선의 광주야소병원 근무에 대해서는 구체적으로 확인하지 못하였다. 군산에서 바로 목포진료소로 간 것으로 보인다. 목포진료소는 1898년 가을에 벨(E. Bell) 목사와 함께 온 의료선교사 오웬(C. C. Owen)이 세운 것으로, 전남지역에서는 처음 세워진 서양병원이었다. 이 병원은 벨 부인의 사망과 오웬의 일시 귀국으로 1900년 이래 문을 닫았다가 1904년 놀란(J. W. Nolan)이 부임하여 재개되었다(이만열, 앞의 책, 104쪽, 209쪽 ; 송현강, 「미국 남장로교 한국선교부의 목포 스테이션 설치와 운영(1898-1940)」, 『종교연구』 53, 한국종교학회, 2008, 259쪽). 이 병원은 1914년 미국 미주리주 성 요셉교회의 헌금으로 프렌치 병원[French Memorial Hospital, 부란취(富蘭翠) 병원]이 되었다. 한편, 오웬은 1904년 광주로 옮겨 의료와 교육 사업[광주 수피아학교]에 종사하였으며, 놀란도 1905년에 광주로 와서 광주진료소(현 기독병원)를 건립하였다. 놀란 이후에는 버드맨(1907~1908), 포사이드(1909~1911)가 근무하였다(이만열, 위의 책, 209쪽, 407~408쪽).
23) 이 학교는 1903년 8월, 벨 선교사가 세운 학교(영흥서당)로, 석조교사 건축비를 제공한 교회(Spartanburg Church, South Carolina)의 담임목사 존 와킨스의 이름을 기념하여 불렀다. 이에 대해서는 송현강, 위의 글, 2008, 269쪽. 『해관 오긍선』에서는 오긍선이 목포 '정명학교' 교장이 되었다고 하나, 영흥학교를 잘못 파악한 것으로 보인다.
24) 1913년 5월 26일 오긍선의 편지("KOREA", *The Presbyterian of the South,* July 23, 1913)에는 "약 10일 전에 선교회에서 나를 의학교에서 가르치도록 파견하였다"라고 하였다. 일반적으로 李榮俊이 오긍선의 세브란스 부임 날짜를 1912년 5월 12일이라고 정리한 후(「新校長을 歡迎함」, 『世富蘭偲校友會報』 21, 1934, 7쪽), 모든 논저에서 이에 따르고

이었고, 이를 운영하던 에비슨은 이를 더욱 견고하게 하기 위해 기독교 교파를 초월한 '연합'으로 학교와 병원을 정비하였다.[25] 북장로회, 북감리회, 남장로회, 남감리회, 호주장로회, 성공회 등의 선교회에서 참여했기 때문이다. 처음에는 임시(비전임)로 파견되었으나, 1913년에 남북장로회, 남북감리회, 호주장로회 등 5개 교파 소속의 선교의사들이 교수진을 이루면서 학교 이름도 '세브란스연합의학교'로 바꾸었다.

오긍선은 세브란스의학교에 부임할 때부터 피부과를 담당하였다. 이미 그는 루이빌의대 피부과 교수였던 존 에드윈 헤이즈(John Edwin Hays)의 영향으로 피부과를 공부하였고, 루이빌 시립병원에서도 피부과학을 배웠다. 피부과에 관심을 가졌던 것은 그가 도미 전 알렉산더를 도와 군산야소병원에 있을 때 화류병(花柳病, 성병) 환자가 많았던 것을 보았기 때문이었다. 물론 오긍선이 부임했을 때는 아직 피부과와 비뇨기과의 분과가 되지 않았다.

부임 초기 오긍선은 피부과 강의 이외에 영어 실력 부족으로 학생들이 이해하지 못한 다른 과목에 대한 보충 강의도 행하였다. 기초학 과목의 교수들이 확보되지 않았기에 미국인 임상교수들이 분담하여 가르치던 해부학, 생리, 병리, 내과, 외과 등 모든 학과를 혼자 맡아서 담임 통역하였다. 오긍선 스스로도 이를 '백과대전'이라 하기도 하였다.[26]

그 사이 조선총독부의 법령이 정비되면서 1915년에 사립학교규칙이 개정되

있다. 그러나 당시 세브란스연합의학교 기록(*Catalogue of Severance Union medical College*, 1917, p.8)에도 연합의학교 출범 즈음에 합류한 것으로 되어 있다.

25) 기독교 연합에 의한 병원 운영 방침은 1908년 1회 졸업생을 배출하면서 시작되었다. 조선의료선교회는 각 교파의 선교의사들이 선교부의 동의 하에 매년 일정 기간 동안 세브란스에서 강의하는 조건으로 연합의학교로 할 것을 결의하였고, 1910년 총회에서도 "세브란스의학교를 조선기독교 연합의학교(Union Medical College of the Christian Churches of Korea)로 이름한다"고 하였다(연세의료원 120년사 편찬위원회, 앞의 책, 2005, 156~157쪽).

26) 최용기 필기, 「오긍선명예교수 기념강연」, 『세브란시교우회보』 24, 1935, 2쪽. 주 24)의 오긍선의 편지에는 해부학, 외과를 가르치고 루드로(Ludlow)의 병리학수업을 도와주었다고 하였다.

고 아울러 전문학교령이 시행되었다. 이에 따라 1917년에 연희전문학교(4월 7일)가 처음 인가되고, 다음으로 세브란스연합의학전문학교(5월 14일)가 인가되었다. 법령에 따라 사립전문학교 인가를 받기 위해서는 상당한 재원과 설비 그리고 교수가 필요하였다. 물론 일정한 유예기간을 두기는 했지만, 학교의 강의도 일본어로 해야 하였다. 대부분의 교수가 서양 선교사였던 연희전문이나 세브란스의전에서는 매우 큰 문제였다. 이미 오긍선은 1914년 11월에 일본의 법령에 의한 의사 자격을 얻은 상태였으나,[27] 전문학교 출범을 위해 오긍선은 1916년 4월부터 1년간 도쿄(東京)제대 피부과로 '연수' 차 파견되었다.

오긍선은 도쿄제대 의대 피부비뇨기과 교실 도히(土肥慶藏) 교수의 연구실에 합류하였다. 도히 교수는 당시 일본 피부과학의 1인자였다. 오긍선은 그곳에서 주로 피부병과 성병을 연구하였다. 당시 그 병은 조선에 매우 흔한 병이었다.

1년 후에 귀국한 오긍선은 일본에서의 연구와 경험을 정리하여 소개하였다. 그가 『매일신보』를 통하여 소개한 "새로운 의학"은 다음과 같은 것이었다.[28]

① 사람의 눈동자를 옮겨서 눈먼 사람으로 하여금 다시 광명한 세상을 보게 할 수 있다.
② 일본의 신약 : 매독약인 606호가 있지만, 일본에서 만든 약의 효능이 독일제에 비해 뒤떨어지지 않는다. 일본에서 만든 세 종류의 약(에라미솔, 아사미놀, 탄바루산)은 멕시코에도 수출하고 있다.
③ 의료기기 : 동경제대에서 '전기저항열'로 일독성 관절염을 치료하는데, 이를 세브란스에서도 사용하려고 기계를 주문하였다. 40도 이상의 열기를 발생하게 하여 임질의 병독을 죽일 수 있다.

---

27) 『조선총독부 관보』 1915년 1월 9일자. 오긍선은 등록번호 70호로 면허가 인가되었다.
28) 『每日申報』(이하 『매일』) 1917년 4월 12일~15일, 「놀랍게 발달되는 새 의학(1~4)」.

④ 장생불사(長生不死)의 가능 : '불사'까지는 알 수 없으나 '장생'은 의학의 힘으로 가능하다는 것이 최근 일부 의학자의 논의이다. 세포가 쇠약해지지 않게 신진대사를 왕성하게 하면 '장생'이 가능하므로, 학문의 이치로는 세포를 왕성하게 하면 가능하다는 믿음 아래 연구에 골몰하고 있다. 특히, 동양에서 "영약(靈藥)의 조종(祖宗)"으로 귀하게 여기던 인삼에 대해 일본 의학계에서 연구를 활발하게 진행 중이다. 이런 점에서 종래의 한약을 과학적으로 연구할 필요가 있으므로, 세브란스연합병원에서는 각종 한약 재료를 수집하여 미국 약제사가 분석하여 연구할 계획이다.

⑤ 라듐 광선을 이용한 치료 : 동경제대에서는 난치병[암종(癌腫)과 육종(肉腫)] 치료에 효험이 있는 라듐을 이용한 치료가 활발하다(도히 박사가 쓴 『피부병학』 책에 실린 사진, 치료방법 등을 소개함). 다만 가격이 비싸 일본에서도 이를 사용하는 병원의 숫자가 얼마 되지 않고, 더구나 조선에서는 실용적으로 사용할 수 없어 유감이다.

⑥ 태양 광선을 이용한 치료법 : 수은석영등(水銀石英燈)이라는 기계에 전기를 통하게 하면 태양 광선 중에 있는 전파 같은 자색(紫色) 광선이 나오는데, 이 광선이 모발을 흥분시키는 힘이 강하므로 이발충이나 모발에 당한 피부병의 치료에 매우 신효한 것이다. 이 기계를 조만간 세브란스에 도입할 예정이다.

⑦ 폐결핵을 박멸할 방안 모색 : 조선 청년의 사인은 대개 폐결핵인데, 일본에서는 유지자들이 결핵을 박멸할 방법으로 시설을 세우거나 폐결핵연구소를 만들며, 또 격리요양원을 실시하여 다소 효과가 있다. 그러나 조선에서는 이에 대한 대책이 없다. 일본에서는 동경의 북리(北里)전염병연구소에서 '싸이에노쿠플'이라는 새 약을 제조하여 폐병, 나병에 매우 효험이 있다. 조선에서도 이를 기다리고 있다.

⑧ 기타 재미있는 문제 : 흑인여자의 난자를 떼어다가 백인종 여자의 자궁에 붙이면 그 뒤에 태어날 아이는 백인종 혹은 흑인종인가?

오긍선은 새로운 의학을 소개하면서, 이를 조선에 활용하고자 하였다. 특히 새로운 기계나 치료약을 도입하거나 혹은 새로운 약의 개발을 위해 한약 재료를 활용할 방안을 구상하였다. 그는 자신의 연구실에서 병리와 의약을 연구하여 사회에 공헌하겠다는 의지를 보였다. 이를 취재한 매일신보의 기자는 오긍선의 책상 위에 도쿄제대에서 가져온 파리종자의 피부병균, 17종의 시험관, 많은 환자의 질병 사진이 쌓여 있다고 소개하였다.

이런 과정을 거쳐 오긍선은 비로소 총독부 법에 규정한 전문학교 교수 자격을 인정받은 것으로 보인다. 오긍선의 귀국 직후, 세브란스연합의학교는 전문학교령에 따라 '사립세브란스연합의학전문학교'로 인가를 받았으며, 법적으로 의학전문학교가 되면서 현재와 같은 '교실'이 설치되었다. 해부학, 생리학 및 생화학, 약물학 및 약학, 병리학, 세균학, 위생학, 법의학, 내과학, 외과학, 정형외과학, 산부인과학, 소아과학, 안과학, 이비인후과학, 신경과 및 정신병학, 그리고 피부생식비뇨기병과 교실이 설치되었으며, 오긍선은 과장 겸 주임교수가 되었다.[29]

오긍선은 교실을 운영하면서, 교과목으로 '피부생식비뇨기병'을 일주일에 1시간씩, 3~4학년에 개설하였다.[30] 또 학생들에게는 도히 교수가 지은 『皮膚科學』(1915)을 추천하고, 이 책을 수업 시간에도 들고 들어가 참고하기도 하였다.[31]

---

29) 이런 과정에 대해서는 奇昌德, 「海觀 吳兢善과 연세대학교 의과대학 피부과학교실」, 『醫史學』 5-2(통권 9), 1996.
30) 奇昌德, 위의 글, 150쪽 ; 기창덕, 「세브란스 연합의학전문학교 교과과정」, 『한국의학교육사』, 1995, 75~81쪽.
31) 『海觀 吳兢善』, 1977, 248~250쪽.

## 3. 의학 계몽활동과 통속의학 강연

### 1) 화류병 계몽과 공창폐지운동

피부비뇨기과학 교실을 책임진 오긍선은 화류병의 만연을 가장 심대한 사회 문제로 보았다. 그는 이 병이 조선총독부가 시행한 공창제도 때문에 비롯되었다고 판단하고 이를 폐지하는 운동을 전개하였다. 공창제도는 일제 식민지배의 산물로, 일제는 식민체제를 유지하기 위한 방안으로 이를 시행하였다. 따라서 공창제도의 폐지는 도덕적, 의학적 차원의 사회문제이기도 하지만, 더 나아가서는 근본적으로 식민지 사회, 지배 질서를 부정하여야 가능한 것이었다. 그러나 당시 오긍선의 폐창운동은 대개 전자의 사회문제를 중심으로 전개되었다.

오긍선은 무엇보다도 화류병의 증가 원인을 '풍기 문란'으로 보았다. 1920년 『동아일보』와의 인터뷰에서[32] 그는

특별히 화류병에 대하여는 일면으로 사회 풍기와 직접 관계를 가진 것인 까닭에, 환자가 증가하는 이면에는 사회의 풍기가 그 비례로 문란하여 갈 것이다. 요사이는 이런 것도 사회의 진보한 덕이라 할는지, 전에 없던 유곽(遊廓)이라는 것과 공연히 펼쳐 놓고 화류병을 소개하는 매음부들도 많이 생겼음으로 해마다 이러한 도덕상 용납지 못할·악독한 병이 많이 생겨 오는데. (…) 화류병 환자가 해마다 증가되어 가는 것은 참 유감 되는 일이라.

라고 하였다. 그는 환자 증가의 추세를 당시 세브란스병원의 환자 숫자로 제시하였다.

---

32) 『東亞日報』(이하 『동아』) 1920년 6월 7일, 「花柳病이 增加」.

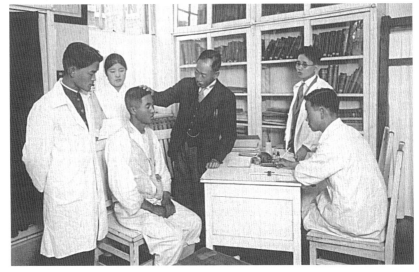

진료중인 오긍선

**1917년도 환자 2680명** : 매독 328명(13%), 임질 319명(9%), 횡현(橫痃) 63명(2%),

연성하감(軟性下疳) 99명(3%) (화류환자 829명 중 피부병 환자가 1/3)

**1918년 신환자 3256명** : 매독 404명(12%), 임질 420명(18%), 횡현 116명(4%),

연성하감 138명(4%) / 총계 1780명

**1919년 신환자 4334명** : 매독 623명(15%), 임질 576명(13%), 횡현 152명(3%),

연성하감 149(3%) / 총수 1500명[33]

이와 같은 성병 환자의 증가를 경험하면서 오긍선은 이 문제를 환기시키기 위한 '위생강연회'를 자주 행하였다.[34] 화류병에 대한 계몽은 당시 피부비뇨기과에서 행하던 사회봉사의 주된 업무였다.

당시 폐창운동은 기독교계에서 주도하였다.[35] 기독교계에서는 사회개조운

---

33) 위와 같은 신문. 비율이 빠진 것은 보완하였다.

34) 가령 『동아』 1920년 4월 29일, 「뎨삼회소년강연회, 종로청년회에서 3회 소년 위생강연회」.

동의 일환으로 절제운동을 실시하고 있었고, 폐창운동도 이 절제운동의 일환
이었다. 폐창운동은 기독교 선교사에 의해 시작되었다. 1919년 9월, 이들은
전조선선교사연합대회에서 매춘제도 폐지를 총독부에 청원하기로 하였다.

이를 이어 1923년 선교사, 조선인, 일본인 연합으로 공창폐지운동을 추진하
였다. 12월 11일, 일본인기독교청년회의 감리교 공창폐지위원 4명을 포함하여
30여명의 목사, 외국인, 일본인 대표자들은 각각 단체를 조직하여 공창폐지운
동을 공조하기로 하였다. 각 단체를 대표한 사람은 조선인 측 오긍선, 일본인
측 니와[丹羽淸次郞], 외국인 합컥(C. C. Hopkirk)이었다. 일본 기독교계 인사인
니와는 세브란스의전의 이사이기도 하였다.

이에 한국인 측은 1923년 12월 15일, 중앙예배당 안 유치원 교실에서 오긍선
을 비롯하여 정신여학교 김필례, 중앙청년회 홍병선, 중앙예배당 김창준,
그리고 유지 청년 등 30명이 모여 공사창폐지운동을 위한 발기인 총회를
열었다. 회의 이름을 '혁청단(革淸團)'이라고 하고 "일반 사회의 풍기 개선을
목적한 후 그 실행의 제1보로 공사창 폐지운동을 시작"한다고 선언하였으며,
창립총회는 20일에 열기로 하였다.[36] 이들은 주로 기독교계 인사로, 오긍선이
그 중심적 역할을 담당하였다.

조직을 만든 후, 오긍선은 여러 차례 공창폐지를 위한 강연회에 주력하였
다.[37] 그는 공창제도를 "비인도, 부도덕, 불합리, 불기율(不紀律)"이라고 규정
하고, 조선에 공창제도가 실시된 지 8~9년에 불과하지만, 공창이 3,548곳(1923
년 말)이나 된다고 하였다. 이는 도쿄에 비해서는 적은 것이라고 하지만,
그 뿌리가 견고하고 폐해가 만연해지기 전에 방지하자는 운동을 전개하자는
것이었다.

---

35) 윤은순, 「일제 강점기 기독교계의 공창폐지운동」, 『한국기독교와 역사』 26, 2007.
36) 『매일』 1923년 12월 17일, 「창기 폐지의 신운동」.
37) 『매일』 1924년 3월 4일, 「모임」 중앙기독교청년회에서 춘기 전도 강연회를 개최,
「公私娼과 花柳病」 ; 『동아』 1924년 5월 8일, 「공창폐지기성회 강연, 오긍선 : 공창폐지
의 이유」.

오긍선이 공창폐지의 이유로 든 것은 다음의 세 가지였다.[38]

① 도덕상 : 정조는 매매할 수 없는 것인데, 공창은 정조를 매매하는 곳이며, 방탕을
   가르치는 곳이다. 이것이 생긴 후로 청년의 타락, 이혼, 情死, 사생아 등과
   같은 것이 생겨났으니, 도덕적으로 합당하지 않는 유곽제도를 폐지해야 한다.

② 인도상 : 계급타파, 인류 평등을 주장하는 시대에 인신매매를 묵인할 수 없다.
   娼妓들은 최소 50원, 혹은 4~5백 원에 유곽으로 팔려와 노예 생활을 하고 있다.
   이들의 형편은 철창 속에 갇힌 囚擄과 같다. 인류가 인류된 가치인 相愛, 相扶하여
   인류애의 본능을 발휘해야 한다.

③ 위생상 : 화류병은 매독, 임질, 軟性下疳 등인데, 화류병은 국민을 멸망시키는
   전염병으로 매년 증가하고 있다. 지난 3년간(1920~1922) 세브란스 피부과 통계
   에 의하면, 각 년도별 매독 환자는 495명→ 573명→ 580명이며, 임질 환자는
   493명→ 510명→ 531명으로 증가하고 있다. 화류병은 치료도 오래 걸리고,
   또 치료하지 않으면 인체의 기형, 반신불수, 痲疾, 廢盲, 생산 불능 등의 악영향이
   있다. 일본의 통계에서도 공창이 없는 곳에 화류병이 적은 것으로 나온다.

그리하여 오긍선은 "공창제도를 폐지토록 하여 남녀 정결의 덕조(德操)를
장려하며, 풍기를 학청(廓淸)하여, 조선으로 도덕의 모범국을 만듭시다"라고
강조하였다.

공창폐지운동은 1926년에 더 확산되었다. 8월 상순에 공창폐지기성회 회장
오긍선은 기독교청년회연합회간사 홍병선(洪秉璇)씨와 홍종숙(洪鍾肅)씨 등
과 협의하여, 기성회의 조직을 확대하면서 동시에 공창폐지신청서를 총독에게
제출하기로 하였다.[39] 1927년 5월에는 오긍선과 일본기독교청년회 총무 니와
가 조선인 1만명, 일본인 및 외국인 2천명의 서명을 받아 이를 새로 부임하는

---

38) 『매일』 1924년 6월 1일, 「오긍선, 폐창운동과 그 이상, 인도상견지로부터」.
39) 『매일』 1926년 12월 1일, 「경성에 폐창운동」.

우가키(宇垣)총독에게 제출하였다.[40] 그 청원서에는

> 我等은 公娼制度는 人格의 尊嚴을 汚毒하고 世界의 大勢와 문화의 進運에 伴치
> 못할 뿐 아니라 朝鮮 古來 慣習에 위반하고 그 存續은 人道上 默認키 難한 것으로
> 思하오니, 閣下의 英斷으로써 속히 폐지하여 주기를 바라고 有志 1만 2천인의
> 連署로써 청원하나이다.[41]

라고 하였다.

1928년에도 오긍선은 사회 개량, 인류의 진화 원칙을 위해 공창제도의 폐지를 주장하였다. 이때에도 그는 인신매매를 행하는 도덕상의 문제와 국민 위생상의 문제를 거론하였다. 그는 "매독은 자손에게까지 유전되어, 유산, 정신이상, 백치, 반신불수 등 허다한 악증을 수반하고, 임질은 관절염, 심장내막염, 방광염, 자궁염, 고환염 등 악증을 수반하고, 또 대다수의 안질을 일으킨다"고 하고, 또한 화류병으로 인해 임신이 불가능하게도 되므로, 이를 망국병이라 칭한다고 하면서 의학상의 폐단을 지적하였다. 그는 이런 점을 거론하면서 총독부 당국의 빠른 조치를 다시 촉구하였다.[42]

폐창운동은 1930년대에도 계속되었다. 이미 오긍선은 폐창을 위해 1만 2천여 명의 서명 날인으로 총독부에 진정한 바 있었음을 환기시키면서, "우리 조선에는 평균 45%의 균을 가지고 있다는 의학적 근거에서 단연코 이 폐지운동의 깃발을 들었던 것입니다. 된다면 이 할일 많은 인류에게 이 이상 더 좋은 복음이 있겠습니까?"라고 하였다. 세브란스의전병원장이 된 피부과 이영준도 이 운동에 동참하였다.[43]

---

40) 『매일』 1927년 5월 11일, 「代理總督 登廳劈頭에 萬餘名이 連署해 公娼廢止請願 새 총독이 오는 길노 창기를 없애 달나고 한다, 公娼廢止期成聯合會에서」.

41) 『매일』 1927년 5월 12일, 「人道上 默認키 어렵다, 공창 폐지 청원서 작성」.

42) 오긍선, 「當面한 모든 主張―公娼廢止를 실현케 하라」, 『신민』 33, 1928.

43) 『동아』 1934년 6월 22일(조간), 「公私娼問題의 大講演은 今夜!」; 『동아』 1934년 12월

## 2) 통속의학 강연회

서양 근대의학의 수용은 구래의 질병관, 위생관을 크게 변화, 발전시키는 과정이었다. 따라서 세브란스병원을 비롯한 경성의전 등에서는 지속적으로 새로운 의학의식을 일반 민중들에게 알렸다. 당시에는 이를 '통속(通俗) 의학 강연'이라는 이름으로 진행하였다. 대부분의 경우에는 언론기관과 협력하여 이를 추진하였다.[44]

오긍선의 계몽적인 의학 강연은 위에서 본 바와 같이 화류병이 가장 주된 주제였고, 더불어 여러 전염병에 대한 강연도 수시로 행하였다. 특히, 당시 '호랑이보다 무서운 호열자'의 예방법을 비롯하여,[45] 발진열, 여름철이나 장마 후의 위생 등의 전염병, 육아 위생 등에 대해 강연하였다.[46] 또한 일반적인 전염병과 더불어 여름철의 피부질환을 예방하기 위해 "여름에는 피부가 늘어나서 기공(氣孔)이 뚫리어 땀이 많이 나고 땀에 먼지가 앉아 해가 되는데 몸을 깨끗하게 할 것"을 권하였다.[47] 1925년에는 이재민을 위한 순회진료단을 조직하여 사회봉사 활동을 전개하기도 하였다.[48]

세브란스의전 차원에서 본격적인 통속의학 강연을 진행한 것은 1930년대에 들어서였다. 1930년에서 1937년에 이르기까지 모두 11회의 강연회를 행하였다.

8일, 「女性解放의 烽火!, 萬二千名이 署名 廢娼을 陳情, 公娼廢止會長 吳兢善氏談」.

44) 통속위생, 통속의학이라는 이름으로 행해진 강연은 1921년 경성의전에서 시작하였다.

45) 『동아』 1920년 6월 25일, 「虎列刺의 豫防法, 음식물과 파리를 크게 주의하라고-의사 오긍선 담」.

46) 『매일』 1920년 7월 27일, 「위생강연회」 동대문 윗청년회 주최, 오긍선이 하기(夏期) 위생에 대하여 ; 『매일』 1921년 7월 2일, 「중앙기독교청년회-오긍선 : "전염병의 관념에 대하여」 ; 『매일』 1923년 7월 28일, 「조야명사를 망라하여 연제, 강사 결정, 매일신보 주최 부인대강연회-육아위생, 오긍선」 ; 『동아』 1924년 2월 23일, 「모임」 인사동조선여자청년회, 부인 강좌 "發疹熱病의 예방" ; 『동아』 1924년 7월 30일, 「霖後의 질병과 위생 방법, 오긍선박사 담」.

47) 『동아』 1924년 7월 30일, 「霖後의 질병과 위생 방법」.

48) 『동아』 1925년 7월 21일, 「罹災民과 應急救濟, 世醫病院과 本社 聯合無料治療와 巡廻慰療」.

제1회는 세전문예부 주최로, 2회부터는 세전학생기독청년회의 주최로 진행되었으며, 1~9회는 동아일보 학예부의 후원으로, 10~11회는 조선일보 학예부의 후원으로 하였다. 11회 동안 진행된 강연회의 연사와 주제는 다음과 같다.

| 제1회<br>(1930년 11월 2일) | 沈浩燮 | 신경쇠약증과 그 요법 |
|---|---|---|
| | 崔明鶴 | 인류학상으로 본 인종문제 |
| | 李容卨 | 외과 수술의 발전 |
| 제2회<br>(1932년 11월 22일) | 崔明鶴 | 性決定에 關하야 |
| | 李榮俊 | 花柳病에 對하야 |
| | 沈浩燮 | 神經衰弱 |
| | 李容卨 | 腹痛에 對하야 |
| 제3회<br>(1933년 6월 3일) | 高明宇 | 外科 傳染病의 豫防的 治療에 對하야 |
| | 沈浩燮 | 病과 藥에 對하야 |
| | 李榮俊 | 癩病에 對하야 |
| 제4회<br>(1933년 11월 17일) | 崔明鶴 | 來世의 人間 |
| | 李容卨 | 病者로서의 必要한 常識 |
| | 李榮俊 | 性及性病에 對하야 |
| 제5회<br>(1934년 6월 7일) | 具永淑 | 乳兒 간기 |
| | 申弼浩 | 婦人帶下症 |
| | 李榮俊 | 醫學上으로 본 産兒調節論 |
| 제6회<br>(1934년 11월 21일) | 沈浩燮 | 氣候의 變換과 疾病 |
| | 尹日善 | 癌에 對하야 |
| | 말틴 | 結核의 原因과 治療 |
| | 李榮俊 | 治療學上으로 본 民間祕法(迷信)에 對하야 |
| 제7회<br>(1935년 6월 6일) | 崔明鶴 | 人間 |
| | 吳漢泳 | 스포츠의 生理 |
| | 李榮俊 | 不老長生論과 更少年法에 對하야 |
| 제8회<br>(1935년 11월 19일) | 金鳴善 | 感情과 消化 |
| | 崔棟 | 醫學과 法律(1.의학의 사회성, 2.의학과 범죄 사항에 관한 단정) |
| | 李容卨 | 現代醫學의 傾向 |
| 제9회<br>(1936년 6월 19일) | 鄭一千 | 細胞와 社會 |
| | 李世珪 | 仙草人蔘에 對하야 |
| | 高明宇 | 通俗必知의 內臟外科症 |
| 제10회*<br>(1936년 11월 20일)<br>(* 제14회로 홍보됨) | 어비돈 | 援腸窒扶斯에 對하야 |
| | 沈浩燮 | 비타민에 對하야 |
| | 李榮俊 | 性 홀몬에 對하야 |
| 제11회<br>(1937년 6월 22일) | 高明宇 | 內臟外科의 一般的 常識 |
| | 尹致旺 | 妊婦의 攝生과 分娩 前後의 注意 |
| | 李榮俊 | 皮膚美 障碍의 原因과 療法 |

강연회는 "과학을 가로(街路)로", 곧 의학의 대중화를 목표로 하였다.[49] 강연의 연사는 세브란스의전을 대표하는 교수들이었다. 강연회의 주제는 '현대인은 누구나 알 필요가 있고, 또 알고 싶어 할 문제들'이었고, 이를 통해서 '계몽과 실익'을 얻을 수 있었다.[50] 강연회 중간에는 바이올린, 독창, 중창 등의 음악까지 어우러져 강연장은 언제나 성황을 이루었다. 세전의 학생기독 청년회는 방학을 이용하여 지방에서도 강연회를 행하였다. 의학 계몽을 위한 강연회는 세브란스의전 동창회에서도 수시로 실시하였다.[51]

1930년대 세브란스의 통속의학 강연의 핵심 인물은 오긍선을 이어 세전을 이끈 피부과의 이영준(李榮俊)이었다. 그는 11회 가운데 8번이나 연사로 등장 하였다. 그가 행한 강연은 「花柳病에 對하야」(2회), 「癩病에 對하야」(3회), 「性 及 性病에 對하야」(4회), 「醫學上으로 본 産兒調節論」(5회), 「治療學上으로 본 民間祕法(迷信)에 對하야」(6회), 「不老長生論과 更少年法에 對하야」(7회), 「性 홀 몬에 對하야」(10회), 「皮膚美 障碍의 原因과 療法」(11회) 등이었다. 일부 강연회 의 내용이 신문에 보도되기도 하였다.[52]

① 治療學上으로 본 民間祕法(迷信)에 對하야 : 발병 원인, 치료, 예방 등에 여전히 미신 현상이 남아있기 때문에 많은 폐해가 생긴다. 가령 무당 판수를 부르는 것, 문둥병에 사람 고기가 좋다는 것, 미친 사람을 복숭아 채로 때리면서 경을 읽는 것 등은 병의 치료에 방해가 될 뿐 아니라 사회적, 경제적으로도 적지 않는 손실이 있다.[53]

② 「不老長生論과 更少年法에 對하야」: ㉠ 구라파학자들이 논한 유산균섭취로서

49) 『동아』 1936년 6월 17일, 「世醫專學生基靑 主催 第九回 通俗 醫學講演」.
50) 『동아』 1935년 6월 4일, 「世專學生會 主催 第七回 通俗 醫學 講演, 六日 밤」.
51) 『동아』 1937년 9월 2일, 「世專 醫學 講演會 城津에서 盛況」.
52) 『세의전 교우회보』에는 3회(21호, 1934), 5회(22호, 1934), 8회(25호, 1936)의 강연 내용이 요약되어 있다.
53) 『동아』 1934년 11월 20일, 「世專通俗醫學講演을 앞두고, 演士의 演題解說(하)」.

장내 세균박멸주의 ⓛ 미국학자들의 咀嚼주의, 소식주의, 채식주의, ⓒ 일반 섭생 위생법, 즉 광선욕, 신선한 공기, 운동, 일정한 취침 시간, 心氣安靜法 등의 보조방법, ⓔ 「부로노후」 박사의 生殖腺 利殖法 찬성, ⓜ 「슈타이나」씨의 輸精管結紮法, 「후렝켈」씨의 부인에게 대한 엑쓰(X)선 卵巢照射法, 「로란」씨의 인공태양광선 照射法 등을 推獎함.[54]

또 흥미로운 점은 이영준이 당시 일반인이 관심을 가지기 시작한 '화장'에 관한 글을 세 차례에 걸쳐 신문에 기고한 것이었다. 그는 「화장을 잘하는 법」이라는 제목 아래, "인형과 같은 美를 나타낸다고 그것이 참된 미(美)라고는 말할 수 없다"고 하고, "건강이 아름다움[美]"이라는 말을 강조하였다. 이에 "개성미를 발휘하는 것이 화장의 참된 사명이자 미용법"이라고 하였다. 그리하여 피부과학에 의해 피부의 건강을 도모하는 화장법, 세안법, 비누 쓰는 법, 맛사지하는 법 등을 설명하고, 납 중독이 되지 않도록 주의하라고 하였다.[55]

## 4. 고등교육의 꿈 : 세전의 정착과 대학 지향

'고등교육'에 대한 신념을 가졌던 오긍선은 세전과 별도로 기독교계 인사들과 여자대학 설립을 추진하기도 하였다.[56] 그러면서도 그는 세전의 기틀을 다지는 일에 열성을 다하였다. 오긍선은 줄곧 에비슨을 보좌하며 세전의

---

54) 『동아』 1935년 6월 14~23일, 「世專 通俗 醫學 講演抄(全7回)」.
55) 『동아』 1934년 6월 22~26일, 「화장을 잘하는 법(1~3)」.
56) 『매일』 1928년 12월 21일, 「京城 有志 諸氏의 發起로 私立女子大學 設立」; 『조선』 1928년 12월 21일, 「朝鮮서 처음으로 女子大學을 發起」. 중심적인 사람은 오긍선과 丹羽淸次郎, 秋月致 등 기독교계 인사들이었고, 대학 안에는 대학부, 전문부, 중등부, 소학부, 유치원부를 두며, 대학 및 전문부에는 가정과, 예술과, 문학과를 두고 각과의 수업 연한은 3년으로 구상하였다.

학감, 부교장을 지냈으며, 1934년에는 에비슨을 이어 세전의 제2대 교장이
되었다. 에비슨은 언더우드의 기독교연합대학 설립 사업을 적극적으로 도왔
으며, 언더우드의 사후에는 연전과 세전의 교장을 겸하면서 줄곧 두 학교를
합하여 종합대학으로 만들고자 노력하였다.[57] 오긍선 역시 언더우드와 에비
슨의 과업을 이어서 종합대학 설립을 위해 힘썼다.

## 1) 세전의 대학 설립 노력과 신촌 지역[58]

한말, 일제 초기 기독교연합대학 설립 과정에서 에비슨은 언제나 언더우드
를 지지하였다. 세브란스연합의학교 교장이었던 에비슨은 처음부터 연합대학
이 의학과까지 포함하는 종합대학이어야 한다고 주장하였다. 그는 서울에
설립될 대학(university)에는 먼저 단과대학의 학과(college department)를 설치
하고, 여기에 최초의 전문대학원(professional school)은 세브란스병원의 의학
과를 합해야(unite) 한다고 하였다.[59]

언더우드의 사후, 에비슨은 세브란스의전과 연희전문 두 학교의 교장을
겸하면서 줄곧 두 학교를 통합한 종합대학 설립을 시도하였다. 에비슨, 원한경
등은 재정문제 해결을 위하여 노력하면서,[60] 설립자 언더우드가 꿈꾸던 대학
설립을 이루고자 하였다. 1924년, 경성제국대학 예과의 개교를 계기로 이는
적극적으로 추진되었다. 1925년 말에 에비슨과 원한경은 함께 미국에 가서
자금을 모집하면서 연전과 세전을 합하여 대학으로 승격시키고, 협성신학교도

---

57) 김도형, 「종합대학을 향한 여정 – 언더우드와 에비슨의 동역」, 『한국근대의학의 기원,
    연세』, 역사공간, 2016, 참조.
58) 이 절은 이 책의 제2부에서 언급한 바 있어 그 내용이 일부 중복된다.
59) 에비슨 → 브라운, 1910년 7월. 이 편지는 언더우드가 에비슨에게 부탁하여 선교회의
    입장을 자세하게 쓴 것이다.
60) 『동아』 1920년 6월 3일, 「연전교를 확장코자」 ; 『매일』 1920년 6월 3일, 「연희전문학교
    대확장 계획」. 에비슨은 미국에서 열린 감리교 총회에 참석하고, 연희전문을 동양에서
    가장 완전한 대학으로 만들기 위해 자금을 모집하는 중이었다.

종합대학의 문과에 편입시킬 계획이었다.[61]

연희전문학교의 종합대학 승격 추진은 1929년에도 이어졌다. 이때 연전은 학교 발전을 위한 7개년 계획을 세웠다. 명실상부한 '조선 민간의 학술연구의 중심'이 되기 위해 자금을 확충하면서, 내적으로는 박물관 창립, 조선 고서 수집 및 조선학 관련 출판 사업, 교수연구록의 발간, 정년제 및 안식년 제도 신설 등을 계획하였다.[62] 이와 아울러 연전, 세전의 핵심 인물들이 모여 통합을 논의하였다.[63] 이때 한 교장 아래 두 명의 부교장을 두어, 각각 교육과 의학(세브란스)을 담당하게 한다는 것이 협의되기도 하였다.

에비슨은 1931년 4월, 연전 개교 16주년 기념식에서 불원 연전이 대학으로 승격하고자 하며, 조선 사람으로 총장을 삼겠다고 천명하면서, 필요한 자금을 마련하기 위해 미국으로 건너갔다.[64] 에비슨은 미국 각지를 돌아다니면서 자금을 모으고, 10개월 뒤 1932년 2월에 서울로 돌아왔다. 그러나 미국 대공황의 여파로 모금이 여의치 않았고, 따라서 종합대학으로의 승격 작업도 순조롭지 못하였다.[65] 1933년 10월에 연전에서는 세전 신축기지를 대여할 것을 결정하였고, 세전 또한 그해에 양교에서 '에비슨합동관'을 건립할 것을 승인하였다.[66] 곧 연전과 세전의 통합을 통한 종합대학은 '신촌', 즉 연전이 있는

---

61) 『동아』 1925년 12월 2일, 「六百萬圓으로 綜合大學計畵, 延禧, 世醫, 協神을 合同」 ; 『동아』 1925년 12월 3일, 「綜合大學의 計劃」. 이런 계획에 대해서 연전의 유억겸은 2~3년 전부터 계획되어 오던 것이고, 대학이 되면 이것은 미국인의 대학이 아니라 조선인의 대학이 될 것이라고 하였다.

62) 『동아』 1929년 3월 28일, 「私學發展의 曙光, 延專의 新計劃을 듯고」 ; 『중외일보』 1929년 3월 28일, 「延專의 新計劃, 붓그림을 업시하자」.

63) 이때 통합을 위한 회의는 1929년 6월 12일, 에비슨 교장의 집에서 열렸는데, 에비슨을 비롯하여 R. A. Hardie, N. Found, S. H. Martin, U. K. Yu(유억겸), P. O. Chough(조병옥), J. S. Ryang(양주삼), W. M. Clark, H. H. Underwood, A. L. Becker, H. T. Owens, S. H. Hong(홍석후) 등이었다. "Conference on Proposed Union between the CHOSEN CHRISTIAN COLLEGE and SEVERANCE UNION MEDICAL COLLEGE."

64) 『동아』 1931년 4월 25일, 「불원 대학될 연전 梨專, 총장은 조선 사람으로, 연전 창립 16주년 기념식, 어비신박사 언명」.

65) 『동아』 1932년 2월 19일, 「고국 같은 조선으로! 에비슨 박사 昨夜 귀경」.

곳에 설립한다는 공감대가 형성되었던 것이다. 그러나 연전, 세전의 통합 종합대학 수립 노력은 쉽게 이루어지지 않았다. 필요 자금도 문제지만, 「대학령」에 의한 대학은 '경성제대'만으로 충분하다는 총독부의 정책 때문이었다.[67]

에비슨은 선교회 규정에 따라 70세에 은퇴해야 하였다. 하지만 적합한 사람이 없을 경우에는 기간을 연장할 수 있었으므로, 선교부는 에비슨에게 1년씩 2차례, 2년간 직책 수행을 요청하였다. 이에 에비슨은 72세인 1932년 6월 30일에 선교사 직에서 은퇴하였다. 하지만 연전과 세전 이사회는 에비슨이 선교사 신분이 아니라 학교 교장으로서만 2년간 더 일할 수 있게 하였다. 그리하여 그는 세전 교장은 1934년 2월 16일까지, 연전 교장은 9월 16일까지 수행하였다.[68] 에비슨을 이어 양교의 부교장이었던 오긍선과 원한경이 각각 두 학교의 교장을 이어받았다. 에비슨은 두 학교의 교장 취임 축하회에서 "자기가 죽기까지에 종합한 대학을 건설하여 달라는 심장한 부탁"을 하였으며,[69] 이 종합대학을 이화전문까지 합친 남녀종합대학이 실현되기를 기대한다고 하였다.[70] 종합대학 설립의 소명은 이들 두 교장에게 이어졌다.

오긍선은 세전의 학감, 부교장을 역임하면서 누구보다도 에비슨의 종합대학 설립 의지를 잘 알고 있었다. 1926년, 경성제대가 설립되면서 조선에서의 대학 설립 문제가 불거지자 연전의 유억겸은 연전의 재산이 종합대학 설립에 충분하므로, "나의 희망으로 「세브란쓰」의학전문학교를 합하여 종합대학을

---

66) 『연세대학교백년사(1)』, 연세대학교 출판부, 1985, 222쪽.
67) 1923년 당시에 이미 조선총독부의 입장은 명확하였다. 관립이던 의학전문학교와 법학전문학교의 대학 승격 문제가 나왔을 때, 총독부에서는 일본에서도 이런 경우가 없을 뿐 아니라 일본과 조선은 조건이 다르다고 하면서, 전문학교는 전문학교로서 내용을 충실하게 하는 것이 더 중요하다고 하였다(『동아』 1923년 7월 16일, 「專門學校昇格運動에 就하야, 長野學務局長談」).
68) 올리버 에비슨, 『근대한국 42년(상)』 박형우 편역, 2010, 368~369쪽 ; 『동아』 1932년 2월 19일.
69) 『동아』 1934년 2월 28일, 「兩專門校正, 副校長 祝賀會 大盛況, 유지 170명, 어박사의 深長한 祝辭」.
70) 『매일』 1934년 3월 1일, 「綜合大學의 實現을 熱望, 延專世專正副校長의 祝賀會」.

설립하였으면 하는 예정"이라고 하였는데, 세전의 오긍선도 이에 대하여

> 우리 학교는 이백만의 기본재산이 있음으로 대학의 설립 충분합니다. 그러나 나의 희망은 연희전문학교와 종합하여 종합대학을 하였으면 하는 것이 이상이외다. 그리고 학교 이름에는 「조선기독교」 무엇이라고 하였으면 하나, 우선은 적립금이 오십 만원인 바, 이것은 관계 당국자와 같이 협의하면 가능성이 있겠지요.[71]

라고 하였다. 두 학교의 핵심 실무자가 모두 연전, 세전의 연합을 강조하였고, 오긍선은 학교 이름에 '조선기독교'라는 것이 들어가야 한다는 것도 주장하였던 것이다.

1934년 세전 교장이 된 오긍선은 기회가 있을 때마다 종합대학 설립을 위해 노력하였다. 이 논의는 학원에 대한 일제의 간섭이 노골화되기 직전, 1940년에 들어 다시 제기되었다. 세전이 좁고 소란한 서울역 앞을 떠나 연전 인근에 2백만 평을 마련하여, 동양 최대의 병원과 학교를 건설하고, "연세(延世) 종합대학"을 세운다는 것이었다. 즉,

> 가장 오래인 역사와 전통을 갖고 半世紀 동안 仁術朝鮮에 不朽의 공을 세운 世富蘭偲醫專과 동병원이 금번 획기적 비약을 하게 되어 인연 깊은 현 교지를 떠나 延禧町 二百 萬평의 송림 속에 三百 萬원의 거금으로 명실함께 동양 제1의 설비 완전한 신 校舍 급 신 병원을 건설키로 내정코 방금 만반 준비가 착착 진행되어 일찍 私學界의 일대 숙안으로 각 방면에 기대가 컷던 延世綜合大學의 大理想의 실현이 일로 가까워졌다는 명랑보가 신춘 학계에 선풍을 던지고 잇다.[72]

71) 『매일』 1926년 6월 3일, 「조선에서도 민대설립 자유」.
72) 『동아』 1940년 2월 15일(석간), 「世專을 延禧松林에 移轉, 東洋 一의 校舍를 新築, 延世專綜合大學建設譜」.

연세 통합 신문기사

이런 계획을 세운 오긍선 교장은 이를 다음과 같이 언급하였다.

> 교사 이전 문제는 주지하시는 바와 같이 원체 협착하고도 주위가 소란하여
> 연구 중이던 바, 기지 문제가 延禧町으로 해결되어 이사회의 정식인가만 있으면
> 명춘부터라도 착공키로 하고 방금 모든 준비를 진행시키고 있습니다. 계획 만은
> 동양 제1의 설비를 다하려 하나 물자 관계로 어떠케 될른지요. 연세전 합병
> 문제는 최근 설립자들의 대이상이었으나, 여러 가지 관계로 급속히 실현되리라고
> 는 믿어지지 않습니다. 그러나 이상만은 좋으니 앞으로 전연 절망이라고도 단정키
> 는 어렵습니다.[73]

라고 하여, '연세'의 합병은 설립자의 '대이상'이라고 하였으며, 그 실현 가능성

---

73) 위와 같음.

을 열어 두었다. 이런 계획에 대해 연전의 원한경 교장도 양교의 연합은 "최초 설립자의 대이상"이라고 언급하면서, 세전의 이전이 잠시 중단되었던 '연합'을 일보 전진시키는 것으로 평가하였다. 이때 당시의 신문에서도 연합하여 만든 종합대학을 '연세'라고 부르고 있었다.[74]

이 계획이 발표된 후 세전 이사회에서 이 문제를 다루었다. 이사회에서는 "이전 문제는 이전비(移轉費)가 3백만 원이라는 방대한 금액이므로 이것이 조달되는 대로 즉시 실행키로" 만장일치로 가결하였다.[75] 자금만 확보하면 당장 세전을 신촌에 옮기지 않는다는 것으로, 이를 위한 유망 토지 매수는 집행위원에게 맡기기로 하였다.[76]

하지만 앞서 본 계획이 무산되자 오긍선은 당분간 세전 자체로 6년제 단과 의과대학으로 만들고자 하였다. 그러나 서울역 앞의 세브란스병원이 좋은 자리가 아니므로, "옮기게 되면 연희전문학교 곁인 신촌 송림(松林) 속으로 옮기려고 합니다"라고 하여서,[77] 당분간 두 학교를 합칠 수 없다고 하더라도 신촌으로 옮길 계획에는 변동이 없었다.

오긍선은 연전 부근에 세브란스 유관기관을 설립하기 위한 여러 계획을 구상하였다. 그는 1936년에 두 가지 계획을 천명하였다. 우선 하나는 연구 창작을 위한 "학자 아파트"를 설치하는 일이었다. 이런 구상은 당시 『동아일보』에서 각계각층 지도층의 "문화 조선" 건설 방안을 수합할 때 제안되었다.

---

74) 위와 같음.

75) 『동아』 1940년 2월 24일, 「世醫專校長에 吳兢善氏 留任」.

76) 『朝鮮日報』 1940년 2월 24일(석간), 「학교는 이전 안는다, 교장엔 오긍선씨 선임」.

77) 위의 글, 50~54쪽. 오긍선의 회견 중에서 주목되는 것은 "최초 본교가 창립되기는 韓國 光武 3년(西曆 1899년)"이라고 하였고, "개교기념일을 大正 11년(1922) 2월에 새로 발포된 교육령에 의해서 인가를 얻고 종래의 사립을 폐지하고 그저 세부란스聯合醫學專門學校라고 개칭하게 됐는데, 동년 5월 15일을 본교의 개교 기념일로 정했습니다"라고 하였다. 부실했던 제중원을 에비슨이 '專管'한 이후 교육을 정비한 때를 새로운 시작으로 간주하였으며, 조선교육령의 개정으로 1922년 다시 '세브란스연합의학전문학교'로 인가를 받았던 날짜를 개교기념일로 삼고 있었다.

이때 연전의 백낙준은 '조선 문고(文庫) 창설'을, 백남운은 학술기관으로서의
'중앙아카데미'를 만들자고 제안하였다. 오긍선은 "교수 아파트", 즉 "스칼라스
호텔" 혹은 "스칼라스 아파트맨트"를 건축하여 조선의 학자와 문인들을 수용하
여 연구, 창작에 전심케 하자고 하였다. 총 100만원의 자금으로 재단법인을
만들어, 100명 정도 수용하는 철근 콘크리트 500평의 시설을 만들되, 그
위치는 '경성 서대문 외 연희장(延禧莊)' 근처 3천 평이면 된다고 하였다.[78]

　다른 하나는 신촌 부근에 결핵요양원을 건설하는 것이었다. 개교 36주년을
맞아 오긍선은 세전이 항상 "민중건강 선보호"라는 모토 아래 활동해 왔음을
자찬하면서 결핵요양소 사업이 "가장 훌륭하고도 자랑할 만한 획기적 대사업"
이 될 것으로 확신하였다. 오긍선은 이를 위해 '서울에서 멀지 않은 연희면
신촌 정거장 부근에 2천 7백평(시가 매 평 2원)을 사 놓았는데 금년부터
3만원에 예산으로 건축에 착수하기로' 하였다고 언급하였다.[79] 이 일환으로
1937년 5월에 3년 전에 사 두었던 2만 2천 평의 동교동 산림에 100명 정도
수용할 수 있는 결핵환자요양소와 50명 가량 수용하는 정신병자수용소를
세우고자 하였다. 세전에서는 이미 이를 설계 중이라고 하면서, 병원이라는
느낌이 나지 않게끔 건물을 배치하고, 병원 안에는 응접실과 「티룸」도 설치하
여 청년 의사들의 사교장 또는 휴식에 적합하도록 하겠다고 하였다.[80]

## 2) 오긍선 교장 시절의 학내 분규

　오긍선 교장 시절에는 세전 이사회를 중심으로 매우 많은 일들이 일어났다.
오긍선이 첫 번째 한국인 교장이라는 점과 관련된 것이 많았다. 교장이 되어

---

78) 『동아』 1936년 1월 1일, 「文化 朝鮮의 多角的建築, 資力을 기다리는 새로운 領野」.
79) 『조선중앙일보』 1936년 1월 3일, 「민중 보건 위하여 결핵 요양원 계획, 신촌 부근에
　　기지까지 사놓았다－세의전 오긍선씨 담」.
80) 『조선』 1937년 5월 6일, 「東橋町 松林 속에 신설된 '濟生'의 殿堂」.

얼마 지나지 않은 1936년 7월, 해부학 교실의 최명학 교수의 사직권고 문제가
일어났다.[81] 오긍선, 이영준, 최명학을 둘러싼 이 분규로 세전 동창회에서도
오긍선 교장을 공격하는 지경에 이르게 되었다.

1937년 7월에는 오긍선 교장이 사표를 제출하는 사건이 일어났다. 그 계기는
치과 교수였던 부스의 과도한 요구 때문이었다. 부스는 에비슨 교장 시절에
부임하였는데, 이때 에비슨과 부스 사이에 맺었다고 짐작되는 '치과의 특수우
대조건의 계약'과 치과 독립 문제가 결부된 것이었다. 게다가 오긍선이 미국
교회의 재정 지원이 없어도 학교와 병원을 효율적으로 운영하자 일부 서양인들
은 조선인 교장에 대해 반감을 가지기 시작하였다. 이에 오긍선과 D. 에비슨(어
비돈)은 "교장, 부교장으로 있으면서 일개 교수로 말미암아 학교 행정을 자유롭
게 할 수 없으니 그 자리에 앉을 수 없다"고 의견을 표명하고 사표를 제출하였던
것이다. 그러자 이사회는 오긍선 당사자를 제외한 20명이 투표하여 19대
1로 오긍선 교장을 다시 신임하고, 치과 독립을 허락하지 않고 세브란스의
한 부분으로 유지하기로 결정하였다.[82]

몇 달 뒤, 1938년 2월에 오긍선 교장이 다시 사표를 제출하였다. 이때의
이유는 오긍선 교장의 정년 문제였다. 오긍선은 교장으로 재직하고 있을
때 정년제를 만들었는데, 마침 그가 60세가 되었으므로 자진해서 사표를
낸 것이었다.[83] 그러나 여기에는 북장로회에 의해 제기된 토지문제가 결부되

81) 연세의료원 120년사 편찬위원회, 앞의 책, 299쪽.
82) 『매일』 1937년 7일 15일, 「世專紛糾眞相」;『동아』 1937년 7년 21일, 「辭表不受理로
留任을 決定」;『매일』 1937년 7월 22일, 「世醫專理事會에서 現正副校長信任, 二十표
투표에 十九대 一로써 齒科分立論도 解消」. 이때에 오긍선은 세브란스병원이 서양인의
경영이라고 하는 것에 "섭섭"하다는 의견도 개진하였는데, 미국선교부에서 매년
5만원의 원조비를 보내주던 것이 재작년부터는 미국의 경제공황으로 1년에 1만원밖
에 보내주지 않게 되어 1년 33만원 경영비의 불과 30분지 일이며, 따라서 실질상
순전히 우리 조선 사람들의 경영이라고 하였다(『조선중앙』 1936년 1월 3일, 「민중
보건 위하여 결핵 요양원 계획, 신촌 부근에 기지까지 사놓았다 - 세의전 오긍선씨
담」).
83) 『조선』 1938년 3월 4일, 「世專에 停年制 創定! 現 校長 吳兢善氏 勇退」.

어 있었다. 조선 선교의 중요한 축이었던 미국 북장로회가 조선에서 인퇴(引退)하면서(아마도 태평양전쟁의 발발 속에서 일어난 것으로 보임) 평양의 미션스쿨 3곳이 폐교하였다. 이런 가운데 북장로회는 10년 전 세브란스병원에 기부했던 7천평(시가 3백만 원)의 땅을 반환하라고 청구하였다. 그러자 이를 섭섭하게 여긴 오긍선 교장이 정년제도를 핑계로 사표를 제출한 것이다. 다수의 이사들은 이 토지는 이미 10년 전에 이사회에서 기부행위로 인정하여 법원에 등기 수속까지 히였으니, 경솔하게 할 수 없으므로 쌍방에서 조사위원을 2명씩 선정하여 토의, 연구하자고 제안하였다. 하지만 미북장로회 측에서 이에 응하지 않아 난항을 거듭하였다. 이사회에서는 선교회와의 문제가 어렵고, 또 오긍선 교장 후임으로 조선인을 교장으로 하는 것도 어렵다고 보고, 후임 교장으로 원한경 연전교장을, 부교장에는 고명우 전 세전 교수를 선임하였다. 원한경이 양교의 교장을 맡게 된다면 두 학교를 통합하여 종합대학을 세운다는 것이 이런 기회에 실현될지도 모른다는 보도도 나왔다.[84]

그러자 세전 동창회에서 교장 사직 소식을 듣고 교장 유임 운동을 전개하였다.[85] 긴급 소집된 동창회에서 ① 오 교장을 유임하도록 이사회에 진정할 것, ② 오 교장에게 사의를 번복하도록 특청할 것 등을 결의하였다.

이 혼란은 상당 기간 지속된 것으로 보인다. 교장으로 선임된 원한경은 연전의 일이 바쁘다는 이유로 취임을 사절하였고, 총독부에서도 인허하지 않았다. 12월에 이르러 비로소 교장 오긍선과 부교장 에비슨을 유임시켰다.[86]

1939년 2월에 다시 오긍선이 정년으로 용퇴한다고 하여 문제가 일어났다.

84) 『동아』 1938년 3월 16일, 「世專基地返還 要求는 同校死活問題라고 激論, 北長老 끝까지 土地信託證要求, 吳校長 停年으로 辭任」 ; 『동아』 1938년 3월 16일, 「세전, 연전 연합종합대학 건설의 秋!」 ; 『매일』 1938년 3월 17일, 「昨日 세전 이사회 개최, 正副校長을 改選, 교장 원한경씨, 부교장 고명우씨, 이사회 정원도 감소」.
85) 『매일』 1938년 3월 25일, 「모교의 장래를 우려, 오교장 유임 운동」.
86) 『동아』 1938년 12월 28일, 「세전의 오교장, 정년을 일축코 유임」 ; 『매일』 1938년 12월 28일, 「세의전 오, 어 양씨 유임키로 결정」.

정년 제도를 정착시킨다는 점과 오긍선이 이를 솔선한다는 범례를 보인다는 생각이었다. 이사회는 최동(崔棟)을 교장으로, 앤더슨(安烈)을 부교장으로 선임하였다. 그런데 최동은 학무당국의 정식 인가를 받지 못하였다.[87) 이듬해 (1940) 2월에 이르러 1년 만에 오긍선의 사임이 취소되고 다시 교장으로 선임되었다.[88)

* * *

오긍선은 배재학당 재학 때 독립협회 운동에 참여하였다. 그는 정부의 독립협회 탄압을 피하면서 여러 선교사의 한국어 선생 노릇을 하였다. 그때 인연을 맺은 선교사 알렉산더의 주선으로 미국의 의과대학으로 유학하였다. 학교를 마친 후 그는 미국 남장로교 파견 의료선교사로 한국으로 돌아왔고, 남장로교가 관할하던 군산, 목포 등지의 기독교 병원에서 근무하였다. 그러던 중 오긍선은 1912년에 미남장로교 선교사로 세브란스병원에 합류하였다. 조선인 학생과 외국인 선교사의 가교 역할을 하던 오긍선은 거의 모든 과목과 진료에 관여하였다.

세브란스병원 및 의학교는 기독교 교파에 구애되지 않고 조선에서 활동하던 의료선교사를 불러 '연합'의 형태로 운영되고 있었다. 병원 운영을 책임지고 있던 에비슨은 각 교파의 인력과 현대식 병원 시설을 바탕으로 조선총독부의 법령에 따라 '전문학교'로 인가를 받고자 하였다. 이를 위해 일본 정부가

---

87) 『동아』 1939년 2월 22일, 「세의전 교장에 최동 교수를 선정, 오교장 정년으로 용퇴」 ; 『조선』 1940년 1월 26일, 「世專 後任校長 當局 不認可」.

88) 『조선』 1940년 2월 24일, 「학교는 이전 안는다, 교장에 오긍선씨 선임」. 이때 이사회는 북장로회와의 관계도 청산하기 시작하였다(『동아』 1940년 2월 23일, 「世專專理事會開 幕 校舍移轉案을上程」, 「同校長選定問題도 同時討議, 校舍基地買收는可?」 - "일찍 문제 많 던 '미회' 계통의 토지반환요구에 대하야 六萬원의 補償金을 지불하여 동 건물 六棟 및 대지를 매수하여 반세기 동안 손을 잡어오던 미북장로교 미회 인퇴의 준비공작을 승인키로" 하였다).

인정하는 의사 면허와 연구, 교수 경험을 가진 교수 인력이 필요하였으므로, 이런 차원에서 오긍선 역시 1916년에 1년간 도쿄제대 피부과에서 연구 생활을 하였다. 이런 준비 후에 세브란스의학교는 세브란스의학전문학교로 인가를 받게 되었다.

오긍선은 세브란스의전의 피부생식비뇨기병과 교실의 주임으로 활동하였다. 그는 일본에서 새로운 의학을 배워 이를 일반인들에게 소개하면서 피부비뇨기과와 관련된 화류병(성병) 예방을 위한 계몽 활동에 힘을 기울였다. 이 일환으로 그는 기독교계 인사들과 더불어 폐창운동을 전개하였다. 일제가 식민지배 정책의 일환으로 조선에 설치한 공창제도로 인해 조선인의 성병이 만연하게 된 것을 막기 위함이었다. 그의 폐창운동은 식민체제를 부정하는 단계로까지는 가지 못하였지만, 기독교 의사로서의 윤리도덕과 건강의 차원에서 문제를 제기한 것이었다. 그 영향력은 상당하여 하나의 사회운동으로까지 전개되었다. 이런 의학계몽활동은 1930년대 세전이 주도하는 '통속의학강연회'로 발전하였다.

한편, 오긍선은 에비슨의 동역자로 세전의 학감, 부학장을 지냈으며, 에비슨이 은퇴하면서 세전의 제2대 교장이 되었다. 한국인이 교장이 되자 이에 불만을 품은 사람들 사이에 몇 번의 학내 분규가 일어나기도 하였다. 하지만 오긍선은 교장으로 역할을 다하였고, 특히, 세전을 일본 문부성에서 인정하는 의사 양성학교로 인정받게 하였다.

그러나 무엇보다도 오긍선이 힘을 쏟았던 것은 세전과 연희전문을 통합하여 종합대학으로 승격하는 일이었다. 에비슨이 연전, 세전 두 학교의 교장으로 줄곧 노력하고 지향했던 것이었지만, 끝내 성사시키지 못했던 것이었다. 오긍선은 궁극적으로는 세전을 연전이 있는 신촌 연희동 지역으로 옮기고자 하였다. 오긍선이나 연전의 원한경 교장은 '연·세'의 통합이 두 학교 설립자의 염원이자 '대이상(大理想)'이라고 보았다. 그러나 이 과제는 일제의 불허로 완수하지 못하였다. 또한 세전 관계자는 학교뿐 아니라 유관 기관을 신촌

지역에 만들기 위해 노력하였다. 이를 통해 의료체계의 발전은 물론이고 조선의 문화 발전에도 기여하고자 하였다. 오긍선 교장 말기에는 일제 침략전쟁의 광풍이 학원가를 휩쓸었다. '황국신민(皇國臣民)의 서사(誓詞)'를 암송하고, 일본 정신을 주입하기 위해 '일본학(日本學)'이라는 교과목도 개설되었다. 창씨개명도 강요되었다. 학교를 떠나지 않는 한 이런 강요를 피할 수 없었다. 심지어 영향력 있는 사람은 일제의 전쟁에 각종 방법으로 동원되었다.

교장 오긍선도 이런 억압에서 자유롭지 못했다. 창씨개명은 하지 않았으나,[89] 일제의 침략에 동조하는 활동을 하게 되었던 것이다. 오긍선은 1923년 경성부협의회를 통하여 일제의 정책에 참여하였는데,[90] 본격적으로 일제에 협력한 것은 중일전쟁 이후인 1938년 이후였다. 이때 오긍선은 조선지원병제도 실시를 축하는 행사와 조직의 임원으로 활동하였고, 이후 국민총력조선연맹(1940), 흥아보국단(1941), 조선임전보국단(朝鮮臨戰報國團, 1941) 등의 단체에서 임원으로 활동하였다. 또한 몇 차례의 기고문 등을 통하여 특히 기독교계의 협력을 강조하였다.[91]

오긍선이 세전 교장으로 있던 말년인 1942년 1월에 학교 이름이 '아사히(旭)의학전문학교'로 바뀌었다.[92] 그는 그해 8월 교장직을 이영준(창씨개명 公山富

---

89) 교장이었던 오긍선은 창씨개명을 피할 수 없었지만, 그는 꾀를 내었다. 즉 "內地[일본]에도 「吳」라는 씨가 많이 있습니다. 그대로 사용하겠습니다"라고 하여, 법적으로는 창씨를 한 것이지만 실제로는 하지 않은 모양을 취했다(『三千里』 12-3, 「社會人士 『창씨개명』록」, セブランス 醫學專門學校長 吳兢善, 1940). 하지만 법적으로 엄격하게 얘기하면 오긍선은 '吳'로 창씨한 것이고 개명은 하지 않은 것으로 보아야 할 것이다.

90) 『매일』 1923년 11월 22일, 「京城府協議選擧, 當選된 三十名」; 『매일』 1923년 11월 23일, 「京城府議員 畧歷 朝鮮人側」.

91) 오긍선의 친일 활동에 대해서는 친일반민족행위진상규명위원회, 『친일반민족행위 진상규명 보고서(IV-10)』, 2009, 106~140쪽.

92) 『매일』 1942년 2월 1일, 「旭醫專, 세브란스의 개칭」; 2월 3일 「새 출발의 旭醫專」. 1월 31일에 학교이름이 바뀌었다. 이때 전문학교는 '전시교육임시조치령'에 따라 전쟁을 위한 학원으로서의 기능을 강화하여 이름을 모두 바꾸었다. 보성전문학교는 "경성척식경제전문학교"로, 이화여전은 "이화여전 여자청년연성소 지도자 양성과"로 하였다가 다시 "경성여자전문학교"가 되었다. 연희전문학교의 경우에는 아예 학교가

雄)에게 물려주었다.[93] 일제 말기의 세전을 둘러싼 기독교 선교사 추방, 일제의 억압과 이에 의한 굴종, 그리고 그런 사이에서의 학교 운영과 유지 등에 따른 문제는 별도의 논제로 다루어야 할 것이다.

---

폐지되고, 재산이 몰수되었고, 이 재산과 학생을 기반으로 '경성공업경영전문학교'를 만들었다. 교장(이사장)이 미국인이었기 때문이었다. 이에 따라 해방 후의 학교 재건과정도 달랐다.

93) 『매일』 1942년 8월 23일, 「새 출발의 旭의전, 21일 신구교장송영식」.

# 배민수 목사의 농촌운동과 연세

배민수(裵敏洙, 1896~1968) 목사는 일제강점기 기독교 농촌운동을 대표하던 사람이었다. 그는 기독교 농촌공동체를 만들고 기독교 농촌지도자 양성에 매진하였다. 그의 농촌운동은 일제 강점 하에서는 민족운동의 일환이었고, 해방 이후에는 새로운 사회 건설의 방안이기도 하였다.[1]

시기에 따라 지향점은 달라졌지만, 기독교 농촌운동에서는 기본적으로 농촌의 기독교 복음화와 기독교 농촌지도자를 양성하여, 각 사회 과제를 해결하고자 하였다. 배민수의 농촌운동은 장로교 조직을 통해 추진되기도 하였고, 해방 후에는 정부의 지원 하에 전개되기도 하였다. 그의 농촌운동은 중앙기독교농민학원, 삼애농민학원으로 이어졌는데, 이를 이끈 사상은 '삼애(三愛) 정신', 곧 하나님을 사랑하는 '애신(愛神)', 농촌을 사랑하는 '애농(愛農)', 노동을 사랑하는 '애노(愛勞)'의 정신이었다. 배민수의 농촌운동과 '삼애 정신'은 언더우드 이래 연희, 연세에 이어진 농업교육론과도 맥을 같이하는 것이었다. 이는 배민수의 유족이 삼애농장을 연세에 기부한 연유이기도 할 것이다.

---

1) 배민수의 사상과 민족운동, 농촌운동 등에 대해서는 방기중, 『배민수의 농촌운동과 기독교사상』, 연세대학교 출판부, 1999, 참조. 배민수 활동 자료는 방기중 편, 『배민수 목사저작집―복음주의와 기독교 농촌운동』, 연세대학교 출판부, 2000, 참조.

# 1. 3·1운동 이전 급진적 민족주의자로의 성장

한말, 일제하 한국사회의 과제는 근대민족국가의 건설이었다. 일제하 배민수는 기독교에 바탕을 둔 부르주아 민족주의 입장을 철저하게 견지하였다. 배민수의 사상은 부친의 영향 하에서 형성된 것으로, 일제에 대한 철저한 저항성, 무력운동을 지향하였다.

## 1) 민족주의와 기독교 사상의 형성

1905년 을사늑약으로 대한제국은 일제의 보호국이 되었다. 당시 한국인들은 이를 '국권상실'로 인식하고, 국권 회복을 위한 다양한 운동을 전개하였다. 곧 계몽운동과 의병항쟁이었다. 전자는 교육과 식산흥업을 통한 실력양성, 자강을 지향하였고, 후자는 무력으로 일본의 침략에 맞서고자 하였다. 식자층, 자산가, 관료층, 장교층 등은 주로 계몽운동에 참여하였고, 지방의 보수 유생층, (하급)해산 군인, 농민층 등은 의병에 참여하였다. 계몽운동과 의병항쟁은 대개 서로 적대적이었지만, 지방에 따라서는 '민족' 문제를 해결하기 위해 서로 결합하기도 하였다.

배민수의 부친 배창근(裵昌根, 1867~1909)은 청주진위대의 부교(副校, 하사)였다. 배창근은 1907년 8월 군대해산 후에 동료 군인들과 의병에 참여하여, 청주 일원에서 게릴라식 의병 투쟁을 전개하였다. 배창근은 군대 해산 후 의병에 참여하면서 집안의 생활고가 더 심해지자 자신이 살던 집도 팔아야 하였다. 이때 세를 들어 이사한 집의 주인이 기독교인이었다. 주인의 권유로 청주 일원에서 활동하던 선교사 밀러(F. S. Miller)의[2] 장로교회에 다니게 된 배창근은 기독교를 '힘의 종교'로 인식하고, 기독교를 통해 국권 회복의 길을

---

2) 충청도에서 활동하기 전에 밀러는 서울의 구세학당(언더우드학당)을 운영하기도 하였다(민노아 학당).

찾을 수 있다고 생각하였다. 또 의병 참여 이후 겪게 된 신분의 불안함을 기독교를 통해 보장받을 수도 있었다.

배창근은 의병활동으로 체포되어 1909년 6월에 처형되었는데, 감옥에 있으면서 배민수에게 아래와 같이 유언하였다.

> 우리나라를 잘 지켜야 한다. 내가 구하지 못한 조국을 구하고 보살피는 것은 아들인 네가 해야 할 일이다. 네가 내 아들이라면, 그리고 진정한 기독교인이라면 우리의 조국을 잊어서는 안된다. 조국이 독립되지 못하는 한 우리에게 자유는 없는 거야. 예수님도 네가 나라를 사랑하기를 원하실 거다. 너는 내 아들이니까 너 한몸의 부귀영화만 생각해서는 안된다. 지금은 개인적인 모든 이익을 덮어두고 나라의 주권을 찾기 위해 싸워야할 때이다. 이해하겠니? (…) 내말을 절대로 잊지 말아라. 네가 내 말을 어긴다면 나는 너를 결단코 용서하지 않을 것이다.[3]

라고 하였다. 곧 배민수의 저항적 민족주의는 부친의 영향을 받아 형성되었던 것이다.

배민수는 북장로교 선교사가 운영하던 청남기독교소학교에 다녔다. 부친이 투옥, 처형되며 겪은 어려움을 기독교 신앙으로 극복하면서, 기독교적 공동체 유대감, 평등의식을 느끼게 되었다. 이 과정에서 그는 기독교 신앙과 미국 문화를 동경하게 되었다.

배민수는 14세 되던 해에 1910년 일제의 강점 소식을 듣고, 아버지의 유언을 떠올리며 다시 나라를 위해 싸울 것을 다짐했다. '자유와 독립이 없는 삶은 의미가 없는 것'임을 마음에 새긴 것이다. 배민수의 민족의식은 아버지의 유언, 그리고 학교에서 받은 민족주의 교육의 영향 속에서 성장하였다.

---

3) 『배민수 자서전』, 박노원 역, 연세대학교 출판부, 1999, 43~44쪽.

## 2) 숭실중학 시절의 조선국민회 지회 활동

한말, 일제시기 평양지역은 기독교(미북장로교)의 중심지였다. 1907년 대부흥운동의 중심지였으며, 또한 숭실학교를 비롯한 교육기관도 즐비하였다. 이런 인적 기반을 바탕으로 다양한 기독교 계통의 민족교육, 민족운동이 전개되었다. 이 지역 기독교 민족운동을 대표하던 사람은 안창호였다. 그는 청년학우회, 내성학교 등을 통해 기독교 민족 인사를 양성하면서 독립운동을 준비하고 있었다. 이에 일제는 식민지배 초기, '105인사건', '신민회 사건' 등으로 황해도, 평안도 지역의 기독교 세력을 제거하고자 하였고, 많은 기독교 계열 인사들이 국외에 망명하였다. 국외로 망명한 신민회 계열의 사람들은 실력양성론의 한계를 인식하고 국외에 독립군 기지를 건설하여 무력항쟁을 도모하였다. 이후에도 관서지역의 3·1운동, 민족학교와 교육, 물산장려운동 등은 모두 기독교계 인사들이 주도하였다.

배민수는 1913년, 숭실중학 예비반을 거쳐 숭실중학에 진학하였다. 예비반 시절에 배민수는 선배들(노덕순·김형직 등)과 민족운동 관련 조직을 만들었다. 특히 김형직(김일성의 父)과 매우 가깝게 교류하였다. 이때를 배민수는 "우리는 항상 눈물로 기도하였다. 우리는 예수가 가르친 자유와 희생정신을 믿었다. 어떻게 조국을 해방시킬 것인가 하는 것만이 우리의 관심사이자 희망이었다. 우리 삶에서 애국심 이외에는 어떠한 가치도 존재하지 않았다."고 회고하였다.

1913년, 김형직·노덕순·배민수 등은 김형직의 제안으로 평양 기자묘 숲속에서 조국 독립에 헌신할 것을 맹세하는 '단지혈서서약(斷指血書誓約)'을 행하였다. 김형직이 먼저 천 위에 피로 '대한독립'이라는 글과 '김형직'이라는 이름을 썼다. 이를 이어 노덕순, 배민수도 그렇게 하였다. 그 당시 배민수는 다음과 같은 기도를 하였다.

하나님 아버지 (…) 우리의 죄와 동포들의 죄를 용서해 주옵시고, 우리 조국을 구할 수 있도록 인도해 주시옵소서. 나라를 위해 몸바칠 수 있도록 도와 주시옵소서. 만주와 시베리아와 세계 각처에서 방황하는 한인들을 위하여 기도드리옵니다. 그들이 돌아와 모국에서 우리와 함께 자유롭게 살 수 있게 하여 주시옵소서. 많은 동료들 중 김형직 형제를 우리에게 보내주셔서 감사합니다. 그를 축복하사 주님과 조국의 충실한 종이 되도록 은혜내려 주시옵소서. 그의 가족과 친구들에게도 많은 축복을 내려 주시옵소서. (…) 아멘.[4]

라고 하였다.

그들은 비록 학생 신분이었지만, 기독교민족주의 입장에서 무장투쟁, 곧 독립전쟁으로의 노선을 명확하게 하였다. 이에 자연스럽게 교외의 민족운동 세력과 연계되었다. 그들은 조선국민회라는 단체의 조선지회에 가담하였다. 조선지회는 1914년, 숭실 출신인 장일환이 하와이국민회의 박용만을 만나고, 그 국내 조직으로 추진한 것이었다. 박용만은 당시 미주지역에서 활동하던 이승만의 외교론이나 안창호의 준비론과 달리 무장투쟁 노선을 견지하였는데, 조선국민회는 간도지역에 독립운동 기지를 건설하면서 국내 세력과 연계를 목적으로 구성한 비밀 조직이었다. 조선지회는 1917년 3월에 결성되었다. 장일환이 회장이었고, 배민수는 통신원 겸 서기로 참여하였다. 그러나 조선국민회 지회 조직은 곧 발각되었다. 재판으로 배민수는 1년, 김형직 등 4명은 10개월, 노덕순 등 4명은 8개월 징역형에 처해졌다. 배민수는 1919년 2월 8일 출감하였다.

출감 후 배민수는 가족이 있던 성진에 거주하였다. 그런데 이때 3·1운동이 일어났다. 함경도 지역은 캐나다장로교 관할 구역으로 개신교 전도가 활발한 지역이었고, 이곳의 3·1운동 역시 기독교세력이 주도하고 있었다. 배민수는

4) 『배민수 자서전』, 81~82쪽.

자연스럽게 이 운동의 지도부가 되었고, 체포되어 1년 6월 징역에 처해졌다. 이때 그는 '민족대표' 33인이 제시했던 비폭력 노선에 동의하였다. 이는 3·1운동을 거치면서 그가 견지했던 무장운동 노선의 변화가 일어나고 있음을 보여주는 것이었다.

## 2. 1920~30년대 기독교 복음주의 농촌운동

3·1운동은 흔히 한국근대민족운동의 출발점이라고도 한다. 방법과 노선을 달리하던 이전의 운동들이 한 곳에 모였다가, 다시 새로운 이념 하에 부르주아운동과 사회주의운동으로 제기되었기 때문이다. 이 두 운동 노선은 일본에 저항했다는 점에서 '민족적'이라는 공통점을 가지고 있었지만, 운동의 이념과 노선, 방법론을 둘러싸고는 서로 대립하였다.

이때 기독교 계열의 인사들은 대부분 부르주아운동에 참여하였다. 물론 일각에는 기독교사회주의도 있었다. 부르주아운동 안에서는 1920년대 중반에 이르러 운동 노선을 둘러싸고 분화가 일어났는데, 곧 비타협적 계열과 타협적 계열이었다. 이 분화는 조선일보와 동아일보를 축으로 하여, 천도교, 기독교 운동 진영 내부에서도 일어났다. 한편, 1920년대에는 지속적으로 농민운동이 일어났다. 1910년대의 토지조사사업, 1920년대의 산미증식계획 등으로 농민층이 계속 몰락하고 있었고, 따라서 몰락 농민층(소빈농)을 중심으로 소작쟁의가 일어났다. 농촌, 농민의 몰락을 배경으로 한 농민운동은 사회주의 청년층이 주도하였지만, 부르주아 계열(기독교, 천도교)에서도 농민층의 생활 안정과 농촌진흥을 위해 활동하였다. 1920년대 후반, 청년 지식인에 의해 대대적인 농촌계몽운동이 전개되었다.

3·1운동으로 투옥되었다가 출옥 후 배민수의 운동 노선은 비타협적 입장을 견지하면서 장기전을 준비하는 '장기적이고 고단한 투쟁' 노선으로 전환하였

다. 10대 후반~20대 초반에 가졌던 무장항쟁을 포기하고, 기독교적 입장의 비타협 노선으로의 전환이었다.

배민수는 독립운동 현황을 살펴보기 위해 잠시 중국을 여행하였다가 돌아와서는 숭실전문 예과에 들어갔다가(1923), 숭실전문 영문과로 진급하였다. 이때 배민수 자신이 표현한 바, '일생에 가장 큰 성과'가 일어났다. 곧 조만식과의 만남이었다. 조만식의 기독교민족주의, 복음주의 실천사상에 감명을 받고, 조만식이 주도하던 복음주의 농촌운동에 매진하게 되었다.

조만식은 식민지하 빈곤 문제의 핵심이 농촌, 농민 문제에 있다고 보았다. 그는 식민지 농업 수탈로 인한 빈농, 빈민의 실생활 구제와 경제자립을 당시 사회의 최우선 과제로 보았으며, 그 해결 방안을 기독교 복음주의에서 찾았다. 그는 당시 조선의 기독교가 현실 생활과 괴리되어 있다는 점, 또 중산층 중심의 기독교가 개인주의, 이기적인 신앙생활에 물들어 있다는 점을 비판하였다. 개인과 가정의 안락, 평화만을 구하면서 민족을 사랑하는 마음이 상실된 기독교인의 보수적 근본주의 신앙을 비판한 것이었다. 조만식은 영생과 천당을 추구하는 '영혼 구원'이 아니라 현세에서 민족과 백성을 구원하는 것이 기독교의 진정한 신앙이라고 생각하였다. 그리하여 조만식은 진정한 복음 사업은 농촌 사업에 있다고 판단하였던 것이다.

배민수는 조만식의 훈도에 따라 민족운동 차원에서 농촌운동을 시작하였다. 조만식은 "우리의 독립운동은 너무 기회주의적이고 감정적"이며, 철저한 계획도 없이 무모하게 일본과 무력으로 맞선다고 지적하면서, 인도 간디의 무저항주의의 영향과 일제의 문화정치라는 현실적 조건 속에서 "가장 효과적이며 긍정적인 민주 독립운동의 방식"으로 '농촌운동'을 시작하였다, 농민들을 일깨우고 교육시키면서 농촌 경제를 살리면 조국의 독립도 반드시 뒤따라오게 될 것으로 믿었던 것이다.[5]

---

5) 『배민수 자서전』, 224쪽.

농촌 문제의 해결책은 곧 조만식이 주장하던 '기독교 복음주의'였다. 배민수는 조만식 지도 하에 1926년부터 농촌 강연활동에 적극적으로 참여하였다. 주로 관혼상제 악습, 음주, 나태한 생활, 여성차별, 원시적 영농 방식 등의 문제점을 거론하고, ① 생활 개선, ② 의식개조, ③ 영농 개선 등을 주장하였다. 이를 통해 기독주의 이념과 예수촌 건설을 지향하였고, 농촌의 물질적 경제자립과 정신적 복음화를 꾀하고자 하였다.[6] 배민수는 기독교사회주의와 선을 긋고, 농촌 개조보다는 농촌 복음을 더 중시하였다.

기독교 농촌운동은 예수교장로회 교단 차원으로도 확대되었다. 1928년 8월, 장로교 총회 산하에 농촌부를 설치하고 교단 공식 사업으로 추진하여 기관지 『농민생활』을 발간하였으며, '기독교농촌연구회'도 결성하였다. 배민수는 집행위원장이 되어 ① 조선 농촌에 대한 일반 문제의 연구, ② 기독주의적 농촌사업의 실현, ③ 회원 양성과 실제 사업에의 투신 등을 통하여 '예수촌 건설'(자립적 기독교 농촌공동체)에 힘을 기울였다.

1931년 배민수는 미국 매코믹 신학교에 유학하였다. 유학을 통해 자신의 복음주의 신학사상을 확립하고, 이를 농촌운동으로 승화하였다. 그는 농촌운동을 그리스도의 절대적 사명에 따라 조선과 전 세계를 교화하여 지상천국을 건설하는 긴요한 복음운동으로 보았고, 빈곤한 농민을 물질적으로 자립시키고 정신적으로 교화시키는 "정신적 물질운동"이라고 하였다.[7]

유학에서 돌아온 후, 배민수는 1933년 9월부터 1937년 중반까지 장로교 농촌운동, 예수촌 건설운동을 주도하였다. 이는 곧 기독교농촌공동체(예수촌 건설)로, ① '경자유전(耕者有田)'의 농민적 토지소유, ② 반봉건·반이윤·반독점 등을 그 논리로 하였다. 그리고 농민층의 경제 자립과 기독교 농촌복음을

---

6) 이때 덴마크 삼애협동조합운동 이념인 三愛〈愛神, 愛人, 愛土〉, 그리고 일본의 기독교사회주의자 賀川豊彦의 三愛〈愛神, 愛隣, 愛土〉 사상이 좋은 길잡이가 되었다. 후에 정립된 그의 삼애사상은 여기에서 기인하였다.

7) 배민수, 「기독교 농촌운동의 지도론」, 『종교시보』 5-1, 1936(『배민수목사 저작집』, 49~51쪽).

결합한 예수촌 건설의 실천 원리는 협동조합을 기반으로 한 생산력 증대와 생활개선 도모에 있다고 보고, 그 원리를 실현할 기독교 농촌지도자 양성에 주력하였다. 협동조합, 기독교 농촌지도자 양성은 이후 계속된 배민수 농촌운동에서 핵심 사업이었다.

## 3. 해방 전후 이승만 노선으로의 합류와 농촌운동

일제가 대륙침략을 자행하고 태평양 전쟁을 일으키면서 식민통치를 더욱더 강압하자 국내 민족운동의 활동 무대는 점차 축소되어 갔다. 그러나 국외의 민족운동 진영에서는 오히려 일본의 패망과 해방에 대비한 새로운 국가건설이 활발하게 논의되었다. 김구의 대한민국임시정부를 비롯하여, 미주의 이승만, 국내의 여운형도 그러하였고, 중국 관내, 동북지방의 여러 사회주의 세력들도 그러하였다. 이들의 새로운 국가 건설 논의는 해방 후에 새롭게 제기되어 나왔다.

국내 활동이 어려웠던 것은 기독교 계열에게도 마찬가지였다. 1930년대 후반에는 안창호 계열의 수양동우회, 이승만 계열의 흥업구락부 모두 일제의 탄압을 받았다. 또한 일제가 강요한 신사참배는 기독교 내부의 분열까지 초래하였다.

이런 상황 속에서 배민수는 1938년 6월에 미국으로 망명하였다. 배민수는 프린스턴 신학교를 다녔다(1941~1943). 1943년 5월에 졸업한 후, 2차 대전 중에는 미국의 '대일문서검열팀'에서 일하였다. 이때 이승만 진영에 가담하여 이승만의 기독교 나라 건설, 반소, 반공주의 노선에 합류하였던 것이다.

해방 후, 남한 지역에 미군정이 실시되자, 배민수는 미군정의 통역관으로 귀국하였다. 미군정시기 통역관의 위력은 대단하였다. 그는 통역관으로 김제, 남원 군정청에서 근무하였으며, 1946년 9월에는 서울 노동부에서도 일하였다.

그는 이승만 노선을 지지하였고(단정 노선 포함) 우익 진영의 반공주의 노선을 실천하였다. 배민수는 "미국에 워싱톤이 있다면 한국에는 이승만"이라고 하면서, 이승만이 정치적 지도자이자 종교적 지도자이므로 '우리나라는 기독교 왕국이 될 것'이라고 생각하였다.

1948년 대한민국이 수립되고 미군이 철수하자 배민수도 다시 도미하여 (1948년 12월) 6·25전쟁이 소강상태를 이룬 1951년 11월에 귀국하였다. 이후 전쟁으로 피폐한 농촌을 살리는 농촌부흥사업을 추진하였는데, 이 시기 그의 운동론은 물론 일제시기부터 견지하던 기독교 농촌운동이었다.

1950년대 배민수의 농촌부흥사업은 이승만 정권의 농촌사업 일환으로 전개되었다. 그는 당시 농촌 피폐의 원인으로, ① 절대 농지의 부족, ② 과다한 농업인구, ③ 후진적인 농업기술, ④ 영농방법, ⑤ 전통적인 악습, 폐풍, ⑥ 정신적 기초의 부족과 황금주의의 만연 등을 들었다. 그는 일제하 농촌운동의 이념을 계속 이어가면서, 농촌자립을 통한 농촌 복음화를 추진하였다.

배민수가 줄곧 견지한 것은 이상적인 '예수촌 건설', 곧 기독교 모범농장 건설이었다. 그는 모범농촌 건설과 협동조합운동을 주도할 기독교 농촌지도자 양성에 주력하였는데, 이를 목표로 하여 추진한 것이 '중앙기독교농민학원'이었다.

배민수는 1953년 9월, 대한금융조합연합회 회장으로 임명되었다. 이는 자유당의 중요 인물이 되었음을 의미했다. 그는 금융조합연합회장으로 전국을 순회하면서 농촌 부흥을 위한 방안들을 제시하였다.

1955년 10월, 배민수는 이승만 노선과 결별하면서 금융조합연합회 회장을 사임하였다. 배민수는 자유당 정책이 농민을 위한 것이 아니라 거짓 정책이라고 비판하였다. 그러나 그의 농촌운동은 끝난 것이 아니었다. 배민수는 자유당과 결별 후에 바로 대전에 기독교농민학원을 설립하고, 기독교 농업교육 및 기독교 농촌지도자 양성을 행하였다.

이 시기 배민수가 주력한 것은 기독교 농민지도자를 양성하는 일이었다.

일산의 농업학교와 농지를 연세에 기증한 배민수 목사 부부, 1968

양성의 기본정신은 삼애(三愛)주의를 토대로 하고 있었다. 배민수는 이미 1958년『그 나라와 한국농촌』에서 기독주의 실천사상으로 삼애정신을 천명한 바 있는데, 하나님을 사랑하는 '애신(愛神)', 농촌을 사랑하자는 '애농(愛農)', 노동을 사랑하자는 '애로(愛勞)'의 '삼애'였다. 일제시기 농촌운동에서 유행되던 삼애정신을 우리 실정에 맞도록 조정한 것이었다. 그는 '삼애정신'을 "천국시민운동의 예비 전사들인 기독교농민학원 생도가 견지해야 할 기본 강령이자 교육이념"이라고 하였다.

배민수가 전국으로 순회하면서 행한 연설의 대부분은 「한국 농민의 활로」라는 제목이었다. 강연에서 강조한 내용은 '농민의 활로'가 삼애정신에 있다는 것이었다. 가령 1959년 12월 11일 보은읍에서 행한 강연의 메모를 보면 '농민의 활로'에는 "덴마크 농민의 삼애정신도 있지만"이라고 하면서 자신의 '삼애정신'

을 설명하였다.[8]

### 1. 우리는 하나님을 사랑하자(우리 정신을 확립하자)

(1) 동해물과 백두산이 마르고 닳도록 하나님이 보호하사 우리나라 만세

(2) 우리 동양에서도 順天者는 興하고 逆天者는 亡이다지만 전 세계를 통하여 이 진리는 역사적으로 맞아온 것이다.

(3) 남의 의사를 존중하고 다른 사람을 봉사하고 남을 위하여 살자.

(4) 정직하여 참말을 해야 한다.

### 2. 농촌을 사랑하자

(1) 기후, 풍토, 산천 경개가 세계의 낙원이다.

(2) 봄 동산의 각종 화초와 새소리도 좋거니와 여름철에 적당히 비가 와서 농사짓기 알맞고 (…)

(3) 이러한 농촌의 흙을 사랑하고 (…) 즘생들을 사랑하고 이웃사람을 사랑하고 모든 농촌에 있는 것을 사랑하면 그 농촌이 우리에게 보은을 한다.

(4) 도시는 복잡하고 시끄럽고 더럽고 죄악이 많고 (…) 이러한 도시를 무엇하려고 좋아하는가?

(5) 〈대학 졸업자 1만 2천명이 실업자〉

### 3. 노동을 사랑하자!

(1) (…) 노동자를 천대하며 놀고 먹는 자를 존경하는 썩은 사상을 없이하고 (…)

(2) 〈과학적 농사법〉

(3) 〈다각농, 입체농〉 중고등학교에서 여러 가지 농사법을 배워서 농촌으로 돌아가자.

(4) 협동조합운동을 올바루하자

(5) 4H운동에 힘쓰자. ① 어른들에게 존경, ② 언어에 善하고, ③ 나무를 꺾지 않고 심으며, ④ 자기를 헌신하여 남을 봉사하고 살린다.

---

8) 『배민수목사 저작집』, 「題. 한국농민의 활로-1959년 12월 11일 보은읍에서-」, 300~303쪽.

5·16 후에 배민수는 재건국민운동중앙위원회에 참여하였다. 박정희의 중농 정책을 "내가 하려던 사업"이라고 하며 기독교농업교육운동을 이어갔으며, 1962년에는 재건국민운동중앙회에 참여하고 대전기독교여자농민학원을 설립하였다.

이후 배민수는 기독교농민학원에서 손을 떼고(여자부만 맡음) 1966년 3월에 가족이 거주하던 경기도 고양 일산에 삼애농장을 마련하고 재단법인 '삼애농민학원'을 설립하였다. 이듬해 말에 대전기독교여자농민학원을 합병한 재단법인 '삼애농업기술학원'을 설립하였다. 개원 당시 농업종합과 40명, 축산과 40명, 원예과 40명을 모집하고자 하였지만 여의치 않았다. 당시 이미 한국사회는 정부의 경제발전계획에 따라 공업화, 산업화로 나아가고 있었지만, 배민수는 여전히 농촌에 기독교 모범농장을 만들고자 노력하였던 것이다. 그러나 그 꿈이 영글기도 전, 삼애기술학원 개강 첫해인 1968년 8월 25일, 73세로 별세하였다.

## 4. 연세의 농촌지도자 양성 : 언더우드에서 농업개발원으로

전근대의 한국은 전형적인 농업국가였다. 따라서 1880년대 초반부터 조선정부가 도입한 서양 기술은 많은 부분 농상(農桑)의 발전을 위한 것이었고, 선교사들 또한 한국의 농업발전에 많은 관심을 기울였다. 특히 언더우드는 한국이 농업과 목축의 비율, 비료 생산, 방충 등에 대한 지식이 부족하므로 서구 기술을 통해 이를 발전시킬 필요가 있다고 보았다. 언더우드가 1897년 4월 1일에 발간한 『그리스도신문』은 기독교 선교를 궁극적인 목표로 삼으면서도 생활에 필요한 다양한 정보를 제공하였다.[9]

---

9) 실제 언더우드의 보고서에는 "농사 기사에 관심을 가진 사람이 다른 기사도 더 읽게 되어 개종했다고 합니다. 경상도에서 한국 쇠 종을 만드는 자는 외국 공장과 과학에

이런 차원에서 언더우드는 농업 개혁의 필요성을 강조하였다. 언더우드는
「농리편설」이라는 란을 만들어 각종 서양 농업을 소개하였다. 언더우드는
서양농기구의 우수성과 필요성을 알리는 기사를 신문에 자주 쓰면서, "뺏슬"이
라는 이름의 밭가는 기계를 팔기도 하였다. 이와 더불어 언더우드는 농업학교
의 설립을 역설하였다. 그의 주장은 정부가 농학원 같은 교육기관을 설치하여
백성들을 가르치면 한국이 점차 부강하게 된다는 것이었고, 이러한 그의
농업학교 설립 주상은 마침내 연희전문 농과 설립으로 결실을 맺게 되었다.

1915년 조선기독교대학에는 농과가 설치되었다.[10] 1917년의 연희전문 학
칙에는 "본교는 조선교육령에 의한 전문학교에 기초하여 조선인 남자에게
문학, 신학, 농학, 상업학, 수학 및 물리학, 응용화학에 관한 전문교육을 실시"한
다는 목적을 천명하였다. 이 가운데 농과는 당시 국민의 8할이 농민이던
조선의 현실에서 농업에 대한 실용적인 지식을 교수하고, 특히 기독교도인
농민에게 경제력을 향상시켜 준다는 목적을 위해 설치되었다.

농학과의 학생은 한 학년이 20명으로 3년을 수학하도록 하였다. 과목은
측량, 지질학, 토양학, 비료학, 농업 작물, 원예, 농산제조학, 양잠, 임업 등
농업의 각 분야와 관련된 것이었다. 그러나 1922년 연희전문학교는 총독부로
부터 다시 인가를 받는 과정에서 농과를 폐지하였는데 이는 입학생 수가
적고, 또한 상당한 수준의 교수를 초빙하기 쉽지 않았기 때문이었다. 그리하여
농과는 제1회 졸업생을 내는 데 그치고 말았다.

하지만 당시 조선의 문제의 근본이 농촌에 있었으므로, 연희전문에서는
농과를 부활하려고 노력하였다. 1929년, 연희전문은 7개 사업의 확장을 계획하
였는데, 그 가운데 하나로 농과를 부활하는 안도 있었다. 농민의 경제력을

---

대해 배울 수 있는 것을 알아보려고 신문을 보았는데, 지금은 그 지역에서 적극적이고
신실한 그리스도인이 되었습니다"고 하였다(『언더우드자료집(2)』, 129쪽).

10) 이하의 서술은 『연세대학교사』, 연세대출판부, 1969 ;『연세대학교100년사』, 연세대
출판부, 1985를 군데군데 참조하였다.

향상시키려면 농업을 개량해야 하며, 교역(交易)의 학식을 보급하고, 각종 부업을 장려시키기 위해서 농과와 같은 교육기관 등을 유지 발전시켜야 한다는 것이었다. 그 방안으로 학교 안에 모범농장을 설치하고, 인근의 농민에게 학습의 기회를 제공하며, 지방의 농민들에게는 순회강연과 강습을 통해 농사 개량을 장려하고자 하였다. 또한 연전에서의 농과 설치는 농촌에서의 기독교 전도사업을 발전시키는 원동력으로 보았다. 하지만 연전 농과의 부활계획은 결국 실현되지 못했다.

농과 부활은 좌절되었지만, 연희전문은 1930년대에 조선기독교청년회 연합회와 공동으로 교내에 농촌지도자양성소를 설치하였다. 당시 청년과 지식인들이 대거 농촌으로 들어가 농촌계몽운동, 브나로드운동 등을 전개하고 있던 현실을 생각해 본다면, 연희전문의 농촌지도자양성소 설치는 매우 중요한 의미를 지니는 것이었다.

연세에서 농업에 관한 관심이 다시 고조된 것은 해방 후인 1960년대였다. 사회 전반에 걸쳐 '근대화', 산업화가 추진되면서 농업의 근대화도 다시 제기된 것이다. 1967년 4월, 개원한 연세 산하의 농업개발원은 "농촌 문화 개발을 위해 희생, 봉사, 사랑의 정신을 연마하여 지역 사회 개발에 선구자적 역할을 전담"하고자 설치된 기구였다. 농업개발원은 설립 당시부터 낙농 부분에 관심을 기울였는데, 이는 농업의 다양화, 국토의 합리적 이용, 식생활 개선이라는 당시의 사회경제적 요구를 반영한 것이었다.

농업개발원은 6·25전쟁 후 연희대학교를 정비하던 백낙준 총장이 차근차근 준비한 결실이었다. 백낙준 총장은 낙농전문가로 평양에서 목장을 운영한 경험이 있는 루츠(Lutz, 원득한의 장인) 박사에게 부탁하여 지금의 운동장 인근 1만 4천 평에 목초지를 조성하였다(1959). 이 땅은 이미 백낙준 총장이 목장지로 구입한 4만평 땅의 일부였다. 이를 활용하여 1962년 6월, 오하이오 주립대학에서 젖소 10마리를 기증받아 연희목장을 만들었다. 이는 당시 전세계적으로 행해지던 헤퍼(Heifer) 프로젝트(암소를 길러 송아지를 다시 전국적으로 보급하는 운동)의 일환이었다. 1967년 4월, 농업개발원이 개원할 때까지 5년 동안 목장의 젖소는 30여 마리로 늘어나 농업개발원에서 1968년 처음 배출된 졸업생들에게 각각 1마리를 선물하였다.

목초지를 조성하고 목장을 시작하였지만, 그 규모는 젖소 30마리 정도 사육할 수 있는데 불과한 소규모였다. 또 1966년 11월, 목장지와 운동장을 공과대학 부지로 편성하자 새로운 목장 후보지 물색에 나서게 되었다. 1968년 5월, 농업개발원은 목장을 인근의 연희동으로 옮기면서 교실과 축사, 기숙사 등을 지었다. 목장에서 생산된 우유의 처리는 농업개발원에서 담당하였다. 1971년 허가를 거쳐 이듬해 2월부터 연세목장에서 생산된 연세우유를 처음으로 시중에 판매하였다.

배민수가 세상을 떠난 후, 1976년에 유족들은 삼애학원 부지 5만 6천여 평을 연세대학교에 기증하였다. 유족은 배민수가 일생을 두고 애를 썼던 초교파적 기독교 농촌교회 설립과 농촌지도자 양성의 꿈이 연세대학교에서 실현되기를 바랐다. 특히 당시 연세대에서 농촌지도자 양성을 위해 농업개발원을 운영하고 있던 점이 매우 고무적이었다.

그러나 농촌지도자 양성을 위해 설립되었던 삼애농업기술학원이나 연세의 농업개발원은 한국사회의 급격한 산업화와 농촌 사회의 변화 속에서 순탄치 않은 길을 걸었다. 도시화에 따른 이농의 증가로 인한 농촌의 인구 감소, 경제규모 쇠퇴 등은 농촌지도자 양성을 위해 설립된 삼애농업기술학원이나 연세농업개발원에 직접적인 타격이 되었다. 결국 삼애학원은 본교에 편입되면서 바로 폐교되었고, 농업개발원도 인기도 떨어져 지원자가 급감하자 1991년에 결국 폐지되었다. 따라서 삼애농장의 기능도 축소되지 않을 수 없었다.

그럼에도 불구하고 이전 시기, 한국인들을 위해 농촌 사회의 활성화를 추구하고 농업지도자 양성을 통해 기독교적 사랑을 실천한다는 연세의 농업에 대한 애정은 배민수 목사의 고귀한 정신을 통해 여전히 남아 있다.

# 결 어

　•

　(1) 한국의 대학은 근대화의 역사적 산물이었다. 물론 중세시기, 국정교학이었던 유학朱子學의 심화 교육을 위한 성균관(成均館)이 최고학부로서의 '대학' 역할을 하였지만, 근대사회 이후에 확립된 교육제도로서의 대학은 아니었다. 대학은 근대화의 사회적 과제, 곧 근대민족국가를 구축하기 위한 최고 수준의 학문 연구와 교수를 행하는 기관으로 태어났던 것이다. 하지만 한국의 근대화는 전통적인 학문으로 해결할 수 없었다. 부득이한 일이었지만, 근대화는 서양문명의 수용과 학습을 통해서 가능하였다. 이 과정 속에서 근대민족국가를 만들기 위한 다양한 논의, 개혁론이 개진되었고, 근대학문도 형성, 발전하였다.

　서양의 근대학문에는 상반된 두 측면이 있었다. 서양 근대사회 발전의 소산이었던 점에서 개인의 권리가 확립되고, 부르주아세력이 성장하면서 국민국가가 형성되는 학문적 기반을 제공하면서도, 동시에 자본주의가 발전하여 세계적 규모로 확산되면서 식민지 침탈과 지배를 위한 학문적 체제로도 발전하였다. 서양의 우월적 문명관이 파급되고, 문명과 미개의 구분과 사회진화론이 상식처럼 굳어져 갔던 것이다.

　서양문명과 학문의 확산으로 비유럽지역, 특히 유교 문명이 발전되었던 아시아지역의 나라들에서는 대혼란이 일어났다. 우월적인 힘을 배경으로 한 서양문명을 어떻게 이해하고 배워야 할 것인가라는 문제는 큰 논란거리였다. 서양 제국주의의 침략, 좀 더 지난 후에는 일본제국주의의 침략을 막기 위해서는 역설적으로 서양과 일본을 더 배워야 하는 처지에 직면하게 되었다. 서양의 우월적인 문명을 어느 수준에서 배우면서 동시에 그 침략성을 명확하게 인식하는 것이 근대민족국가, 근대사회 구축의 핵심 논리의 관건이 되었다.

한국을 비롯한 동아시아 국가는 유교사회였다. 서양문명의 힘에 의해 유교가 '문명'의 지위에서 점차 하락하고, 그 반대로 서양문명이 성취해야힐 높은 단계의 '문명'으로 파악한 '문명관의 대전환'이 일어났다. 물론 이런 전환은 단시간에 이루어진 것이 아니라 몇 번의 정세 변동(아편전쟁, 청일전쟁, 러일전쟁, 그리고 명치유신, 갑신정변 등등)이나 시세(時勢)의 변화에 따라 일어났다. 서양의 기술 문명만 배우자는 양무개혁론(洋務改革論)이 추진되었다가, 이 개혁사업의 성과가 불투명하자 서양 종교를 인정하고 서양의 전 문명을 받아들여야 한다는 문명개화론(文明開化論)이 제기되었다. 대한제국기에 들어서는 비주체적 '구화주의(歐化主義)'를 비판하고, 피아(彼我)의 장단점을 절충하는 변법개혁론(變法改革論)이 대두되었다.

모든 개혁론, 개혁운동에서는 서양을 배우는 교육의 필요성을 강조하고, 최고학부로서의 대학 건립을 구상하였다. 하지만 개혁론의 성격에 따라 서양 학문과 전통 학문을 취급하는 방식이 매우 달랐으므로, 근대학문의 정립이나 교육의 내용은 크게 다를 수 있었다. 부국강병을 위한 과학기술을 강조할 것인지, 아니면 서양문명의 원천인 기독교까지 신앙해야 할 것인지, 이와 아울러 유교는 어떻게 해야 할 것인지 등의 문제가 있었던 것이다. 또한 새로운 근대사회를 만들기 위한 기반으로서 개인의 발전과 민권 신장을 강조할 것인지, 아니면 국제 질서 속의 경쟁을 강조하면서 국가와 국권(國權) 확립을 더 우선시할 것인가라는 논의도 대두되었다. 한편 부국강병을 위한 식산흥업(殖産興業) 추진을 농업, 상업, 공업 가운데 어떤 부문을 우선적으로 발전시켜 할 것인지 등등의 다양한 논의들도 나오고 있었다. 이런 논의들은 서양의 학문 체계에서도, 또한 이를 수용했던 이웃 중국이나 일본에서도 제기되었던 것이었다. 한국에서는 서양의 근대학문을 수용하는 통로와, 그리고 그 수용을 담당했던 세력의 사회경제적 이해관계, 정치적·민족적 입장에 따라 다양하였다.

부국강병(富國强兵)을 위해 서양 학문을 배워야 한다는 논의는 1880년대에 들어서 본격화되었다. 정부는 변화하는 국제정세 속에서 서양을 정확하게 파악하고 또한 서양을 배우기 위한 다양한 정책을 실시하였다. 통리기무아문이나 통리교섭통상사무아문을 통하여 국제 여러 나라와의 외교 관계를 확대하고, 서양을 배우기 위한 교육기관(육영공원) 설치와 교사 초빙, 외국(미국, 일본, 청)에 시찰단 파견, 서양 기술에 의한 새로운 기관(제중원, 농축시험장 등) 등을 담당하였다.

조선 정부가 서양 학문을 배우려던 목적은 '부강'이었다. 따라서 조선의 국정교학 유교 이념을 명확하게 하면서 실제 생활에 필요한 서양의 기술을 '이용후생(利用厚生)' 차원에서 수용하고자 하였다. 곧 동도서기(東道西器)의 논리에 따라 서양을 배워 개혁하자는 양무개혁론(洋務改革論)이었다. 정부가 고려했던 것은 농상(農桑), 의약(醫藥), 군사, 주거(舟車) 등의 분야였다.

서양 문명과 학문을 배워야 한다는 여론은 점차 확산되었다. 갑오개혁에 들어서 정부는 교육을 통해 서양을 배우는 것이 '개명(開明) 진보(進步)'로 나아갈 수 있다고 확신하고, 일반인을 교육하기 위한 공립소학교를 세웠다. 아울러 중학교, 기예(技藝)학교[기술학교], 외국어학교, 전문학교, 그리고 대학교 설립도 구상하였다. 이 일환으로 갑오개혁과 광무개혁 과정에서 법관양성소, 의학교, 광무학교, 사범학교 등을 세웠다. 그러나 정부 차원의 대학 설립은 실현되지 않았다.

정부의 교육진흥 정책으로 많은 사립학교가 설립되었다. 학교 설립은 왕실의 측근과 최고위직 관료층에서 시작하여 점차 각 지방의 자산가, 유교지식인으로 확산되었다. 마침 이때는 실력을 키워 자강을 이루자는 계몽운동(啓蒙運動)이 전국적으로 일어나고 있었으므로 그 일환으로 학교 설립과 교육운동이 활발하였다. 설립 주체에 따라 다소의 차이는 있었지만, 대부분의 학교에서는 신학과 구학을 절충하는 형태의 교육을 시행하였다. 대한제국의 광무개혁이 '구본신참(舊本新參)'의 원리 아래 추진되었고, 또한 이에 동의한 유교지식인, 자산가층이 학교 설립을 주도했던 점에서 그러하였다. 그런 가운데 고종의 최측근 이용익(李容翊)은 황실의 지원 아래 보성전문학교(普成專門學校)를 세웠고, 보성대학으로 나아가고자 하였다.

한편 이 시기 근대교육을 이끈 또 다른 계열은 기독교 세력이었다. 1885년 기독교선교사가 내한한 후, 기독교선교사들이 가장 힘을 기울인 것이 교육이었다. 선교사는 서양문명, 근대 학문을 수용할 수 있는 가장 중요한 통로였다. 이에 조선 정부도 기독교선교사의 교육사업을 허용하면서 영어 교육을 위해 육영공원을 세워 외국인(선교사) 교사를 초빙하였다. 선교사의 학교 설립은 소규모의 영어 강의나 고아학당으로 시작되었고, 그 가운데 중등과정의 배재학당도 설립되었다. 이때 선교사들은 일찍부터 대학 설립을 지향하였다. 중등학교에 대학부를 설치하는 형태로 이를 시작하였는데, 1895년 배재학당 대학부를 비롯하여, 숭실학교(1905), 경신학교(1906), 이화학당(1910) 등에 대학부 혹은 대학과가 설치되었다. 이 가운데 '대학'이라는 이름을 먼저 사용한 것은 평양의 '숭실대학'이었다. 이 대학은 북장로회와 감리회 선교사가 같이 학교를 운영하던 '연합대학(Union College)'이었다. 서울지역에서도 언더우드가 '기독교연합대학'을 추진하였고, 마침내 조선크리스찬 칼리지(1915)를 세웠다. 이 학교는 법령에 의해 인가된 최초의 사립전문학교(연희전문학교, 1917)였다.

한편 서양문명과 근대학문이 근대화의 통로로만 작용한 것이 아니었다. 근대화 과정에서 서양과 일본은 학습의 대상이면서 동시에 배척의 대상이었던 바와 같이, 우리 민족의 근대화를 위한 학문이 형성된 반면, 또 다른 한편으로는 제국주의, 식민주의의 논리를 체계화한 학문도 만들어졌다. 후자의 학문을 산출한 기관은 일제하 경성제국대학과 여러 관립전문학교들이었다. 경성제국대학은 식민지 조선 안에서는 유일한 '대학'으로, 사립전문학교의 학문연구를 제도적으로 억압하면서 학문을 독점하였다. 이를 통해 식민 지배를 위한 이념 체계를 만들어내었다. 각종의 관립전문학교의 사정도 이와 다르지 않았다.

적어도 법적, 제도적으로 식민지배를 위한 교육기관이었던 경성제대의 학문은 우리 민족의 근대 학문이 될 수 없었다. 우리의 근대 학문은 식민주의 학문을 비판, 극복하는 과정에서 형성되었다. 이런 지난(至難)한 과제는 사립전문학교의 몫이 되었다. 그 가운데서도 실제적인 대학으로 운영되었고, 또 이념과 역사, 사상을 다루는 '문과'를 설치했던 연희전문학교의 역할이 중요하였다. 식민주의, 제국주의 학문에 저항한 민족주의 학문의 산실이 되었던 것이다. 그리하여 민족주의 이념의 기반이 되었던 국사, 국어, 국문을 주체적으로 연구하는 학풍이 형성되었다.

(2) 1885년 4월 5일, 한국에 도착했던 언더우드 선교사는 그때 막 개원한 제중원에 근무하면서 학생을 가르치기 시작하였다. 그리고는 제중원에 근무하던 의료선교사 알렌, 헤론과 더불어 조선 정부에 고아학당 설립을 신청하였다. 부모 없고 집 없는 아이들을 모아 돌보면서 아울러 국문, 한문, 기술 등을 가르치는 고아원 겸 학당을 세우겠다는 것이었다. 조선 정부도 이를 "세계상의 으뜸가는 선정(善政)"이라고 칭송하였다. 고아학당은 1886년 5월 11일, 언더우드를 '교장(敎長)'으로 정동 사택에서 시작되었다. '언더우드학당'으로 불린 이 고아학당이 바로 연세 교육의 시작이었다. 이렇게 본다면 제중원은 서울 주재 선교회의 선교기지이면서 동시에 의료와 교육 사업(제중원 의학교 및 고아학당) 기관이기도 하였다.

교육사업을 시작하면서 언더우드는 처음부터 '의과대학이 있는 종합대학' 설립을 구상하였다. 이 대학은 물론 '기독교 대학'이었다. 언더우드는 이런 꿈을 수시로 본국의 선교본부와 국내 선교회에 피력하였으며, 조선 정부에도 몇차례 대학 설립을 건의하였다. 1888년 9월, 언더우드는 한국 젊은이들을

438

위하여 '미국의 대학(college)과 같은 학교'를 세워, 영어 등의 외국어와 서양의 여러 분과 학문(branches of science)을 가르치자고 청원하였다. 조선 정부도 점차 대학 설립의 필요성을 인식하고는 있었지만, 이때는 언더우드의 청원을 거부하였다. 하지만 이후 갑오개혁 당시에는 왕실의 의지 속에서 언더우드에게 대학 설립을 요청하기도 하였다.

언더우드는 갑오개혁 후에 신문을 만들어 계몽운동을 전개하면서 한국의 역사문화 유산과 한국민의 근면, 성실, 도덕성과 그 능력을 신뢰하였다. 그는 당시와 같이 한국이 '미개화'된 것은 한국민의 재주가 없어서가 아니라 배운 것이 없었기 때문이라고 보고, 교육을 통해 서양을 배우면 문명화를 이룰 수 있다고 판단하였다. 그 궁극적 방안으로 언더우드는 대학 설립을 더 긴요하게 생각하였다.

언더우드는 선교회에 대학 설립의 필요성을 건의하면서, 조선교육협회를 조직하고 한국교육기금을 만들어 이를 준비하였다. 언더우드는 기독교대학을 설립하되, 어느 한 교파에 속한 것이 아니라 교파를 초월한 '연합대학'을 세우고자 하였다. 그는 고아학당의 후신으로 다시 세워진 중등과정의 경신학교에 설치된 대학부를 내실 있게 운영하면서, 감리교 계통의 배재학당, 한영서원과 연합하여 대학교를 세우고자 하였다.

하지만 기독교 대학을 설립하는 과정에서 재한 선교사 사이에는 심한 분란이 일어났다. 평양의 숭실대학 만으로 족하다는 평양지역 북장로회 선교사와 서울에 연합대학(Union College)을 세워야 한다는 언더우드, 에비슨 등 서울지역 북장로회 선교사 사이의 대립이었다. 남북 감리회 선교사를 제외한 국내 선교사들은 대개 평양 선교사의 입장을 지지하였다. 이런 여론에도 불구하고, 미국의 합동위원회는 서울에 기독교연합대학을 설립할 것을 결의하였다. 이런 과정을 거쳐 마침내 1915년에 조선크리스찬 칼리지(Chosen Christian College)를 개교하였다.

C.C.C.를 창립한 이듬해 언더우드 선교사는 영면하였고, 부교장 에비슨이

교장이 되었다(세브란스의학교 교장 겸직). 에비슨은 조선총독부의 법령에 의거하여 C.C.C.를 연희전문학교로 인가를 받았다(1917). 비록 '전문학교'에 머물렀지만 연희전문은 실질적인 '대학'으로 운영하였다. 에비슨 등의 학교 경영자는 설치된 '학과(문과, 상과, 수물과 등)'를 각각의 교수와 기금을 가진 '대학(college)'으로 취급하였다. 교과 운영, 내용 등도 모두 '대학' 수준에서 유지하였다.

　연희전문이 일제하에서 전문학교에 머물렀던 것은 제국대학 외에는 대학 설치를 허용하지 않았던 총독부의 정책 때문이었다. 일본의 대학령과는 관계 없이 조선 안에서는 '제국'이 아닌 조선인이나 서양선교사가 조선인을 위해 대학을 설립하는 것을 절대로 허용하지 않았다. 그럼에도 불구하고 연전은 줄곧 대학으로 승격하기 위해 노력하였다. 그 승격은 항상 세브란스의전과의 통합으로 종합대학을 만든다는 것이었다. 연전과 세전이 모두 제중원에 뿌리를 두고 있었기 때문이었고, 또한 설립자들의 오랜 염원이기도 하였다.

　두 학교의 통합과 대학 설립 시도는 경성제대 예과가 설치되던 1924년경부터 표출되었다. 에비슨과 원한경은 미국으로 가서 자금을 모집하면서 여자대학 설립, 협성신학교와의 통합 등을 그 방안으로 추진하였다. 1929년에 이르러서는 연전 발전 7개년 계획을 세우고 '조선 민간의 학술연구의 중심' 기관이 되고자 하였다. 1934년, 에비슨 후임으로 연전 교장이 된 원한경은 취임 일성으로 "대학을 목표로"라고 외쳤다. 또 1940년에는 세전을 신촌으로 이전하여 대규모의 병원을 건립하면서 "연·세" 종합대학을 구상하였다. 그러나 일제 말의 대륙침략 전쟁 속에서 원한경 등의 선교사는 추방되었고, 마침내 연전 재산도 일제에 의해 몰수되었다. 일본인 교장 아래에서 문과, 수물과는 폐지되고 일제 침략의 일환으로 '동아과(東亞科)'가 설치되었다. 마침내 학교는 경성공업경영전문학교로 바뀌었다.

　연전이 줄곧 지향했던 '대학'은 해방 후 미군정의 '대학령'에 의해서 비로소 이루어졌다. 해방이 되자 일제의 '적산(敵産)'이었던 학교를 연전출신 교수,

졸업생 등이 중심이 되어 환수하였다. 그런 후에 연희전문학교로 재개교하였다. 원한경 아래 부교장을 지냈던 유억겸이 교장이 되었으며, 유억겸이 미군정의 문교부장으로 전보하자 경성대학 법문학부장으로 대학 교육을 주도하던 백낙준이 후임 교장이 되었다.

백낙준의 지휘 아래 대학 설립을 준비하였고, 법령에 따라 1946년 8월 15일에 연희대학교로 인가되어 '승격'하였다. 해방 이후 새로운 국가 건설과 민주주의 정착, 그리고 6·25전쟁 후의 부흥을 이끌 대학의 역할을 감당하게 되었다. 그 역할의 기반이 된 것은 일제시기에 축적했던 교육 방침과 '민족주의 학풍(學風)'이었다.

(3) 고아학당 설립에서 시작된 언더우드와 그의 동역자의 교육은 철저하게 기독교 정신을 실현하는 것이었다. 그러나 연전에서는 '종교' 교육을 금지하는 총독부의 방침에 따라 이를 명확하게 교육의 좌표로 천명하지 못하였다. 연전의 영어 이름이 "Chosen Christian College"였고, 학교 재단이 '사립연희전문학교 기독교연합재단법인'으로, "본 법인은 기독교주의에 의하여 연희전문학교를 설립 유지"한다고 하였지만, 학교의 학칙 속에는 이를 명시하지 못했다. 개교 초기에는 성경 과목도 가르칠 수 없었기 때문에 성경 교육을 위해 학생을 거의 모집하지 않은 '신과(神科)'를 특별히 설치하였다.

기독교를 설립이념으로 하면서도 연전에는 기독교를 신앙하지 않는 학생들도 입학할 수 있었다. 연합대학 설립을 추진하면서 언더우드는 '일반 조선인'을 위한 교육을 천명하였다. 학생들을 기독교로 개종시키기보다는 개인(한국인)의 삶이 더 윤택해질 수 있게 교육하는 것이 더 중요하다고 생각하였다. 이 점이 기독교 교회지도자를 양성하고자 했던 평양의 숭실대학과 달랐다.

그리하여 연전에서는 "조선 민족 봉사(奉仕)를 위하여 준비할 만한 무상(無上)의 기회를 제공"하고자 하였다(『故元杜尤博士紀念銅像志』, 1928). 졸업생들을 단순하게 고등학교 교원 같은 사람으로 양성하는 것이 아니라 각 과의 성격에 따라 조선인의 경제력을 키울 수 있는 사업을 할 수 있도록 교육시켰다. 조선의 학문 발전은 물론, 실용적 학문을 가르쳐 조선민족의 향상을 위한 지도자를 양성하고자 하였다. 그리고 더 나아가 원한경의 취임사에 언급한 바와 같이 "세계 인류의 행복에 봉사하는" 학생들을 키우고자 하였다(「大學을 目標로」, 『延禧同門會報』 3, 1935). 이런 교육 방침은 학생들의 활동이나 지향에서도 그대로 계승되었다.

연희전문이 '기독교'를 분명하게 표명한 것은 1932년 「학교보고서」에서였다. 곧 "본교는 기독교주의 하에 (…) 전문교육을 시(施)하야 종교적 정신의 발양으로써 인격의 도야를 기(期)하며 인격의 도야(陶冶)로부터 독실한 학구적 성취를 도(圖)하되 (…) 교육 방침을 삼음"(『延禧專門學校狀況報告書』, 「本校教育 方針」, 1932)이라고 하였던 것이다. 기독교 정신에 입각한 '인격 도야'를 추구하였던 것이다. 기독교를 학생들의 신앙으로 명확하게 제기하지 않고 인격 도야 수준에서 거론한 것은 신앙에 구애받지 않고 일반 교육을 실시하겠다는 설립 취지와도 관련된 것이었다.

연전에서 강조한 기독교 이념은 어느 특정 교파의 그것이 아니었다. 언더우드는 처음 대학을 만들고자 할 때도 모든 교파, 특히 남북장로교와 남북감리교의 연합 대학으로 설립할 것을 주장하였다. 언더우드의 초창기 선교활동도 아펜젤러와 같이 시작하였고, 이후 중요한 성경 번역, 찬송가 편찬, 교육사업 등은 모두 연합 정신 아래에서 이루었다. 연희전문을 처음 시작할 때도 남북감리교와 서울의 북장로교가 연합하여, 경신학교 대학부와 배재학당 대학부를 합쳤으며, 이를 담당하던 교수들도 또한 그러하였다. 이사회의 구성도 줄곧 교파를 연합적으로 망라하였다. 이런 연합 정신은 세브란스병원 및 세브란스 연합의학교의 경우에도 명확하였다.

1934년 원한경 교장의 취임사에서도 그런 점을 명확하게 적시하였다. 즉 예수 그리스도가 연전의 '이상'이고, 선교사는 그리스도의 정신을 가지고 조선사정을 깊이 동정하는 사람이어야 하며, "한 걸음 더 나아가 우리는 장로교인이나 감리교인을 요구하는 것이 아닙니다. 누구나 예수의 정신을 가지고 예수의 이름으로 그의 사업을 계승할 수 있는 사람을 요구"한다고 하였다. 곧 연전은 "이러한 통일적 이상 아래 설립된 것"이라고 하였다.

기독교 이념을 확립했던 연희전문은 일제하 경성제대의 식민지 학문에 반대하고 한국의 민족주의 학문을 형성한 본거지였다. 백낙준의 회고에 의하면, 일제하 연희전문은 '민족주의자의 소굴'이었다. 일제강점기에 조선역사와 문학, 조선어 등의 민족문화를 연구하고 가르친 곳은 연희전문이 가장 대표적이었다. 이와 같이 연전이 한국학으로 민족문화 연구의 중심지, 민족주의 근거지가 될 수 있었던 것은 몇 가지의 사정이 있었다.

먼저, 언더우드를 비롯한 여러 동역 선교사의 한국문화 연구가 축적되어 있었다. 한국문화를 긍정적으로 평가하였던 언더우드는 한국 종교에 대한 연구를 행하였고, 성경 번역 등과 관련하여 『한영사전』, 『한영문법』 등을 편찬하였다. 그의 아들 원한경은 이를 개정하여 『영선자전』(1925) 등을 발간하였으며, 한국의 근대교육, 한국의 선박사 등을 연구하였다. 연전교수 백낙준은 미국 대학에서 한국 개신교의 역사로 박사학위를 받았다. 연전 관계자 및 선교사의 한국 문화 연구는 자연스럽게 연전의 민족문화연구와 민족교육으로 이어졌다.

그리하여 연전에는 민족문화를 연구하는 두 계열의 학문이 결합하게 되었다. 그 하나는 국외의 민족주의 역사학으로, 상해를 중심으로 형성된 박은식, 신채호의 역사학이었다. 이들과 같이 활동하던 정인보가 연전의 교수가 되면서 자연스럽게 그 학문이 계승되었으며, 신채호의 역사학을 배웠던 이윤재도 연전에서 역사학을 강의하였다.

또 다른 하나는 국내에서 전개되던 민족문화연구였다. 특히 동아일보의 문화운동은 민족문화에 대한 긍정적 평가 위에서 이루어졌다. 『동아일보』의 이념적 지도자였던 송진우는 일본 유학 시절부터 국수론(國粹論)과 구사상 개혁을 주장하였고, 정인보와도 절친한 사이였다. 정인보, 최현배, 이순탁

등 많은 연전 교수들이 『동아일보』 지면을 통하여 활동하였다. 또 동아일보가
중시했던 '조선어 보급'도 연전과 밀접한 관계 속에서 진행되었다.

그리하여 1920~30년대 연전은 민족문화 연구의 본거지가 되었다. 이를
주도하던 사람은 역사와 문학의 정인보, 한글 연구의 최현배 등이었고, 이를
학교 조직을 통하여 지원했던 사람은 백낙준이었다. 여기에 사회주의 이념으
로 조선경제사를 정리한 백남운도 가세하였다. 더욱이 1930년대 전반에 전개
된 한글보급운동, '조선학운동' 등을 이론적으로 확립하고, 이끈 기관이 바로
연희전문이었다. 또한 1920년대 중반 이후 부르주아 계열의 한 축이었던
기독교 민족운동 진영(흥사단과 수양동우회, 동지회와 흥업구락부)에 많은
연전 관계자가 활동했던 점도 이런 학문 연구를 유지하는데 도움이 되었다.
연전에서는 특히 실학과 역사학, 그리고 조선어(한글) 사전 편찬 등이 중요한
연구 과제가 되었다. 이후 사회 변혁기에 연전 출신들이 학술운동에 다양하게
참여할 수 있었던 것도 이런 학풍의 영향이었다(가령, 이 책에서 다룬 홍이섭과
정진석의 실학연구 등).

연전의 학문 경향, 교육, 곧 학풍은 1932년에 「교육방침」으로 천명되었다.
앞서본 기독교 이념과 더불어 이를 정리하였다.

> 본교는 기독교주의 下에 東西古近 사상의 和衷으로 문학, 신학, 상업학, 수학,
> 물리학 및 화학에 관한 專門敎育을 施하야 종교적 정신의 發揚으로써 인격의
> 陶冶를 期하며 인격의 도야로부터 篤實한 학구적 성취를 圖하되 학문의 精通에
> 伴하야 實用의 능력을 幷備한 인재의 배출로써 교육 방침을 삼음.(『延禧專門學校狀況
> 報告書』「본교교육방침」, 1932)

라고 하였다. 여기에서는 기독교 이념 아래에서 교육과 학문 연구를 행하는
목표 및 방법이 바로 "동서고근 사상의 화충"으로 정립되었다. 이런 교육
방침은 연전 창립 초기부터 실천해 오던 것이었다.

　동양과 서양의 학문, 옛 고전과 신학문의 결합을 통하여 학문을 연구하고 교육하고자 한 연전의 학풍은 연전이 민족주의 학문, 국학 연구의 본산이 되게 하였다. 서양 신학문을 수용하고, 동시에 이를 동양, 조선의 전통 문화와 결합한 위에서 연세의 국학이 발전하였고, 근대 학문과 '융합'할 수 있었던 것이다.

　(4) 해방이 되사 학문세에는 일정한 공백이 도래하였다. 경성제대의 힉문과 인력이 지배하던 학계는 식민지 청산과 신문화, 신학문 건설을 위해 재편이 불가피하였다. 하지만 당장에는 교육기관의 인력이나 연구자가 매우 부족하였다. 경성제대의 식민 학문을 반대하며 민족주의 학문을 유지하던 연전과 연전 출신의 역할이 크게 증대하였던 것이다. 그들은 해방 후의 새로운 나라를 위한 학문 연구의 중추적인 역할을 감당하였다. 특히 '제국'의 흔적을 지우려고 하던 경성대학(서울대학)의 운영을 비롯한 교육계, 학술계 전반의 정비는 연전 출신들의 몫이 되었다. 백남운의 조선학술원을 비롯하여 민족문화연구소, 역사학회, 신문화연구소 등의 다양한 기관들이 민족문화운동과 학술운동을 전개하였다.

　물론 당시의 학술계에는 부르주아 계열과 사회주의 계열의 대립이 심하였다. 양진영은 각각의 단체와 조직을 통하여 학술운동을 전개하였다. 그러다가 점차 사회주의 계열은 남쪽 지역에서는 탈락하여 북으로 활동 공간을 옮겼다. 학술계에도 남북분단이 초래되었던 것이다. 연전 교수, 졸업생들도 북으로 넘어갔고, 새로운 사회주의 국가 건설에 일익을 담당하였다. 남한에서도 6·25전쟁을 거치면서 새로운 국가 재건을 위한 학문이 발달되었다. 종합대학으로 정비한 연희도 시대의 변화에 따라 학문과 교육을 정비하였고, 일제하 연전 시절의 학풍을 재조정하여 갔다.

　연세대학교의 교육이념인 기독교 정신을 "진리와 자유"로 정립하여 천명한 때는 분명하지는 않다. 다만 1953년 부산 피난 시절에 이미 이를 표방하였다.

이에 기독교 주의를 바탕으로 한국 사회에 필요한 인재, 곧 전쟁 후의 재건과 민주국가의 건설을 위한 인재를 교육하기 위해 노력하였다. 매년 조금씩 표현에서 차이가 있었고, 또한 강조하여 부가되는 내용들이 있었다. 가령, "민주 사회 발전에 봉사할 수 있는 지도적 인격을 양성"(1952), "국난 극복의 신념과 부흥 정신의 진작"(1954), 혹은 "국가와 인류 사회 발전에 공헌할 지도적 인격을 도야"(1956) 등으로 제기되었다. 기독교적 인격 도야를 중심으로, 대한민국 건국과 6·25전쟁 등의 시대에는 민주주의, 국난 극복, 부흥 정신 등이 강조되었고, 6·25전쟁이 수습된 후에는 국가와 인류 사회의 발전으로 그 시야가 점차 넓어졌다.

새로운 국가를 위한 교육을 강조하면서 연전 시절 정립했던 '동서고근 사상의 화충'과 민족문화 연구를 새롭게 시작하였다. 1948년 12월, 대학 최초의 연구소로 동방학(東方學)연구소를 세우고 한국과 그 인근의 문화를 연구하여 새로운 국가의 민족문화 정립에 기여하겠다고 다짐하였다. 6·25전쟁 직후의 어려움 속에서 또한 최초의 대학연구소 기관지인『동방학지』를 간행하였다. 구문화(舊文化)의 결실 위에 신문화의 발전을 조장(助長)하고자 하였다. 당시 유행하듯이, 우리 민족의 후진성을 극복하기 위해 외국 학문을 받아들여야 하지만, 이를 수입하기에 급급하지 말고 중외(中外)와 고금(古今)을 헤아려 국가의 문화적 수준을 높여야 한다는 백낙준 총장(연구소장 겸임)의 의지였던 것이다.

1957년, 연희대학교와 세브란스의과대학의 '합동'이 실현되었다. 1920년대 중반, 창립자들의 이념을 실현하기 위해 시작한 통합 논의가 30년 만에 결실을 보게 된 것이다. 이를 계기로 '연세'의 교육과 학풍을 새롭게 정비하게 되었다.

먼저, 창립 이념인 기독교를 '진리와 자유'로 명확히 하고, 이를 대학의 정신, 이념과 교육의 좌표로 삼았다. 통합 후에 처음 정리된『연세대학교 요람』(1961)에는 "연대 학생들은 갈망하는 마음으로 '진리'의 문을 두드리고 들어와, 학문을 닦은 후에 '자유'의 날개가 돋치어 나가기를 바라는 것"이라고 설명하였다. 기독교 핵심 원리를 현실의 대학 생활, 인생에 적용하였던 것이다. 이에 따라 '연세 교육의 중점'은 "기독교적 인격의 조성", 곧 '진리, 자유로 표현된 창립 정신에 바탕을 둔 기독교적 인격 도야'로 천명하였다.

연세의 건학 이념과 교육 목표가 세워지면서 동시에 '학풍(學風)'도 조정되었다. 일제시기에 천명했던 '동서고근 사상의 화충' 이념을 시대 변화에 따라 조정하여 네 가지로 제시하였다. 곧 ① 기초와 전공의 균형 교육, ② 온고지신(溫故知新), ③ 과학적 정신, ④ 실사구시(實事求是) 등이었다. 이는 학문 연구에서의 민족문화 연구의 중요성, 학문 연구의 주체적 자세와 과학 정신, 그리고 기초와 전공을 두루 공부하는 박식(博識), 활달(豁達), 관홍(寬弘)의 자세였다. 일제시기 천명했던 「교육 방침」을 당시의 시대에 맞게 조정한 것이었고, 또한 연전 시절부터 줄곧 강조하던 조선 후기 '실학(實學)'의 정신이었다. 실학이 연세의 학풍으로 정립되기를 줄곧 지향한 결과였다.

또한 주목되는 것은 '융합(融合)' 교육을 지향한 것이었다. 우선 교양 과정에서 '통재(通才) 과목'을 신설하였다. 천·지·인(天·地·人) 삼재(三才)는 '시초(始初)'이자 '근본(根本)'으로, 이를 교육 원리로 활용하자는 것이었다. 천도(天道)는 형이상학(종교, 철학, 도덕), 지도(地道)는 자연과학, 인도(人道)는 사회과학(역사, 사회생활, 문화 활동)으로 분류하고, 이를 결합한 과목으로 「인간(사람)과 사상」, 「인간과 사회」, 「인간과 환경」 등을 개설하였다. 곧 사람을 중심으로 천도, 인도, 지도의 과목을 새로 만들었던 것이다. 이와 아울러 전공 과정에서도 "타 과목의 교류 이수를 권장"하여, 일정 학점까지 모두 전공으로 인정하여 주었다.

(5) 어느 시대에서나 그러했지만, 시대의 변화가 급변할수록 대학에 대한 사회의 기대는 매우 크다. 해방 후, 한국의 급격한 발전 속에서 대학은 양적으로나 질적으로 발전, 확산되었다. 그런 과정에서 대학은 자본과 국가권력의 옹호 속에서 비약적으로 '발전'되었으나 그 반대로 대학이 본래 추구했던

정신과, 대학이 사회에 대해 져야할 책무도 외면하였다. 사회 변화와 기대에 부응하지 못하면 대학은 언제나 위기에 직면하였다. 4차 산업혁명, 인공지능이 사회를 휩쓸고 있는 오늘날에 있어서도 또한 그러하다.

대학은 처음부터 국가, 사회에 대해서 이중적인 성격을 지녔다. 대학이 제도권의 교육기관이라는 점에서 국가로부터 자유로울 수는 없다. 따라서 국가는 끊임없이 자신들이 필요한 학문, 교육, 인재를 대학에 요구하여 왔다. 근대 대학이 성장한 것도 대개 부국강병(富國强兵)을 지향하는 국가의 지원 덕분이었다. 국가의 법적, 재정적 지원으로 대학들이 질적, 양적으로 성장하였지만, 동시에 국가(정부)는 그 대가(代價)로 체제와 권력 유지를 위한 학문을 강요하였다. 대학은 '발전'이라는 이름 아래, 전쟁과 경제력과 산업 기술, 고급 인력을 요구받았다. 제국주의 시대는 물론이거니와 지금도 마찬가지이다.

한편, 근대 대학은 자본주의의 발전과 그 궤를 같이 하였다. 사회 변화에 조응한 학문(주로 응용 학문)이 더 비약적으로 발전하였다. 이런 현상이 심화되면서 대학의 학문적 균형이 깨어지고, 대학은 정신적 위기에 직면했다. 외부 수요자의 요구가 강해지고, 공급자가 수요자의 요구에 따라가면서 대학의 정체성에 혼란이 온 것이다. 자본가나 유지층이 대학을 직접 설립, 운영하거나, 일부에서는 대학을 이윤 추구의 방편으로 생각한 경우도 없지 않다. 대학을 기업 경영 방식으로 운영하면서 학문의 위축, 교권 침해 등이 일어나고 있다.

대학에 대한 국가 권력의 간섭과 억압, 그리고 자본의 논리가 대학을 지배하면서 대학의 정신, 인문학의 위기가 심화되었다. 응용 학문을 중시하는 입장에서는 사회 변화 속에서 이를 당연한 일로 여기고, 인문학을 사회에서 쓸 수 없는, 이른바 "용 잡는 기술"만 가르치고 있다고 조롱하고 있다.

최근에는 IT 기술, 인터넷의 발전으로 인한 지식 전달 방법의 변화가 대학에 가져올 영향은 상상할 수 없을 정도일 것으로 예견되고 있다. 그것은 중세에서 근대로 넘어갈 때 나타난, 활자(인쇄)로 인한 서적 보급과 지식 변화를 훨씬

능가할 파급력을 지니고 있다. 인터넷을 기반으로 한 교육으로 인해 종래의 '통합형 대학'이 끝날 것이라는 예견도 있다. 대학에서 행하는 인터넷 강의(가령 개방형 온라인 강좌 MOOC)로 종래의 통합형 대학 대신, "어디서나 닿을 수 있는 대학(University of Everywhere)"이라는 새로운 개념의 대학이 생기고, 기존의 통합형 대학은 '종말'을 고한다는 것이었다(케빈 캐리,『대학의 미래 (The End of College)』, 지식의 날개, 2016). 훌륭한 교수의 강의도 배우의 연기처럼 연출되는 시절이 왔고, 사라지는 학문들과 더불어 '교수'라는 직업도 사라질 것이라고 말한다. 제4차 산업혁명 자체가 대학 정신의 위기를 가져올 수도 있는 것이다.

이런 대학의 위기, 대학 정신의 위기 앞에서 연세는 어떻게 해야 하는가. 우리는 지금까지의 연세 역사 속에서 그 길을 찾을 수 있다고 생각한다. 연세의 초대 총장이었던 백낙준은 그 취임사에서 "대학이 존재하는 목적은 진리(眞理)를 위하여 있는 것"이라고 하고, "대학교의 기능은 진리를 가르치는 일과 선대(先代)에서 이어받은 문화를 보전 보호하며, 또한 그것을 후대에 전해 주는 데에 있"다고 하였다. 이 가운데 진리를 가르치고, 또 연구하는 일은 일반적인 대학의 사명과 기능을 거론한 것이지만, 문화 보호 및 전수를 강조한 것이 남다르다.

> 우리가 문화를 보존하고 이를 후에 전수하는 사명을 실천함에는 진리를 보존, 보호하여 전수하여 주지 못하면 그 사명은 다하지 못할 뿐 아니라 우리는 문화 파괴자가 되고 말 것입니다. 우리가 연구하여 얻은 바 진리로써 사회를 선도하려 하면 사회의 구성과 그 모든 조성된 목적이 어디 있는가의 사실과 사정을 알아 진리도 사회에 대하지 아니하고서는 이 사회에 영향을 줄 수가 없을 것입니다.(「연세대학교 초대총장 취임사」,『백낙준전집(3)』, 29쪽)

요컨대 백낙준은 대학이 진리 탐구, 실천 전수(傳授)의 책임 기관이 되어야 한다는 것이었다. 이와 아울러 그는 진리 탐구의 과학적 정신과 자유도 강조하였다. 하지만 무엇보다도 문화를 보존하고 이를 다시 창조하는 대학의 역할과 사명을 강조하였다.

선대의 문화를 보존하고 연구하여 이를 전해준 것은 연전 이래의 전통이었다. 그 역사에서 줄곧 사회 변화에 따라 기독교 정신 위에서 동양과 서양, 신학문과 전통학문을 '융합'하고자 하였고, 이것이 학풍으로 계승되어 왔다. 일제하의 억압 속에서도 "기독교주의 하에 동서고근 사상의 화충(和衷)"으로 학풍을 정립하였고, 해방 후에는 진리와 자유로 창립이념을 명확하게 하고, 아울러 온고지신(溫故知新), 실사구시(實事求是), 과학정신을 학풍으로 천명하였으며, 이를 이룰 수 있는 교육의 방안으로 통재교육(通才敎育)을 실시하였다. 학문 사이, 전공 사이의 벽을 허물고 천지인(天地人)의 학문, 곧 인문학, 사회과학, 자연과학을 관통하고 통합하는 '통재(通才)' 교육은 새로운 시대, 새로운 학문을 구축하는 원리가 될 수 있다. 새로운 학문과 학풍은 옛것을 본받는 것에서 시작하고(온고지신), 이를 현실 속에서 조정, 변용해야 할 것이며(실사구시), 이는 항상 학문의 엄격한 과학성에 기초하여야 할 것이다. 이는 곧 조선 후기 실학의 이념이었고, 연세에서 줄곧 학풍으로 삼고자 했던 것이었다. 그리고 백낙준은 이를 합하여 '법고창신(法古創新)'이라고도 하였다. 오늘날 대전환기에 선 대학의 정신과 사명을 위해서도 음미해야 할 대목이다.

# 참고문헌

## 1. 자료

『承政院日記』(고종 조), 『日省錄』(고종 조), 『高宗實錄』, 『統署日記』,
『官報』, 『舊韓國外交文書－美案』
『독립신문』, 『皇城新聞』, 『大韓每日申報』, 『협성회회보』, 『그리스도신문』,
『大韓自强會月報』, 『西北學會月報』
『獨立新聞』(상해판), 『東亞日報』, 『朝鮮日報』, 『每日申報』, 『朝鮮中央日報』, 『中外日報』
『開闢』, 『東光』, 『東明』, 『東方評論』, 『문학타임즈』, 『別乾坤』, 『三千里』, 『新家庭』, 『新東亞』,
『新生』, 『朝鮮文學』, 『청년』, 『한글』
『學術』, 『民主朝鮮』, 『歷史學研究』, 『民族文化論文集』
『자유신문』, 『民報』, 『大韓獨立新聞』(해방 후), 『中央新聞』, 『서울신문』, 『로동신문』,
『근로자』, 『獨立新報』

『故元杜尤博士紀念銅像志』, 1928.
『延禧同門會報』
『延禧』
『연희전문학교 졸업앨범』(해당 연도)
연희전문학교 문과연구실, 『朝鮮語文學研究』 제1집, 1930.
『延禧專門學校狀況報告書』, 1932.
『延禧專門學校一覽』, 1939.
『연희전문학교 운영보고서(상·하)』(연세대학교 박물관 편), 선인, 2013.
연희대학교 교무처, 『학사보고서(4285년도)』, 1953.
연희대학교 교무처, 『학사보고서(4287년도)』, 1955.
연희대학교 교무처, 『학사보고서(4288년도)』, 1956.
연세대학교 교무처, 『학사보고서(4292년도)』, 1960.

『연세대학교 요람』, 1961.
『연세대학교 요람』, 1963~64.
『연세대학교 요람』, 1982.

알렌 저, 김인수 역,『알렌의사의 선교·외교편지』, 장로회신학대학교 부설 한국교회사연구
　　원, 2007.
Allen, Horace Newton 저, 김원모 역,『알렌의 日記』, 단국대학교 출판부, 1991.
『언더우드 자료집(Ⅰ~Ⅴ)』(이만열·옥성득 편역), 연세대학교 출판부, 2005~2010.
Underwood, Lillias H. 저, 이만열 역,『언더우드-한국에 온 첫 선교사』, 기독교문사,
　　1990.
Underwood, L. H., Fifteen Years among the Top-Knots, 1904(『상투의 나라』, 신복룡,
　　최수근 역주, 집문당, 1999).
에비슨 저, 박형우 편역,『근대한국 42년(상)』, 청년의사, 2010.
『연·세전 교장 에비슨 자료집(I) -국내 발행 영문잡지 기사』(문백란·김도형 편역),
　　선인, 2017.
『연·세전 교장 에비슨 자료집(Ⅱ)-국내 발행 신문·잡지 기사』(연세학풍연구소 편), 선인,
　　2017.

朴殷植,『朴殷植全書(上·中·下)』, 檀國大學校 附設 東洋學硏究所,
朴殷植,『한국독립운동지혈사』(김도형 역주), 소명출판사, 2008.
裵敏洙,『배민수 자서전』(박노원 역), 연세대학교 출판부, 1999.
배민수,『배민수목사 저작집-복음주의와 기독교 농촌운동』(방기중 편), 연세대학교 출판
　　부, 2000.
白樂濬,『白樂濬全集』, 연세대학교 출판부, 1995.
白南雲,『朝鮮社會經濟史』, 개조사, 1933.
申采浩,『丹齋申采浩全集』, 형설출판사, 1972.
李沂,『海鶴遺書』, 국사편찬위원회, 1955.
李允宰,『한뫼 이윤재 글모음』(연세학풍사업단·김도형 편), 선인, 2016.
張志淵,『韋庵文稿』, 國史編纂委員會, 1956.
鄭寅普,『舊園鄭寅普全集』, 연세대학교 출판부, 1883.
鄭寅普,『朝鮮史硏究(상, 하)』, 서울신문사, 1947.
崔鉉培,『朝鮮民族 更生의 道』, 東光堂書店, 1930.
洪以燮,『朝鮮科學史』(일어판), 三省堂出版社, 1944.
洪以燮,『朝鮮科學史』(한글판), 정음사, 1946.
洪以燮,『洪以燮全集』, 연세대학교 출판부, 1994, 2003.

## 2. 연구논저

과학원 철학연구소,『조선철학사(상)』, 과학원출판사, 1960(『조선철학사연구』, 광주, 1988, 2판).

금장태,『한국양명학의 쟁점』, 서울대학교 출판부, 2008.

김도형,『근대 한국의 문명전환과 개혁론-유교 비판과 변통』, 지식산업사, 2014.

金度亨,『大韓帝國期의 政治思想 硏究』, 지식산업사, 1994.

김상태,『제중원 이야기』, 웅진지식하우스, 2010.

김용섭,『남북 학술원과 과학원의 발달』, 지식산업사, 2005.

김용섭,『역사의 오솔길을 가면서』, 지식산업사, 2011.

金夏泰·韓泰東·池東植,『宗敎와 基督敎』, 연세대학교 출판부, 1959.

김학준,『한말의 서양정치학 수용 연구-유길준·안국선·이승만을 중심으로』, 서울대학교 출판부, 2000.

김효전,『근대 한국의 국가사상 : 국권회복과 국권수호』, 철학과 현실사, 2000.

김효전,『서양 헌법이론의 초기 수용』, 철학과 현실사, 1996.

민경배,『한국교회 찬송가사』, 연세대학교 출판부, 1997.

閔泳珪,『江華學 최후의 광경』, 우반, 1994.

박용규,『우리말 우리역사 보급의 거목 이윤재』, 역사공간, 2013.

박찬승,『한국근대정치사상사연구』, 역사비평사, 1992.

박형우·박윤재,『사람을 구하는 집, 제중원 : 조선, 새로운 의학을 만나다』, 사이언스북스, 2010.

박형우,『연세대학교는 어떻게 탄생했는가』, 공존, 2016.

박형우,『제중원』, 21세기북스, 2010.

방기중,『배민수의 농촌운동과 기독교사상』, 연세대학교 출판부, 1999.

방기중,『한국근현대사상사연구』, 역사비평사, 1992.

배재학당,『培材八十年史』, 배재학당, 1965.

白樂濬,『韓國改新敎史』, 연세대학교 출판부, 1973.

白永瑞,『中國現代 大學文化硏究 : 1920年代 大學生의 正體性 危機와 社會變革』, 일조각, 1994.

普城專門學校의 法學·經商學 敎育과 韓國의 近代化 硏究委員會 편,『近代西歐學問의 受容과 普傳』, 高麗大學校出版部, 1986.

서대숙 편,『북한문헌연구(Ⅲ)』, 경남대학교 극동문제연구소, 2004.

서영희,『대한제국정치사연구』, 서울대학교 출판부, 2003.

서울대학교 의과대학 부속병원,『연보』1, 1964.

서정민,『언더우드家 이야기』, 살림, 2005.

손인수,『한국교육운동사 ①』, 문음사, 1994.

손인수,『한국근대교육사』, 연세대학교 출판부, 1971.

숭실대학교90년사편찬위원회,『숭실대학교 90년사』, 숭실대학교 출판부, 1987.

신용하,『獨立協會研究』, 일조각, 1976.

愼鏞廈,『朴殷植의 社會思想研究』, 서울대학교 출판부, 1982.

언더우드기념사업회 편,『언더우드기념강연집』, 연세대학교 출판부, 2011.

여인석·신규환,『제중원 뿌리논쟁』, 역사공간, 2015.

연세대학교 국학연구원 편,『근대학문의 형성과 연희전문』, 연세대학교 출판부, 2005.

연세대학교 국학연구원 편,『근현대 한국의 지성과 연세』, 혜안, 2016.

연세대학교 영어영문학과 동창회,『우리들의 60년』, 월인, 2006.

연세대학교 의학사연구소,『동아시아 역사 속에 선교병원』, 역사공간, 2015.

연세대학교백년사편찬위원회,『연세대학교백년사(1)』, 연세대학교 출판부, 1985.

연세의료원 120년사 편찬위원회,『인술, 봉사, 그리고 개척과 도전의 120년』, 연세의료원,
    2005.

연세창립80주년기념사업연구회 편,『연세대학교사』, 연세대학교 출판부, 1969.

연세학풍사업단 김도형 외,『연희전문학교의 학문과 동아시아 대학』, 혜안, 2016.

연세학풍사업단 김도형 외,『일제하 연세학풍과 민족교육』, 혜안, 2015.

연세학풍연구소 편,『남북분단 속의 연세학문』, 혜안, 2017.

외솔회,『나라사랑』13, 환산 이윤재 특집호, 1973.

우마코시 토오루(한용진 옮김),『한국근대대학의 성립과 전개 - 대학 모델의 전파 연구』,
    교육과학사, 2001.

원유한 엮음,『홍이섭의 삶과 역사학』, 혜안, 1995.

이광린,『초대 언더우드선교사의 생애』, 연세대학교 출판부, 1991.

이광주,『대학사 - 이념, 제도, 구조』, 민음사, 1997.

이기문,『개화기의 국문연구』, 일조각, 1970.

李基俊,『韓末 西歐經濟學 導入史 研究』, 일조각, 1985.

李萬珪,『呂運亨先生鬪爭史』, 叢文閣, 1946.

李萬珪,『朝鮮敎育史(下)』, 을유문화사, 1949.

이만열,『한국 근현대 역사학의 흐름』, 푸른역사, 2007.

이만열,『한국기독교와 역사의식』, 지식산업사, 1981.

이만열,『한국기독교의료사』, 아카넷, 2003.

이지원,『한국 근대 문화사상사 연구』, 혜안, 2007.

이충우,『경성제국대학』, 다락원, 1980.

이화역사관 엮음,『이화 역사이야기』, 이화여자대학교 출판부, 2013.

林光洙 엮음,『正統과 正體性 : 서울대학교 開敎 元年, 왜 바로 세워야 하는가』, 삶과

꿈, 2009.

임정혁 편저(김향미 옮김), 『현대 조선의 과학자들』, 교육과학사, 2003.

장규식, 『일제하 한국기독교민족주의 연구』, 혜안, 2001.

정근식 외, 『식민권력과 근대지식 : 경성제국대학』, 서울대학교 규장각한국학연구원, 2011.

정리근, 『력사적인 4월 남북련석회의』, 과학백과사전종합출판사, 1988.

정선이, 『경성제국대학 연구』, 문음사, 2002.

정성철, 『실학파의 철학사상과 사회정치적 견해』, 사회과학출판사, 1974(한마당, 1989, 서울판).

조국통일민주주의전선 중앙위원회, 『태양의 품에 안기여 빛 내인 삶(17) — 정진석 편』, 2005.

조동걸, 『한국근현대사의 탐구』, 경인문화사, 2003.

진덕규 외, 『한국 사회의 근대적 전환과 서구 사회과학의 수용』, 선인, 2013.

최봉익, 『조선철학사개요』, 사회과학출판사, 1986(한마당, 1989, 서울판).

최익한, 『실학파와 정다산』, 국립출판사, 평양, 1955.

최재건, 『언더우드의 대학 설립—그 이상과 실현』, 연세대학교 출판문화원, 2012.

친일반민족행위진상규명위원회, 『친일반민족행위진상규명 보고서(Ⅳ-10)』, 2009.

케빈 캐리(공지민 옮김), 『대학의 미래』, 지식의 날개, 2016.

한림대학교아시아문화연구소, 『아시아의 근대화와 대학의 역할』, 한림대학교 출판부, 2000.

한철호, 『친미개화파 연구』, 국학자료원, 1998.

해관오긍선선생기념사업회, 『海觀 吳兢善』, 연세대학교 출판부, 1977.

황상익, 『근대 의료의 풍경』, 푸른역사, 2013.


강동구, 「한국 기독교는 민족주의적이었나」, 『역사비평』 27, 1994.

강만길, 「東道西器論의 재음미」, 『韓國民族運動史論』, 한길사, 1985.

강명숙, 「H. H. 언더우드의 『Modern Education in Korea』와 일제시기 한국교육사 연구」, 『東方學志』 165, 2014.

기창덕, 「세브란스 연합의학전문학교 교과과정」, 『한국의학교육사』, 1995.

奇昌德, 「海觀 吳兢善과 연세대학교 의과대학 피부과학교실」, 『醫史學』 5-2(통권 9), 1996.

金度亨, 「大韓帝國 초기 文明開化論의 발전」, 『韓國史硏究』 121, 2003.

김도형, 「1910년대 朴殷植의 사상 변화와 역사인식」, 『東方學志』 114, 2011.

김도형, 「근대문명 전화기의 단군 인식과 박은식」, 『요하문명과 고조선』(한창균 편), 지식산업사, 2015.

김도형, 「大韓帝國期 變法論의 전개와 歷史敍述」, 『東方學志』 110, 2000.

김도형, 「張志淵의 變法論과 그 변화」, 『韓國史硏究』 109, 2000.

김도형, 「한말 경북지역의 근대교육과 유교」, 『啓明史學』 10, 1999.

金度亨, 「韓末 啓蒙運動의 政治論 연구」, 『韓國史硏究』 54, 1986.

김도형, 「한말 근대화 과정에서의 구학·신학 논쟁」, 『역사비평』 34, 1996.

김동노, 「근대 초기 서구 경제학의 도입과 식산흥업론」, 『한국 사회의 근대적 전환과 서구 사회과학의 수용』, 선인, 2013.

金祥起, 「韓末 私立學校의 敎育理念과 新敎育救國運動」, 『淸溪史學』 1, 1984.

김성보, 「1950년대 사상계와 연희, 연세인」, 『해방 후 연세학풍의 전개와 신학문 개척』, 혜안, 2015.

김성보, 「연희전문학교 졸업생들의 사회 진출 기초연구-기독교계 사립전문학교로서의 특징과 관련하여」, 『東方學志』 173, 2016.

김성보, 「洪以燮의 한국근현대사 인식」, 『學林』 36, 연세사학연구회, 2015.

김시업, 「韓國의 中世大學에서 近代大學으로」, 『大東文化硏究』 34, 1999.

김영민, 「근대계몽기 기독교 신문과 한국 근대 서사문학-『죠선크리스도인회보』와 『그리스도 신문』을 중심으로-」, 『東方學志』 127, 2004.

김용섭, 「한국 근대역사학의 성립」(1970), 『한국의 역사인식(하)』, 창작과 비평, 1976.

金容燮, 「韓國近代歷史學의 發達(1)」, 『文學과 知性』 4, 1971(『韓國의 歷史認識(하)』, 1974).

김윤경, 「환산 이 윤재 언니를 그리워 함」, 『한결글모음(Ⅲ) : 수상, 수필』, 한결 김윤경선생 기념사업회, 1975.

김태웅, 「일제 하 관립전문학교의 운영 기조와 위상 변화-제1차.제2차 조선교육령 시기 '서울대학교 전신학교(前身學校)'를 중심으로」, 『연희전문학교의 학문과 동아시아 대학』(연세학풍사업단 김도형 외), 혜안, 2016.

金鎬逸, 「日帝下 民立大學 設立運動에 對한 一考察」, 『中央史論』 1, 중앙대, 1972.

김호일, 「한국에서의 대학설립운동」, 『아시아의 근대화와 대학의 역할』, 한림대 아시아문화연구소, 2000.

김흥수, 「호레이스 G. 언더우드의 한국 종교 연구」, 『한국기독교와 역사』 25, 2006.

노치준, 「한말의 근대화와 기독교」, 『역사비평』 27, 1994.

도현철, 「김일출의 학술활동과 역사연구」, 『한국사연구』 170, 2015.

盧榮澤, 「民立大學 設立運動 硏究」, 『國史館論叢』 11, 1990.

류대영, 「기독교와 선교사에 대한 고종의 태도와 정책」, 『한국기독교와 역사』 13, 2000.

류대영, 「연희전문, 세브란스의전 관련 선교사들의 한국 연구」, 『근대학문의 형성과 연희전문』, 연세대학교 출판부, 2005.

류대영, 「한말 기독교 신문의 문명개화론」, 『한국기독교와 역사』 22, 2005.

류미나, 「식민지기 조선의 명륜학원-조선총독부의 유교지식인 정책과 조선인의 대응」, 『교육사학연구』, 17-1, 2007.

류방란, 「개화기 배재학당의 교육과정 운영」, 『教育史學研究』 8, 1998.

柳永烈, 「大韓自强會의 新舊學折衷論」, 『최영희선생화갑기념 한국사학논총』, 탐구당, 1987.

柳永烈, 「한국 최초 근대대학의 설립과 민족적 성격」, 『한국민족운동사연구』 15, 1997.

문백란, 「세브란스병원 건립을 둘러싼 선교사들의 갈등과 선교정책 수정」, 『東方學志』 165, 2014.

문백란, 「한말 미국 북장로교 선교사들의 한국인식과 선교활동」, 연세대학교 대학원 박사학위논문, 2014.

문중양, 「홍이섭의 과학사 연구를 넘어서」, 『東方學志』 130, 2005.

閔斗基, 「자료소개 : 李允宰(1888~1943)의 現代中國(1922~1923) 現場 報告 5種」, 『서울대 동양사학과 논집』 11, 1987.

박형우, 「제2차 뿌리 논쟁의 경과」, 『연세의사학』 10-1(통권 22), 2007.

方基中, 「解放後 國家建設問題와 歷史學」, 『韓國史 認識과 歷史理論』(김용섭교수정년기념 한국사학논총 1), 지식산업사, 1997.

배항섭, 「高宗과 普成專門學校의 창립 및 초기운영」, 『사총』 59, 2004.

성태용, 「조선철학사의 사실성(史實性) 문제」, 『철학연구』 23-1, 1988.

宋鎭禹, 「思想改革論」, 『學之光』 5, 1915.

宋贊燮, 「일제·해방초기 崔益翰의 실학 연구」, 『韓國史學史研究』, 조동걸정년기념논총, 1997.

송현강, 「한말·일제강점기 군산 영명학교·멜볼딘여학교의 설립과 발전」, 『歷史學研究』 59, 湖南史學會, 2015.

송현강, 「미국 남장로교 한국선교부의 목포 스테이션 설치와 운영(1898-1940)」, 『종교연구』 53, 한국종교학회, 2008.

여인석·박형우, 「'뿌리 논쟁'의 경과」, 『연세의사학』 2-1(통권 4), 1998.

오상미, 「헐버트(H. B. Hulbert)의 문명국지도론과 조선」, 연세대학교 대학원 석사학위논문, 2009.

오영섭, 「충민공 이도철의 생애와 애국 활동」, 『이도철과 춘생문 의거』, 제천문화원, 2006.

Oak Sung-Deuk, 「A Genealogy of Chejungwon, the First Modern Hospital, 1885~1904」, 『동아시아 역사 속에 선교병원』, 역사공간, 2015.

왕위안주(王元周), 「베이징대학의 학술사적 위치와 '교사(校史)' 박물관의 역할」, 『연희전문학교의 학문과 동아시아 대학』(연세학풍사업단 김도형 외), 혜안, 2016.

元世勳, 「丹齋 申采浩」, 『三千里』 8-4, 1936.

윤덕영, 「위당 정인보의 교유관계와 교유의 배경 – 백낙준·백남운·송진우와의 교유관계를 중심으로」, 『근현대 한국의 지성과 연세』, 연세대학교 국학연구원 편, 혜안,

2016.

윤덕영, 「일제하, 해방 직후 동아일보 계열의 민족운동과 국가건설 노선」, 연세대학교
　　사학과 박사학위 논문, 2010.

윤은순, 「일제 강점기 기독교계의 공창폐지운동」, 『한국기독교와 역사』 26, 2007.

윤혜준, 「해방전후사 속의 두 연세 영문학자, 설정식과 최재서」, 『해방 후 연세학풍의
　　전개와 신학문 개척』, 연세학풍사업단·김도형 외, 혜안, 2015.

李光麟, 「開化期 知識人의 實學觀」, 『東方學志』 54·55·56, 1987.

이광린, 「育英公院의 設置와 그 變遷」, 『東方學志』 6, 1963(개정판 『韓國開化史研究』, 1974,
　　일조각).

李光麟, 「舊韓末 新學과 舊學의 논쟁」, 『東方學志』 23.24합, 1980.

이길상, 「고등교육」, 『한국근현대교육사』, 정신문화연구원, 1995.

李楠永, 「북한의 조선철학사 서술의 특징과 문제점」, 『철학연구』 23-1, 1988.

이만열, 「한말 기독교인의 민족의식 형성과정」, 『한국사론』 1, 서울대학교 국사학과,
　　1973.

이민원, 「춘생문 사건 전후의 조선」, 『이도철과 춘생문 의거』, 제천문화원, 2006.

이윤상, 「대한제국기 국가와 국왕의 위상제고사업」, 『震檀學報』 95, 2002.

이준모, 「조선철학사에 적용된 유물사관」, 『철학연구』 23-1, 1988.

이준희, 「한국전쟁 前後 '신해방지구' 개성의 농촌사회 변화」, 연세대학교 사학과 석사학위
　　논문, 2015.

李春園, 「民族改造論」, 『開闢』 23, 1922.

이현희, 「1920년대 이관용의 사상 형성과 교육·언론 활동」, 『연희전문학교의 학문과
　　동아시아 대학』(연세학풍사업단·김도형 외), 혜안, 2016.

任善和, 「선교사의 독립협회와 대한제국 인식-언더우드와 아펜젤러를 중심으로」, 『全南
　　史學』 14, 2000.

장세윤, 「日帝의 京城帝國大學 설립과 운영」, 『한국독립운동사연구』 6, 1992.

정명교, 「설정식 시에 나타난 민족의 형상-조국 건설의 과제 앞에 선 한 해방기 지식인의
　　특별한 선택과 그 시적 투영」, 『東方學志』 174, 2016.

정선이, 「연희전문 문과의 교육」, 『근대학문의 형성과 연희전문』(연세대학교 국학연구원
　　편), 연세대학교 출판부, 2005.

정선이, 「일제 강점기 고등교육 졸업자의 사회적 진출 양상과 특성」, 『사회와 역사』
　　77, 2008.

정연태, 「19세기 후반 20세기 초 서양인의 한국관」, 『역사와 현실』 34, 1999.

정운형, 「언더우드의 선교활동과 애민 교육」, 연세대학교 신학과 박사학위 논문, 2016.

정운형, 「호러스 G. 언더우드의 선교지 결정과 출발」, 『東方學志』 175, 2016.

정종현, 「'茶山'의 초상과 남북한의 '實學' 전유」, 『서강인문논총』 42, 2015.

458

정호훈, 「洪以燮의 實學 硏究」, 『學林』 36, 연세사학연구회, 2015.

조재국, 「연희전문의 설립에 따른 에비슨의 교육 선교에 관한 연구」, 『신학논단』 80, 2015.

주진오, 「북한에서의 '갑신정변' 연구의 성과와 문제점 – 『김옥균』을 중심으로」, 『김옥균』, 역사비평사, 1990.

최기영, 「애국계몽운동(II)」, 『한국독립운동사 사전(1) – 총론편 상권』, 독립기념관 독립운동사연구소, 1996.

최용기 필기, 「오긍선명예교수 기념강연」, 『세브란시교우회보』 24, 1935.

최재건, 「언더우드의 대학설립의 이상과 실현」, 『언더우드기념강연집』, 연세대학교 출판문화원, 2011.

최재목, 「金源極을 통해서 본 1910년대 陽明學 이해의 특징」, 『陽明學』 23, 한국양명학회, 2009.

최재목, 「박은식의 양명학과 근대 일본 양명학과의 관련성」, 『일본문화연구』 16, 2005.

최혜월, 「미군정기 국대안반대운동의 성격」, 『역사비평』 계간 1, 1988.

하우봉, 「개항기 수신사의 일본인식」, 『근대교류사와 상호인식(I)』, 아연출판부, 2000.

하원호, 「부르주아민족운동의 발생, 발전」, 『북한의 한국사인식(2)』(안병욱·도진순 편), 한길사, 1990.

한규무, 「경성보육원의 설립과 운영(1919~1945)」, 『鄕土서울』 79, 2011.

한상도, 「해방정국기 민족문화 재건 논의의 내용과 성격」, 『史學硏究』 89, 2008.

한준상, 「미국의 문화침투와 한국교육」, 『해방 전후사의 인식(3)』, 한길사, 1987.

홍이섭, 「스승 이윤재 : 재학 시절에 뵈었던 환산 선생 회고」, 『나라사랑』 13, 1973.

황금중, 「피셔(J. Fisher)의 민주주의 교육철학과 선교 교육관 – 1920년대 한국의 근대교육과 선교교육의 평가 및 전망」, 『연희전문학교의 학문과 동아시아 대학』(연세학풍사업단·김도형 편), 혜안, 2016.

## 3. 본서 관련 필자의 논문 및 발표문

「한국 근현대 민족문제와 연세」, 연세대학교 교직원 수양회 "연세 120년, 역사와 비전" 발표문(2005년 1월 27일).

「홍이섭의 현실인식과 역사연구」, 『東方學志』 130, 연세대학교 국학연구원, 2005.

「손진태」·「이인영」, 『연세국학연구사』(국학연구원 편), 연세대학교 출판부, 2005.

「연희전문 문과 : 조선학의 요람」, 『한국사회의 발전과 연세』, 연세대학교 출판부, 2005.

「일제 강점 하의 민족운동과 연세」, 『한국사회의 발전과 연세』, 연세대학교 출판부, 2005.

「개항 후 한국의 근대개혁과 언더우드」, 『언더우드기념강연집』, 연세대학교 출판부, 2011.

「1920~30년대 민족문화운동과 연희전문학교」, 『東方學志』 164, 연세대학교 국학연구원, 2013.

「언더우드의 교육 활동과 화충의 연세학풍」, 『일제하 연세학풍과 민족교육』(연세학풍사업단 김도형 외), 혜안, 2015.

「연희전문의 학풍과 민족문화운동」, 『일제하 연세학풍과 민족교육』(연세학풍사업단 김도형 외), 혜안, 2015.

「해방 후 대학교육과 연세학풍」, 『해방 후 연세학풍의 전개와 신학문 개척』(연세학풍사업단 김도형 외), 혜안, 2015.

「연세 학풍과 인문학」, 문과대학 100주년 기념 강연 원고(2015년 3월 18일).

「언더우드의 '대학' 설립과 연희전문의 민족교육」, 언더우드 내한 130주년, 연세대학교 창립 130주년 기념 학술회 「언더우드의 대학설립과 연희 근대교육」 발표문(2015년 3월 13일).

「연세학풍과 기독교」, 신과대학 100주년 기념 강연 원고(2015년 9월 14일).

「연세의 교육 방침과 종교 교육」, 한국종교학회 학술대회 「종교, 인성, 교육」, 특별분과 "언더우드, 연세대학교, 다른 종교" 발표문(2015년 11월 14일).

「배민수의 농촌운동과 연세」, 배민수기념사업회 강연 원고(2015년 11월 16일).

「제중원의 '이중적 지위'와 그 변화」, 『연세의사학』 18-1, 2015 ; 『제중원 130년과 근대의학』, 연세대학교 의학사연구소 엮음, 역사공간, 2016.

「근대 한국학의 형성 : 실학의 전통과 연희전문의 국학」, 『다산과 현대』 8, 강진다산실학연구원, 2015.

「종합대학을 향한 여정 ─ 언더우드와 에비슨의 동역」, 『한국근대의학의 기원, 연세』, 역사공간, 2016.

「환산 이윤재의 민족운동과 역사연구」, 『연희전문학교의 학문과 동아시아 대학』(연세학풍사업단 김도형 외), 혜안, 2016.

「법고창신(法古創新) : 연세 이념과 학풍의 새로운 계승」, 연세대학교 교직원 수양회 발표문, 2016년 2월 18일.

「언더우드(H. G. Underwood)와 연세 교육」, 언더우드 서거100주년 기념 강연 원고(2016년 10월 11일).

「鄭鎭石의 학술운동과 실학연구」, 『韓國史研究』 176, 한국사연구회, 2017.

「世專 교장 吳兢善의 의료 계몽과 大學 지향」, 『學林』 40, 연세사학회, 2017.

# 찾아보기